入門
マクロ
経済学

井堀 利宏

第4版

新世社

第 4 版へのはしがき

　本書第 3 版の公刊以来 9 年が経過し，その間に日本経済や世界経済を取り巻く状況も大きく変化した。

　2011 年の東日本大震災は公共事業やエネルギー政策に大きな影響をもたらし，震災復興は未だ大きな課題である。2020 年の東京オリンピックなど巨大イベントがマクロ経済を刺激する効果は期待されているものの，その後の反動も懸念される。わが国で 2010 年代に志向されたアベノミクスは，異次元の金融緩和と機動的な財政運営で当面のマクロ経済を支えるとともに，規制改革で経済成長を推進させることを目的とした。しかし，財政金融面からの需要刺激策に一定の効果があったものの，成長戦略の成果はまだ見えない。日本経済は当面は安定しているものの，少子高齢化，財政赤字，マイナス金利など，不安材料も増している。

　世界経済では，IT 化やグローバル化が進展し，アメリカやイギリスなどの先進諸国で所得や富の偏在が顕著となった。中国の台頭でアメリカとの貿易や IT 分野での摩擦が顕在化し，世界経済も不透明感を増している。また，EU やアメリカで移民が政治問題化し，気候変動への取り組みでも国際協調は実現できていない。大規模なマクロショックに対して，適切な対策を実行する必要があるし，金融政策，財政政策面での国際協調も重要なはずであるが，国際間，国内での格差拡大が人々の分断や自国第一主義をもたらしている。

　このようなマクロ経済の動向は，マクロ経済学に新しい課題を与えている。マクロ経済学の研究でも，標準的なケインズモデルや新古典派モデルを超えた分析が活発に行われるようになった。政府と民間の経済主体の経済政策に関する相互依存関係や，国際的枠組みにおけるマクロ経済政策の効果などのテーマでも優れた研究が蓄積されている。

第 4 版では，こうした変化を考慮して，よりわかりやすく，より新しい視点で改訂を行った。改訂のポイントは以下の 2 点である。第 1 に，2010 年代以降のマクロ経済における変化，たとえば，労働市場の変貌，財政再建や財政赤字のあり方，非伝統的な金融政策，社会保障制度改革，所得格差とマクロ経済政策の関係など，今日的なマクロ経済問題を考える上で重要と思われる諸概念について，説明を改訂した。第 2 に，コラムも全面的に改訂し，重要なマクロ・データについて改訂・解説した。

その一方で，マクロ経済理論の説明内容も見直した。マクロ理論モデルの基本概念をきちんと説明するとともに，現実のマクロ経済問題を考える際の判断材料を提供するという本書の特徴が，初版，第 2 版，第 3 版にもまして明快になったことを著者は期待している。

最後に，改訂作業における新世社編集部の御園生晴彦氏，谷口雅彦氏の暖かいご尽力に，厚くお礼の言葉を述べたい。

2019 年 12 月

井堀　利宏

初版へのはしがき

　本書は，経済学の初歩的な知識を前提として，マクロ経済学の基本を学習しようとする学生や社会人のための入門的なテキストである。入門書である以上，やさしく，わかりやすい点に配慮しているが，同時に，マクロ経済学の必要最小限の体系を包括的に取り入れるとともに，できるだけ最新の理論的な議論を紹介し，また，現実の日本のマクロ経済問題との対応にも留意した内容になっている。

　本書において，著者が意図した特徴は以下の3点である。

　第1に，入門書として出来る限りわかりやすく，すっきりとした内容にした点である。マクロ経済学はミクロ経済学とは異なり，誰もが認める標準的な理論が整理されておらず，いろんな立場からの論争が行われている分野である。そのような議論に最初から深入りしすぎると，得られる成果も乏しくなってしまう。本書では，こうした観点から数式も単純な算数程度にとどめて，図と表を多く用いることで，必要最小限の知識を効率的にまとめている。

　第2に，マクロ経済学の代表的な2つの考え方であるケインズ経済学と新古典派経済学について，それぞれの特徴や長所，問題点などを対比させる形で，本書の全体を通じてまとめている点である。両者の考え方を比較検討することで，マクロ経済学の雰囲気がより身近に感じられるだろう。

　第3に，最近のマクロ経済学の発展にも留意して，動学的なトピックスにもかなりの分量を当てている点である。1990年代に入って内生的成長の理論が盛んになったこともあって，動学的な問題は理論的にも実証的にも注目されている分野である。本書では，成長理論の発展や動学的不整合性，資産価格の変動などの分野について直観的にわかりやすい説明をしている。

　著者としては，以上のような特徴を本書に盛り込んだことで，広い範囲の読者にとって興味のあるテキストになったことを期待している。不十分な点

があれば，今後とも改善を加えていきたい。また，初稿の段階で，東京大学経済学部井堀ゼミ3年生の学生諸君にチェックしてもらい，いくつかの点で内容を改善することができた。

　最後に，このテキストの企画から校正にいたるまで多大の協力を惜しまれなかった新世社編集部の小関清さんに厚く御礼申し上げたい。

　　1995年11月

井堀　利宏

目　次

本文イラスト・写真：PIXTA

1 マクロ経済学とは

この章では，マクロ経済学の課題について解説する。マクロ経済がどのように成り立っているのかを説明した上で，マクロ経済学がどのような経済対象を分析するのかを述べる。マクロ経済学の特徴を整理することが，この章の目的である。また，日本経済の動向を簡単に解説し，本書の構成も説明する。

1. マクロ経済では，家計，企業，政府という3つの経済主体（プレーヤー）が経済活動を行っている。
2. 経済学は，大きく分類すると，ミクロ経済学とマクロ経済学とからなる。ミクロ経済学と比較してマクロ経済学の特徴を整理して，マクロ経済学がどのような経済問題を主に対象とするのかを考える。
3. 日本経済の動向を振り返りながら，現在のわが国が直面するマクロ経済の課題をまとめる。

1.1 マクロ経済とは

■ 家計と企業のマクロ経済活動

最初に，一国全体のマクロ経済活動を説明する。マクロ経済活動とは，家計や企業による様々な経済活動を一国全体の大きな範囲の経済活動として包括的に捉えるものである。人びとは様々な経済活動をしており，無数の異なった財・サービスを生産，消費している。順調に所得や売り上げ，利益が伸びている家計，企業，地域，産業もあれば，そうでない家計，企業，地域，産業もある。しかし，一国全体で見ると，多くの家計，企業，地域，産業の

表 1.1　経済主体

家　計	労働などの生産要素を供給して，所得を稼ぎ，消費する主体
企　業	生産要素を用いて，生産活動をする主体
政　府	経済活動を円滑に進めるために，補助的な役割をする公的な主体

図 1.1　マクロ経済活動

経済活動には共通点が多い。マクロの経済活動を分析するマクロ経済学では，そうした共通点に注目して，全体の経済活動を対象としている。

　ところで，民間の経済主体（経済活動をする人びとあるいはプレーヤー）は，家計と企業である。このうち，家計は夫婦，子どもなどから成る家族の集合である。家計の経済活動とは，それぞれの家族の様々な経済行動をまとめたものである。家計は主に労働や消費や貯蓄をする経済主体である。ほとんどの人びとがこうした経済活動を日常的に行っている。家族はある共通の目的（家族全体の経済的な喜び（＝効用）を最大化すること）を実現すべく一つの経済活動をしている。また，無数の家計は同じような経済活動をしているので，マクロ経済学では家計をあたかも一人の代表的個人のようにみなして，その行動を分析することが多い。

　マクロ経済学では，家計の経済活動を次のように考えている。すなわち，家計は，自らの消費活動から得られる経済的満足度＝効用を最大にするよう

に，様々な財・サービスを消費するとともに，労働，資本，土地などの生産要素を供給することで，所得を稼いでいる。そして，所得を原資として消費生活を営みながら，さらに将来のために貯蓄している。また，租税を政府に納入して，その見返りに，公共サービスの便益を享受している。

　一方，家計とともに，企業も今日のマクロ経済社会において，生産活動の中心的な経済主体として，大きな役割を果たしている。個々の企業は様々な財・サービスを生産しているが，その経済活動には共通点がある。したがって，マクロ経済学では企業行動についても一つの代表的企業の行動として分析を進めることが多い。すなわち，企業は，労働，資本，土地という3つの生産要素を用いて市場で必要とされる財・サービスを生産するという生産活動を行う。企業の目的は，利潤の追求である。

　労働者には賃金が支払われるが，企業利潤の一部は利子や配当として家計に分配される。また，他は企業内部に内部留保として蓄えられ，投資資金に使われる。ところで，企業は儲かれば何をしてもいいのではない。企業が社会の中で中長期的に経済活動するには，公害対策，環境保全，社会的ボランティア活動など，しかるべき社会的責任を果たすことが求められる。

■ マクロ経済における政府の役割

　現在のマクロ経済社会において無視できない存在が政府である。1980年代までの旧ソ連や東ヨーロッパ諸国，中国などの旧社会主義経済では，政府が家計や企業の行動を規制したばかりでなくマクロ国民経済全体の管理・運営にも大きな役割を果たしてきた。これに対して，わが国やアメリカなどの自由主義市場経済では，民間市場での自由な経済活動が基本である。家計や企業が経済活動の主役であり，政府の経済的役割は限定的なものである。

　それでも，民間のマクロ経済活動は政府の政策や経済活動によって大きく影響される。たとえば，政府は道路などの社会資本を整備したり，教育などの公的なサービスを供給したり，社会保障制度を構築・運営したり，マクロ経済活動を円滑に進めるために法的な整備をしたり，経済取引に関わる法秩序を維持したりしている。反面，そうした公的活動の財源として多くの資源

3

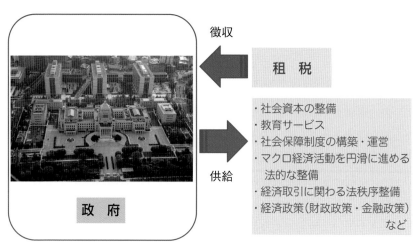

図1.2　政府の役割

を，租税の形で民間部門から徴収している。税金は多くの家計や企業が負担する。

　また，市場に任せているだけでは，マクロ経済活動には不安定な面もある。たとえば，景気が低迷して失業者が増加したり，景気が過熱して，インフレ（物価の上昇）が進行したりする。したがって，政府はマクロ経済活動が円滑に進むように，財政政策，金融政策を用いて，民間のマクロ経済活動がより安定化するように調整している。

　すなわち，公共事業などで政府支出を調整して，失業者が多く出ないようにしたり，貨幣供給を操作して，物価を安定させるのは政府・中央銀行の役割である。また，市場に任せただけでは，望ましい経済成長は実現しない。必要な社会資本を整備したり，民間の研究開発を支援したりして，適切な経済成長を実現するのも重要である。さらに，低所得者など社会的弱者を経済的に支援したり，社会保障制度を整備するのも，政府の責任である。

1.2 マクロ経済学の特徴

■ マクロ経済学とミクロ経済学

　マクロ経済を分析するマクロ経済学を，もう一つの代表的な経済学の分野であるミクロ経済学と比較してみよう。マクロ経済学は，ミクロ経済学と対をなす経済学の大きな専門分野である。ミクロ（微視的）とマクロ（巨視的）の相違は，様々な企業，家計や産業など，個別の経済現象を主に分析対象とするのか，もっと大きな一国全体の国民経済を主に分析対象とするのかの相違である。

　すなわち，ミクロ経済学では家計や企業という個別の経済主体の経済活動により関心がある。たとえば，家計は経済的満足度（効用）を最大にするように，消費，貯蓄，労働供給などを決める。企業は，利益を最大にするように，労働雇用や投資行動を決める。こうした目的達成のために行う行動が最適化行動である。ミクロ経済学は個別の経済主体の最適化行動に注目して，個別市場の需要と供給に十分に関心をもつ学問である。したがって，ミクロ経済学では個別経済主体の最適化行動の中身や他の経済主体との相互依存関係を分析することに，主要な関心がある。

　これに対して，マクロ経済学では，インフレーション（全体的な価格水準の上昇）や国内総生産（マクロ生産量の水準），雇用・失業，景気変動（マクロ生産量の変動），経済成長（マクロ生産量の持続的拡大）など国民経済全体の経済活動の動きにより関心がある。最近では，マクロ経済学でも，ある程度のミクロ的基礎（個別経済主体のミクロレベルでの最適化行動を前提とした分析）が重要視されている。

　また，ミクロ経済学，マクロ経済学以外の経済学の諸分野は，おおむね応用経済学と呼ばれている。たとえば，財政学，金融論，国際経済学，産業組織論，労働経済学などである。こうした分野では，ミクロ経済学とともに，マクロ経済学を応用して，それぞれの関心対象に即した議論が展開されている。したがって，マクロ経済学は，ミクロ経済学とともに経済学のもっとも

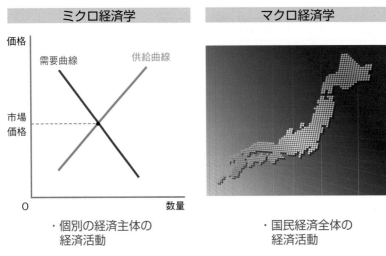

図1.3　2つの経済学の関心の相違

基本的な学問分野である。

■ マクロ経済学における2つのモデル ────────────

　マクロ経済学は，マクロ・モデルという理論的な枠組みを使ってマクロ経済現象を考察する。その際に，マクロ・モデルの定式化として，大きく分けて2つの考え方がある。ケインズ・モデルと新古典派モデルである。

　マクロ経済分析をするときに，各経済主体が経済的動機（効用や利益）に基づいて最適に行動すると考える点で，これら2つの考え方は同じである。しかし，その場合にどの程度の合理性と価格調整メカニズムを想定するかで，ケインズ・モデルと新古典派モデルは大きく相違する。たとえば，近い将来景気が悪化して，自分の稼ぎも減少することが予想できるとしよう。今からそれに備えて，貯蓄を増やすのが合理的行動である。

　ケインズ・モデルでは，こうした予想をするのにコストがかかって，合理的行動を簡単には取れないか，あるいは，現在の稼ぎがそもそも少ないので，貯蓄を増やす余裕がないと考える。つまり，経済主体はそれほど合理的でないか，あるいは，情報収集のコストなどを考慮すると，それほど合理的には

表 1.2　ケインズ・モデルと新古典派モデル

	ケインズ・モデル	新古典派モデル
経済主体	経済主体はそれほど合理的でもないか，あるいは合理的に行動しようとしても，情報収集などのコストを考慮すると，それほど合理的には行動していないと考える。	経済主体の合理性を最大限に考慮する。ミクロ経済学の応用としてマクロの問題を分析することで，1 つの首尾一貫した理論構成をもった分析道具が構築される。
経済分析	不況失業問題など短期的な現象とみられる経済分析では，ケインズ・モデルが有益（短期的にはケインズ・モデルが現実的）。	経済成長などの長期的な現象とみられる経済分析では，新古典派モデルが有益（長期的には，新古典派モデルが有益）。

行動していないと考えている。また，市場における価格調整メカニズムもそれほど完全ではないと考える。したがって，政府が何ら介入しないとき，マクロ経済活動には，失業，低成長という資源の無駄や所得分配の不公平など，多くの失敗が生じやすいと考える。逆にいえば，政府のマクロ経済政策は市場の失敗を是正するのに重要であると考えて，マクロ経済政策についても，積極的にそのメリットを追求する立場にある。

　これに対して，新古典派モデルでは，経済主体の合理性を最大限に考慮しようとする。将来に備えて貯蓄を増やす行動が合理的であれば，それを多くの家計が実行しているはずだという立場である。その結果，ミクロ経済学の応用としてマクロ経済現象を分析することになり，一つの首尾一貫した論理構成を持った分析用具を構築する。また，市場における価格調整メカニズムにも多くの信頼を寄せており，需給が一致するように価格調整が円滑に行われると考える。市場の失敗よりも政府の失敗の方を問題視して，裁量的に政府がマクロ経済活動に介入することについては，そのメリットよりもデメリットの方を重視する。

　ただし，現実のマクロ経済で新古典派モデルが前提とするほど，合理的な経済行動が支配的で，かつ，市場が円滑に機能しているかどうかは，議論が分かれるだろう。現実には，価格の調整も迅速ではないし，様々なショックに対して，市場で価格が即座に調整できるわけでもない。総じて，不況，失

業などの短期的なマクロ経済活動を分析する場合は，人びとの行動でも市場での価格調整でも，調整コストを重視するケインズ・モデルの方がより現実的である。これに対して，経済成長などの長期的なマクロ経済活動を分析する場合は，人びとの合理的行動や市場の価格調整メカニズムを重視する新古典派モデルがより有益である。

Point───1	マクロ経済学の流れ

　マクロ経済学は，1930年代の大不況を背景として公刊されたケインズ（Keynes, J. M.；1883-1946）の『雇用・利子および貨幣の一般理論』（1936年，以下『一般理論』）から出発している。この本の中でケインズは市場メカニズムが完全ではなく，総需要が不足するために非自発的失業が生じることを指摘し，有効需要の原理や乗数などマクロ経済学の基本的な概念を導入した。政府が適切に財政政策を発動することで，失業を減少させることができるという政策的な含意も強調した。その後，国民経済全体の経済活動を表すマクロ指標である国民総生産（GNP）や国内総生産（GDP）の概念が整備され，実際にも国民経済計算（SNA）として計量的に使用されるようになって，マクロ経済活動の定量的な指標は格段に整備されてきた。それとともに，一国全体の経済活動水準がどのように決まるのか，一国全体としての失業率やインフレ率，経済成長率はどのように決まるのか，また，それらを政策的に操作することは可能かどうかについて，活発な研究が行われて，マクロ経済学は経済学の主要な学問分野として発展してきた。今日では，ミクロ経済学と並んで，マクロ経済学は，経済学を学習する際の不可欠な基礎学問である。

　ケインズ以降の学問上の流れを見ると，まず，ヒックス（Hicks, J. R.；1904-1989）が『一般理論』の理論的な枠組みを *IS–LM* 分析というきわめて明快なモデルを用いて提示した。このモデルがケインズの経済学を適切にモデル化しているかどうかについては，議論の余地もあるが，*IS–LM* の枠組みによってマクロ経済学が飛躍的に広まったことは確かである。その後，インフレーションなどの問題を扱うために，労働市場や開放経済を考慮して，「新古典派総合」というモデルの拡張がサムエルソン（Samuelson, P. A.；1915-2009）などによって行われ，1960年代には裁量的な財政金融政策を適切に用いることで，インフレなき完全雇用を実現することが可能とされた。

　しかし，1970年代後半のスタグフレーション（インフレーションと不況の

同時進行）に対して，それまでのケインズ的なマクロ経済学は有効な解決策を提示できなかった。フリードマン（Friedman, M.：1912–2006）やルーカス（Lucas, R. E. Jr.：1937–）などによって，インフレ期待の変化に注目し，合理的期待形成をマクロ・モデルに取り入れる試みが行われ，新古典派的なマクロ経済学が発展した。裁量的な財政金融政策よりも，ルールとしての政策にコミットすることの重要性が強調された。その後は，ミクロ的な最適化行動を前提としたマクロ経済学が様々な形で研究され，また，定量的なマクロ・モデルによるシミュレーション分析も活発に行われている。アカデミックなレベルでは，動学的な最適化行動を明示して，景気変動や経済成長を生産活動の面から分析する実物景気循環モデルが有力である。他方，2008 年の世界金融危機以降は市場の限界もより認識されるようになり，金融市場や労働市場の不完全性を重視してマクロ経済変動を分析するニュー・ケインジアンの研究も盛んである。最近ではゲーム理論や行動経済学，政治経済学の発展を背景に，人々の慣習や政策当局の利己的行動を明示することで心理的・政治的要因でマクロ経済やマクロ経済政策がどのように影響されるかといったことも活発に研究されている。

■ 一般均衡分析

　経済学の理論的な分析手法として，一般均衡分析と部分均衡分析がある。前者は，経済全体がどのように動いているのかについて，モデルの中ですべてを一般的に説明しようとする分析であり，後者は，ある限定された経済問題に対象をしぼって，その他の経済環境を一定と考えて部分的な分析を進めようとする分析である。

　国民経済全体を分析対象とするマクロ経済学の理論的な枠組みは，通常は一般均衡分析である。これは，国民経済を完結した簡単なマクロ・モデルを用いて描写し，そのモデルの中で集計された経済変数（GDP，利子率，物価水準，インフレ率など）の動きを内生的に，すなわちそのモデルの内部で決定される変数として説明するアプローチである。第 4 章で説明するように，ケインズ的なマクロ・モデルの代表的な枠組みである *IS–LM* 分析も，一般均衡モデルの一つと見ることができる。これに対して，ミクロ経済学の関心

の多くは，ある特定の財・サービスの価格や量の決定メカニズムであるから，特に政策的な議論をする際には，部分均衡分析が用いられることが多い。

　ところで，ミクロ経済学でも理論的な抽象度の高いモデルでは一般均衡分析が用いられている。では，マクロ・モデルとミクロ経済学の一般均衡モデルとは，どのように異なるのであろうか。

　第1に，マクロ・モデルでは集計された経済変数の動きに関心がある。ミクロ経済学の一般均衡モデルでは，個別の経済変数がそれぞれ独自の動きをするケースを念頭に置いている。すなわち，各財の間での相対的な価格変動の効果が問題となる。

　マクロ経済学では多くの財の量や価格が同じ方向に変化すると考えて，より集計された変数（一般的な活動水準＝GDP，インフレ率など）に関心を持っている。もちろん，マクロ・モデルでも消費財産業と投資財産業という2部門モデルを用いて，消費財と投資財の相対価格を分析したり，貿易部門と非貿易部門という分け方で，貿易財と非貿易財の相対価格の効果を問題とすることもあるし，自国と外国という2国以上の国際的な枠組みを用いて，為替レートという相対価格の効果を問題とするケースもある。しかし，あまり細かい相対価格の動きはマクロ経済学では対象にしないのが普通である。

　第2に，マクロ・モデルでは，静学的分析のみならず動学的分析も重要となる（表1.3）。マクロ経済学は経済活動の時間的な変化に関心があり，景気循環や経済成長など長期的な経済活動水準の動きも分析課題としている。ミクロ経済学の一般均衡モデルでは，分析対象とする財の数が多いため，こうした動学的な側面を全面的に扱うのは，かなり複雑である。したがって，ミクロ・モデルでは高度に抽象化された数学を用いても，あまり具体的な結

表 1.3　静学と動学

静学的分析	ある一時点におけるマクロ経済諸変数の関係を問題とする。マクロ経済がある定常状態に落ち着いている場合に有益な分析手法である。
動学的分析	今期の所得が来期の消費に影響するときなど，異なる時点間でマクロ経済諸変数の関係を問題とする。マクロ経済が動いている場合に有益な分析手法である。

果は得にくい。これに対して，マクロ・モデルでは集計された変数に限定することで，動学的分析をする際にも，具体的で政策運営に使える分析が可能となっている。また，最近では動学モデルの定量的特徴を数値計算で求める研究も盛んである。

第3に，特に，ケインズ的なマクロ・モデルでは必ずしも市場の均衡を前提としない分析が行われる。マクロ経済学では現実の経済問題の政策的対応により関心があるため，市場の価格調整機能（＝需要と供給を一致させる価格メカニズム）に関して抽象度の高いモデルを用いないで，政策的分析が行われることも多い。現実の市場では需要と供給を一致させるために何らかの調整コストがかかるのが普通だからである。また，マクロ・モデルでは，より現実を重視して，理論的整合性をある程度犠牲にしても，政策的な意味を追求する傾向も見られる。

ミクロ経済学ではあまりこの問題に立ち入らないで，抽象的な市場を前提として議論が行われる。たとえば，すべての不確実なケースに対応した条件付きの債券が取引される市場を前提としたモデルが，その例である。ただし，情報の非対称性や外部性など，ミクロ経済学でも市場の失敗を考察することは重要な研究対象である。

第4に，ミクロ経済学では経済主体間の相違が重要な関心となっている。ある家計はある財の消費からより満足度を感じるし，別の家計は別の財の消費からより満足度を感じるだろう。そうした選好の相違が価格形成に与える影響は，ミクロ経済学の主要な関心の一つであるが，マクロ経済学では通常は無数の家計が同じように行動すると考え，所得格差は考慮しても，家計間での選好の相違という問題はあまり分析しないのが普通である。

表1.4に2つの経済学の相違を整理した。

■ マクロ経済学の課題

上述したように，企業，家計，政府などの経済主体は，生産，消費など様々な経済活動を行っている。マクロ経済学は，個別の経済活動の共通点をまとめて，集計された大きな経済活動として包括的に捉えて，そのような全

表1.4　マクロ経済学とミクロ経済学の比較

	マクロ経済学	ミクロ経済学
対　象	一国の全体的な経済活動	個別経済主体の活動
経済主体	代表的家計 代表的企業 政府	個別家計 個別企業
変　数	GDP，インフレーション，失業率，経済成長率など一国全体の経済活動に関する変数	ある財の価格，ある財の生産量など，個々の財・サービスの経済活動に関する変数
理論的枠組み	一般均衡分析	部分均衡分析 ただし，抽象的なミクロ・モデルでは一般均衡分析も用いられている
合理性	ある程度曖昧な部分もある	きちんとした合理性を前提

体としてのマクロ経済活動の指標として何が望ましいか，また，その指標の水準や変動はどのようにして起きるのか，さらに，政府がマクロ経済活動に介入するのはどういう状況で望ましいのか，その場合，どのような政策的対応があり得るのか，などという一国全体に関する経済問題を扱う。たとえば，

(1) 国民経済全体としての経済活動は，どの程度活発な水準にあるのか，

(2) 働きたい意欲のある人びとは，どの程度雇用されているのか，

(3) 国民全体の所得や資本蓄積は，全体としてどの程度のスピードで，変動・拡大しているのか，

(4) 物価水準はどのように決まり，インフレーション（あるいはデフレーション）はどの程度進行しているのか，

という現状分析を行うとともに，マクロ政策問題として，さらに，

(5) 一国全体の経済活動をより活発にし，雇用を促進し，成長を刺激し，インフレやデフレを抑制するための政策は何か，また，その効果はどの程度か，

(6) マクロ経済政策を適切に進めるために，政策当局はどのように行動すべきか，

などを考える。このような景気や成長，雇用，インフレ（あるいはデフレ）

などというマクロ経済現象を，広い視点から分析するのが，マクロ経済学の課題である。

　もちろん，各企業や各家計の経済活動は，全く同じわけではない。ある企業は機械などの資本財を生産しているし，別の企業は衣服や家電などの消費財を生産している。また，流通，金融などに従事している企業もある。農業など食料を生産している家計もある。経済活動は生産・消費・流通に関する循環の面からも見ることができる。さらに，ある財が生産を拡大している一方で，別の財の生産が縮小している場合もある。

　したがって，すべての財・サービスがいつも同じ方向への動きをしているわけではない。個々の財・サービスの価格は様々な市場で決まるから，その背後にある経済事情も様々である。これらの差異に注目するのは，ミクロ経済学の守備範囲である。

　これに対して，マクロ経済学は，全体としての生産活動，価格水準の動向に関心を持っている。それは，多くの場合，無数の財・サービスの生産活動や価格水準の動きに同じような方向性や特徴が見られるからである。したがって，全体として見れば，一国全体の経済活動水準を示す GDP（国内総生産）や一国全体の物価上昇（下落）率を示すインフレ（デフレ）率など集計された経済指標の動きで，一国のマクロ経済活動をかなりの程度把握することができる。

1.3　日本経済の動向

■ 高度成長の時代

　マクロ経済学は，現実のマクロ経済を想定した実践的な経済学である。ところで，現実のマクロ経済における現象や問題点は時代とともに変化する。それにつれて，マクロ経済学の関心も変化し，マクロ経済政策の議論も影響を受けている。本節では，戦後日本のマクロ経済の動向を振り返りながら，マクロ経済学の関心の変遷についても説明したい。

　戦後日本経済の変化について，最大の出来事は高度成長を経験したことである。1955 年頃から 1970 年代初めにかけて，日本経済は著しく成長した。実質国民総生産は，平均して年率 10％も成長した。その結果，1955 年からの 15 年間で GDP は 4.2 倍になった。これは国際的にもきわめて高い成長率だった。

　この間の好景気は，神武景気（1955–57），岩戸景気（1958–61），いざなぎ景気（1965–70）と呼ばれた。1968 年には日本の GDP が（旧）西ドイツを追い抜き，自由世界でアメリカに次ぐ地位を占めるようになった。

　この高度成長を支えたものは，活発な民間設備投資と輸出の拡大だった。欧米の進んだ技術が効率的に導入され，技術革新のための投資によって，雇用も増大した。需要の増大が乗数効果（第 3 章参照）によって所得を増加させ，これがまた投資を誘発して，長期的な高成長を可能にした。

　また，政府の国民所得倍増計画，税制優遇措置，財政投融資による社会資本整備や設備投資の促進なども，大きな原因となった。設備投資に必要な資金の多くは，市中金融機関からの間接金融によって賄われた。戦前の財閥に代わって，有力都市銀行を頂点とした金融系列と呼ばれる企業集団が成長した。企業集団は，融資，株式の持ち合い，役員の派遣などで結びついた。日本経済が量的に拡大したのが，高度成長の時代だった。こうした高度成長期では，失業率は 1％程度でごくわずかであり，景気変動よりは経済成長に大きな関心が向けられていた。

　わが国のマクロ経済政策においても，完全雇用を前提として，高度成長と整合的な財政金融政策のあり方が議論された。たとえば，財政政策では，社会資本整備の促進や減税政策などであり，金融政策では人為的低金利政策のもとで，資金を効率的に成長産業に配分する仕組み（護送船団方式）が重視された。また，固定レート制度で安定的な成長を維持するために，国際収支の制約を意識した金融政策が採用された。

■ 変動の時代

　1970 年代に入ると高度成長は終わり，変動の時代となった。1971 年のニ

クソン・ショックにより，1ドル＝360円の固定為替レートが廃止され，
1973年に変動相場に移行した。また，1973年秋に第4次中東戦争が始まっ
て，石油輸出国機構（OPEC）が原油価格を4倍に引き上げた（第1次石油
危機）。これにより1974年の消費者物価は急上昇し，狂乱物価と呼ばれた。

この激しいインフレーションを抑制するため，厳しい総需要抑制政策が実
施され，インフレーションは鎮静したが，景気は低迷した。この結果，石油
危機の前には1%前後であった失業率が2%前後に上昇した。このとき，日
本経済は欧米諸国と同様に，インフレと景気の後退を同時に経験するという
スタグフレーションに直面した。

また，1979年に第2次石油危機が生じた。しかし，このとき物価はそれ
ほど上昇しなかった。石油に依存しないエネルギーへの転換や省エネの技術
開発が行われたからであった。

1980年代に入ると，企業は需要を外国に求めて輸出を伸ばした。そのた
めに大幅な貿易黒字が発生し，欧米諸国との貿易摩擦が深刻化した。その結
果，外国への直接投資が急増し，現地生産が進んだ。企業の海外進出は，国
内の経済活動の停滞（産業空洞化）をもたらし，また，海外では投資摩擦を
引き起こすなどの問題を抱えた。

1985年の為替レートに関する先進諸国間での「プラザ合意」以降，円高
不況対策，貿易摩擦解消のための内需主導型経済成長を目的として，低金利
対策がとられた。その結果，企業の経済活動は活発になる一方で，預貯金な
どの金融資産から土地や株などキャピタル・ゲインが期待できる資産へと需
要が変化した。地価，株価が高騰するバブル景気を経験した。

この時期にマクロ経済活動は大きく変動した。失業率が上昇し，インフレ
率も上昇した。マクロの安定化政策が最大の関心事となった。不況期に財政
金融面から需要を刺激するケインズ的なマクロ政策の有効性が争点となった。
同時に，石油ショックなど供給面からコストが上昇してインフレが生じたこ
ともあって，需要を適切に管理するだけでは，マクロ経済活動を安定化させ
るには限界があることも認識されるようになった。人々がインフレを期待す
るようになり，政府のマクロ政策を予想するようになると，当初想定された

効果も生じにくくなってきた。新古典派のマクロ経済学が注目されるように
なり，合理的期待形成が大きな関心を呼んだ時期でもある。

■ 低迷の時代 ────────────────────────────

　1990 年代に入ると，株価や地価などの資産価格も下落するようになり，
わが国ではマクロ経済活動が低迷して，経済成長率が次第に低下した。1990
年代後半にはほとんどゼロに近い成長率になった。1990 年代は「失われた
10 年」としてマイナスの評価を受けた。

　経済成長を決める要因は，3 つある。第 1 に資本ストックの蓄積である。
第 2 に労働供給の動向である。そして，第 3 に技術進歩の可能性である。
1990 年代に成長率が低下した背景には，労働投入の減少があった。これは，
少子高齢化によって労働力人口が伸びなくなったことや，パソコンを使いこ
なせる人が不足したように，労働の質が時代の要求に合わなくなってきたた
めである。また，技術進歩も頭打ちとなった。

　わが国の経済成長率が低下し，失業率が上昇を続け，物価が下落し，財政
赤字が累増して，金利がゼロ水準まで低下したこの時期のマクロ経済活動は，
これまで標準的なマクロ経済学が想定していなかった現象といえる。財政金
融の両面から総需要を刺激しようとするケインズ経済政策の限界が指摘され
るとともに，新古典派の経済分析でも必ずしも明快な処方箋は描き切れない。

　なぜ，経済成長率は低迷したままなのか。景気変動と独立に失業率が上昇
しているときに，ケインズ的な安定化政策は有効なのか。物価が下落するデ
フレ下で，標準的な金融政策は有効なのか。地価，株価が下落することで不
良債権が増加し，ますます景気を悪化させているが，資産市場の価格調整メ
カニズムはマクロ経済の安定化に寄与しているのか，など多くの課題が新し
く生じてきた。

■ 構造改革と世界金融危機 ────────────────────

　2001 年に登場し，国民的な人気にも支えられて 2006 年までの 5 年間の長
期政権を維持した小泉政権は，構造改革路線のもとで，不良債権処理，規制

改革，民営化を推進して，民需主導の景気回復を図った。この間，マクロ経済は好転し，戦後最長期間の好景気を実現した。それでもこの期間の経済成長率は3％程度であり，家計の所得もそれほど増加せず，実感なき好景気であった。また，財政赤字は減少せずその債務残高も累増を続けた。

2007年には原油価格，農産物などで，資源制約や環境対応のために，国際的に価格高騰が問題となった。さらに，2008年後半からリーマン・ショックに象徴されるように，アメリカ発の国際金融危機が生じて，グローバル経済に大きな悪影響をもたらした。世界規模での景気後退が，車や家電など輸出に依存する割合の高い企業を中心に，わが国経済を直撃した。情報面でもグローバル化が進展し，金融市場の国際的な相互依存が大きくなると，ある金融市場での不安定なショックが国際的に拡大して，ますます経済危機を増幅させた。さらに，国際経済の変化（中国，南欧など新興国でのバブル崩壊）によって，金融市場のみならず，世界全体の実物経済にも大きな悪影響を与えた点が，この危機の特徴である。

こうした大規模なマクロ・ショックに対して，適切な景気対策を実行する必要がある。金融政策同様，財政政策面での国際協調も重要である。景気後退が本格化すれば，財政健全化を推進するマクロ経済環境は厳しくなる。したがって，当面に必要とされる財政出動幅も大きくなる。2009年に政権交代が実現したが，民主党政権においても財政規律を軽視して，ばらまき型の予算編成が行われ，財政事情は極端に悪化した。

わが国経済の動向を考える場合，リーマン・ショックのような世界経済に共通する要因も無視できないが，より構造的な問題として，中長期的に潜在成長率が低下してきたことも重要である。少子高齢化，グローバル化の影響を深刻に受けるのは，若い世代，将来世代である。成長率が長期的に低下すると，現在よりも将来の方がマクロ経済環境は厳しくなっていくだろう。

■ アベノミクス

安倍政権の経済政策（金融緩和と財政出動と成長戦略を3本の矢としたアベノミクス）は2012年の政権発足当初は好結果を出した。「第1の矢」であ

17

る大胆な金融政策は，これまでの伝統的な金融緩和政策と異なる異次元の緩和政策である。大量の長期国債を購入してベースマネーを積み上げ，民間のインフレ予想へ働きかけることを意図したものである。実際，市場の予想を超えた金融緩和によって，当初は大幅な円安が進み，株価も上昇した。しかし，成長戦略が期待通りの成果を上げないなど，実体経済の活性化は十分に実現できず，インフレ率も目標の2%に届かなかった。財政再建の見込みも未だに不透明なままであり，少子高齢化が進行する中で残された課題は大きい。

　21世紀前半のわが国経済は，このまま衰退していくのか，また復活するのかの岐路に立たされている。マクロ経済学にとって，分析課題が山積している。

1.4　本書の構成

　本書は，マクロ経済学の標準的な内容を簡潔に紹介するとともに，日本経済が直面するマクロ経済面での課題に対応するための政策上の議論も整理して解説する。本書の構成は以下のとおりである。まず第2章では，GDPを中心として，マクロ経済活動に関する経済指標について説明する。第3章と第4章ではケインズ的なマクロ・モデルを解説する。このうち第3章ではもっとも単純で強力なマクロ・モデルである財市場の45度線のマクロ・モデルを紹介し，主として財政政策の効果を考える。第4章では，標準的なマクロ・モデルである *IS-LM* モデルを紹介する。これは財市場とともに貨幣市場を考慮して，GDPと利子率が同時に決定される一般均衡モデルである。第5章では，この *IS-LM* モデルを用いて，財政金融政策の効果を解説する。ケインズ的なマクロ安定化政策の標準的な考え方を解説する。

　ついで，第6章では供給サイドを明示することで，物価水準の決定メカニズムを考察する。また，物価の継続的な上昇現象であるインフレーションやその逆の現象であるデフレーションについても解説する。第7章では，

マクロ経済活動を国際的な視点で考察する。まず国際収支勘定を説明するとともに，貿易を考慮したマクロ・モデルで財政金融政策の効果を整理する。次いで，為替レートの変動を想定する場合に，財政金融政策がどのように影響を受けるのかを考察する。また，為替レートがなぜ変動するのかも考える。

　第8章以降は中長期的なマクロ経済変動を取り上げる。第8章では標準的な経済成長モデルを解説する。特に，ケインズ的な成長モデルであるハロッド゠ドーマー・モデルと新古典派的な成長モデルであるソロー・モデルを取り上げる。また，成長会計と技術進歩についても解説する。第9章は，経済成長と貯蓄・投資の関係を説明する。貯蓄の決定要因，投資の決定要因をそれぞれ解説するとともに，戦後のわが国における経済成長のメカニズムを考える。第10章では，有力な分析手法となっている内生的経済成長モデルを解説する。また，長期的な経済成長率にマクロ経済政策が及ぼす効果についても，幅広く議論する。

　第11章では，景気循環や資産価格変動のようなマクロ経済変動を検討する。標準的な景気変動のモデルや政策を解説するとともに，バブルの現象も取り上げる。第12章では，マクロ経済政策の有効性について，中立命題という概念を用いて再検討する。世代間の再分配政策が有効でなくなる状況を説明し，新古典派的なマクロ・モデルにおける財政政策の効果を考える。また，金融政策の中立性，有効性についても再検討する。

　最後に，第13章では政策当局に焦点を当てながら，マクロ経済政策のあり方や有効性を考える。市場が失敗する一方で政府も失敗する。政府の失敗を考慮すると，必ずしも裁量的なマクロ政策が望ましいとはいえない。また，政治的な要因で政府の経済政策が左右される場合，それがマクロ経済にも影響することは避けられない。市場の失敗がマクロ経済政策の大きな存在理由であるとしても，同時に，政府も失敗する可能性がある以上，マクロ経済政策のあり方は再検討を迫られるだろう。

Point——2 マクロ経済学の学び方

　マクロ経済学は，ミクロ経済ほどは体系化されていないため，その学習方法も様々なアプローチが可能である。それでも簡単なマクロ経済環境を想定した単純なマクロモデルから学習するのが標準的である。まず，閉鎖経済で物価が変動しない実物経済のモデルから学ぶべきだろう。その際に，ケインズ的なアプローチと新古典派的なアプローチの2つがあるが，ケインズ的なマクロモデルからマスターするのが，標準的である。

　単純なマクロモデルでは使われる数式も簡単だから，数学的素養はほとんど必要ない。それよりも単純な数式の背後にある経済的ロジックや直感を理解することが重要である。

　また，マクロ経済学では失業，インフレ，不況，成長など，マクロ経済全体の動きに関わる経済変数が重要な役割をもつ。こうした変数の経済的な意味や現実の経済での動向などに注意を払うと，抽象的なマクロ分析がより理解できる。現実のマクロ経済と関連させて学習することで，マクロ経済学への興味もより高まるだろう。

まとめ

●マクロ経済学は，個別の無数の経済活動をまとめて集計した大きな経済活動と捉えて，そのようなマクロ経済活動の指標として何が望ましいか，また，マクロ経済活動の水準や変動がどのようにして起きるのかという一国全体の経済問題を扱う。

●マクロ経済学はミクロ経済学とともに，経済分析の基本的な概念を扱う学問である。

●マクロ経済学には，ケインズ的立場と新古典派的立場がある。

●日本経済など現実のマクロ経済活動が戦後 65 年間に大きく変化したのと合わせて，マクロ経済学や経済政策の内容も次第に変化してきた。

重要語

□マクロ経済活動　　　□家計　　　　　　　□企業
□政府　　　　　　　　□市場　　　　　　　□マクロ経済学
□ミクロ経済学　　　　□マクロ・モデル　　□一般均衡分析
□部分均衡分析　　　　□ケインズ・モデル　□新古典派モデル
□高度成長

問　題

■1　次の問題は，マクロ経済学の対象か，ミクロ経済学の対象か。

（イ）　不況から脱出するには，どのような政策が有効か。

（ロ）　リンゴの生産が天候不順で落ち込んだとき，ミカンの価格はどうなるか。

（ハ）　失業率は，高齢化が進行するとどうなるか。

（ニ）　輸入自由化でコメの生産はどうなるか。

（ホ）　20年後の日本の経済成長はどのように変化しているか。

■2　次の見方は，ケインズ的な立場か，新古典派的な立場か。

（イ）　市場の価格調整メカニズムを重視する。

（ロ）　人々は，それほど合理的に行動しないと考える。

（ハ）　政府は不況対策を十分に行うべきだと考える。

（ニ）　政府はあまりマクロ経済活動に介入しすぎない方がよいと考える。

（ホ）　短期的な景気対策よりも長期的な構造改革が重要と考える。

■3　以下の現象は，わが国の高度成長期，変動期，低迷期のいずれに当てはまるか。

（イ）　マクロ経済活動が持続的に拡大した。

（ロ）　地価や株価などの資産価格が下落した。

（ハ）　失業率は低く，ほとんど完全雇用が実現した。

（ニ）　狂乱物価といわれるインフレを経験した。

（ホ）　貿易摩擦が深刻になった。

■4　2010年以降のマクロ経済現象として，当てはまるものはどれか。

（イ）　日本の経済成長が回復して，1980年代と同じ成長率を実現できた。

（ロ）　アベノミクスの成果でインフレ率は2%の目標水準を達成した。

（ハ）　財政再建は進まず，公債残高の対 GDP 比率は上昇を続けた。

（ニ）　雇用環境は悪化したままで，失業率は5%以上で高止まりした。

（ホ）　国際収支の黒字傾向が拡大し，貿易収支の黒字基調が定着した。

■5　次の文章の（　）に適当な言葉を入れよ。

　マクロ経済学は，一国全体の（ア）を分析対象とする学問であり，マクロ経済活動の水準である（イ）やマクロ生産量の持続的拡大である（ウ）などを分析対象とする。

2 国民経済計算とGDP

　この章では，マクロの経済活動を統計的に把握する手法である国民経済計算（SNA）を解説する。そして，マクロ経済活動の代表的な概念である（国内総生産）GDPについて，その特徴を整理する。

> 1．国民経済計算（SNA）について，簡単に解説する。
> 2．マクロ経済学の基本的な経済指標であるGDPの概念について説明する。GDPがどのような意味で一国の経済活動水準全体の指標として適当であるのか，また，GDPの概念に含まれない経済活動としてどのようなものがあるのか，議論する。
> 3．マクロ経済循環を理解し，GDPに関する3面等価の原則を説明して，GDPの規範的な意味を考える。
> 4．わが国の代表的なマクロ経済指標を国際比較する。

2.1　国民経済計算（SNA）

■ 国民経済計算（SNA）とは

　国民経済計算（SNA）とは，"System of National Accounts"の略称であり，「国民経済計算体系」とも呼ばれている。この国民経済計算，すなわちSNAは，一国のマクロ経済の活動状況について，生産，消費，投資というフロー面や，資産，負債というストック面を体系的に記録することをねらいとする国際的な基準，勘定（モノサシ）である。言い換えるならば，企業で資産と負債（ストック）の経済的な評価を示す財務諸表を作成する際に企業会計原則が基準となるように，マクロ経済活動を統計的に把握する際に，一国経済

の会計原則として用いられるのが，国民経済計算，すなわち SNA である。

　国際的な比較を意味のあるものにするには，世界各国が共通の基準に基づいてマクロ経済指標を作成することが必要である。日本をはじめ世界の多くの国が国民経済計算（SNA）という統一された基準に従って，所得水準や経済成長率などのマクロ経済活動を数量化して，各国のマクロ経済の実態を明らかにしている。なお，2019 年現在の国民経済計算は，2008SNA に準拠している。この 2008SNA では，それまでの 93SNA から，ニューエコノミーの展開，グローバリゼーション，金融市場の発展等，近年の経済・金融環境の変化を織り込んだ各種の概念・範囲の改訂を行っている。

フローとストック

　経済学では，一般的にストックとフローの区別が大切である。マラソンに例えれば，ストックはこれまでに走ってきた距離，フローはいま走っているスピードを意味する。フローのスピードが速ければ，やがてはたくさんの距離を走破したことになるが，短期的にフローのスピードを速めても，息切れして，その後スピードが落ちれば，距離の上ではそれほどの効果はないかもしれない。

■ SNA 体系の概要

　SNA が一国全体におけるマクロ経済活動をどのように数量化して把握しようとしているかについて，その概略を簡単に説明しよう[1]。

A．生産と所得の分配

　第 1 章でも説明したように，家計一人ひとりは経済生活を送るために，様々なもの（＝財・サービス）を消費している。家計は衣食住という基本的な消費に加えて，生活を楽しむためにも多くの消費活動をしている。これに応えるために企業は，一定の技術のもとで各種の生産要素（労働，資本ストック，土地）を組み合わせて使用し，また，原材料（中間財）を投入して生

---

[1]　内閣府経済社会総合研究所 HP（http://www.esri.cao.go.jp/jp/sna/93snapamph/top.html）をもとに解説。なお詳しい数値は，http://www.esri.cao.go.jp/jp/sna/h20-kaku/100129/point.pdf を参照。

産活動を行って，財・サービスを産出している。

　企業によって産出された財・サービスは，企業が原材料として用いるときの消費である中間消費，各種の国内最終需要（家計の消費支出，民間企業の設備投資や在庫投資等）および輸出（外国からの需要）向けに市場で販売される。また，政府も税金を徴収した財源で公共サービスを提供している。

　こうしたマクロ経済活動の結果，付加価値が生まれる。次節で説明するように，付加価値とは産出額から中間投入額を差し引いたものであり，マクロ経済活動による所得に対応する。生産活動の過程で生み出された付加価値（産出額−中間投入額（企業の原材料））は固定資本減耗（資本ストックの減耗分）と純間接税（SNA上の用語は，「生産・輸入品に課される税（控除）補助金」）を除いた後，労働，資本，土地など各生産要素の所有者に報酬（所得）として配分される。これが所得の分配である。

B. 所得の受取・処分と資本の蓄積・調達

　生産要素を提供した家計・企業などの各主体は，配分された報酬から所得税等の直接税（SNA上の正式な用語は，「所得・富等に課される経常税」）や社会保険料等を政府に納めるとともに，政府から年金等の給付（補助金）を受ける。また，各主体間で配当や利子等の受取と受払が行われる。このようにして再配分が行われた後の所得（可処分所得）をもとにして，各経済主体は消費するために財・サービスを購入し，また，投資するために，住宅，企業設備，土地等の実物資産を購入する。

　このような支出活動の結果，各経済主体間で，資金の過不足が生じる。資金に余剰が生じた主体は，預貯金，公社債，株式等の金融資産に資金を運用するという貯蓄行動を行う。逆に，資金が不足した主体は，金融機関からの借入や公社債・株式の発行等により資金を調達するという借入（負の貯蓄）行動を行う。SNAでは，各経済主体が行う様々な取引を経常取引と資本取引に大別している。前者の経常取引は所得支出勘定に，後者の資本取引は資本調達勘定に対応している（図2.1）。以下それぞれの勘定を説明しよう。

25

B-1. 所得支出勘定（制度部門別）

　SNA 上では，各制度部門（経済主体に相当する概念）は，非金融法人企業，金融機関，一般政府（国，地方自治体を合わせたもの），家計，対家計民間非営利団体より構成される。そして，各経済主体ごとに，経常取引である第1次所得の受取，および再分配所得の受取と支払また消費支出が，会計における複式簿記の形式に従って記録される。

　ここで，第1次所得の受取とは，国内の生産活動によって生み出された雇用者所得（SNA 上の用語は，「雇用者報酬」）と営業余剰（SNA 上の用語は，「営業余剰・混合所得」）および財産所得に加え，一般政府にとっての受取となる純間接税（間接税－補助金）から構成される。受取側には，さらに，海外から受け取った要素所得の純計額（受取－支払）が計上される。

　また，一方再分配所得（受取と支払）は，3つのカテゴリー，(1)直接税，社会保険負担（社会保険料等），(2)社会保障給付と社会扶助給付（生活保護費等），(3)その他の再分配に分類されている。これらいずれの再分配所得についても，複式簿記の原則に従い，ある経済主体（たとえば家計）の支払は，誰か他の経済主体（たとえば政府）の受取に計上される。

B-2. 資本調達勘定（制度部門別）

　各経済主体（制度部門）は，様々な形態で資金を調達して実物資産（住宅，企業設備，土地等）と金融資産（預貯金，公社債，株式等）に投資・貯蓄するが，その調達と投資・貯蓄の間には次の恒等式が成立する。

> （自己資金の純増額）＋（金融市場から調達した資金の純増額）
> 　＝（実物投資）＋（金融資産の純増額）

　このとき，SNA では，経済主体（制度部門）別に，実物投資と自己資金の純増額（貯蓄＋固定資本減耗＋他部門からの資本純移転）との間のバランス関係を計数的に把握するとともに，不足あるいは過剰となった資金がどのようにして金融市場で資金調達（借入）あるいは資産運用（貯蓄）されたかを数量的に明らかにするために，資本取引を実物取引と金融取引に区分して記録している。

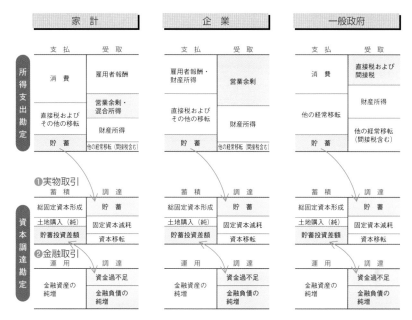

図2.1　制度部門別所得支出勘定および資本調達勘定の基本的概念図（イメージ）

（注）　各種統計・データより推計。SNA では固定資本減耗は，控除項目として蓄積側に記録している
　　　（純ベースでの記録方式を採用）。

（出所）　内閣府経済社会総合研究所 HP（http://www.esri.cao.go.jp/jp/sha/93snapmph/fig02.html）

　前者の実物取引の勘定は貯蓄・投資バランス等のマクロ経済分析に，後者の金融取引の勘定は資金循環や資産選択等の金融市場のマクロ・ミクロ分析に必要なデータを提供するよう設計されている。

C.　制度部門別貸借対照表

　各経済主体は様々な資産と負債からなるストックを保有している。これを制度部門別に見たものが制度部門別（期末）貸借対照表である（**図2.2**）。

　この勘定では，資産側に非金融資産（在庫，固定資産からなる生産資産，土地，地下資源，漁場からなる非生産資産）および金融資産（現金・貯金，株式等）を計上しており（**図2.3**），総負債・正味資産側には金融の負債およびバランス項目となる正味資産を計上している。なお，各制度部門の正味資産は（非金融資産）＋（金融資産）−（負債）として定義される。一国全体の

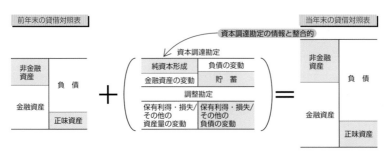

図2.2　制度部門別貸借対照表の推計

（注）　金融資産・負債の残高および変動の情報は，「資金循環統計」（日本銀行）等より得られる。
（出所）　内閣府経済社会総合研究所 HP（http://www.esri.cao.go.jp/jp/sna/93snapamph/fig03.html）

図2.3　資産分類

（出所）　内閣府経済社会総合研究所 HP（http://www.esri.cao.go.jp/jp/sna/93snapamph/fig04.html）

正味資産は国富（2.3 節**表 2.9** 参照）とも呼ばれている。制度部門別（期末）貸借対照表では，**図 2.2** にあるように資本調達勘定，調整勘定を明示的に取り込むことによって，フローの勘定とストックの勘定が整合的に連結している。

　以上のような SNA の基準によって各経済変数について推計が行われ，次節で述べる GDP をはじめとしたマクロ経済活動の指標の数値が導出される。

2.2　GDP の概念

■ GDP の定義

　次に，マクロ経済活動の代表的な指標である国内総生産（GDP）について，説明しよう。ある国の一国全体での国内総生産（GDP）は，ある一定期間

Column —— 1	国民経済計算の公表

　国民経済の活動状況を多面的・総合的に表す指標としての国民経済計算は，その作成に当たって経済実態を正確に反映するという正確性を要請されるとともに，現状の景気判断の基礎として，速報性も要請されている。しかし国民経済計算は，各種の基礎統計を利用して推計する加工統計であるため，「速報性」を高めようとすれば，利用しうる基礎統計の範囲は限られたものとなり，推計精度は後退せざるを得ない。たとえば，中国では2週間後には速報値が発表されるが，その信頼性はあまり高くない。このように「速報性」と「正確性」にはトレード・オフの関係がある。

　国民経済計算においては，公表時期をできるだけ早めるために，早期に利用できる基礎資料を用いて推計するとともに，より精度の高い基礎資料の入手に応じて，段階的に推計値を改定し，統計の「正確性」を一層高めていく作業も行われている。市場の関心は速報値にあるが，速報値は正確に欠ける分だけ，恣意的な意図が介入すると見られることもある。すなわち，マクロ経済状況の数字を意図的に良く見せるために，何らかの政策的配慮が考慮されるという懸念である。特に，利用する基礎統計の扱いを変更する場合に，そうした懸念が生じやすい。速報値と確定値が大きく乖離する場合もそうした懸念を助長する。

　なお，公表時期の早いものから順に見ると，以下のようになる。

(1) **1次速報**：1次QE（Quarterly Estimate）と呼ばれており，支出系列および雇用者報酬について，約1カ月と2週間程度遅れで公表される。

(2) **2次速報**：2次QEとも呼ばれる。1次速報発表の1カ月後（当該四半期終了後約2カ月と10日程度後）に，1次速報によって公表した支出系列および雇用者報酬について，新たに利用可能となった基礎資料による改定を行う。

(3) **確報**：毎年12月頃公表するもので，前年度の計数の確定値である。

(4) **確々報**：確報公表の1年後に，「工業統計表品目編」等の新たなデータの入手により確報を改定する。

(5) **基準改定**：「産業連関表」，「国勢調査」等が5年に1回公表され，また「消費者物価指数」等の物価指数も基準時が改定されるので，国民経済計算もこれに合わせて大幅な改定を行う。合わせて不変価格表示（実質値）の基準年次も切り替える。

表2.1　代表的な指標の定義

国内総生産（GDP）	一国の国内で産み出された付加価値の合計。外国人が日本で稼いだ所得は日本のGDPに含む。日本人が外国で稼いだ所得は日本のGDPには含まない。最近では，GDPの方がGNPよりも用いられる傾向にある。
国内純生産（NDP）	GDP－固定資本減耗
国民純生産（NNP）	GNP－固定資本減耗
国民所得（NI）	NNP－（間接税－補助金）
国民総所得（GNI）	一国の居住者が稼いだ付加価値の合計（国民総生産（GNP）に代わる概念）。日本人が外国で稼いだ所得は日本のGNIに含む。外国人が日本で稼いだ所得は日本のGNIには含まない。

にある国内で新しく生産された財・サービスの付加価値の合計である。ここで，付加価値とは，それぞれの経済主体がその生産活動によって，新しくつけ加えた価値のことである。つまり，それぞれの企業の生産額から原材料費を差し引いたものである。GDP とは，国内総生産を表す「Gross Domestic Product」の略語である。ある国の一定期間（たとえば1年間）のマクロ経済活動の大きさを測る指標として，GDP はもっともよく用いられている。

国民経済の活動を全体的に分析するのがマクロ経済学の課題であるが，そのためには，経済活動の大まかな動きを何らかの指標で表す必要がある。国民経済全体として，マクロ経済活動が活発であるのかそうでないのかを判断する基準として，GDP の大きさはもっとも有益な指標と考えられている。

GDP には，生産で使われて減耗する機械などの減耗分（固定資本減耗）が含まれている。これを差し引いたものを国内純生産（NDP）という。これがその年において純粋に生産された付加価値の額である（図2.4）。

なお，GNP（Gross National Product）とは，国民総生産のことである。これは，一国の国民（居住者）が国の内外を問わず，稼いだ付加価値の合計である。以前はマクロ経済活動の代表的指標として GNP がよく用いられていた。しかし，1990 年代に入ってからは一国国内の経済活動を表す適切な指標としては，GDP の方が用いられている。国民経済全体として，マクロ経済活動の大きさを示す基準として，国内総生産の大きさはもっとも有益な

図2.4 SNA関連指標の概念の関係

（出所） 内閣府経済社会総合研究所 HP（http://www.esri.cao.go.jp/jp/sna/93snapamph/fig01.html）

指標と考えられている。

また，国民純生産には，国民のつくり出した価値とは関係のない間接税が含まれている。また，政府の補助金の分だけ市場価格が安くなっている。したがって，国民純生産から間接税を差し引き，補助金を加えたものを国民所得（NI）という。

また，国民総所得（Gross National Income；GNI）とは，一国全体を所得の面から捉えたものであり，概念的には，各制度部門別の「第1次所得の配分勘定」のバランス項目である「第1次所得バランス（総)」を合計したものである。数値的には，93SNA 移行で使わなくなった国民総生産（GNP）に相当するものである。以上の関係を図示したのが，**図2.4** である。

■ GDP の概念：3 つの注意点 ────────────────────────

国内総生産の概念について，3 つの点に注意したい。まず，第 1 に，GDPはある一定期間というフローの概念である。わが国は，1960 年代から高度成長の時代に入り，1970 年代前半まで毎年の国内総生産が 10 ％を超えるスピードで上昇したが，当時の生活関連資本や社会資本の整備水準（＝ストック）を見ると，住宅についてウサギ小屋が問題になったように，まだまだ遅れている面も多かった。最近では東アジア諸国の方が GDP の成長率は高く，GDP 規模で見て中国がわが国を上回ってしまったが，金融資産，実物資産で見ると，アジアにおけるわが国の存在感は相当大きい。これは，フローとストックの概念を区別することの重要性を示す一例である。

第 2 の点は，付加価値の生産とは何かという点である。これは，企業などの生産者が生産活動によってつくり出した生産額から，その企業などの生産者が購入した原材料や燃料などの中間投入物を差し引いたものである。すべての生産活動の大きさを表す指標としての国内総生産を求めるときに，なぜ中間投入物を差し引くのかを，考えてみよう。

国内総生産は，ある一定の期間のうちにどの程度国民経済にとって利用可能な資源が増加したかを示すものである。したがって，各経済主体が新しく資源を増加させた金額の合計を示すものである。付加価値とは，それぞれの

経済主体がその生産活動によって，新しくつけ加えた価値のことであるから，単純にそれぞれの企業の生産額を合計することはできない。

たとえば，次のような例を考えてみよう。ある外食企業は，1年間にパンを1億円，肉を1億円仕入れて，新しく人と機械を投入してそれらの材料を加工して，4億円のハンバーガーを売り上げるとしよう。この企業の付加価値は，4−1−1=2億円になる。4億円の売り上げがあっても，そのうちの2億円は，すでに他の企業で生産されたものであるから，新しく生み出されたものではない。他の企業の生産物に，新しく人と機械を投入して，ハンバーガーという新しい生産物をつくり出すことで，この外食企業は2億円だけ経済全体の生産活動を増加させたと考えることができる。

第3に，付加価値を合計するときには，そのやり方に注意する必要がある。総額を計算するときには，(1)純額（ネット（net））で計算するのか，(2)粗（グロス（gross））の額で計算するのかの2通りがある。純額（正味）を計算する場合には，生産に使われる機械などの資本ストックに対して，その減耗分を控除して計算している。生産に際して機械を使うと，それだけ磨耗し，機械の価値が減少する。これは，その分経済全体にとっての利用可能な資源が減少することを意味する。付加価値の合計をするときには，機械の減耗分は差し引いている。国内総生産をある一定の期間につくられた経済的な価値の合計と考えると，純額で合計する方がもっともらしい。

しかし，機械が実際にどれだけ経済的に減価したかを客観的に推計するのは，困難である。いったん生産活動に投入された機械は，市場で取引されることがあまりなく，減耗するとしてもその経済的な大きさは，市場という客観的な場所で評価されない。したがって，国内総生産を純額で測ろうとしても，実際には，客観的な評価が難しい。機械の減耗を差し引かない粗（全体）の額で国内総生産を測れば，減耗を評価するという難しい仕事は回避で

表2.2　粗と純の相違

粗の概念	国内総生産：機械の減耗は差し引かない
純の概念	国内純生産：機械の減価を差し引いて計算している

きる。一般に，国内総生産（GDP）という場合には，粗の額で，また，国内純生産（NDP）という場合には，何らかの間接的方法で推計した減価分（固定資本減耗）を差し引いて，純額で測ったものを用いている。

■ GDP に含まれないもの ─────────────────

ところで，市場で取引されないために，国内総生産を測る際に問題となるものも多い。NDP の計測で純額を計算するとき，機械の減耗を，一定の前提で推計しているが，その根拠は必ずしも客観的でもない。さらに，推定できないという理由で，国内総生産の計算から除外されているものもある。家庭内での掃除，洗濯，料理などの家事労働サービスが，その代表例である。家事サービスは，市場で取引されない家庭内のことなので，その付加価値を測定するのは困難である。もちろん，お手伝いや便利屋に頼んだりして，実際にお金が取引されれば，その金額から家事サービスを測定することはできる。しかし，家庭内での家事全般をその内容に応じて金銭で評価するのは難しい。

さらに，土地の値上がりによる売却益（キャピタル・ゲイン）も，新しく生産活動の結果生み出された付加価値ではないから，GDP には含まれない。

■ 間接的推計 ─────────────────────

しかし，市場で取引されなくても，何らかの便法を用いて，その経済的な活動を国内総生産の計算に反映させるものも多い。第 1 は，政府の付加価値である。政府支出のサービスは，老人福祉サービスなど市場を通さないで行われるものが多いから，なかなかその客観的な額が計算できない。そこで，政府サービスの付加価値は，そのサービスをつくり出すのにかかった費用

表2.3　GDPに含まれるもの・含まれないもの

GDPに含まれるもの	付加価値（生産物−中間投入物）：市場価格で計測 政府支出：かかった費用で計測 自家消費，帰属家賃：推計
GDPに含まれないもの	家庭内での労働サービス，キャピタル・ゲイン，地下経済での非合法活動，公害などのマイナスの経済活動

（具体的には公務員の給料など）で測ることにしている。

第2は，自家消費の取扱いである。自家消費とは，農家などが自分のところで生産したものを市場に出さないで，自分で消費してしまう活動である。市場で価格がつかないから，自家消費の大きさを客観的に計測するのは困難である。そこで，農家が生産したものは，いったんすべて市場で売るとみなして，自家消費分も国内総生産に計上している。また，持ち家の住宅サービスの消費についても，同様な取扱いをしている。すなわち，借家の場合には，家賃という形でその住宅サービスが市場で取引されるのに対し，持ち家の場合には，住んでいる人の享受している住宅サービスが自家消費であるため，推計するしかない。持ち家の場合も，かりに家賃を支払うとすればどれだけかを推計して，その帰属家賃を国内総生産に計上している。

■ 3面等価の原則

これまで，国内総生産を生産における付加価値の合計として，生産面から見てきたが，生産されたものは，誰かに分配され，誰かの所得になっているし，何らかの形で使われているはずである。したがって，国内総生産には，3面等価の原則が当てはまる。3面等価の原則とは，国内総生産を生産面（GDP）から見ても，分配面（国内総所得；GDI）から見ても，支出面（国内総支出；GDE）から見ても，すべて等しいことを意味する。

国内総生産が，生産面から見ても，分配面から見ても，支出面から見ても，常に等しいという3面等価の原則は，事後的な関係であることに注意したい。国民所得を計算する際に，分配された所得が必ず何かに支出されるというのは，貯蓄と投資が事後的に等しく計算されていることを意味する。ここでは計画どおりに販売できなかったものを，在庫品の増加として意図せざる在庫投資とみなし投資に含めることで貯蓄と投資を事後的に等しくさせている。

GDPの3面等価

最初に生産面のGDP＝分配面のGDPという関係から見ておこう。付加価値の合計として生産されたものは必ず，誰か，すなわち家計か企業か政府かの収入となっているはずである。この関係は

表2.4　GDPの３面等価

事後的に等しい	生　産	付加価値の合計
	分　配	雇用者所得＋固定資本減耗＋間接税－補助金＋営業余剰
	支　出	民間最終消費支出＋政府最終消費支出＋国内総固定資本形成＋在庫品増加＋海外経常余剰

GDP ＝雇用者所得＋固定資本減耗＋間接税－補助金＋営業余剰

と表される（**表2.4**参照）。次に，分配面の GDP ＝支出面の GDP という関係を考えよう。分配されたものは，必ず何らかの形で支出されているはずである。これは，

GDP ＝民間最終消費支出＋政府最終消費支出＋国内総固定資本形成
　　　　＋在庫品増加＋海外経常余剰

として定義される（海外経常余剰＝輸出－輸入）。

■ GDP の規範的意味 ────────────────────────

　ここで，国内総生産の規範的な意味を考えてみよう。国内総生産は，ある国においてその期間にどれだけ新しく経済的な価値が増加したかを示す指標であるから，これが大きいほど一般的には望ましい。わが国でも，1960 年代からの高度成長を経て国内総生産が飛躍的に拡大して，結果として物質的にはかなり豊かな社会となった。しかし，国内総生産が増加すれば，すべての面で良くなるのかというと，必ずしもそうではないだろう。市場で取引されないものは，国内総生産の中に基本的に入っていないからである。特に，公害に代表されるようなマイナスの生産活動は，何ら考慮されていない。したがって，国内総生産の持つ意義と限界をしっかりと認識することも重要である。

　そこで生活により密着した指標として，国民経済の福祉水準を数量化する試みとして国民純福祉（国民福祉指標；NNW）などいくつかの指標が提唱されてきた。具体的には，国民総生産から環境破壊などマイナス面のコストを差し引き，市場で評価されていない家事労働や余暇，ボランティア活動などを金銭面で評価して加えたものである。しかし，客観的な数量化が困難なため，十分には用いられていない。

　また，経済的な豊かさの代表的な指標である所得とともに，持ち家比率や

教育水準，公園などの社会的資本の整備状況などいくつかの分野別の指標を用いて，各地方公共団体別に暮らしやすさの程度を示す指数も作成されたこともある。しかし，全体としてどういった評価が望ましいのかについて，見解が一致するのは困難である。限界はあるにせよ，GDPという指標は市場の客観的評価に基づいているという点で，もっとも基本的な指標といえよう。

▌貯蓄と投資▐

　貯蓄は，所得のうち消費されなかったもの，投資は企業による資本蓄積のための支出である。家計の貯蓄は，直接，間接のルートを通じて，企業の投資資金に回されるが，家計の意図する貯蓄と企業の意図する投資とは，必ずしも一致しているとは限らない。しかし，事後的には，貯蓄と投資が常に等しくなるように投資の概念を定義することで，常に3面等価の原則が成立する。

■ 名目GDPと実質GDP

　GDPは新しく生まれた生産額の総額である。ここで，生産額は生産量とその財の値段（＝市場価格）の積になる。したがって，生産額が変化するときには，生産量が変化するか，値段が変化するか，いずれかの変化が生じている。たとえば，すべての財・サービス（モノ）の値段が2倍になったとしよう。GDPも2倍になる。しかし，私たちが利用できるモノの大きさは，いままでと同じである。実質的に経済活動が2倍になったわけではない。これに対して，すべての「モノ」の値段が一定のときに，すべての「モノ」の生産量が2倍になったとしよう。このときもGDPは2倍になるが，ここでは私たちの利用できる「モノ」が増加したから，実質的に経済活動が大きくなったといえる。

　このように，GDPの大きさを見るとき，実質的に経済活動が変化したのかどうかは，財・サービスの価格がどう動くかに依存する。名目GDPは単に市場価格で評価したGDPの大きさを表す。これに対して，かりにすべての財・サービスの値段が一定であったとして，「モノ」の生産量の大きさを図るのが，実質GDPの概念である。名目GDPが増加しても，実質GDPが増加しなければ，経済活動が活発になったとはいえない。

　ところで，最近の日本経済では，実質 GDP が増加しても，名目 GDP が減少する状況も見られる。これは，いろいろな分野で「モノ」の値段が大幅に下落しているので，少しぐらい生産量が増加しても，（名目）生産額は増加しないからである。

■ 物価指数 ────────────────────────────

　GDP は一国全体のマクロ生産活動の水準を指標にしたものである。では，一国全体の価格水準を指標化するもの（＝物価指数）はどのようなものだろうか。物価指数としては，消費者物価指数（Consumer Price Index；CPI）と企業物価指数（Corporate Goods Price Index；CGPI）がある。前者は消費財から構成される物価指数であり，後者は原材料や輸入・輸出財など企業の生産活動に用いられる財から構成される物価指数である。

　また，GDP デフレーターという物価指数もある。これは，名目 GDP と実質 GDP の比率として計算される物価指数であり，名目 GDP が実質 GDP よりも大きな率で上昇すれば，GDP デフレーターがその率で上昇したとみなすことになる。

$$\text{GDP デフレーター} = \frac{\text{名目 GDP}}{\text{実質 GDP}}$$

　たとえば，名目 GDP が 10％上昇し，実質 GDP が 4％上昇すれば，GDP デフレーターで表される物価水準は 6％上昇したことになる。消費者あるいは家計の消費行動にとってもっとも身近な物価指数は，消費者物価指数である。この指数が上昇するとき，家計は物の価格が上昇して，インフレが進行していると感じるだろう。企業にとっては企業物価指数も重要な価格指数となる。生産活動をするのに財の購入は不可欠であるが，その際に問題となるのは消費財ではなく，生産に投入される財である。よって，企業物価指数がそれほど上昇していなければ，たとえ消費者物価指数が大きく上昇しても，生産活動にはそれほど影響しないだろう。GDP デフレーターは，消費財の価格も生産財の価格もともに考慮した物価指数であり，一国全体の価格の変動をまとめてみる際に，もっとも適切な指数といえる。

❖ *Close Up*　2つの価格指数

　ラスパイレス価格指数は，ラスパイレス（Étienne Laspeyres）が提唱した指数算式で，物価指数を作成する場合，比較時と基準時の価格をそれぞれ基準時の数量をウェイトとして加重平均する。これに対して，パーシェ価格指数は，パーシェ（Hermann Paasche）が提唱した指数算式で，物価指数を作成する場合，比較時と基準時の価格をそれぞれ比較時の数量をウェイトとして加重平均する。パーシェ指数を用いて計算するものに，GDP デフレーターがある。パーシェ指数は，今年の生活（比較年の消費動向）をするのに必要な購入費用が基準年よりどれだけ増えているかを示すもので，今年の財の数量をもとにした価格比較となる。

2.3　わが国のマクロ指標

　最後に代表的な集計された経済変数のいくつかについて，わが国の指標を国際比較してみよう。表 2.5 は，GDP の大きさを示している。2017 年現在，OECD 諸国の中でわが国の GDP の総額は，アメリカに次いで第 2 位である。国際的にもわが国のマクロ経済活動は無視できないほど大きな規模を占めている。ただし，GDP 総額では中国の半分以下であり，その格差は次第に拡

表 2.5　OECD 諸国の国内総生産（名目 GDP：暦年）

（米ドル表示　単位：10 億ドル）

順位	国　　名	2013 年	2014 年	2015 年	2016 年	2017 年
1	アメリカ	16,784.9	17,521.7	18,219.3	18,707.2	19,485.4
2	日　　本	5,154.1	4,854.8	4,390.0	4,924.8	4,860.4
3	ド イ ツ	3,752.5	3,898.7	3,381.4	3,495.2	3,693.2
4	イギリス	2,753.6	3,034.7	2,896.4	2,659.2	2,637.9
5	フランス	2,811.1	2,852.2	2,438.2	2,471.3	2,586.3
6	イタリア	2,130.5	2,151.7	1,832.3	1,869.2	1,946.6
7	カ ナ ダ	1,847.2	1,803.5	1,556.1	1,530.3	1,650.2
8	韓　　国	1,305.6	1,411.3	1,382.8	1,414.8	1,530.8
9	オーストラリア	1,543.2	1,464.3	1,248.9	1,311.7	1,416.1
10	スペイン	1,361.9	1,376.9	1,199.1	1,237.5	1,314.3

（原典）日本以外の国は OECD Annual National Accounts Database（令和元年 7 月現在）。日本は，経済社会総合研究所推計値（円の対ドルレートは，東京市場インターバンク直物中心相場の各月中平均値の 12 か月単純平均値を利用）。
（注）2017 年の上位 10 か国を挙げたもの。オーストラリアは，年度の計数。
（出所）内閣府経済社会総合研究所ＨＰ「平成 29 年度国民経済計算のポイント」

表 2.6　主要国の国内総生産（名目 GDP：暦年）

（米ドル表示　単位：10 億ドル）

	2013 年	2014 年	2015 年	2016 年	2017 年
アメリカ	16,784.9	17,521.7	18,219.3	18,707.2	19,485.4
	21.8	22.1	24.3	24.5	24.1
中　　国	9,570.5	10,438.5	11,015.6	11,138.0	12,143.6
	12.4	13.2	14.7	14.6	15.0
日　　本	5,154.1	4,854.8	4,390.0	4,924.8	4,860.4
	6.7	6.1	5.9	6.5	6.0
ド イ ツ	3,752.5	3,898.7	3,381.4	3,495.2	3,693.2
	4.9	4.9	4.5	4.6	4.6
イギリス	2,753.6	3,034.7	2,896.4	2,659.2	2,637.9
	3.6	3.8	3.9	3.5	3.3
フランス	2,811.1	2,852.2	2,438.2	2,471.3	2,586.3
	3.6	3.6	3.3	3.2	3.2
イ ン ド	1,856.7	2,039.1	2,103.6	2,290.4	2,652.6
	2.4	2.6	2.8	3.0	3.3
ブラジル	2,472.8	2,456.0	1,802.2	1,796.3	2,053.6
	3.2	3.1	2.4	2.4	2.5
世界全体	77,160.6	79,299.9	74,903.5	76,206.8	80,976.2

青字部分は世界に占める比率（％）。
（資料出所）日本以外の OECD 加盟国（上記のうち日本，ロシア，ブラジル，中国，インド以外の各国）：
OECD "Annual National Accounts Database"（令和元年 7 月現在）。
日本：経済社会総合研究所推計値（円の対ドルレートは，東京市場インターバンク直物中心相場の各月中平均値の 12 か月単純平均値を利用）
中国：中国統計年鑑 2017（為替レートは IMF "International Financial Statistics"）
ロシア，ブラジル，インド：世界銀行 "World Development Indicators Database"
世界全体：日本以外の OECD 加盟 35 か国は OECD "Annual National Accounts Database"，日本及び中国は上記資料，その他の国は世界銀行 "World Development Indicators Database" より作成。
（注）中国は香港及びマカオを含まない。
（参考）平成 28（2016）暦年における，円の対米ドルレートは 108.8（円／ドル）（東京市場インターバンク直物中心相場の各月中平均値の 12 か月単純平均値）。
平成 29（2017）暦年における，円の対米ドルレートは 112.2（円／ドル）（同上）。
（出所）内閣府経済社会総合研究所ＨＰ「平成 29 年度国民経済計算のポイント」

大している（表 2.6）。また，1 人あたりの GDP で見ると，その順位は低下傾向を示しており，OECD 加盟諸国に中では第 20 位になっている（2017 年現在。表 2.7）。

　表 2.8 は，GDP の構成を消費，投資，政府支出に分けて，その国際比較を見たものである。わが国は，他の先進諸国と比較すると，政府最終消費支出の割合がやや小さく，その分だけ国内総固定資本形成（＝投資）の割合がやや大きい。ただし，以前と比較すると，これらの数値は他の先進諸国と似た数値になっている。

表 2.7　主要国の 1 人あたり国内総生産（名目 GDP：暦年）

（米ドル表示　単位：10 億ドル）

	2013 年	2014 年	2015 年	2016 年	2017 年
アメリカ	53,016	54,935	56,701	57,797	59,774
	7 位	8 位	5 位	6 位	6 位
ド イ ツ	46,531	48,143	41,394	42,443	44,681
	15 位	14 位	15 位	13 位	14 位
イギリス	42,953	46,979	44,485	40,508	39,943
	16 位	16 位	11 位	16 位	18 位
フランス	42,598	43,011	36,620	36,980	38,565
	18 位	18 位	18 位	20 位	19 位
日　　本	40,444	38,148	34,537	38,790	38,348
	19 位	19 位	20 位	18 位	20 位
ブラジル	12,300	12,113	8,814	8,713	9,881
	—	—	—	—	—
中　　国	7,051	7,651	8,033	8,079	8,759
イ ン ド	1,450	1,574	1,606	1,729	1,981
	—	—	—	—	—

＊青字部分は OECD 加盟国中の順位（注記，資料出所，出所は表 2.6 と同じ）

表 2.8　支出項目別国内総生産（名目 GDP，2016 年暦年）の構成比（%）

	日本	ドイツ	フランス	イギリス	アメリカ	ブラジル	中国	インド
民間最終消費支出	56	53	55	66	69	64	39	59
政府最終消費支出	20	20	24	19	14	20	14	12
国内総固定資本形成	24	20	22	17	20	16	42	28
在庫変動	0.1	−1	1	0	0	−1	2	2
財貨・サービスの輸出	1	8	−2	−2	−3	0	2	−1

（資料出所）UN, National Accounts Main Aggregates Database（2018 年 1 月ダウンロード）。日本は内閣府経済社会総合研究所ホームページ「平成 28 年度国民経済計算年次推計」による。
（出所）総務省統計局「世界の統計 2019」

　表 2.9 は，産業別の総生産の構成比を示している。第 1 次産業（農林水産業）の比率は極端に小さく，全体の 1% に過ぎない。また，第 2 次産業（鉱業，製造業，建設業）の比率も 30% 以下であり，それほど大きなものではない。もっとも大きな規模を占めているのは，第 3 次産業（その他）であり，70% を超える水準を維持している。中でもサービス産業の比重が年々増加す

表 2.9　経済活動別国内総生産（名目 GDP，暦年）の構成比

(%)

	2013 年	2014 年	2015 年	2016 年	2017 年
1．農林水産業	1.1	1.1	1.1	1.2	1.2
2．鉱業	0.1	0.1	0.1	0.1	0.1
3．製造	19.6	19.9	20.9	20.8	20.8
4．電気・ガス・水道・廃棄物処理業	2.1	2.4	2.6	2.6	2.6
5．建設業	5.4	5.6	5.6	5.6	5.8
6．卸売・小売業	14.9	14.4	14.1	13.9	14
7．運輸・郵便業	5.1	5.2	5.1	5.1	5.1
8．宿泊・飲食サービス業	2.5	2.5	2.3	2.6	2.5
9．情報通信業	5.1	5.1	5.1	5	4.9
10．金融・保険業	4.6	4.5	4.4	4.2	4.2
11．不動産業	12	11.8	11.5	11.5	11.4
12．専門・科学技術，業務支援サービス業	7.3	7.3	7.3	7.5	7.5
13．公務	5.2	5.2	5	5	5
14．教育	3.7	3.7	3.6	3.6	3.6
15．保健衛生・社会事業	7	6.8	6.9	7.1	7
16．その他のサービス	4.6	4.6	4.4	4.3	4.3
合　計	100	100	100	100	100
第 1 次産業（農林水産業）	1.1	1.1	1.1	1.2	1.2
第 2 次産業（鉱業，製造業，建設業）	25	25.5	26.6	26.5	26.7
第 3 次産業（その他）	73.9	73.4	72.3	72.3	72.1
市場生産者	88.6	88.6	88.8	88.9	88.9
一般政府	9.2	9.2	9	8.9	8.8
対家計民間非営利団体	2.2	2.2	2.2	2.2	2.3

（注 1）各経済活動には市場生産者のほか，一般政府，対家計民間非営利団体からなる非市場生産者を含む。
（注 2）上記は，経済活動別付加価値の合計（国内総生産（GDP）とは異なる）に対する構成比。
（注 3）不動産業の生産額には，持ち家の帰属家賃（持ち家を賃貸と同様のサービス生産と考えること）を含む。
（出所）内閣府経済社会総合研究所ＨＰ「平成 29 年度国民経済計算のポイント」

る傾向にある。

　表 2.10 は，国富（資産から負債を差し引いた正味資産に相当）を示している。2017 年末の正味資産は 3384 兆円程度であり，2 年連続の増加となった。最後に，図 2.5 は，日本経済の循環を示している。2017 年（暦年）の日本の名目 GDP は約 545 兆円であるが，それがどのような割合で，生産され，分配され，支出されたかをこの図は示している。

表 2.10 正味財産（国富）の推移

（単位：兆円）

	2013 年	2014 年	2015 年	2016 年	2017 年
正味資産（国富）	3,226.50	3,304.40	3,297.00	3,332.20	3,383.70
固定資産	1,682.80	1,724.00	1,737.00	1,744.30	1,779.30
在庫	76.1	67.8	63.4	65.9	70.5
非生産資産	1,141.90	1,149.20	1,157.40	1,185.80	1,205.60
うち土地	1,135.70	1,143.00	1,151.40	1,179.40	1,199.10
対外純資産	325.7	363.4	339.2	336.3	328.4

（出所）内閣府経済社会総合研究所ＨＰ「平成 29 年度国民経済計算のポイント」

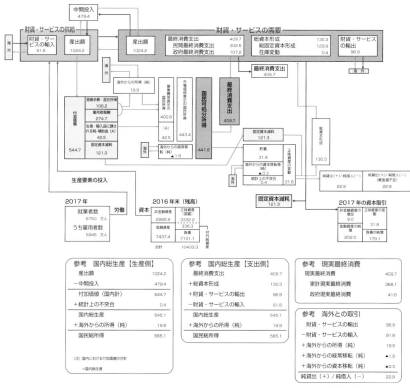

（注）1. ━━▶ は財貨・サービスの処分等を，━━▶ は所得の処分等を示している。
　　　2. 四捨五入の関係上，内訳項目を合計したものは，総額と必ずしも一致しない。
　　　3. 2016 年末の残高に 2017 暦年間の資本取引を加え，さらにこれらに関する価格変動の影響等を調整（加減）したものが，
　　　　2017 年末の残高となる。
（出所）内閣府経済社会総合研究所「平成 29 年度国民経済計算のポイント」参考図表をもとに作成。

図 2.5 2017 年日本経済の循環

Point——3	産業連関表（Input-Output Table）

産業連関表は，産業（商品）間の投入と産出を行列表示することにより，すべての財貨・サービスの生産とその処分に至る過程を把握しようとするものであり，アメリカの経済学者**レオンチェフ**（Leontief, W.；1906–1999）によって初めて作成された。

わが国の産業連関表は 1951 年に初めて作成されて以来，30 年以降，5 年ごとに作成されている。産業連関表は生産の相互関係を明らかにするとともに，産業構造，雇用構造，分配構造，あるいは価格構造についての分析や予測等，多方面で利用されている。

産業連関表では，タテ方向の計数の並びで，その部門の財・サービスの生産に当たって用いられた原材料，燃料，労働力などへの支払の内訳（費用構成）が示されており，「投入」（input）と呼ばれる。

一方，ヨコ方向の計数の並びでは，その部門で生産された財・サービスの販売先の内訳（販路構成）が示されており，これは「産出」（output）と呼ばれる。このため，産業連関表は，「投入産出表」（Input-Output Tables，略して I–O 表）とも呼ばれている。

産業連関表は生産活動を記録する**内生部門**と最終需要および粗付加価値を表す**外生部門**の 2 つの部門に分かれる。

産業連関表の列（縦）は，**各産業あるいは商品の費用構成**を示し，生産のためにどのような財・サービスが使用（投入）されたかが示されており（**中間投入**），また**粗付加価値**（営業余剰，雇用者所得，固定資本減耗，間接税，（控除）補助金等）がどれだけ発生したかを表している。

一方，産業連関表を行（横）に見ると，各財・サービスがどの部分にどのように**販売**されたかが示されており，これは**中間需要**と呼ばれる。外生部門の購入は**最終需要**といい，家計，政府等の最終消費，資本形成，輸出等から成り，それぞれの各列はその財貨・サービス別の構成を示す。

各産業の**行和と列和は等しく**，その産業の総産出額である。

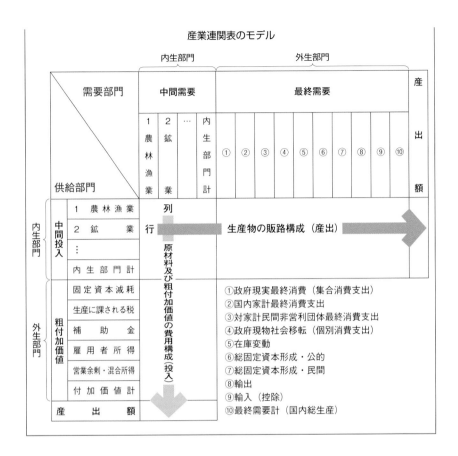

産業連関表のモデル

●国民経済計算（SNA）は，一国のマクロ経済活動について，生産，消費・投資というフロー面や，資産，負債というストック面を体系的に記録することをねらいとする国際的な基準，勘定（モノサシ）である。

●国内総生産（GDP）は，ある一定期間における一国内でのマクロ経済活動の大きさを全体的に表す指標として，もっとも代表的なものである。

●国内総生産は，ある一定期間のうちにどの程度生産活動によって付加価値が増加したかを示す。しかし，市場で取引されないために，国内総生産を測る際に問題となるものも多い。

●国内総生産は，生産面から見ても，分配面から見ても，支出面から見ても，常に等しい。

● 2017 年度のわが国の名目 GDP は約 547 兆円である。

重要語

☐国民経済計算（SNA）　☐国内総生産（GDP）　☐国民総所得（GNI）
☐国民所得　　　　　　　☐国富　　　　　　　　☐付加価値
☐国内純生産（NDP）　　☐３面等価の原則　　　☐物価指数
☐ GDP デフレーター

問　題

■1　以下の文章のうちで正しいものはどれか。

（イ）SNA はわが国が独自に開発した国民経済計算上の手法である。

（ロ）SNA では，一国のマクロ経済活動のうちで，国際的な取引のみを抽出して勘定に表している。

（ハ）一国全体の正味資産は，国富とも呼ばれている。

（ニ）わが国の GDP 総額は，2019 年現在アメリカを抜いて世界第 1 位である。

（ホ）わが国の産業別の総生産を見ると，第 2 次産業の比率がもっとも高くなっている。

■2　GDP の増大が望ましくないとすれば，その背後でどのような経済的な現象が生じているからと考えられるか。

■3　以下の金額を大きい順番に並べよ。

国内総生産，国内純生産，国民所得，国富，国内産出額

■4　３面等価の原則がなぜ成立するのか，説明せよ。

■5　民間消費と民間投資ではどちらが大きいか。また，より安定しているのはどちらか。

■6　以下の文章の（　）に適当な用語を入れよ。

GDP デフレーターは，（ア）と（イ）の比率として計算される（ウ）であり，（ア）が（イ）実質よりも大きな率で上昇すれば，GDP デフレーターがその率で上昇したとみなすことになる。

■7　GDP に関する記述のうちで，誤っているものはどれか。

（ア）粗付加価値の合計は，最終生産物の合計に等しい。

（イ）持ち家の帰属家賃や農家の自家消費は GDP に含まれる。

（ウ）純間接税（間接税−補助金）は，支出面から見た GDP に計上される。

（エ）分配面から見た GDP において，日本のデータでは雇用者所得が最も大きい構成要素である。

（オ）株価の上昇によるキャピタル・ゲインは分配面からみた GDP に含まれない。

3 乗数モデル

この章では，ケインズ・モデルのもっとも基本的な考え方である有効需要の原理を，財市場での均衡条件のみを考慮する 45 度線の乗数モデルを用いて説明する。すなわち，マクロ経済学の理論モデルとして，もっとも単純なモデルを説明する。乗数という概念を用いて，マクロ経済政策の効果について分析を進めていく。

1. 需要と供給が乖離する際の財市場での調整メカニズムを検討する。
2. 家計の消費関数を定式化する。
3. 財市場の均衡条件を，式と図で表して，国民所得の決定メカニズムを考察する。
4. 政府支出の変化や税制の変化のもたらす乗数の大きさを考える。
5. 財政赤字の意味について考える。

3.1 調整メカニズム

■ 価格調整か数量調整か

一国のマクロ経済活動水準はどう決定されるだろうか。この章では，マクロ経済モデルのもっとも基本的で代表的な考え方となっている単純なケインズ・モデルを用いて，一国全体の財市場（モノ，サービスの生産と消費が決まる市場）においてマクロ経済活動水準に対応する指標である国民所得（あるいは GDP）がどう決定されるか検討しよう[1]。ケインズ経済学の基本的

---

1) 以下，特に断らない限り，GDP＝国民所得とみなして，両者を区別しないで用いる。

な考え方である有効需要の原理を，もっとも単純なモデルを用いて説明する。

ケインズ経済学

ケインズは，主著『一般理論』によって，マクロ経済の発展に大きな影響を与えた。1930年代の大不況を背景として書かれた本書は，自由放任主義の欠陥を指摘し，適切な政府の介入に対する理論的な根拠を与えるものであった。現実の経済政策をマクロ的な見方から分析する，そのアプローチは経済学者のみならず，政策当局にも大きな影響を与えた（**Point——1** も参照）。

国民所得，あるいは，国内総生産を計測するときに，3面等価の原則が成立することは，第2章ですでに述べた。しかし，これはあくまでも，ある一定期間の経済活動が終了した後での事後的な統計上の関係であって，ある時点で新しく経済活動を始める際の事前的な意味で，すなわち，個々の企業や家計の意思決定のレベルで，常に均衡が成立しているわけではない。たとえば，ある財市場に話を限定すると，その財の市場価格のもとで，生産する企業にとって望ましい供給量と消費する家計にとって望ましい需要量とが，常に一致しているわけではない。事後的には，在庫の調整が行われてはじめて，3面等価の原則が成立する。では，事前的に需要と供給とが一致していないとき，どのような調整メカニズムが働くのだろうか。

ケインズ経済学の基本的な立場は，需要と供給との差を調整するものが，価格ではなく**数量**だという点にある。すなわち，たとえば，財市場において，ある価格のもとで企業が生産したい水準を意味する（事前の意味での最適な）供給量の方が，その価格のもとで家計や他の企業がその財を購入したいと思う（事前の意味での最適な）需要量より多い超過供給の状態にあるとしよう。企業にとっては，その市場価格のもとでつくりたいと考えるだけの生産量が全部は売れない状態であり，生産能力に余剰が生じている状態である。このとき価格メカニズムがうまく働けば，その財の価格が下落して，その財に対する需要を刺激して，超過供給を解消する方向に動くであろう。

しかし，価格の調整スピードがあまり早くなければ，短期的に，超過供給は解消されない。企業は，そのような状態にあれば需要に応じるだけの供給量しか生産しないだろう。需要が増加すれば，それに応じて生産量も増加す

るが，需要が増加しない限り，生産は増加しない。売れ残ったものは意図せ
ざる在庫の増加になるし，生産量を増加しなければ労働や資本の投入にも慎
重になる。労働者の一部は失業するし，資本設備の稼働率も低下するだろう。

　このように，ケインズ経済学では価格の調整スピードが遅く，需要と供給
の調整は，短期的に主として数量（特に需要量）によると考える。こうした
数量による調整メカニズムを，有効需要に基づく数量調整と呼ぶ。

■ 需要とケインズ経済学

　ケインズ経済学でこのような数量調整が行われるために，企業の行動や市
場の調整に2つの仮定が必要である。第1に，財市場で超過供給の状態が支
配的であり，生産能力に余裕があり，現在の価格水準が相対的に高すぎて，
そのもとで，いくらでも需要があるだけ生産するのが，企業にとって採算上
有利である状況を想定している。第2に，価格調整のスピードが遅く，超過
供給であっても，価格は短期的に下落しないと想定している。

　したがって，こうした数量調整のメカニズムは，価格の調整スピードが短
期的に遅く，また，企業の生産能力が余っている不況期によく当てはまる考
え方であろう。1930年代の大不況を背景としてケインズ経済学が生まれて
きたことを考えると，当時としては，自然な発想であったといえる。

　ところで，数量調整を前提とするケインズ経済学では，財市場において総
需要がどう決まるかが最大の問題となる。なぜなら，需要の大きさで実際の
生産水準や所得が決まるからである。特に，本章で展開するような財市場の
みで国民所得の決定を考えるもっとも単純なモデル（＝45度線の乗数モデ
ル）では，財に対する各経済主体（家計，企業，政府）の有効需要決定メカ
ニズムが国民所得の決定メカニズムにほかならない。供給の方は，需要に見
合うだけ生産が行われるのみと考えている。

　なお，総需要とは各家計や企業，政府など個別経済主体の需要量の合計額
を意味し，一国全体のマクロ経済活動の支出総額（マクロの消費額と投資額，
政府支出額の総計）である。総需要が多くなるほど，マクロの生産活動も活
発になり，国内総生産（GDP）も大きくなる。

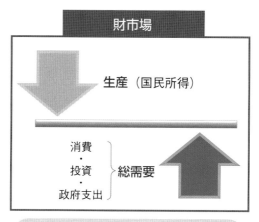

財市場の需要と供給が一致するのは，総需要に
等しい生産が行われることである。

図3.1　財市場のイメージ

Point――4	インフレギャップとデフレギャップ

　マクロの総需要が供給能力を上回ると，物価が上昇する。インフレーションの状態になるから，このときの需要と供給の乖離幅をインフレギャップと呼ぶ。逆に，マクロの総需要が供給能力を下回ると，物価が下落する。デフレーションの状態になるから，このときの需要と供給の乖離幅をデフレギャップと呼ぶ。前者は好況期に，後者は不況期に生じる現象である。また，供給能力に見合った GDP を潜在 GDP（あるいは完全雇用 GDP）と呼ぶ。労働者が完全雇用され，資本が正常水準で操業されるときに生産できる GDP である。

3.2　家計の消費需要

■ 消費関数

　さて，財に対する総需要は，第 2 章の GDP を支出面から見た国民経済計算の議論でもあったように，家計の消費需要と企業の投資需要，そして政府の需要（政府支出）の 3 つからなる。このうち，もっとも単純なこの章のモデルでは，企業の投資需要はある水準で一定であり，モデルの外で決定され

表3.1 モデルと変数

外生変数	モデルの外で与えられる変数 　例：政府支出
内生変数	モデルの中で説明される変数 　例：GDP
モデル	ある外生変数が変化したとき，内生変数がどのように変化するかを説明する 　例：政府支出の拡大により，どれだけGDPが増加するか

ていると考える。また，政府の需要は政策的に決定されるものであるから，これも財市場の外の状況で決まる外生的な変数（**表3.1**）である。したがって，総需要の決定を説明するには，家計の消費需要の決定メカニズムだけを考えればよい。これを定式化したのがマクロの消費関数である。

内生変数・外生変数

　経済学では，理論的なモデルを用いて，現実の経済を描写している。このとき，そのモデルの中で説明される変数を内生変数，モデルの中では説明されない変数を外生変数と呼んでいる。したがって，どの変数が内生変数であり，外生変数であるかは，モデルによって異なる。この章で説明する45度線の乗数モデルを用いた有効需要の原理では，国民所得のみが内生変数であるが，第4章で説明する $IS\text{-}LM$ のモデルでは，国民所得と利子率が内生変数となる。

　いま，一国全体の財市場で生産される付加価値である国内総生産，あるいは，（分配面から見た）国民所得の大きさを Y で表す。マクロの消費関数は，家計の消費行動の結果として決まる Y と家計の消費 C との関係を定式化している。たとえば，家計の消費が次のように決まるとしよう。

(1)　　　　$C = c_0 + c_1$　　　$c_0 > 0,\ 0 < c_1 < 1$

　これは，消費が所得にプラスに依存する定式化である。ケインズ・モデルでの標準的な消費関数である。c_0 は所得がない（$Y = 0$）ときに消費される量（基礎消費）を意味する。所得がなくても，生存のためには最低限何らかの消費が必要であろう。それは，所得以外の外生的な資源，たとえばそれまで蓄積してきた資産に依存しているかもしれない。また，c_1 は所得が変化し

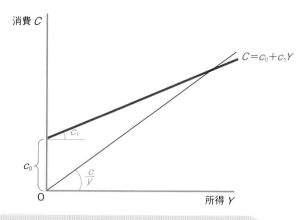

消費関数は，所得が多くなれば消費も多くなるという関係を示している。消費関数の傾きc_1は限界消費性向である。また，平均消費性向(C/Y)は所得に対する消費の割合を示している。

図3.2 消費関数

たとき消費に割り当てられる割合（後述する「限界消費性向」）であり，0から1の範囲となる。

　このマクロ消費関数の性質を調べてみよう。まず，$c_1>0$であるから，消費は所得の増加関数となっている。所得が多いほど消費も多くなると考えるのは，もっともらしいであろう。ただし，$c_1<1$であるから，Yが1円増加しても，Cは1円以下のc_1円しか増加しない。c_1が1より小さいということは，所得の増加ほどには消費は増加しないことを意味する。この差額は，貯蓄の方に回される。すなわち，所得が増加すると，消費と貯蓄の両方が増加する。

　所得が限界的に1単位増加したときの消費の限界的な増加分（$\Delta C/\Delta Y$）を限界消費性向，また，貯蓄の限界的な増加分（$\Delta(Y-C)/\Delta Y$）を限界貯蓄性向と呼んでいる（Δ（デルタ）は増加分を表す記号）。(1)式のような線型の消費関数では，c_1が限界消費性向，$1-c_1$が限界貯蓄性向である。なお，消費と所得との平均的な比率であるC/Yは，平均消費性向と呼ばれる[2]。c_0がゼロであれば平均消費性向と限界消費性向は一定する。

2）　家計調査（2018年）によると，2人以上の世帯のうち勤労者世帯の平均消費性向は70%程度である。2014年以降，この数値はやや低下傾向を示している。

表3.2　消費関数：まとめ

式：消費は所得の増加関数	$C=c_0+c_1Y$
平均消費性向：$\dfrac{消費}{所得}$	$0<\dfrac{C}{Y}<1$
限界消費性向：$\dfrac{消費の増加分}{所得の増加分}$	$0<\dfrac{\Delta C}{\Delta Y}=c_1<1$
税金を入れると	$C=c_0+c_1(Y-T)$
特　徴	今期の可処分所得の増加関数

■ 図による説明 ─────────────────────

　図3.2 は，縦軸に消費 C を，横軸に所得 Y を表している。この図に示すように，消費関数(1)式は切片 c_0，傾き c_1 の直線となる。限界消費性向は直線の傾き c_1 であるから一定である。平均消費性向は原点 O からの傾きであるから，c_0 がプラスであれば Y の増加とともに次第に逓減する。c_0 がゼロであれば平均消費性向と限界消費性向は一致する。

3.3　財市場の均衡

■ 国民所得の決定 ─────────────────────

　さて，財市場における総需要 A は，消費 C と投資 I および政府支出 G の合計で与えられる。したがって，次式を得る。

(2)　　　$A=C+I+G$
　　　　　　$=c_0+c_1Y+I+G$

　この式の第2の等式は(1)式の消費関数を代入したものである。ここで示されているように，消費 C が Y の増加関数であるため，総需要 A も Y の増加関数となる。また，所得が1単位増加したときに何単位総需要が増加するかを限界支出性向 $\Delta A/\Delta Y$ で表現すると，これは限界消費性向 $\Delta C/\Delta Y$ に等しい。限界消費性向は1より小さいから，限界支出性向も1より小さく，所得の増加ほどには総需要は増加しない。

　前述したように，ケインズ・モデルでは財市場で超過供給を想定している。

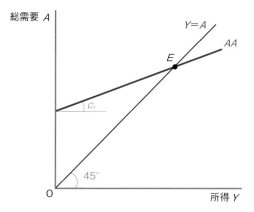

AA 線は，消費と投資と政府支出からなる総需要を示し，
Y＝A 線は 45 度線である。両曲線の交点 E で，財市場は
均衡しており，総需要に見合った国民所得が生産される。

図3.3 国民所得の決定

表3.3 財市場の均衡

総需要	消費＋投資＋政府支出
45 度線	「総需要＝生産」となる財市場の均衡条件

したがって，総需要に見合うだけ生産するのが，企業にとって望ましい。す
なわち，財市場の需要と供給が一致する条件は，この総需要に等しいだけの
生産 Y が行われることである。

(3)	$Y=A$

以上の式による国民所得の決定メカニズムを，**図3.3** で考えてみよう。こ
の図は，縦軸に総需要 A を，また，横軸に生産量である国民所得 Y を表し
たものである。45 度線は，$A=Y$ で与えられる(3)式の財市場の均衡条件を
示している。また，(2)式で与えられる AA 線は，総需要線を示している。
上述したように，AA 線は右上がりであり，その傾きは 1 より小さい。この
AA 線が 45 度線と交わる点 E が，財市場の均衡点である。なぜなら，E 点
でのみ，総需要が供給と等しく，(3)式が満たされ，財市場が均衡している

からである。

　図で示したように，*AA* 線は，45 度線の傾き（＝1）よりその傾き（＝限界消費性向）が小さくなっている。これは，限界消費性向 c_1 が 1 より小さいことに対応している。したがって，両曲線の交点で与えられる均衡点 *E* は，必ず 1 つだけ存在する。*E* 点の右側では，$A<Y$ となっている。このとき，総需要より総供給の方が上回る状態にあるから，生産されたものがすべて売れるのではなくて，売れ残りという意図せざる在庫が発生する。企業は，売れない在庫を抱えるよりは生産量を縮小させるから，最終的に *E* 点まで生産を縮小して，ちょうど需要に見合った生産が可能となる。逆に，*E* 点の左側では，$A>Y$ となって，需要が供給を上回る状態にある。企業は，需要があるだけ生産を拡大するのが有利だから，生産量は増加し，*E* 点まで生産が拡大して，財市場が均衡することになる。

　ただし，ここでの均衡は実際に実現する水準という意味であり，企業にとって最適な供給量が実現しているという意味での均衡ではない。企業は市場で成立している価格のもとでは，より供給量を増加したいと考えているが，需要の制約があるために，実現していない。

　このように，総需要の大きさにちょうど見合うだけの生産が行われるように調整されると考えるのが，有効需要の原理と呼ばれる，ケインズ経済学の国民所得の基本的な決定メカニズムである。なお，有効需要とは，実際の所得に裏打ちされた需要のことであり，財市場で実際に支出される需要のことである。

■ 乗　数

　ところで，これまでは投資や政府支出はある水準で一定であり，外生的に変化しないと考えていた。ここで，政府支出や投資が外生的に変化した場合の効果を考えてみよう。たとえば，企業の期待が強気になって，いままでより 1 兆円だけ投資が増加したとしよう。あるいは，財政政策の変化があって，たとえば，景気対策として政府支出が 1 兆円だけ増加したとしよう。いずれも，(2)式において $I+G$ が外生的に（すなわち，このモデルの外での変化

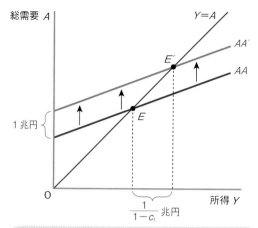

政府支出1兆円の増大により，総需要曲線 *AA* は上方に1兆円の大きさだけシフトする。*Y＝A* 線との交点で与えられる均衡点は，*E* から *E'* へと移動する。

図3.4 乗数メカニズム

により）1兆円だけ増加するケースである。

　図3.4 は，乗数メカニズムを図で示したものである。縦軸に総需要 $A = C + I + G$ を，横軸に生産＝所得 Y をとっている。(3)式左辺は45度線を意味し，(3)式右辺は総需要曲線 *AA*（$= C + I + G$）を意味する。このとき，図3.4 では *AA* 線が1兆円だけ上方にシフトする（曲線全体が上方に移動する）。*AA* 線は $G + I$ のある一定値に対応して描かれているから，$G + I$ が変化すれば，別の *AA* 線を描く必要がある。*AA* 線をシフトさせるような外生変数 $G + I$ は，シフト・パラメーター[3]と呼ばれる。均衡点 E は，45度線上を右の方に移動し，新しい均衡点は E' となる。国民所得は増加する。

　では，1兆円の外生的な需要の増加によって，国民所得はどれだけ増加するだろうか。

　財市場の均衡条件を Y について解くと，

3）　パラメーターとはモデルの中で決定されない定数項を意味する。この定数項が外生的に変化すると，曲線自体の位置を変化させる役割をもつので，シフト・パラメーターと呼ばれる。

(4) $$Y = \frac{c_0 + I + G}{1 - c_1}$$

これから，増加分についての関係を求めると，次式を得る[4]。

(5) $$\Delta Y = \frac{1}{1 - c_1}(\Delta I + \Delta G)$$

あるいは，整理すると次式を得る。

(5)′ $$\frac{\Delta Y}{\Delta I} = \frac{\Delta Y}{\Delta G} = \frac{1}{1 - c_1}$$

すなわち，外生的に需要が1兆円だけ増加すると，国民所得は $1/(1 - c_1)$ 兆円だけ増加する。$1/(1 - c_1)$ は，限界貯蓄性向の逆数に等しい。$1/(1 - c_1)$ は，1より大きいことに注意したい。この値だけ，需要の外生的変化は増幅されて国民所得を増大させる。この増幅の大きさである $1/(1 - c_1)$ は，乗数と呼ばれる。

[数値例]

限界消費性向 c_1 が0.8であれば，限界貯蓄性向の逆数 $1/(1 - c_1)$ は5となり，外生的な需要の5倍だけの所得増となる。1兆円の投資の増加は，5兆円の所得の増加を生み出すのである。

たとえば，$c_0 = 0$，$c_1 = 0.8$，$I = 10$，$G = 10$ とすれば，$Y = 100$ である。ここで，$G = 11$ になり，政府支出が1単位だけ増加したとすると，$Y = 105$ に増加する。Y の増加分は5であるから，乗数は5になる。

---

4) 変化分の計算のやり方を簡単に説明する。いま，次のような関係があるとしよう。
$$Y_t = aI_t + bG_t$$
期を1つずらすと，同様に次式を得る。
$$Y_{t-1} = aI_t - 1 + bG_{t-1}$$
これら2式の引き算から，次式を得る。
$$Y_t - Y_{t-1} = a(I_t - I_{t-1}) + b(G_t - G_{t-1})$$
ところで，投資 I を一定と考えると $I_t = I_{t-1}$ となる。したがって，
$$\Delta Y = b \Delta G$$
ここで，$\Delta Y = Y_t - Y_{t-1}$，$\Delta G = G_t - G_{t-1}$ である。これより，
$$\frac{\Delta Y}{\Delta G} = b$$
この式が，乗数の大きさを表している。

表3.4　ケインズ・モデルの特徴：まとめ

調整プロセス	数量調整
財市場	超過供給：需要に応じて供給が決まる
労働市場	非自発的失業：一定の賃金率のもとで働きたい労働者がすべては雇用されない
モデル	$Y=A$　　$A=C(Y)+I+G$
シフト・パラメーター	I（投資）, G（政府支出）
均衡でのGDP	$Y=\dfrac{c_0+I+G}{1-c_1}$　（$C=c_0+c_1 Y$のとき）

　AA 曲線の傾きは，消費性向 c_1 の大きさに対応しており，45 度線の傾きよりは小さい。G の拡大により AA 曲線が上方にシフトするから，均衡点は E から E' へと移動する。この大きさが，乗数の大きさに対応している。図 3.4 からわかるように，AA 曲線の傾き（限界消費性向）がより 1 に近くなるほど，乗数の値は大きくなる。

■ 乗数の経済的意味 ──────────────────

　では，なぜ，1 兆円の政府支出の増加によって，限界貯蓄性向の逆数の大きさだけ GDP が増加するのだろうか。

　まず，1 兆円の政府支出が増加した分だけ，誰かの（たとえば，公共事業を受注した建設業関係者の）所得が増加する。所得が増加すれば，マクロ消費関数に従って，消費が限界消費性向 c 兆円だけ増加する。この誘発された消費の増加は，財市場では需要のさらなる増加となる。その結果，さらに所得を c 兆円だけ増加させる。

　そして，この c 兆円の所得の追加的な増加により，それに限界消費性向を掛け合わせた c^2 の大きさだけ，さらに消費が累積的に増加する。このように，消費の拡大が所得を増加させ，さらに消費を拡大していく累積的な総需要拡大の合計が，乗数効果である。

　この大きさを計算すると，簡単な無限等比数列の和になるから，

$$1 + c + c^2 + c^3 + \cdots\cdots = \frac{1}{1-c}$$

の大きさとなる。すなわち，外生的に政府支出が1兆円だけ増加すると，GDPは $\frac{1}{1-c}$ 兆円だけ増加する。乗数の値は1よりも大きい。つまり，限界貯蓄性向（$1-c$）の逆数値だけ，政府支出増の外生的変化が増幅して民間需要を刺激し，GDPを増大させるので，乗数効果と呼ばれる。

❖*Case Study*　公共投資の乗数効果

　我が国におけるマクロモデルによる乗数の計測値については，いくつかの実証研究がある。代表的なマクロモデルである内閣府・経済社会総合研究所（ESRI）の短期日本経済マクロ計量モデルでは，1年目の乗数は1をやや上回る程度となっている。これは1単位の政府支出に加え，民間消費・投資需要の増加が少しは期待できるということを意味する。また，2000年初めまでの数値でみると，どちらかと言えば乗数は低下傾向にある。

　一方で，2000年代に入ると，公共投資の規模が減少するにつれて，財政政策の乗数効果が回復してきたのではないかという研究もある。宮川・川崎・枝村（2013）は，バブル崩壊後の1991年度以降も社会資本の生産力効果が大きいことを確認している。

　また，金融政策との関係では，中央銀行がゼロ金利政策などの金融緩和政策を実施している場合，財政政策の効果は大きくなると考えられる。Miyamoto et al.（2017）は，通常時に乗数は1を下回るが，ゼロ金利政策下では財政支出は消費や投資を増やし，乗数が1を超えるという推定結果を示している。ただし，近藤（2018）は，2000年代以降のゼロ金利期間においても，公共投資が地域経済にプラスの波及影響を与えているという強い証拠は得られなかったと指摘している。

参考文献

宮川努・川崎一泰・枝村一磨（2013）「社会資本の生産力効果の再検討」『経済研究』64（3），pp.240–255.

近藤春生（2018）「ゼロ金利期の財政政策と地域経済」『西南学院大学経済学論集』第52巻4号，pp25–38.

Miyamoto, W., Nguyen, T. L., and Sergeyev, D.（2017）"Government spending multipliers under the zero lower bound：Evidence from Japan." CEPR Discussion Paper No. DP11633.

3.4 自動安定化装置

■ 租税関数

では，租税を導入すると，乗数の値はどうなるであろうか。いま，線形の比例的な租税関数

(6)　　　$T = tY$　　　$0 < t < 1$

を想定しよう。ここで，Tは税収，tは税率である。税負担は所得に比例して増加すると考える。このとき，消費関数(1)は次のように修正される。

(1)′　　　$C = c_0 + c_1(Y - T) = c_0 + c_1(1 - t)Y$

ここで，$Y - T$は可処分所得（家計が実際に処分可能な所得）である。消費を可処分所得の増加関数と考えるのは，もっともらしいだろう。

ここで，政府支出が増大したときの乗数の大きさを求めてみよう。(1)′式を(2)(3)式に代入して，その変化分に関する式を求めると，

　　　　$\Delta Y = c_1(1 - t)\Delta Y + \Delta G$

を得る。

この式より乗数の大きさ$\Delta Y / \Delta G$を求めると，(5)′式の代わりに，

(5)″　　　$\dfrac{\Delta Y}{\Delta G} = \dfrac{1}{1 - c_1(1 - t)}$

となる。

すなわち，税率tが入った分だけ，乗数の値は小さくなる。これは，所得が増大しても，税負担が同時に増大することで，可処分所得増加の一部が相殺されるため，同じく消費の増大も少しは相殺されて，総需要の増大効果が少しだけ小さくなるからである。

[数値例]

たとえば，$c_0=0$，$c_1=0.8$，$t=0.25$，$I=10$，$G=10$ とすると，$Y=50$ となる。ここで，$G=11$ となって，政府支出が1単位だけ増加したとすると，$Y=52.5$ となり，Y は 2.5 だけ増加する。すなわち，$\Delta Y/\Delta G$ で表される乗数は，5 ではなく，2.5 に低下する。

この節では，租税関数を新しく導入したが，この税収は，それだけ人々の利用可能な所得である可処分所得を引き下げる効果を持っている。人々の消費行動が，実際に手元に残る所得（可処分所得）に応じて決まると定式化するのは，もっともらしい考え方であろう。なお，政府は，税収として民間の人々（家計や企業）から徴収したもののうち，いくらかは補助金（移転支出）として，民間の人々に返している場合が一般的である。そのような場合には，結局人々の手元から消えるのは，税収から移転支出を差し引いたネットの税収分だけである。したがって，T はネットの税収とみなすことができる。

■ 減税乗数

さて，上のケースでは税率を一定（外生変数）と考えたが，以下では，税率を内生変数と想定し，税収 T を政策変数として操作するケースを考えよう。すなわち，T を外生的に決められた大きさ，たとえば1兆円という金額だけ減税するように税率 t がモデルの中で調整されると考える。このようなやり方で減税した場合の総需要に与える大きさを調べてみよう。

このとき財市場の均衡条件は，次のようになる。

(7) $\qquad Y = c_0 + c_1(Y-T) + I + G$

この (7)式から，Y の変化分と T の変化分との関係を求めると，

$\qquad \Delta Y = c_1(\Delta Y - \Delta T)$

より，次式を得る。

(8)　　　　$\Delta Y = \dfrac{c_1}{1-c_1}(-\Delta T)$

あるいは，整理して次式を得る。

(8)′　　　　$\dfrac{\Delta Y}{\Delta T} = -\dfrac{c_1}{1-c_1}$

すなわち，減税乗数は，$c_1/(1-c_1)$ となる。減税乗数は政府支出乗数より
は小さくなるが，それでも乗数値はプラスである。

減税によって有効需要が増大するのは，減税による可処分所得の拡大のた
めに，消費が刺激されて，財市場で増加した需要に応じて，生産活動も拡大
するからである。

[数値例]

　たとえば，限界消費性向 c_1 が 0.8 とすると，この乗数の値は，0.8/(1−0.8)
=4 となる。1 兆円の減税によって 4 兆円だけの有効需要が創出され，国民所
得も 4 兆円増大する。

■ 税制の自動安定化装置

税率 $t>0$ が一定の値でモデルの中に入ってくる (5)′ 式の乗数の値は，政
府支出 G ではなく投資 I が外生的に変化した場合の Y の変化の大きさにつ
いても，同様に成立する。すなわち，本章のモデルでは政府支出乗数は，民
間投資乗数と同じである。

I の変化の場合には，乗数の値の小さい方が，有効需要の変動も小さく，
より安定な体系であることを意味する。なぜなら，投資乗数は民間投資など
の需要が外生的に変動したとき，乗数倍だけ有効需要が変動することを意味
するからである。外生的なショックの変動で所得（＝生産活動）があまり大
きく変動しない方が，体系は安定的と考えられる。たとえば，企業の投資需
要が落ち込む場合，投資乗数が小さければ，GDP の落ち込む程度は少なく
てすむ。

ところで，所得税が導入されると，そうでない場合よりも，乗数が小さく

63

なる。これは乗数値を小さくさせて，外生的なショックに対するGDPの変動を小さくさせるという意味で，より体系を安定的にさせる。税制という制度自体で，マクロ経済活動はより安定的になる。その意味で，これは，税制の自動安定化装置（ビルト・イン・スタビライザー）と呼ばれている。第2次世界大戦以降，戦後はわが国も含めて，先進諸国では1930年代の大恐慌のような大きな景気後退が見られなくなった。その一つの理由は，税制や社会保障制度が整備されて，景気が後退すると，自動的にマクロ需要を支える仕組みができたためである。2008年の世界金融危機でも，「100年に一度」といわれる大きなマイナスのマクロ・ショックであったが，GDPや失業率はそれほど極端には悪化しなかった。

ビルト・イン・スタビライザー

税収が国民所得に依存するとすれば，税制の存在は乗数の値を低下させて，国民経済に対する外生的な需要のショックに応じた国民所得の変動を安定化させる効果がある。これが，税制の持つビルト・イン・スタビライザー（自動安定化装置）である。もし，税制が累進的構造であれば，税収の増減は国民所得の増減以上に大きいから，自動安定化効果は強くなる。また，失業保険制度も，不況のときに需要を支えるから，有効需要の安定化に役立つ。税制以外でも，政府支出が国民所得水準にマイナスに依存している場合には，同様の議論が成立する。

3.5　均衡予算乗数

■ 政府の予算制約

では，税収Tと政府支出Gを同額だけ増加させるという均衡予算の制約のもとでの乗数の大きさはどうなるであろうか。減税乗数の場合と同様に，税率tではなく，税収Tが財政政策の対象になっているケースである。tは内生変数としてモデルの中で調整される。財市場の均衡条件は，

(9)　　　$Y = c_0 + c_1(Y - T) + I + G$

となるから，変化分の関係を見ると，

$$\Delta Y = c_1 \Delta Y - c_1 \Delta T + \Delta G$$

ここで，均衡予算 $\Delta T = \Delta G$ の制約を考慮すると，整理して，最終的に

(10) $$\frac{\Delta Y}{\Delta G} = 1$$

となる。すなわち，均衡予算乗数は消費性向とは独立に，常に1になる。

政府支出を増加させるとともに，同額だけ増税をした場合は，均衡予算を維持しながら政府支出の規模を拡大させる政策と考えられる。政府支出増それ自体の乗数の大きさは，限界貯蓄性向の逆数 $1/(1-c_1)$ であった（政府支出乗数）。また，増税は，減税のちょうど反対の政策であるから，増税それ自体の乗数はマイナスであり，$-c_1/(1-c_1)$ となる（増税乗数）。均衡予算を維持しながら，政府支出を増大させる場合であるから，両方の乗数を足し合わせると，

$$\frac{1}{1-c_1} + \frac{-c_1}{1-c_1} = 1$$

となる。すなわち，均衡予算を維持しながら政府支出を増加させる場合の乗数は，常に1となる。この結果は，均衡予算乗数の定理と呼ばれている。

[数値例]

たとえば，$c_0 = 0$, $c_1 = 0.8$, $I = 10$, $T = G = 10$ とすると，$Y = 60$ となる。ここで，$T = G = 11$ になって，税収も政府支出も1単位だけ増加したとすると，$Y = 61$ になり，Y は1単位しか増加しない。すなわち，乗数は1である。

■ マクロ・バランス —————

均衡予算乗数を別の形で導出してみよう。可処分所得は消費に回されるか，貯蓄に回されるかのどちらかである。したがって，貯蓄 S は定義式

$$S = Y - T - C$$

で与えられる。これを財市場の均衡条件

$$Y = C + I + G$$

65

表3.5 乗数の大きさ：まとめ

政府支出乗数：政府支出を拡大したときのGDPに与える効果	$\dfrac{1}{1-c}$，c＝限界消費性向
政府支出乗数（税率がある場合）：比例的な所得税率tを一定として，政府支出を拡大したときのGDPに与える効果	$\dfrac{1}{1-c(1-t)}$，t＝税率
減税乗数：税負担を1円減税するときにGDPに与える効果	$\dfrac{c}{1-c}$
均衡予算乗数：政府支出と税収を同額だけ増加させるときにGDPに与える効果	1

に代入すると，以下のようなマクロ・バランスの式が得られる。

$$(11) \qquad S + T - G = I$$

　この式で，左辺はマクロの総貯蓄を，また右辺はマクロの総投資を意味する。言い換えると，財市場の均衡条件は，総貯蓄＝総投資の均衡とも解釈することができる。

　均衡予算原則のもとで$G-T$が変化しない以上，そして，投資が外生的に一定である以上，Sも一定となる。ところで，貯蓄Sは消費Cと同様に可処分所得の関数と考えられる。したがって，均衡予算が拡大しても，均衡予算乗数のもとでは家計の可処分所得は一定のままである。可処分所得$Y-T$も一定となるから，Tの増加分に等しい大きさだけ，Yは増加することになる。

　政府支出拡大の乗数を議論する際には，通常その財源については明示的にふれられていない。これは，公債で調達され，かつ，公債発行（あるいは財政赤字）の経済的な効果が無視できるというケースである。増税で調達する場合には，乗数効果は1になり，通常想定されている値よりは，かなり小さくなることに注意したい。

■ 政府支出乗数と減税乗数

　上の議論でも出てきたことであるが，減税乗数と政府支出乗数を比べてみ

ると，政府支出乗数の方が必ず大きいことがわかる。ここで，その理由について考えてみよう。政府支出が増加すると，財市場で直接需要の増加となるが，減税の場合には，可処分所得の増加が消費を刺激するという間接的な効果でしかない。1兆円の政府支出の増加は，1兆円の総需要を直接増加させるが，1兆円の減税は，1兆円だけ可処分所得を増加させても，消費は1兆円以下しか増加しない。限界消費性向は，1以下だからである。つまり，c_1兆円の政府支出の増加と1兆円の減税とは，ともに総需要を直接的にはc_1兆円だけ増加させる点で，同じ効果を持つ。

1兆円の減税の場合，そのうちの$1-c_1$兆円は貯蓄に回され，有効需要の増加とはならない。したがって，この分に限って，減税の総需要拡大効果は，政府支出増より小さくなるのである。直接的な需要増の大きさは違うけれども，それ以降のプロセスでは，生産が増大し，所得が増大するにつれて，可処分所得も増大し，それがさらに生産増加を引き起こすという乗数過程を生み出す点では，同じである。

■ 完全雇用（構造的）財政赤字

ケインズ・モデルでは，財政赤字が重要な政策的意味を持っている。財政赤字とは，政府の支出と税収との差額である。財政支出が税収を上回っていれば財政赤字であり，逆に，税収が政府支出を上回っていれば財政黒字である。伝統的な財政運営の考え方では，財政収支を均衡させることが，重要な政府の政策目標であるとされてきた。

しかし，ケインズ・モデルでは，完全雇用を達成するように総需要を管理することが，重要な政策目標であって，必ずしも財政収支を均衡させる必要はない。経済状態次第では財政赤字の発生を容認する方が望ましいことが，理論的に示されたのである。

では，ケインズ・モデルでは，無制限に財政赤字の発生を認めているのだろうか。ここで，完全雇用財政赤字（あるいは構造的財政赤字）という概念を説明しておこう。ケインズ経済学では，この完全雇用（構造的）財政赤字をゼロにすることを，政策目標としている。完全雇用（構造的）財政赤字と

表3.6　財政赤字の考え方

伝統的な立場	財政収支は常に均衡すべきである
ケインズ的な立場	完全雇用のGDP水準でのみ均衡すればよい

は，税制や政府支出構造が所与で変わらないとき，もし国民経済が完全雇用水準で生産活動が行われたとすると実現したであろう，財政赤字の大きさをいう。つまり，現実の国民所得ではなく，完全雇用のもとでの国民所得で見た財政収支の大きさを問題としている。

　式で書くと，次のように定式化される。

$$(12) \qquad FED = G - T(Y_F)$$

　ここで，FED は完全雇用（構造的）財政赤字，Y_F は完全雇用国民所得，G は政府の財政支出，T は税収，$T(\ )$ は租税関数を意味する。政府支出は，経済活動の動向にかかわらず一定と考えると，財政赤字の動向にとって問題となるのは，税収の動きである。これまで税収は政策変数とみなしてきたが，所得税に代表されるように，税収は，国民所得が増えると，大きくなるだろう。したがって，かりに国民所得が完全雇用水準にあったとしたときに，どのくらいの税収が得られるのかわかれば，完全雇用（構造的）財政赤字を求めることができる。

　図3.5 に示すように，現実の財政赤字が大きくても，完全雇用のときにその財政赤字が解消するのであれば，特に財政赤字を問題にする必要はない。政府が完全雇用国民所得を実現するように総需要を管理すれば，完全雇用が実現するから，完全雇用での財政収支のみが問題となる。完全雇用（構造的）財政赤字がゼロであるとすれば，不完全雇用の状況下において財政赤字が発生していても，完全雇用が実現すれば，結果として，財政赤字もなくなる。

財政政策の指標

　完全雇用（構造的）財政赤字は，財政政策の指標としても用いられる。財政政策

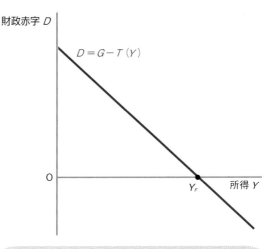

財政赤字 D

$D = G - T(Y)$

O Y_F 所得 Y

政府支出 G は外生的に一定であるが，税収 T は所得水準 Y の増加関数である。Y が拡大すると税収が増加するので，財政赤字は小さくなる。完全雇用国民所得 Y_F のもとでの財政赤字を完全雇用（構造的）財政赤字という。この図では，完全雇用財政赤字はゼロになっている。

図3.5　完全雇用（構造的）財政赤字

としては，政府支出や税制の変更などがあるが，いくつかの財政変数が同時に変化するとき，全体として財政政策が拡張的なのか緊縮的なのかを判断するのは，困難である。このとき，完全雇用（構造的）財政赤字が拡大していれば，拡張的，逆に縮小していれば，緊縮的とみなすことができる。

❖ Case Study　わが国での完全雇用（構造的）財政赤字の推計

わが国のデータに基づいて，完全雇用（構造的）財政赤字を推計する試みもいくつか行われている。そうした分析では，まず完全雇用になったときにどの程度の GDP が生産可能であるのかマクロの生産関数の推計から始められる。そして，完全雇用のもとでの税収がどの程度か，また，支出項目のうち GDP に連動して制度上変化するものがどの程度あるのかの推計も必要となる。

これまでの推計によると，1970 年代前半までの高度成長期には，完全雇用（構造的）財政赤字はほぼゼロに近い。しかし，1970 年代後半以降は，完全雇用まで GDP が生産されたとしても，かなりの規模の財政赤字が生じたであろうことが計測されている。特に，1990 年代以降は完全雇用（構造的）財政赤字は拡大している。完全雇用におい

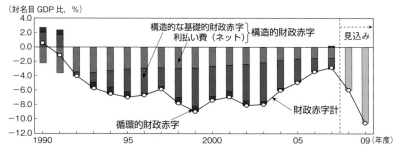

わが国の循環的財政赤字と構造的財政赤字の推計例

(注) 1. 2007 年度までの実績は内閣府「国民経済計算」により作成。1998 年度は，国鉄・林野一般会計承継債務分（約 27 兆円）を除く。2000 年度・2001 年度の郵貯満期に伴う税収増は，それぞれ約 4.5 兆円, 約 3.7 兆円。2005 年度は，道路関係 4 公団より日本高速道路保有・債務返済機構が継承した，中央政府の土地購入分（9 兆 2,918 億円）を除く。2006 年度，2008 年度・2009 年度は，財政投融資特別会計財政融資資金勘定（2006 年度は財政融資資金特別会計）から国債整理基金特別会計または一般会計への繰入れ等を除く。2008 年度の見込みは，2009 年 6 月時点の推計値。2008 年度・2009 年度の見込みは，構造的財政赤字と循環的財政赤字の合計。2. 財政赤字＝循環的財政赤字＋構造的財政赤字＝循環的財政赤字＋構造的な基礎的財政赤字＋利払い費（ネット）＝基礎的財政赤字＋利払い費（ネット）。

(出所) 平成 21 年度版「経済財政白書」 (http://www5.cao.go.jo/j-j/wp/wp-je09/pdf/09p01032.pdf)

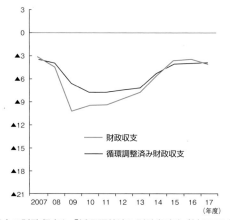

日本の財政収支と「循環調整済み財政収支」（対 GDP 比）

(資料) IMF Fiscal Monitor (April2018)
(出所) 根本寛之「循環調整済み財政収支」が示す欧米主要国と我が国の差——日本総研 (2018)
(http://www.jri.co.jp/file/report/researchfocus/pdf)

ても容易に解消されない財政赤字は，社会保障制度を中心とした移転支出の拡大による部分が大きく，構造的財政赤字である。これに対して，景気循環の中で発生する財政赤字は循環的財政赤字と呼ばれている。2000 年以降は，実際の財政赤字の内で 8 割程度が構造的財政赤字と推計されている。2000 年代後半には構造的財政赤字が縮小傾

向を示した。しかし，2008年からの世界金融危機でマクロ経済が低迷した結果，循環的財政赤字も増加し，また，構造的財政赤字も拡大して巨額の財政赤字が生じた。

2010年代に入ると，マクロ経済が回復基調となり，失業率も低下して，完全雇用状態に近づいてきた。そのため，循環的財政赤字（前頁の下図では「循環調整済み財政収支」）は縮小し，財政赤字の多くは構造的な財政赤字によるものになった。

まとめ

●ケインズ経済学の基本的な立場は，需要と供給との差を調整するものが，価格ではなく数量だという点にある。総需要の大きさにちょうど見合うだけの生産が行われるように調整されると考えるのが，有効需要の原理と呼ばれる，ケインズ経済学の基本的な国民所得の決定メカニズムである。

●財に対する需要は，家計の消費需要と企業の投資需要，そして政府の需要の3つからなる。このうち，もっとも単純なこの章のモデルでは，企業の投資需要は固定されていると考える。また，政府の需要は政策的に決定されるものである。消費は所得の増加関数となっている。

●外生的に需要が1兆円だけ増加すると，国民所得は$1/(1-c_1)$兆円だけ増加する。$1/(1-c_1)$は，限界貯蓄性向の逆数に等しいが，この値だけ，需要の外生的な変化は増幅されて国民所得を増大させる。$1/(1-c_1)$は1より大きい。この増幅の大きさ$1/(1-c_1)$が，乗数である。

●所得税が導入されると，そうでない場合よりも，乗数が小さくなるという意味で，体系がより安定的になる。これが，税制の自動安定化機能（ビルト・イン・スタビライザー）である。均衡予算を維持しながら政府支出を増加させる場合の乗数は，常に1となる。この結果は，均衡予算乗数の定理と呼ばれている。

●現実の財政赤字が大きくても，完全雇用になればその財政赤字が解消するのであれば，中長期的に財政赤字は累増しないから，特に財政破綻を懸念にする必要はない。

重要語

□価格調整	□数量調整	□消費関数
□限界消費性向	□限界貯蓄性向	□平均消費性向
□総需要	□有効需要の原理	□乗数
□内生変数	□外生変数	□シフト・パラメーター
□租税関数	□税制の自動安定化装置	□均衡予算乗数
□政府支出乗数	□減税乗数	□完全雇用(構造的)財政赤字

問　題

■1　次のようなマクロ・モデルを前提として，均衡国民所得を求めよ。

$C = 10 + 0.7Y$　　　　　Cは消費，Yは国民所得

$I = 20$　　　　　　　　　Iは投資

$G = 15$　　　　　　　　　Gは政府支出

■2　所得の均衡水準が完全雇用水準よりも10兆円下にあるとき，乗数が2.5であれば，均衡所得水準を完全雇用水準まで引き上げるために必要な政府支出の増加は，どれだけか。

■3　次の文章のうち正しいものはどれか。

（イ）ケインズ・モデルでは，需要と供給の差を調整するのは，主として価格と考えている。

（ロ）ケインズ・モデルの消費関数では，限界消費性向はほとんど1である。

（ハ）政府支出を拡大したときの乗数の大きさは，通常は1よりも大きい。

（ニ）税率が高いほど，政府支出を拡大したときの乗数は大きくなる。

（ホ）ケインズ・モデルでは財政赤字の発生はなるべく回避すべきであると考えられている。

■4　ある経済において，公債発行により財政支出を初年度のみ1単位増加させた場合の乗数効果は，

初年度1.2，2年目0.5，3年目0.3，4年目以降0

とする。この経済において，初期の租税負担率が25%，税収の所得弾力性
$[(\Delta T / \Delta Y) \times (Y/T)$：所得が1%増加するとき税収が何%増加するかを示す]

が 1.2 で，財政は当初均衡しているとする。いま，公債を財源とする財政支出を初年度に 10 単位追加し，2 年目以降も同様にして 10 単位の財政支出を行う場合，5 年目における財政収支はどうなるか。なお，単純化のために，公債の利払い費は考慮しなくてよい。

■5　政府支出乗数が 1 よりも大きくなるのはなぜか。

■6　乗数が小さいにもかかわらず，景気対策として，公共事業よりも減税を求める声が大きいのはなぜか。

■7　以下の文章の（　）に適当な用語を入れよ。

　　所得税が導入されると，そうでない場合よりも，乗数が（ア）なる。これは乗数値を（ア）させて，外生的なショックに対する GDP の変動を（ア）させるという意味で，マクロ経済活動はより（イ）的になるから，税制という制度自体の（ウ）効果と呼ばれる。

■8　消費関数が

　　$C = -100 + 0.8(1-t)Y$

税率 $t = 0.2$，投資 $I = 200$，政府支出 $G = 800$ とする。

（ア）財政赤字はどのくらいか。

（イ）財政赤字をなくすために政府支出の削減を行うとする。新しい政府支出はいくらか。また均衡財政下の GDP はいくらか。

■9　乗数効果について，正しいものはどれか。

（ア）限界消費性向が 0.8 であれば，限界消費性向の逆数は 1.25 となり，外生的な需要の 1.25 倍だけの所得増となるから，1 兆円の投資の増加は，1.25 兆円の所得の増加を生み出す。

（イ）貯蓄の拡大が所得を増加させ，さらに貯蓄を拡大していく累積的な総需要拡大の合計が，乗数効果である。

（ウ）平均（＝限界）消費性向 0.8，比例所得税率 0.25，民間投資 10，政府支出 10 とするとき，政府支出が 1 単位だけ増加したとすると，GDP は 50 から 55 に 5 だけ増加する。

（エ）所得税が導入されると，そうでない場合よりも，乗数値を小さくさせて，外生的なショックに対する GDP の変動を小さくさせるという意味で，より体系を不安定的にさせる。

（オ）平均（＝限界）消費性向 0.8，民間投資 10，税収 10，政府支出 10 とす

るとき，税収も政府支出も1単位だけ増加したとすると，GDPは60か
ら61になり，1単位しか増加しない。

4 *IS–LM* 分析

この章では，ケインズ的なマクロ・モデルの標準的な枠組みである *IS–LM* モデルを説明する。第 3 章のモデル分析の枠組みは，財市場に限定されており，投資が外生的に扱われていた。この章では投資を内生的に説明し，投資需要に影響する利子率をモデルに導入する。利子率は金融（＝貨幣）市場で決まるから，これは，貨幣市場での均衡を考慮することを意味している。すなわち，この章では GDP と利子率とを同時に市場で決定できるような理論的な枠組みである *IS–LM* のモデルを説明する。

1. 貨幣の需要を説明して，貨幣市場の均衡を考える。
2. 財市場の均衡条件から *IS* 曲線を導出する。
3. 貨幣市場の均衡条件から *LM* 曲線を導出する。
4. 財市場と貨幣市場を同時に均衡させる利子率と国民所得の水準を，図を用いて説明する。

4.1 流動性選好仮説

■ ケインズ経済学における貨幣

ケインズが『一般理論』を公刊するまでの時代に支配的な考え方であった古典派の経済学では，貨幣は生産量や雇用量などの実質的なマクロ経済変数に影響を与えないという，貨幣の中立性が想定されていた。これに対して，ケインズ経済学では，貨幣は中立ではなく，利子率を通じて投資などの実質的なマクロ経済変数に影響を与えると考えている。この貨幣的側面と第 3 章で考察した財市場の均衡とを同時に考慮するのが，ケインズ・モデルとして

マクロ経済学の標準的モデルとなっている *IS-LM* 分析である。この *IS-LM* 分析を説明するために，最初に，貨幣がどのようにして投資などの実質的なマクロ経済変数に影響を与えるのか，そのメカニズムを検討してみよう。それは，流動性選好仮説と呼ばれるケインズ経済学の貨幣理論を検討することにほかならない。

ケインズ以前の考え方

　ケインズ以前の古典派の経済学では，貨幣は実体経済をおおうベールであると考えられてきた。古典派では，貨幣数量説が受け入れられていた。貨幣数量説の基本的な点は，貨幣需要が利子率に依存せず，価格が伸縮的であることである。このとき，貨幣あるいは名目的な量と実質的な量とは独立になり，古典派の2分法が成立する。すなわち，古典派の経済学では，貨幣部門と実物部門が2分され別々の原理で動き，互いに影響しあうことはない。金融政策は，もっぱら物価の安定にのみあてられるべきであるとされた。

■ 交換手段としての機能

　最初に，貨幣の機能から考えてみよう。貨幣の基本的な機能は，市場における財と財との交換を仲介することで，経済活動を効率化することにある。もし貨幣がなければ，物々交換で市場取引が行われる。物々交換の市場では，ある財を手に入れるのに，自分が相手のものを必要とし，同時に，相手も自分の持っているものを欲しがるような人同士の間でなければ，交換が成立しない。すべての取引はこのような相対での物々交換でなされることになる。

　しかし，物々交換が成立する取引は限定されるから，市場での取引がなかなか成立せず，マクロ経済活動は停滞するだろう。貨幣無しでは，市場での交換の機会が制約されるため，人々はたくさんの種類の財を自ら供給したり，保有したりせざるを得ない。事実上，自給自足が中心となり，人々が何らかの専門化した仕事に特化することは，実現しない。貨幣を交換手段として用いることで，人々の経済活動は飛躍的に円滑・活発になる。したがって，交換手段は貨幣のもっとも基本的で重要な機能である。

■ 蓄積手段としての機能 ─────────────────────

　貨幣の機能として，交換手段の他にまた，重要なものが富（＝資産）の蓄積手段である。貨幣は，預貯金，公債，社債などの債券や株式などの金融資産，さらには，土地，家などの実物資産と並んで，資産の蓄積のために保有される。ところで，貨幣はその重要な性質として，利子を生まない資産である。すなわち，預貯金，債券や株式などの金融資産，土地のような実物資産が，保有期間に応じて利子，配当，地代などのそれなりの収益をあげるのに対して，貨幣で資産を運用しても何ら利子を生まない。

　しかし，貨幣以外の債券や実物資産の保有に伴う**不確実性**（＝将来現金化する際にどれだけ収益を確保できるかが不確実になる**流動性のリスク**）を考えると，貨幣には資産を名目額で見て安全な形で保有できるというメリットがある。土地を売却しようとしても，直ちにその土地の購入相手を見つけるのは困難である。債券，株式などの金融資産の場合には売却自体は簡単であろうが，予想以上に低い価格でしか売れないかもしれない。この場合は，**資本損失**（キャピタル・ロス）が発生する[1]。

　これに対して，予想外のインフレーションが起きれば，貨幣保有にもリスクが生じる。しかし，1980 年代後半から 1990 年代の日本経済において土地や株式の価格が大きく変動したことでもわかるように，資産価格の変動は，平均的な財の価格変動であるインフレ率の変動よりもはるかに大きくなり得る。また，1990 年代以降地価や株価が大きく下落する資産デフレが進行している。さらに，2000 年以降は資産価格だけでなくフローの財価格も低下するデフレーションも生じている。したがって，貨幣保有の方が相対的に蓄積手段としては安全といえよう。

■ 貨幣需要：取引需要 ─────────────────────

　このような貨幣の機能を前提にして，貨幣に対する需要を考えてみよう。簡単化のために，資産としては，貨幣と債券の 2 種類しかないと考えよう。

---

1)　購入価格よりも売却価格の方が低く，その債券を購入・売却することで結果として損失を被るとき，購入金額－売却金額の大きさの損失額を，キャピタル・ロス（資本損失）と呼んでいる。

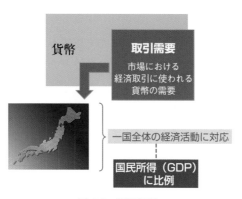

図4.1　取引需要

土地や株式など貨幣以外のすべての金融資産や実物資産を，債券として利子を生む一つの資産にまとめることにしよう。

　上述したように，貨幣の機能を，(1)交換を効率化する機能と，(2)資産を安全に蓄積する機能に分けたが，それに応じて，貨幣に対する需要を，(1)取引需要と，(2)資産需要に分けて考えることにしよう。

　最初に，取引需要から考える。市場における経済取引に使われる貨幣の需要が，取引需要である。この需要は，取引の大きさに依存する。国民経済全体での取引の大きさは，マクロ経済全体の生産活動の大きさに対応していると考えられるから，取引需要は，ほぼ，国民所得，あるいは，国内総生産に比例している。国民所得が増大すれば，マクロ経済活動も活発になり，市場での取引需要の大きさも増大する[2]。

■ 貨幣需要：資産需要

　次に，資産保有の機能に対応する貨幣需要（＝資産需要）を定式化しよう。これが，ケインズによって，流動性選好仮説として分析されたものである。

---

[2]　貨幣の取引需要は，ケインズが考えたように，ここでは国民所得のみの関数として定式化している。しかし，後に，トービン（Tobin, J. ; 1918–2002）やボーモル（Baumol, W. J. ; 1922–2017）によって示されたように，貨幣の取引需要は利子率にも依存するとみなす方が，もっともらしい。なぜなら，貨幣保有の機会費用は，利子率が増加するにつれて大きくなるから，取引のためであっても，貨幣を節約しようとする誘因が働くからである。

ここで，流動性とは換金の容易さを示す。貨幣は流動性が100%ある資産であるが，他の資産は換金の容易さに応じて流動性が異なる。

いま，債券を持つか，貨幣を持つかという資産選択を想定しよう。債券を持てば利子を稼ぐことができる。しかし，債券価格の変動により，購入時点の債券価格よりも売却時点の債券価格が低下すれば，購入額よりも売却額が低くなって，資本損失（キャピタル・ロス）を被るかもしれない。すなわち，債券価格の高いときに買って，低いときに売れば，保有期間内でいくら利子を稼いでも，売買価格差による損失（資本損失＝キャピタル・ロス）が大きく，結果として損をするかもしれない。したがって，債券を保有する場合には，将来その債券の価格がどう変動するかが問題となる。その意味で，債券の保有は，不確実な資産の保有にほかならない。

さて，債券の価格がいま正常と思われる水準よりかなり高いと判断しているときには，人々は，将来の債券価格は低下するという予想を立てるだろう。このような状況では，債券を保有すると将来その債券を売る際に低い価格でしか売れない。将来の売却時点でキャピタル・ロスを被ることが容易に予想されるため，人々は現在時点で債券を保有するよりは，貨幣で持とうとするだろう。

逆に，債券の価格がかなり低いと判断しているときには，将来に債券価格の上昇が予想されるため，保有期間中に利子収入が得られるとともに，将来の売却時点でキャピタル・ゲインも得られる。貨幣で持つよりは債券を購入する方が有利となる。もちろん，この場合でも将来の債券価格の上昇は確実とはいえないから，すべての資産を債券の形で運用するのは，最適ではない。しかし，債券価格の上昇が予想されるほど，債券への需要が増加し，貨幣に対する需要が減少することは，確かであろう。

ところで，以下で説明するように，債券の価格は，将来支払われる利子の割引現在価値に応じて決まると考えられる。その際割り引くものが，利子率である。したがって，利子率と債券価格とは，負の関係にある。債券価格が高いときには，利子率が低く，また，債券価格が低いときには，利子率は高い。

Point——5	割引現在価値

　割引現在価値とは，異なった時点で発生した金額を現在の時点で再評価した
大きさで，将来の金額のすべてを合計するものである。いま，利子率が10%
であるとしよう。現在100，来年110，再来年121の大きさが生じる計画の割
引現在価値は，

$$100 + \frac{110}{1.1} + \frac{121}{1.1 \times 1.1} = 100 + 100 + 100 = 300$$

である。すなわち，現在の100と来年の110と再来年の121とは，利子率が
10%であれば，現在で評価すれば，同じ値100とみなすことができる。

　なぜなら，利子率は発行時の市場の実勢に即して決定されるが，かりに市
場の利子率が高ければ，新規に発行される債券の利子支払いは，利子率が低
いときに発行されていた既発債券の利子支払いよりも，条件が良くなってい
る。したがって，既発債券を市場で売却しようとすると，保有期間の利子収
入を現在価値化するときに，新規債券よりも小さくなるので，購入時点での
債券価格も低くないと，市場でその債券が消化されない。このような行為
（裁定）により，債券価格は低下した割引現在価値に一致する。

　逆に，新規債券の利子率が既発債券の利子率より低ければ，その既発債券
の保有期間の利子収入の現在価値は，同期間の新規債券より大きくなるので，
その債券保有は魅力的となり，高い購入価格でもその債券は市場で消化され
る。その結果，その債券価格は増加した割引現在価値に等しくなる。

　よって，債券の利子率が高い（債券価格が低い）ときには，貨幣に対する
資産需要は小さく，逆に，債券の利子率が低い（債券価格が高い）ときには，
貨幣に対する資産需要は大きいと考えられる。短期的に，債券価格の正常な
水準，あるいは利子率の正常な水準が一定であるとすれば，貨幣の資産需要
は，市場で決まる利子率の減少関数となる。他方で，貨幣の取引需要は国民
所得の増加関数であるから，結局，貨幣需要は，利子率の減少関数であると
ともに，国民所得の増加関数として，定式化される。

表4.1　貨幣需要

取引需要：交換を効率化する機能	所得の増加関数：経済活動が活発になれば，取引のための貨幣需要も増大する。一国の経済活動に対応し国民所得に比例
資産需要：資産を完全に蓄積する機能	利子率の減少関数：貨幣は利子を生まないから，貨幣保有の機会費用である利子率が上昇すれば，貨幣需要は減少する

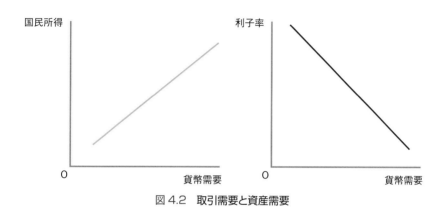

図 4.2　取引需要と資産需要

表4.2　利子率と債券価格

新規債券の利子率＞既発債券の利子率	既発債券の市場価格は低下
新規債券の利子率＜既発債券の利子率	既発債券の市場価格は上昇

[数値例]

　額面 100 円 10％の確定利子 1 期満期の国債を考える。今期国債を購入すると，次期に 100（元本）＋10（利子）＝110 円で償還される。いま，市場の利子率が 10％であれば，次期の 110 円は今期に評価すると，110/(1＋0.1)＝100 になるから，今期の国債価格が 100 円であれば，この国債を購入することは，他の資産を金利 10％で運用するのと同じ（無差別）になる。100 円以下であれば，この国債を購入した方が得になる。

ここで，利子率が 20％に上昇したとすると，次期 110 円の現在価値は $\frac{110}{1+0.2}=91.7$ となるから，今期の国債価格が 91.7 であれば，無差別になる。したがって，今期の国債価格は 100 円ではなくて，91.7 円に下落する。つまり，利子率が上昇すると，国債価格は下落する。

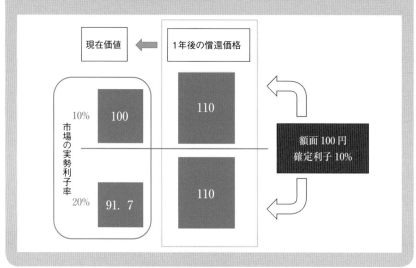

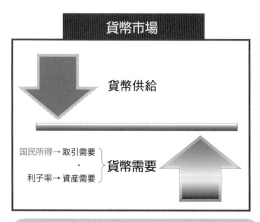

国民所得が財市場で決定されるとすれば，貨幣市場での需要と供給を等しくするのは利子率である。

図4.3　貨幣市場のイメージ

4.2 貨幣市場の均衡

　いま，国民所得は財市場の方で決まるものとして，貨幣市場を考える際には，さしあたって一定としよう。貨幣市場での需要と供給を等しくさせるものは，利子率の調整である。以下では，図4.4 を用いて，どのようにして貨幣市場の需給均衡が達成されるのかを検討しよう。

　この図は，縦軸に利子率を，横軸に貨幣の需要と供給を示したものである。図4.4 で，*MM* 曲線は，貨幣に対する需要（＝流動性への需要）を示している。取引需要は，国民所得が一定である限り変化しないと考えられるから，ここでの貨幣需要としては，実質的には，資産需要だけを問題にすればよい。

　この貨幣に対する資産需要と利子率の関係は，前節で述べたように，負であるから，利子率が上昇すれば貨幣需要は減少する。すなわち，*MM* 曲線

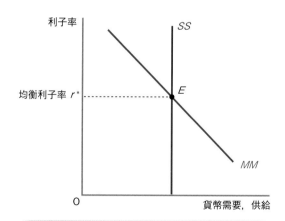

MM 曲線は貨幣需要が，所得を一定とすれば，利子率の減少関数であることを示す。SS 曲線は，外生的に与えられる貨幣供給水準である。両曲線の交点 E で，ある所得水準のもとでの貨幣市場を均衡させる利子率 r* が求められる。

図 4.4　貨幣市場の均衡

は右下がりの曲線となる。この右下がりの*MM*曲線は，流動性選好表と呼ばれる。*MM*曲線のシフト・パラメーターとして，国民所得（＝GDP）が入っていることに注意してほしい。

他方，貨幣の供給については金融当局（＝中央銀行）の政策変数であり，モデルの外で説明される外生変数であると考えられる。よって，簡単化のために，貨幣供給は一定と考えておこう。すなわち，貨幣の供給曲線*SS*は，利子率とは独立であり，図4.4では，垂直線となる。貨幣市場の均衡は，需要と供給を等しくさせる利子率の調整によって，*E*点で決まる。

*E*点の上方では，貨幣に対する需要より貨幣の供給の方が上回っており，貨幣市場が超過供給の状態にある。これを債券市場の方から見ると，債券に対する超過需要の状態にある。なぜなら，人々の資産（＝総資産蓄積水準）は，貨幣か債券の2種類であるから，その時点での債券と貨幣の需要の合計は一定（＝供給）だからである。

すなわち，債券市場と貨幣市場を合計して考えると，必ず，総需要は総供給に等しくなる。言い換えると，貨幣市場が超過供給であれば，債券市場は超過需要となっている。債券市場が超過需要であれば，債券の価格は上昇するだろう。債券価格と利子率とは負の関係にあるから，利子率は低下する。利子率の低下は，貨幣市場で需要と供給が等しくなる*E*点まで続く。

逆に，*E*点の下方では，貨幣の需要が供給を上回る超過需要の状態にある。このときは，債券の価格が低下し，利子率が上昇して，やがては，均衡点*E*に至る。

なお，短期では一定である総資産蓄積水準は，貯蓄によって長期的に増加していく。

図4.5　貨幣市場均衡の仕組み

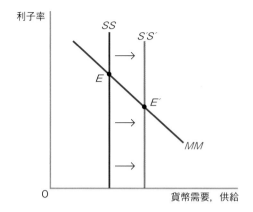

利子率

SS   S'S'

E

E'

MM

0   貨幣需要，供給

> 拡張的な金融政策によって，貨幣供給が増大すると，SS 曲線は右にシフトする。MM 曲線はシフトしないから，新しい均衡点 E' では利子率が低下する。

図4.6　金融政策の効果

■ 金融政策の効果 ────────────────────────

　さて，金融政策が変化して，金融当局（＝中央銀行）が貨幣供給を増大させたとしよう。これは，**図4.6** では，供給曲線 *SS* が右の方にシフトしたとみなせる。したがって，均衡点は，*MM* 線に沿って，*E* 点の右下方に移動する。すなわち，貨幣供給の増大は利子率を低下させる。貨幣供給が増大すると，いままでの利子率のままでは貨幣需要を貨幣供給が上回るようになり，貨幣市場で超過供給が生じて，債券市場で超過需要が生ずる。したがって，債券価格は上昇し，利子率は低下する。

■ 流動性のわな ────────────────────────

　ところで，貨幣の需要曲線である流動性選好表 *MM* が水平である状態は，流動性のわなと呼ばれる。**図4.7** に示すように，*MM* 線が水平であるとき，貨幣需要の利子弾力性（＝利子率が1％低下したときに，貨幣需要が何％増加するかを示す指標）は無限大となり，利子率が少しでも低下すると，貨幣の資産需要が無限に出てくる状態となって，人々が流動性に捕らわれてしまっている。この流動性のわなは，人々の持つ正常な利子率の水準に対して，

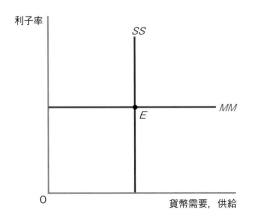

流動性のわなの状況では，貨幣需要が利子率に対して極端に敏感になり，MM曲線は水平になる。

図4.7　流動性のわな

市場で決まる利子率が極端に低く，ほとんどすべての人々が債券価格は将来必ず下落するという期待を持っている場合に対応している。

流動性のわなと金融政策

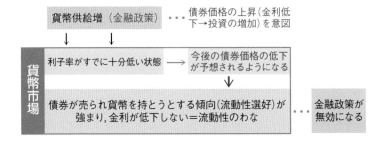

　ケインズは，1930年代の貨幣市場の状態を，この流動性のわなという概念で説明しようとしたため，初期のケインズ経済学では，この現象が強調されることが多い。この場合，金融当局が貨幣供給を増加させても，MM線は水平なため，SS線のシフトによっても利子率は何ら低下しない。利子率を低下させるのが，拡張的な金融政策の大きな目標であるとすれば，この目標は何ら実現しないことになる。流動性のわなは，金融政策が無効となる一つの極端な例を示したものである。しかし，今

日のケインズ経済学が，金融政策の無効を主張しているかといえば，そうではない。一つの極端なケースとして，そのような状況もありうるが，一般的には，金融政策は有効であり，財政政策とともに総需要を管理して，完全雇用を達成するために用いられるべきと考えている。なお，最近の日本経済ではゼロ金利政策の結果，利子率は下限である0%に張り付いているので，流動性のわなの状況にあると考える人も多い。

4.3 *IS* 曲線

■ *IS–LM* 分析

第3章の国民所得の決定理論では，利子率を所与（一定）として，財市場で需給が一致するように国民所得が決まることを考えてきた。また，上述の流動性選好仮説では，国民所得を所与として，貨幣市場で需給が一致するように利子率が決まることを説明した。

しかし，実際には，財市場と貨幣市場とは完全に分離されているのではなく，互いに影響している。国民所得，あるいは国内総生産は，貨幣市場で決まる利子率の動向にも依存しているし，利子率も，財市場で決まる国民所得の動向にも影響されるだろう。投資需要を通して生じる両市場の相互依存関係を分析することで，国民所得と利子率を同時に説明するのが，ケインズ経済学の標準的な理論的枠組みである *IS–LM* 分析である[3]。

■ *IS* 曲線

最初に，*IS* 曲線の方から説明しよう。*IS* 曲線とは，マクロ財市場が均衡する国民所得と利子率の組合せを意味する。式では次のように定式化される。

(1) $\qquad Y = C(Y) + I(r) + G$

---

[3] ヒックスは，一般均衡理論に基づいて広い分野で貢献したことにより，1972年ノーベル賞を授賞したが，マクロ経済学への貢献は，*IS–LM* 分析である。ケインズの『一般理論』に対する書評として展開された *IS–LM* 分析は，きわめて明快であり，ケインズ経済学の理論的枠組みとして，広く用いられるようになった。

　ここで，Yは国民所得，Cは民間消費，Iは民間投資，rは利子率，そしてGは政府支出である。$C(Y)$は，消費関数を意味しており，消費が国民所得に依存して決まることを示す。第3章でも述べたように，消費は国民所得の増加関数と考えられるが，1単位の所得の増加に対して消費は1単位以下しか増加しない。限界消費性向$\Delta C/\Delta Y = C_y$は，0と1の間にある。

　$I(r)$は，ここで新しく登場する投資を説明する式であり，投資関数と呼ばれる。投資は，利子率の減少関数と考えられる。ケインズ経済学では，追加的な投資から得られる限界的な収益のことを，投資の限界効率と呼んでいる。様々な投資プロジェクトには，それぞれに対応する投資の限界効率が計算できるだろう[4]。

　利子率が上昇すれば，いままでより高い投資の限界効率を確保できるような投資プロジェクトしか採算がとれなくなるから，投資量は抑制される。逆に，利子率が低下すれば，いままでより低い投資の限界効率を持っているプロジェクトでも採算がとれるようになり，投資が刺激される。よって，投資は，利子率の減少関数となる。なお，利子率が1％低下したとき，投資が何％増加するかは，投資の利子弾力性と呼ばれる。投資の利子弾力性が大きいほど，利子率のわずかな変化に対して，投資が大きく変化することになる[5]。

　貯蓄Sは所得と消費の差額として定義されるから，この定義式$Y - C = S$の関係式を考慮すると，(1)式は次のように書き直せる。

$$(1)' \qquad S(Y) = I(r) + G$$

---

[4]　企業の投資決定について，少し考えてみよう。ある時点において，企業には様々な投資機会が存在する。投資の限界効率の高い順に投資を実施するのが有利であることは，いうまでもない。では，どの投資プロジェクトまで実際に実施することが，企業にとって望ましいのだろうか。それを決めるのが，利子率である。すなわち，投資の限界効率が利子率を上回る限り，その投資計画は実施するのが望ましい。なぜなら，投資資金を借りてくる場合，利子率はその借入コストを意味するから，借入コストを上回る収益があげられるのであれば，その投資計画を実施することで，企業の利潤は増大するからである。また，自己資金によって投資をする場合でも，利子率より低い収益率しかあげられない投資計画であれば，投資を実施するよりは，利子率で他人に貸した方が得になるからである。したがって，利子率と投資の限界効率が一致するところまで，投資計画は実施される。より詳しい説明は，第9章を参照されたい。

[5]　消費関数，投資関数については第9章で詳しく議論する。

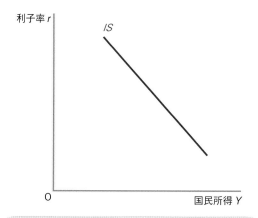

IS曲線は，財市場を均衡させる所得 *Y* と利子率 *r* の組合せ
を意味している。利子率が低下すれば，投資需要が拡大す
るから，財市場の均衡を維持するには生産も拡大する必要
がある。したがって，*IS* 曲線は右下がりとなる。

図4.8 *IS* 曲線

　ここで $S(Y)$ は貯蓄が Y に依存することを示す貯蓄関数である。上の式は
家計の貯蓄が企業の投資＋政府支出の合計額に一致することを意味している[6]。

　さて，*IS* 曲線は，(1)式で示されるような，財市場を均衡させる国民所得
Y と利子率 r の組合せである。これを図示したものが，図 4.8 の *IS* 曲線で
ある。この図では，縦軸に利子率 r を，また，横軸に国民所得 Y をとってい
る。図にあるように，*IS* 曲線は右下がりとなる。利子率が上昇すれば，投
資需要が減少するから，いままでと同じ国民所得のままでは，財市場で超過
供給になってしまう。財市場の超過供給を解消するには，生産が減少しなけ
ればならない。よって，利子率の上昇と生産量の減少という組合せで，財市
場の均衡が維持される。もちろん，生産が減少すれば，消費も減少するが，
限界消費性向が0と1の間にあることから，生産の減少ほどには，消費は減
少せず，財市場の超過供給は解消される。逆に，利子率が低下すれば，投資

---

6)　なお，ここでは税収 T はゼロと想定している。もし税収 T がプラスであれば，貯蓄の定義式 $Y-T-C=S$ となるから，(1)′ 式は $S(Y)+T=I(r)+G$ となる。

需要が刺激されるから，財市場の均衡を回復するには，生産量が増加しなければならない。利子率の低下と国民所得の増加という組合せも，財市場の均衡を維持するものである。したがって，*IS*曲線は**右下がり**となる。

投資の利子弾力性が低いと，*IS*曲線の傾きはどうなるだろうか。利子率が変化しても，それほど投資需要は変化しないから，財市場はそれまでの国民所得のままでもそれほどの不均衡にならない。したがって，財市場の均衡を維持するために，国民所得はそれほど変化する必要がない。利子率の変化に対して，国民所得がそれほど変化しない組合せが，*IS*曲線となるから，*IS*曲線の傾きは，より**垂直**になる。逆に，投資の利子弾力性が大きいと，利子率が低下すると投資がかなり増大するから，国民所得も大きく増大しなければ財市場の均衡は維持できず，*IS*曲線の傾きは，より水平になる。

また，消費関数における限界消費性向が大きければ，国民所得が増加したときに，生産も増加するが，総需要も大きく増加する。したがって，財市場での超過供給の幅はあまり大きく拡大しない。財市場の均衡を維持するには，利子率が少しだけ低下して，投資需要を少し刺激すればよい。すなわち，限界消費性向が大きいほど，*IS*曲線の傾きは，より水平に近くなる。

■ 政府支出の拡大

政府支出*G*が増加すると，*IS*曲線はどうなるだろうか。ある*IS*曲線は，ある*G*の水準を所与として描かれているから，*G*が変化すると，この*IS*曲線全体がシフトする。このような意味で，外生変数である*G*をシフト・パラメーターと呼んでいる。さて，*G*は総需要の1つの項目であるから，*G*の増加によって，これまでの*Y*と*r*の組合せのままでは，財市場で総需要が総供給を上回り，超過需要が生まれる。かりに*Y*が一定であるとすれば，この超過需要を解消するには，*r*が上昇して投資需要を抑制しなければならない。また，かりに，*r*が一定であるとすれば，*Y*が上昇して生産が増加しなければならない。いずれにしても，*IS*曲線は，**図4.9**に示すように右上方にシフトする。

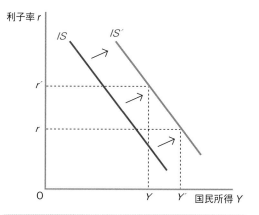

政府支出が政策的に拡大すると，いままでの利子率のもとでは総需要が拡大する。したがって，財市場の均衡を維持するには生産が増大する必要がある。同じ利子率のもとで所得の拡大が必要になることは，*IS* 曲線が右上方にシフトすることを意味する。

図4.9　政府支出の拡大

4.4　*LM* 曲線

■ 貨幣市場の均衡

次に，*LM* 曲線を定式化しよう。*LM* 曲線は，貨幣市場を均衡させる国民所得と利子率の組合せを意味する。式で書くと，

(2)　　　$M = L(Y, \ r)$

と表される。ここで，*M* は貨幣供給，*L* は貨幣需要を示す。貨幣需要は，4.2 節で述べたように，取引需要と資産需要の合計からなり，取引需要は国民所得の増加関数であり，資産需要は利子率の減少関数である。よって，貨幣需要は，国民所得の増加関数であるとともに，利子率の減少関数でもある。図4.4 と対比させると，*Y* が増大して *MM* 曲線が上方にシフトしたとしよう。貨幣市場の均衡を維持するためには，*r* も上昇する。したがって，*Y* と *r* と

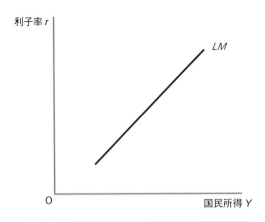

図4.10　*LM*曲線

は同じ方向に変化することになる。この関係を図示したのが *LM* 曲線である。

　さて，**図4.10**に *LM* 曲線を描いてみよう。利子率が上昇すると，いままでの国民所得のままでは，貨幣需要が減少するから，貨幣市場は超過供給の状態になる。貨幣の供給は一定であるから，貨幣市場の均衡を回復するには，需要が元に戻るように，国民所得が増大して，貨幣の取引需要を刺激しなければならない。したがって，利子率の上昇に対して国民所得も増加することで貨幣市場の均衡は維持される。言い換えると，*LM* 曲線は右上がりとなる。

　あるいは，いま国民所得だけが均衡から離れて低下したとすると，利子率が元のままでは，貨幣市場は超過供給になる。利子率も低下して，貨幣の資産需要を刺激してはじめて，貨幣市場は均衡に戻る。このように考えても，*LM* 曲線が右上がりであることを，説明することができる。

　利子率が1％上昇したとき，貨幣の資産需要がどれだけ（何％）減少するかで，**貨幣の利子弾力性**を表す。貨幣の利子弾力性が大きければ，利子率のわずかな変化で，貨幣需要は大きく変化することになる。では，貨幣の利子

表4.3 （1）（2）式が線形の場合の*IS-LM*モデル

	IS 曲線	*LM* 曲線
式	$Y=cY-\beta r+G+a$ あるいは $r=\dfrac{-(1-c)Y+G+a}{\beta}$ （*a*は定数）	$M=mY-\alpha r+b$ あるいは $r=\dfrac{mY+b-M}{\alpha}$ （*b*は定数）
説 明	*c*：限界消費性向 β：投資の利子に対する反応の程度	*m*：貨幣需要の所得に対する反応の程度 α：貨幣需要の利子に対する反応の程度
傾 き	$\dfrac{-(1-c)}{\beta}$	$\dfrac{m}{\alpha}$
特 徴	限界消費性向 *c* が大きいほど，投資の利子に対する反応 β が大きいほど，傾きはより水平になる	貨幣需要の所得に対する反応 *m* が小さいほど，利子率に対する反応 α が大きいほど，傾きはより水平になる

弾力性が大きくなると，*LM* 曲線の形はどうなるだろうか。

　いま国民所得だけが増加したとしよう。貨幣の超過需要が発生するが，これを解消するには，利子率が上昇しなければならない。貨幣の利子弾力性が大きいと，利子率が少しだけ上昇すれば，大きく貨幣需要は減少するから，貨幣市場の均衡を容易に回復することができる。よって，*LM* 曲線はより水平に近くなる。4.2 節で説明した流動性のわなの現象は，*LM* 曲線が完全に水平となり，貨幣の利子弾力性が無限大になる場合に相当する。逆に，貨幣の利子弾力性が小さいと，利子率を大きく変化させないと，均衡が回復できない。*LM* 曲線の傾きは，より垂直に近くなる。貨幣需要が利子率に全く非弾力的であれば，*LM* 曲線は垂直になる。

　同様に，所得が1％増加したときに，貨幣需要が何％増加するかで，貨幣の所得弾力性を定義することができる。この所得弾力性が大きいと，所得が増加したときに，貨幣需要は大きく増加するから，貨幣市場の均衡を維持するには，利子率も大きく上昇する必要がある。したがって，この場合，*LM* 曲線の傾きはより垂直に近くなる。

■ 貨幣供給の増大 ─────────────────────

　金融当局が貨幣供給 *M* を増加させると，*LM* 曲線はどうなるだろうか。*G*

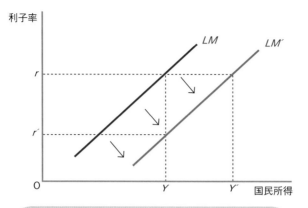

貨幣供給が政策的に増大すると，いままでの所得水準のもとでは貨幣の超過供給になる。貨幣市場の均衡を維持するには，利子率が下落して貨幣需要が拡大する必要がある。任意の所得に対して利子率の下落が必要になるから，*LM* 曲線全体が右下方にシフトする。

図4.11　貨幣供給の増大

が *IS* 曲線のシフト・パラメーターであるように，*M* は *LM* 曲線のシフト・パラメーターである。すなわち，*M* が変化すると，*LM* 曲線全体がシフトする。

　M の増加によって，いままでの利子率と国民所得のままでは，貨幣市場で貨幣供給が貨幣需要を上回る状態になり，超過供給になる。したがって，かりに国民所得がいままでと同じ水準であれば，利子率が低下して貨幣の資産需要を刺激して，貨幣市場の均衡を維持する必要がある。また，利子率がかりに一定であれば，国民所得が増大して，貨幣の取引需要を刺激して，貨幣市場の均衡を維持する必要がある。

　いずれで考えても，*M* が拡大すると，図4.11 が示すように，*LM* 曲線は右下方にシフトする。

4.5 *IS-LM* 分析と総需要管理政策

■ 一般均衡モデル ───────────────────────

　以上の *IS* 曲線と *LM* 曲線の両方を用いて，財市場と貨幣市場の両方の均衡を考えてみよう。財市場と貨幣市場が同時に均衡する利子率と国民所得の組合せは，どのようなものであろうか。(1)式に対応する *IS* 曲線が財市場の均衡を，また，(2)式に対応する *LM* 曲線が貨幣市場の均衡を表している。両市場が同時に均衡するのは，両曲線の交点に限られる。

　図4.8 では，均衡点は *E* 点で示されている。*IS* 曲線が右下がり，*LM* 曲線が右上がりであるから，均衡点 *E* は1つしか存在しない。財市場と貨幣市場を同時に均衡させるように，国民所得と利子率とが同時に決定される。マクロの代表的な経済変数である *Y* と *r* が一般均衡モデルの中で決定されると，それに応じて，この均衡での消費，投資，貨幣需要などの各マクロ変数も決定されていく。

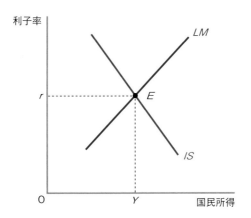

IS 曲線は，財市場を均衡させる所得と利子率の組合せを示す。*LM* 曲線は，貨幣市場を均衡させる所得と利子率の組合せを示す。両曲線の交点 *E* は，財市場と貨幣市場を同時に均衡させる利子率と所得の組合せを示す。

図4.12 *IS-LM*分析

■ 総需要管理政策 ————————————————————

　E 点は，財市場も貨幣市場も均衡している点である。では，この点は政策的に見て望ましい点であろうか。ケインズ経済学では，E 点は必ずしも望ましい点ではないと考える。財市場と貨幣市場が均衡していても，一般的には，労働市場で非自発的失業が存在しているからである（第6章で詳述する）。

　労働者（＝労働雇用）は，E 点に対応する均衡国民所得を生産するのに必要な数だけ雇用されるが，この水準は，外生的に与えられる完全雇用労働供給の水準より小さいと考えるのである。労働供給を完全に雇用して生産される所得を，完全雇用国民所得と呼んでいる。この完全雇用国民所得を実現するためには，IS 曲線や LM 曲線を政府がうまくコントロールすることで，均衡国民所得と完全雇用国民所得を一致させなければならない。これが，ケインズ経済学の総需要管理政策である。

[数値例]

　マクロ・モデルが次のような式で与えられるとしよう。

$$Y = C + I + G \qquad\qquad G = 4$$
$$C = 0.8Y \qquad\qquad M = 2Y - 10r$$
$$I = 40 - 0.1r \qquad\qquad M = 220$$

このとき，$C = 0.8Y$ と $I = 40 - 0.1r$ を $Y = C + I + G$ に代入して，整理すると，

$$r = -2Y + 400 + 40$$

これが IS 曲線である。また，$220 = 2Y - 10r$ を r について解くと，

$$r = 0.2Y - 22$$

これが LM 曲線である。これら2つの式を連立させて，r と Y について解くと，

$$Y = 210, \qquad r = 20$$

これが，IS，LM 両曲線の交点に対応する均衡国民所得と利子率である。

表4.4 *IS-LM*分析：まとめ

	IS 曲線	*LM* 曲線
市　場	財市場	貨幣市場
定　義	財市場を均衡させる Y と r の組合せ	貨幣市場を均衡させる Y と r の組合せ
均衡条件式	$Y = C(Y) + I(r) + G$	$M = L(Y, r)$
傾　き	右下がり	右上がり
シフト・パラメーター	G：政府支出	M：貨幣供給
内生変数	Y（所得）と r（利子率）の同時決定	

Column ── 2	*IS-LM* 分析は，ケインズ・モデルの解釈として妥当か

　IS-LM 分析は，ケインズ・モデルの標準的な解釈として広く用いられており，マクロ経済学の共有財産ともいえるものである。しかし，この *IS-LM* 分析については，ケインズの意図していない定式化であるという批判が古くから投げかけられてきた。ケインズの一般理論は，あまりにも難解であるのに対して，*IS-LM* 分析の方はきわめて明快であり，単純な2つの式で定式化されるため，そのギャップが大きいことによる。

　確かに，*IS-LM* 分析では，GDP と利子率の同時決定というメカニズムが中心となって，ケインズが一般理論で強調した期待の役割や不確実性などの要因が表面に見えないモデルになっている。また，新古典派の立場から批判されるように，それぞれの曲線のミクロ的な基礎がいまひとつはっきりしないことも事実であろう。

　現在では，大学院レベルのテキストで *IS-LM* 分析を主要な理論的枠組みとして用いているものはほとんどないし，専門的な学術論文を *IS-LM* の枠組みで展開するケースもまれになってきている。そのような問題点はあるものの，*IS-LM* 分析は財政金融政策の効果を明快に分析できるマクロの一般均衡モデルとして，広範囲に用いられている。

まとめ

●貨幣の機能は，(1)交換を効率化する機能と (2)資産を安全に蓄積する機能に分けられる。それに応じて，貨幣に対する需要は，(1)取引需要と，(2)資産需要に分けて考えられる。貨幣需要は，利子率の減少関数であり，国民所得の増加関数である。貨幣の需要曲線である流動性選好表が水平である状態は，流動性のわなと呼ばれる。

●国民所得，あるいは国民総生産は，貨幣市場で決まるとされる利子率の動向にも依存しているし，利子率も，財市場で決まるとされる国民所得の動向にも影響される。両市場の相互依存関係を分析することで，国民所得と利子率を同時に説明するのが，ケインズ経済学の標準的な理論的枠組みである *IS-LM* 分析である。

●*IS* 曲線は，財市場を均衡させる国民所得と利子率の組合せである。*IS* 曲線は右下がりである。利子率が上昇すれば，投資需要が減少するから，いままでと同じ国民所得のままでは，財市場が超過供給になってしまう。財市場の超過供給を解消するには，生産が減少しなければならない。よって，利子率の上昇と生産量の減少という組合せで，財市場の均衡が維持される。

●*LM* 曲線は，貨幣市場を均衡させる国民所得と利子率の組合せを意味する。*LM* 曲線は右上がりである。利子率が上昇すると，いままでの国民所得のままでは，貨幣需要が減少するから，貨幣市場は超過供給の状態になる。貨幣市場の均衡を回復するには，貨幣の供給は一定であるから，需要が元に戻るように，国民所得が増大して，貨幣の取引需要を刺激しなければならない。

●均衡国民所得と利子率は *IS*，*LM* 両曲線の交点で与えられる。完全雇用国民所得を実現するためには，*IS* 曲線や *LM* 曲線を政府がうまくコントロールすることで，均衡国民所得と完全雇用国民所得を一致させなければならない。これが，ケインズ経済学の総需要管理政策である。

重要語

□ 貨幣の取引需要　　□ 貨幣の資産需要　　□ 流動性のわな

□ *IS* 曲線　　　　　□ 投資関数　　　　　□ 投資の限界効率

□ 利子率　　　　　　□ 財市場　　　　　　□ 投資の利子弾力性

□ 貨幣市場　　　　　□ *LM* 曲線　　　　　□ 貨幣供給

□ 総需要管理政策

問　題

■1　次のうち正しいものはどれか。

（イ）*IS* 曲線は，場合によっては右上がりになることもある。

（ロ）*IS* 曲線上では，財市場は常に均衡している。

（ハ）*IS* 曲線上でも，*LM* 曲線との交点しか，財市場は均衡していない。

（ニ）投資の利子弾力性が大きくなれば，*IS* 曲線の傾きの絶対値は大きくなる。

（ホ）限界消費性向が大きくなれば，*IS* 曲線の傾きの絶対値は大きくなる。

■2　次のうち正しいものはどれか。

（イ）貨幣の取引需要は，GDP の減少関数である。

（ロ）流動性のわなの状況では，貨幣の取引需要も無限大になる。

（ハ）*LM* 曲線上でも，貨幣市場は均衡していない場合もある。

（ニ）貨幣需要の利子弾力性が大きくなれば，*LM* 曲線の傾きは小さくなる。

（ホ）貨幣需要の所得弾力性が大きくなれば，*LM* 曲線の傾きは小さくなる。

■3　次のうち正しいものはどれか。

（イ）*Y* は *IS* 曲線上で決定されるから，*LM* 曲線がシフトしても変化しない。

（ロ）*Y* は *LM* 曲線上で決定されるから，*IS* 曲線がシフトしても変化しない。

（ハ）*r* は *IS* 曲線上で決定されるから，*LM* 曲線がシフトしても変化しない。

（ニ）*r* は *LM* 曲線上で決定されるから，*IS* 曲線がシフトしても変化しない。

（ホ）*Y* と *r* とは *LM*，*IS* 両曲線の交点で決まるから，それ以外の *IS*，*LM* 曲線の点は経済的には何の意味もない。

■4　次のマクロモデルを想定する。

$$C = 100 + 0.8Y + 0.01B$$
$$I = 100 - 20r$$
$$M = 100$$
$$L = 0.4Y - 20r + 0.04B$$

　ここで，C 消費，I 投資，M 貨幣供給，L 貨幣需要，Y 所得，r 利子率，B 公債残高である。当初の公債が 1000 でそれが 1100 へと 100 だけ増加すると，均衡所得は（ア）から（イ）へと変化する。

■5　限界消費性向 c や投資の利子に対する反応の程度 β が上昇すると，*IS* 曲線と乗数はどう影響するか。

（イ）c，β どちらの上昇でも，国民所得が増加すると消費がより刺激されるので，*IS* 曲線の傾きが緩やかになり，乗数は大きくなる。

（ロ）*IS* 曲線は限界消費性向 c に依存しないが，投資の利子に対する反応の程度 β の上昇で，*IS* 曲線の傾きが緩やかになり，乗数は大きくなる。

（ハ）*IS* 曲線は投資の利子に対する反応の程度 β に依存しないが，限界消費性向 c の上昇で，*IS* 曲線の傾きが急になり，乗数は大きくなる。

（ニ）c，β どちらの上昇でも，国民所得が増加すると消費がより刺激されるので，*IS* 曲線の傾きが急になり，乗数は大きくなる。

（ホ）限界消費性向 c の上昇と投資の利子に対する反応の程度 β の上昇とは，需要に対して相反する効果を持っているので，*IS* 曲線と乗数への影響は確定しない。

5 財政金融政策

この章では，マクロ財政金融政策の効果を，ケインズ経済学の理論的な枠組み（= *IS-LM* の枠組み）の中で，分析することにしたい。

---

1. 政府支出の拡大の GDP に与える大きさである乗数やクラウディング・アウト効果について説明する。
2. 公債発行による財政政策は，長期的に公債残高の累増をもたらす。公債残高の持つ資産効果によって，*IS*，*LM* 両曲線がどのようにシフトするかを考える。
3. 貨幣供給の増大という金融政策の効果を考える。
4. 貨幣供給がどのようなメカニズムで増大するのか，信用創造のメカニズムを説明する。
5. 貨幣供給をコントロールする金融政策の手段について説明する。
6. わが国の金融市場の変化を説明する。

5.1 財政政策の効果

■ マクロの総需要管理政策 ─────────────────

　第 4 章でも述べたように，ケインズ経済学では，マクロの総需要を適切に管理するのがマクロ経済政策の主な目的である。本章ではマクロの総需要管理政策としての財政金融政策の効果を分析する。このうち，財政政策として通常考えられているのは，政府支出を増減させる政策と税体系を変更する租税政策の 2 つである。また，金融政策としては貨幣供給を変化させる政策がある。この章では，これらのマクロ財政金融政策の効果を，ケインズ経済学

の標準的な枠組みである *IS–LM* のモデルを用いて，分析することにしたい。

■ 政府支出の拡大

　最初に，財市場だけではなく，貨幣市場も考慮した *IS–LM* の枠組みを用いて，財政政策の効果を分析しよう。図5.1 は，財市場の均衡を示す *IS* 曲線と貨幣市場の均衡を示す *LM* 曲線を描いたものである。ここで注意すべきは，*IS* 曲線が，財政政策の変数である政府支出や税制（税率あるいは税収）を与件として（シフト・パラメーターとして）描かれている点である。つまりある特定の政府支出や税率，税収の値に対応して 1 つの *IS* 曲線が描けるのであり，政府支出や税制が変化すれば，*IS* 曲線自体がシフトしてしまう。

　政府支出拡大の効果から分析しよう。第 4 章でも説明したように，政府支出が増大すれば，これまでの利子率のもとでは，財市場が超過需要になるから，財市場の均衡を維持するためには，国民所得も増加しなければならない。これは，*IS* 曲線が右上方にシフトすることを意味する。

　同様に，減税するとこれまでの利子率のままでは財市場で超過需要が発生するから，財市場の均衡を維持するために *IS* 曲線は右上方にシフトする。

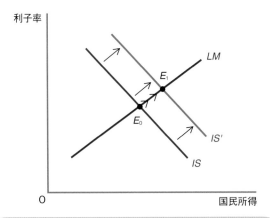

政府支出の拡大によって，*IS* 曲線は右上方にシフトするから，新しい均衡点は E_0 から E_1 へ移動する。国民所得は増大し，利子率は上昇する。

図5.1　政府支出の拡大

ただし，第3章3.5節で説明したように，政府支出乗数の方が減税乗数より大きい分だけ，IS曲線の右上方へのシフト幅は政府支出増の方が大きい。この点に注意すれば，減税政策と政府支出政策の及ぼす効果は定性的には同じとなる。

さて，政府支出が増加して，IS曲線が右上方にシフトすると，IS，LM両曲線の交点で与えられる均衡点はE_0からE_1へ動く。財政政策が変化しても，LM曲線はシフトしないから，均衡点はLM曲線上を移動することになる。E_0点とE_1点とを比べてみれば明らかなように，国民所得は増大し，利子率も上昇する。政府支出の増加が，総需要を直接増加させて，結果として均衡国民所得を増加させるのは，第3章で説明した財市場だけを考えた場合と同じである。さらに，貨幣市場も考慮するIS–LMの枠組みでは，利子率が上昇する。

政府支出の増加により，財市場で超過需要となり，マクロの生産活動が刺激され，国民所得が増大すると，貨幣の取引需要が増加する。第4章でも述べたように，国民所得が増大すると，取引需要が活発になり，貨幣需要も拡大する。したがって，いままでの利子率のままでは，貨幣市場はもはや均衡せず，超過需要が発生する。このため，貨幣市場の均衡を回復するように，利子率が上昇する。貨幣供給が一定である以上，利子率が上昇してはじめて貨幣需要が抑制され，貨幣市場の均衡が維持される。

■ クラウディング・アウト効果 ─────────────────────

ところが，利子率が上昇すると，投資需要が抑制される。これは，財市場で総需要を抑制する方向に働く。したがって，利子率が全く上昇しない場合より，政府支出乗数の値は小さくなる。図5.2でA点は，利子率が元のE_0のままであるときの財市場の新しい均衡点を示している。これは，財市場だけで政府支出増加の有効需要創出効果を分析した際の乗数値$1/(1-c_1)$に対応している。A点からE_1点への動きは，利子率が上昇したために，投資需要が抑制される効果を反映している。

財政政策の拡張効果は，利子率の上昇によって，部分的に相殺されて小さ

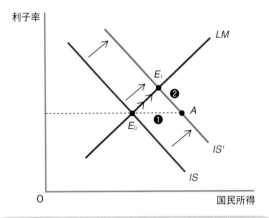

政府支出の拡大によるE_0からE_1への動きは，❶E_0からAへの動きと，❷AからE_1への動きに分解して考えられる。E_0からAへの動きは，当初の利子率のままでの政府支出拡大の効果（第3章の乗数モデルへの効果）を表し，AからE_1への効果が利子率の上昇による投資抑制効果（クラウディング・アウト効果）を表す。

図5.2　クラウディング・アウト効果

表5.1　クラウディング・アウト効果

	意　味	乗　数
❶ r（利子率）が一定の動き	投資需要が変化しないときのGDPに与える効果	$\dfrac{1}{1-c_1}$
❷ r が上昇する動き	利子率の上昇によって投資需要が減少する効果	

　くなる。これは，政府支出の増加によって，民間投資が減少することを意味しており，政府支出のクラウディング・アウト効果（押し退け効果）と呼ばれる。なお，国民所得が増加しているから，民間消費は増加している。したがって，政府支出の拡大は，民間消費の増加と民間投資の減少をもたらす。ただし，民間投資が国民所得にプラスに依存するケースでは，利子率が上昇しても，国民所得も増加するので，民間投資が必ずしも減少するとは限らないが，利子率が上昇しない場合と比較すれば，民間投資が多少は減少する。

■ 極端なケース ─────────────────────

　ところで，IS 曲線や LM 曲線の傾きが極端な場合にはクラウディング・ア
ウト効果が全然発生しないか，あるいは完全に発揮されるケースも生じる[1]。

　貨幣需要の利子弾力性が無限大である流動性のわなのケースでは，**図 5.3**
が示すように LM 曲線が水平となる。このとき，財政政策によって IS 曲線
がシフトしても，利子率は全然変化しない。所得が増大して，取引需要のた
めの貨幣需要が増大しても，利子率は上昇することなく，貨幣市場は均衡し
ている。したがって，利子率が上昇するために投資が抑制されることもない。

　もう一つの同様なケースは，**図 5.4** が示すように，投資が利子率に対して
何ら反応しないケースである。このとき，IS 曲線は垂直となる。財政政策
によって，IS 曲線がシフトすると，利子率は上昇するが，利子率が上昇し
ても投資は何ら抑制されないため，クラウディング・アウト効果は生じない。

　完全なクラウディング・アウト効果が生じるケースとしては，まず，図

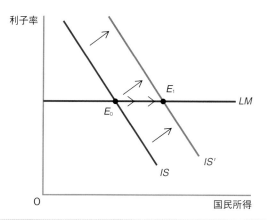

> **LM曲線が水平となる流動性のわなのケースでは，利子率が上
> 昇しないから，政府支出拡大のクラウディング・アウト効果は
> 生じない。**

図5.3　流動性のわなのケース

─────────────────────

1)　図 5.2 で A 点から E_1 点への動きの方が大きくて，クラウディング・アウト効果が乗数の値をマ
　イナスにしてしまうことは考えられない。なぜなら，クラウディング・アウト効果は利子率の上昇
　によって引き起こされるものであるが，これは GDP が上昇しない限り生じない変化だからである。

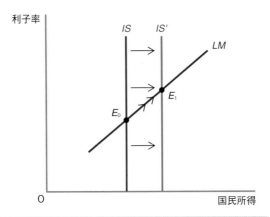

投資の利子弾力性がゼロのケースでは，IS曲線は垂直となり，利子率が上昇しても投資は抑制されない。政府支出拡大のクラウディング・アウト効果は生じない。

図5.4　投資が利子率に反応しないケース

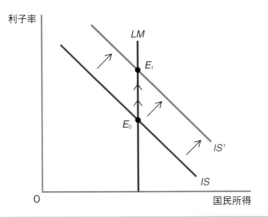

貨幣需要が利子率に反応しないケースでは，LM曲線が垂直になり，政府支出の拡大による総需要刺激効果は，利子率の上昇による投資需要削減効果によって完全に相殺される。所得は全く拡大しない。

図5.5　貨幣需要が利子率に反応しないケース

5.5 が示すように，貨幣需要の利子弾力性がゼロであって，LM 曲線が垂直となる場合である。このとき，拡張的な財政政策によって IS 曲線がシフト

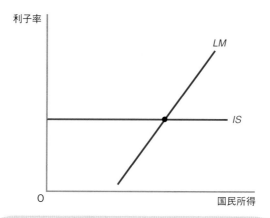

投資の利子弾力性が無限大のケースでは，*IS*曲線が水平になり，政府支出が増大して，*IS*曲線はシフトしない。利子率がごくわずかでも上昇すれば投資需要が大きく落ち込むので，利子率も所得も変化しないで，政府支出の拡大は投資需要の減少で完全に相殺される。

図5.6　投資の利子弾力性が無限大のケース

表5.2　極端なクラウディング・アウトのケース：まとめ

クラウディング・アウト効果	*IS*曲線	*LM*曲線
ゼロのケース	垂直：投資需要の利子弾力性がゼロ	——
	——	水平：貨幣需要の利子弾力性が無限大
完全なケース	水平：投資需要の利子弾力性が無限大	——
	——	垂直：貨幣需要の利子弾力性がゼロ

しても，利子率が上昇することで，投資が同額減少して，国民所得は全然増加しない。

　また，**図5.6**が示すように，投資の利子弾力性が無限大であれば，*IS*曲線が水平となる。このときも，完全なクラウディング・アウト効果が生じる。なぜなら，このときは*IS*曲線が，財政政策によって何らシフトしないからである。投資が利子率に無限に反応すれば，政府支出の増加は利子率をほとんど変化させることなく投資を同額だけ減少させて，財市場が均衡してしまう。

❖Case Study 日本におけるクラウディング・アウト

わが国でクラウディング・アウト効果が問題とされるようになったのは，1970 年代後半以降に景気対策として財政赤字の拡大を伴う積極的な財政政策が行われ，国債が大量に発行されるようになってからである。当初は国債を 1 年後に日本銀行が買いオペ（5.5 参照）で吸収していたために，クラウディング・アウト効果は生じなかった。

その後，大量に国債が発行されるようになると，日銀はそれをすべて買いオペで吸収することができなくなり，民間部門が国債を保有するようになった。その結果，利子率が上昇する圧力が生じたり，銀行が国債を保有することで，民間企業への貸出が抑制されるという押し退け効果が実際にも観察された。1980 年代に入ると，財政再建政策が遂行され，国債発行量が抑制されたために，クラウディング・アウトは問題にならなくなった。

1990 年代に入ると，再び積極的な財政政策が採用され，国債の大量発行が始まった。しかし，この時期にはクラウディング・アウト効果はそれほど明確ではない。なぜなら，金融政策面からも積極的な緩和政策が採用されたために，IS 曲線とともに LM 曲線も右にシフトしたと考えられるからである。国債が大量に発行されて，財政赤字が累増したにもかかわらず，むしろ利子率は低下傾向を示した。2008 年以降の積極的な財政政策のケースも同様であり，国債が大量に増発されたが，金利の上昇は見られない。クラウディング・アウト効果は，金融政策を所与として財政政策のみが拡張したときの効果である。

5.2 公債残高の資産効果

■ 財政赤字と公債発行

さて，これまで財政政策を考えるときには，政府の予算制約を明示的に考慮してこなかった。たとえば，増税をしないで政府支出が増加すれば，財政赤字（政府支出－政府収入）が発生するが，それが何で賄われるのか，明示的に考慮しなかった。以下では，この点を考えてみよう。

拡張的な財政政策の結果として発生した財政赤字は，貨幣の増発によって賄われることもあるが，通常は金融政策を所与として，公債の発行によって賄われる。すなわち，公債を市場で消化し，その財源で政府支出を行うのが一般的である。したがって，財政政策の効果をより深く分析するためには，公債の発行がどういう経済的効果を持つかを検討しなければならない。

　公債の発行によって，公債残高が増加すれば，2 通りの効果が考えられる。
一つは，消費に与える効果である。公債残高も，家計にとっては利子を生む
資産の一部とみなされるから，公債が増えれば，資産が増えることになる。
資産の増加は家計にとって将来の所得機会の増加を意味するから，現在の可
処分所得が同じであっても，家計の消費は増えるだろう。これは，公債残高
の消費に与えるプラスの資産効果である。

　公債残高の持つもう一つの資産効果は，資産市場に与える資産効果である。
家計の資産選択の立場から考えると，公債残高が増えると，そのうちの一部
は貨幣の形に変える方が有利となる。利子率が変化しない限り，貨幣と公債
の保有比率は，ある程度一定に保つ方が，資産選択の面からは望ましい。公
債という不確実なリスク資産だけが一方的に増えて，貨幣の保有がいままで
のままでは，家計の資産構成が最適とはいえない。したがって，公債残高が
増えると，貨幣需要を刺激する。これは，公債残高の貨幣需要に与えるプラ
スの資産効果と呼ばれている。

■ 資産効果と *IS–LM* 分析 ─────────────────────────

　さて，この 2 つの資産効果の持つ経済的意味を，*IS–LM* 分析によって明
らかにしてみよう。**図 5.7** は，財市場の均衡を示す *IS* 曲線と，貨幣市場の
均衡を示す *LM* 曲線を描いたものである。拡張的財政政策の結果として，財
政赤字が生じ，公債が発行されたとしよう。いま，簡単化のために，政府支
出の増加や税制の変更といった財政変数の直接的効果は無視し，公債残高が
増加することの 2 次的な資産効果だけを問題とすることにしよう。

　まず，*IS* 曲線は，公債残高の消費に与えるプラスの資産効果のために，
右上方にシフトする。なぜなら，公債残高が増加すると，いままでの国民所
得と利子率のもとで，財市場で消費が増えるために，超過需要になるからで
ある。超過需要を解消するには，国民所得が増えるか，利子率が上昇しなけ
ればならない。これは，*IS* 曲線が右上方にシフトすることを意味する。

　次に，*LM* 曲線は，公債残高の貨幣需要に与えるプラスの資産効果のため
に，左上方にシフトする。なぜなら，公債残高が増加して，貨幣需要が増え

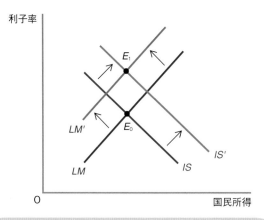

公債残高の増加による資産効果により，IS曲線は右上方にシフトし，LM曲線は左上方にシフトする。新しい均衡点E_1は当初の均衡点E_0の上方にあるが，右にくるか左にくるかは不確定となる。利子率は上昇するが，所得が増大するかどうかは，IS曲線の方がより大きくシフトするかどうかで決まる。

図5.7　資産効果とIS-LM分析

ると，いままでの利子率と国民所得のままでは，貨幣市場が超過需要になるからである。超過需要を解消するには，利子率が上昇するか，国民所得が減少しなければならない。これは，LM曲線が左上方にシフトすることを意味する。

　公債残高の増加により，IS曲線が右上方にシフトし，LM曲線が左上方にシフトするから，新しい均衡点E_1は，古い均衡点E_0の上方にある。問題は，E_1がE_0の右にあるか，左にあるかという点である。図でも示しているように，この点は定性的にははっきりしない。すなわち，公債残高が増加することによって，利子率は必ず上昇するが，国民所得が増加するかどうかは不確定である。

　消費に対する資産効果，貨幣需要に対する資産効果ともに，利子率の上昇要因になっているが，前者は国民所得の増加要因であるのに対して，後者は国民所得の抑制要因になっている。もし，IS曲線の右方シフトの大きさが，LM曲線の左方シフトの大きさより大きければ，E_1はE_0の右にきて，国民

所得は増加する。消費に与える資産効果の方が、貨幣に対する資産効果より大きければ、公債残高の増加は、直接的な財政政策の効果に加えて、経済活動をさらに活発にさせる。

■ 政府の財政収支

政府の財政収支が、財政政策の結果として長期的にどのように変化するか、考えてみよう。政府の収支は当初均衡していたとする。拡張的な財政政策の直接的効果は、財政収支にどう影響するだろうか。たとえば、増税を一切しないで政府支出を拡大すると、政府支出の増加分だけ、財政赤字の拡大要因となる。

他方、乗数効果によって国民所得が増えれば、税率が一定とすると、税収も増加するだろう。しかし、乗数効果による税収増を見込んでも、当初は財政赤字が発生すると考えるのが、もっともらしいであろう。なぜなら、現実には、税収増だけで政府支出の増加を賄うだけ大きな乗数効果が生じることは、考えられないからである。すなわち、かなりの税収をあげるには税率が高くなくてはならないが、そうであれば乗数は小さくなってしまう。

[数値例]

乗数の値を 2、税率を 0.2 とすると、1 兆円の政府支出の増大により、GDP は 2 兆円増大する。このとき、税収は 2×0.2＝0.4 兆円＝4,000 億円増加する。その結果、財政赤字は、6,000 億円となる。税率が 0.2 であれば、乗数値が 5 以上でないと、財政赤字が発生することになる。しかし、乗数は最大限で

$$\frac{1}{1-c_1(1-0.2)}$$

以下であり、限界消費性向 c_1 は 1 より小さいから、乗数が 5 以上にはなれない[2]。

---

[2] この関係は、一般的に成立する。すなわち、

$$\frac{1}{1-c_1(1-t)} < \frac{1}{t}$$

であり、乗数が大きくて当初から財政収支が均衡あるいは黒字になることは、ありえない。

したがって，財政赤字を賄うために，当初は必ず公債が発行される。公債の発行の経済的な効果は，上で見たとおりである。すなわち，消費に対する資産効果の方が貨幣需要に対する資産効果よりも大きければ，国民所得は増大する。このとき，税収も増加するから，財政赤字は縮小するだろう。やがては，国民所得が十分に増加して，政府支出の拡大で生じた財政赤字は，完全に解消される。

しかし，貨幣に対する資産効果の方が大きければ，どうなるだろうか。この場合には，国民所得は減少するから，税収も減少してしまう。財政赤字は，逆に拡大する。これは，さらに公債の追加的な発行で賄われるから，また，公債の資産効果（貨幣に対する資産効果）のために，国民所得が減少し，さらに，税収も減少してしまう。この状態になれば，財政赤字はさらに拡大し，国民所得と税収は減少する一方となる。財政再建策を講じない限り，経済は，破局を迎える。

このように考えると，公債の持つ資産効果が全体として，国民所得を増加させるのか，そうでないのかは，財政政策の有効性を分析するとき，重要な意味を持つ。

■ モデルの安定性

したがって，公債発行による政府支出の拡大が，短期的には財政赤字を伴っても，長期的に均衡財政に回復するためには，消費に対する資産効果の方が資産市場での資産効果よりも，大きくなくてはならない。

しかし，これは，マクロ経済モデルの安定性のための必要条件であっても，十分条件ではない。公債残高の増加によりGDPが拡大しても，それだけでは長期的に財政収支の均衡が回復するには，不十分である。公債残高が増加すれば，利払い費も増加するので，公債残高の増加によって所得がある程度の大きさ以上に増加しないと，長期的に政府の収支は均等しないのである。すなわち，消費に対する資産効果がかなり大きくないと，公債調達による政府支出の拡大で，体系が不安定になってしまう。

ところで，公債の消費に対する資産効果は，家計が公債をどの程度資産と

みなすかに依存している。家計が公債を資産としてあまり評価していないのであれば，公債が増加しても資産効果はあまり働かず，そのままでは財政赤字が長期的に回復されない。いずれ裁量的な増税政策が必要となる。ブラインダーとソロー（Blinder & Solow, 1973）が示したように，家計が公債を資産として評価していれば，資産効果も大きく，公債残高の増加によって生じる長期的な自然増収のみで，長期的に政府の収支は均衡する。将来裁量的に増税を行う必要はない。また，その際の長期的な乗数も，かなり大きなものとなる。

　しかし，新古典派の立場に立つバロー（Barro, 1974）が強調しているように，公債を将来償還する際に，家計に増税の負担が及ぶことを家計が合理的に予想していれば，公債はネットで資産とみなされないかもしれない。その場合は，公債保有が増加しても，家計の消費需要は刺激されず，財政政策の効果も小さくなる。したがって，公債を資産とみなせるかどうかは，政府支出の拡大あるいは減税というマクロの財政政策の有効性にとって，重要なポイントであり，ケインズ的立場と新古典派的立場の見解の分かれ道でもある。この点は第12章で詳しく検討したい。

■ 財政政策と財政赤字

　財政赤字を積極的に活用しようとする代表的な立場は，景気対抗手段として財政赤字を用いることを主張するケインズ的立場である。すなわち，景気が低迷しているときには財政赤字を拡大させて，公債を増発し，景気を刺激しようとする。逆に景気が過熱しているときには財政赤字を縮小させて，公債発行を削減し，総需要を抑制する。

表5.3　公債残高の資産効果：まとめ

IS曲線	上方シフト：公債残高の増加により消費が刺激される
LM曲線	上方シフト：公債残高の増加により貨幣需要が刺激される
所得水準	IS曲線の方がより大きくシフトすれば，GDPは増大する
利子率	上昇
体系の安定性	LM曲線のシフトの方がより大きければ，不安定 IS曲線の方がより大きくシフトして，GDPが拡大しても，必ずしも安定にはならない

表5.4　最近のマクロ経済政策の例

《安心と成長の未来を拓く総合経済政策》		
(2019年12月5日閣議決定)		
Ⅰ．災害からの復旧・復興と安全・安心の確保	Ⅱ．経済の下振れリスクを乗り越えようとする者への重点支援	Ⅲ．未来への投資と東京オリンピック・パラリンピック後も見据えた経済活力の維持・向上
1．自然災害からの復旧・復興の加速	1．中小企業・小規模事業者の生産性向上のための環境整備	1．Society 5.0やSDGsの実現に向けたイノベーションと社会実装の促進等
2．防災・減災，国土強靱化の強力な推進	2．海外展開企業の事業の円滑化	2．Society 5.0時代を担う人材投資，子育てしやすい生活環境の整備
3．国民の安全・安心の確保	3．農林水産業の成長産業化と輸出力強化の加速	3．外国人観光客6,000万人時代を見据えた基盤整備
	4．地方創生の推進強化	4．生産性向上を支えるインフラの整備
	5．就職氷河期世代への支援	5．切れ目のない個人消費の下支え
		6．コーポレート・ガバナンス改革の推進等
財政支出　5.8兆円程度 事業規模　7.0兆円程度	財政支出　3.1兆円程度 事業規模　7.3兆円程度	財政支出　4.3兆円程度 事業規模　11.7兆円程度
合計　財政支出13.3兆円　事業規模26.0兆円		
■本対策の効果■ 実質GDP（需要）押上げ効果を現時点で試算すれば，概ね1.4%程度と見込まれる。		

（出所）内閣府ＨＰ　経済政策等

　財政赤字が短期的にこのような安定化効果を持つことは，否定できない。わが国のマクロ財政政策もこのような観点から運営されている（**表5.4**）。特に，1990年代以降，マクロ経済が低迷する期間が長くなるにつれて，景気対策として積極的な財政政策が活用されている。

　しかし，短期的な経済の安定を最優先するケインズ的な景気対抗政策にも，限界がある。財政赤字や公債発行には弊害もある。政策当局が財政再建の目標として，財政赤字を解消して，公債発行を止めることを掲げるのも，公債発行に何か特別の弊害があると考えているからである。公債発行の問題点として，次のような点がある。

第1に，財政赤字は拡大しやすいが，縮小しにくい。公共事業の増加や減税には多くの人が賛成する。しかし，たとえ好況であっても，公共事業の削減や増税に賛成する人は少ない。財政赤字の負担を将来に先送りしようという誘因は，特に，民主主義の政策決定で見られる。なぜなら，将来世代の人は現在の政策に関与できないからである。民主主義による政治的な圧力のもとでは，公債発行による財源調達は安易に用いられやすく，財政の放漫化を招く。

第2に，量的に総需要を刺激する政策では，どうしても，その中身がいい加減になる。公共事業を拡大するときに，それによって将来有益な社会資本が整備されることは重要である。しかし，景気対策として公共事業が行われる場合，その中身よりも量的な大きさに関心が向きがちである。無駄な施設がつくられると，将来それを維持管理するのが大変になる。

第3に，公債発行によって金利が上昇すると，民間投資は減退する。これは，公債発行によるクラウディング・アウト効果（押し退け効果）である。また，クラウディング・アウトを回避しようとして，中央銀行が公債を引き受けると，通貨の過大な供給を通じてインフレーションを引き起こす。

第4に，特に，経常的な経費の財源として発行される赤字公債は，負担を将来世代に転嫁させて，世代間の公正を阻害する。公共投資の財源として発行される建設公債と異なり，政府消費の財源として発行される赤字公債の場合，将来世代には政府支出の便益は及ばず，その負担のみが転嫁される。

第5に，大量の公債発行が続くと，公債の利払いや償還に追われてしまい，税金が公債の処理に追われてしまう。その結果，新しい政策的経費に税金が回らないという財政硬直化の大きな原因になる。特に，赤字公債の償還のために，増税ではなくて，もう一度公債を発行する（借換債の発行）と，借金のために借金をするという悪循環に陥る。

❖*Case Study*　財政破綻

　下図に示すように，わが国の財政赤字（対 GDP 比率）は先進諸国の中で最悪の水準である。しかも，1990 年代に入ってからますます赤字幅が拡大している。2000 年代前半にいったん改善傾向を示したが，2008 年以降さらに財政状況は悪化した。その後はやや改善傾向になるが，依然として巨額の財政赤字を出し続けている。

　大量に公債発行を続けると，いつかは財政が破綻する。いつまで，あるいは，どのくらいの大きさまで公債を発行することができるだろうか。財政破綻の問題を考えてみよう。

　一般的にいえば，公債残高が経済の規模（＝ GDP）よりも大きなスピードで累積しない限り，政府の財政は破産しない。公債を償還するために，新しく借換債を発行しても，GDP との相対的な規模で安定していればよい。なぜなら，税収も GDP と同じ速度で増加すると考えられるからである。次頁の図に示すように，わが国では近年一貫して公債残高の対 GDP 比率が上昇を続けている。この状況がこれからも続けば，財政破綻にいたるだろう。

　ところで，利払い費の大きさだけ追加的に公債発行の圧力が加わる。したがって，公債増加のスピードは，利子率の大きさに対応している。また，GDP 増加のスピードは経済成長率である。その結果，経済成長率が利子率よりも大きければ，対 GDP 比で見た公債残高は発散せず，政府は公債をきちんと償還することが可能となる。

財政収支の国際比較（対 GDP 比）

（データ出典）OECD "Economic Outlook 105"（2019 年 5 月）
（注 1）数値は一般政府（中央政府，地方政府，社会保障基金を合わせたもの）ベース。ただし，日本及び米国は社会保障基金を除いた値。
（注 2）日本については，単年度限りの特殊要因を除いた値。
（注 3）日本は 2018 年から，それ以外の国々は 2019 年からが推計値。
（出所）財務省「日本の財政関係資料（令和元年 10 月）」

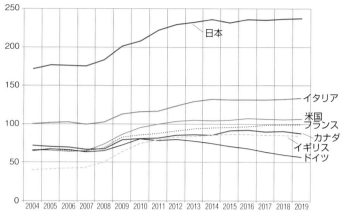

債務残高対 GDP 比の国際比較

（データ出典）IMF "World Economic Outlook"（2019 年 4 月）
（注 1）数値は一般政府（中央政府，地方政府，社会保障基金を合わせたもの）ベース。
（注 2）日本，米国，フランス，イタリア及びカナダは 2018 年から，イギリス及びドイツは 2019 年からが推計値。
（出所）財務省「日本の財政関係資料（令和元年 10 月）」

　ただし，上の条件は政府が新しく財政赤字を出さないという前提での話である。経済成長率が利子率よりも大きくても，毎年の予算で巨額の新規公債を発行すれば，公債増加のスピードは GDP 増加のスピードを上回る。

　また，上の条件が成立しないで，経済成長率よりも利子率の方が高い場合は，新規に公債を発行するのではなくて，毎年の予算で財政黒字をつくって，過去の公債残高を償還することが必要になる。

　ここで，利払い費を除いた財政赤字，すなわち，利払い費を除いた歳出マイナス税収のことを，「プライマリー（基礎的）財政赤字」と呼ぶ。これは，政府支出と税収の差額である。また，公債の新規発行額マイナス公債の利払い費にも等しい。言い換えると，現在の公債残高を償還するには，それに見合ったプライマリー財政黒字が将来において発生しなければならない。安倍政権の方針では，2020 年を目処にプライマリーバランスの均衡を図るとしていたが，アベノミクスで積極的な財政出動をした結果，プライマリー収支は改善がみられず，この目標は達成されなかった。そして，プライマリーバランス均衡化の目標年次が 2025 年度に先送りされた。

　これから財政が破綻するのかどうかは，政府の支払い能力以上に債務を負っていくかどうかで判断できる。支払い能力にプラスになるものは，（1）現在の政府の資産（国有地や政府系企業の価値，社会保障基金の積立金など）と，（2）将来の税収から将来の政策経費に充てる部分を除いたプライマリー（基礎的）財政黒字の大きさである。また，負債として効いてくるのは，（1）これまで発行した公債残高と（2）将来義務的に発生する新たな債務（公的年金の支払いなど）である。将来の経済成長が高ければ将来の税負担能力も大きくなり，また，金利が高ければ将来の債務の拡大も大きくなる。

5.3 金融政策の効果

■ 貨幣供給の増加

金融政策の総需要に与える効果について，*IS–LM* の枠組みを用いて考えてみよう。図5.8 は，縦軸に利子率 r を，また，横軸に国民所得 Y をとって，財市場の均衡を示す *IS* 曲線と貨幣市場の均衡を示す *LM* 曲線を描いたものである。当初の均衡点 E_0 が，拡張的な金融政策によってどのように動くか，検討してみよう。

金融政策として，中央銀行による貨幣供給の増加を想定する。貨幣供給 M が増加すると，*LM* 曲線は右下方にシフトする。なぜなら，いままでの利子率と国民所得のままでは，貨幣市場で超過供給の状態となり，この超過供給を解消するには，利子率が低下して貨幣の資産需要を拡大させるか，あるいは，国民所得が増大して貨幣の取引需要を拡大させる必要があるからである。ただし，金融政策によっても，*IS* 曲線はシフトしない。*LM* 曲線だけが右下方にシフトするので，均衡点は E_1 に移動する。E_1 では E_0 と比べて，利

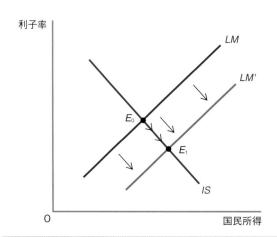

貨幣供給の増大により，*LM*曲線が下方にシフトする。新しい均衡点E_1では，利子率が低下し，所得が増大する。

図5.8　貨幣供給の増加

子率が低下し，国民所得は増加している。すなわち，貨幣供給の増加は，総需要を拡大させる。

■ 貨幣供給の効果 ─────────────────────────

　貨幣供給の総需要を拡大させる効果は，どのような経済的要因に依存しているだろうか。需要拡大のメカニズムを考えてみよう。貨幣供給が増大すると，上でも見たように，まずは貨幣市場で超過供給となる。したがって，利子率が低下する。この利子率の低下は，投資需要を刺激して，財市場で超過需要をつくり出す。それに応じて，企業の生産活動が活発になり所得も増大する。所得の増加は，消費の増加を引き起こし，それがまた財市場を刺激して所得のさらなる拡大をもたらす。このようにして国民所得が増大していく。

　よって，需要拡大の大きさは，貨幣供給の増加に対応してどのくらい利子率が低下するのか，また，利子率の低下に対応してどのくらい投資需要が刺激されるのかに，大きく依存している。貨幣需要の利子弾力性が小さいほど，貨幣供給の増大は利子率の低下を引き起こしやすく，また，投資需要の利子弾力性が大きいほど，利子率の低下は投資を拡大しやすい。

貨幣の利子弾力性とケインズ経済学

　1930 年代は，貨幣の利子弾力性が非常に大きく，逆に，投資の利子弾力性が非常に小さいと考えられていた。このような状況では，金融政策は無効になる。ケインズ経済学の初期の人々は，このような状況を想定して，金融政策で総需要を管理することに懐疑的であった。貨幣の利子弾力性が大きく，投資の利子弾力性が小さいときには，財政政策の方が有効になることを思い出してみよう。したがって，金融政策ではなく，財政政策を活用することで，不況から脱出するだけの十分な総需要をつくり出すのが，当時のケインズ経済学のねらいとされてきた。

5.4 貨幣供給のメカニズム

■ ハイパワード・マネー ─────────────────────

　さて，これまで，本書では金融当局が直接貨幣供給 M をコントロールできると考えてきた。以下では，貨幣供給のメカニズムについて，簡単に検討しておこう。貨幣の供給メカニズムでは，中央銀行が直接コントロールできる貨幣であるハイパワード・マネー（あるいは，マネタリーベース）が重要な役割を演じている。ハイパワード・マネーとは，中央銀行の債務項目である現金通貨と預金通貨銀行（＝市中銀行）による中央銀行への預け金（銀行準備という）とを加えたものである。言い換えると，ハイパワード・マネーは中央銀行の債務の主要項目を形成し，その一部が民間によって直接現金通貨として保有され[3]，残りは，預金通貨銀行の準備となる。

　ハイパワード・マネー（あるいは，マネタリーベース）は，別名「中央銀行通貨」とも呼ばれ，中央銀行等の通貨性の負債を合計したものである。具体的には，世の中に出回っているお金である流通現金（日本銀行券発行高＋貨幣流通高）と日銀当座預金の合計額である。

表5.5　中央銀行のバランス・シート

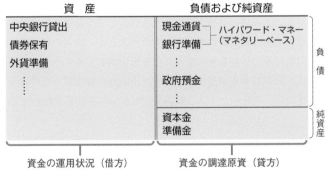

（注）日本銀行の統計では現金通貨は「発行銀行券」，銀行準備は「当座預金」と表す。

─────────────
3）　したがって正確には，ハイパワード・マネーには，中央銀行のバランス・シート上の現金通貨と銀行準備の他に貨幣流通高が加わることになる。

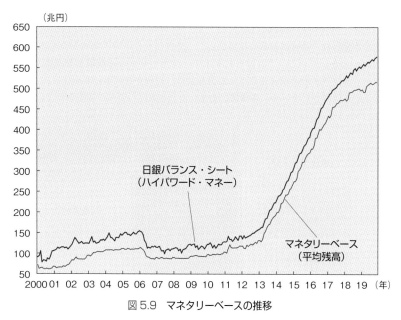

図 5.9 マネタリーベースの推移

（備考）日本銀行「マネタリーベース」，「日本銀行勘定」より作成。
（出所）内閣府 月例経済報告主要経済指標（令和元年 12 月 20 日）

ハイパワード・マネー＝日本銀行券発行高＋貨幣流通高＋日銀当座預金

　では，中央銀行がその債務であるハイパワード・マネーを操作するとき，ハイパワード・マネーと貨幣供給との関係はどうなるのだろうか。

■ 貨幣乗数 ————————————————————————————————

　ここで，貨幣乗数（信用乗数とも呼ばれる）を説明しておこう。

　一般に，銀行は預金の支払いに充てる現金を 100％準備しておくことはない。現金で持っていても，何の収益も生まないからである。それよりも，預金を貸出に回すことで収益をあげようとする。中央銀行は，市中の銀行に対して，支払いの準備のための現金を中央銀行への預け金の形で，保有するように求めている。

　このとき，預金に対する中央銀行への預け金の比率を，預金準備率という。

121

✤*Close Up*　マネーストック統計

　日本銀行は，貨幣供給量の指標として，2008年9月以降「マネーストック統計」を作成，公表している。これはそれまでの「マネーサプライ統計」を見直したもので，マネーサプライ統計に含まれていた証券会社，短資会社および非居住者が，通貨保有主体から除外されたほか，各指標に含まれる金融商品の範囲が変更されている。

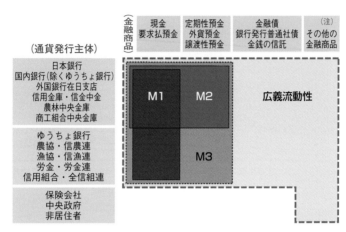

マネーストック統計

(注) 金融機関発行 CP，投資信託（公募・私募），国債・FB，外債。マネーストックとは，一般法人，個人，地方公共団体・地方公営企業などの通貨保有主体が保有する通貨量の残高を指し，その指標として上図の M1，M2，M3，広義流動性がある（通貨保有主体には金融機関や中央銀行が保有する預金などは含まれない）。2019年10月の残高は，M1 803.1兆円，M2 1032.1兆円，M3 1366.4兆円，広義流動性 1819.2兆円となっている（速報値）。
(出所)　日本銀行「「マネーサプライ統計」の見直しに関する最終方針」（2008年1月30日）

　現金通貨の増加が，預金準備率の逆数倍の預金通貨をもたらすプロセスは，信用創造と呼ばれている。準備率の逆数は，信用創造の貨幣乗数と呼ばれている。

信用創造のメカニズム

　いま，預金準備率が10％であるとして，信用創造のメカニズムを説明しよう。現金が10億円だけ増加したとする。これは，さしあたっては，どこかの銀行の預金の増加となるだろう。このとき，銀行は 10×0.1＝1 億円を中央銀行への預け金に回し，残りを貸付に回すだろう。なぜなら，銀行は貸付によって得られる利子率を

その収益源としているからである。貸し付けられたお金は，どこかの銀行の口座に振り込まれる。その銀行は，9億円のうち，9×0.1＝0.9億円を中央銀行への預け金に回し，残りの8.1億円をさらに貸付に回す。

このプロセスが，限りなく続けば，各銀行の口座に振り込まれて預金通貨となる金額の総額は，以下のような無限等比数列の和で示される。

$$10+9+8.1+\cdots\cdots=\frac{10}{1-0.6}=100$$

すなわち，預金準備率が10％で，現金通貨が10億円増加したときには，預金通貨は準備率の逆数倍だけ，この例では10倍の100億円だけ，増加する。

■ 貨幣乗数の定式化

このような現金通貨と預金通貨の関係を示す信用創造のメカニズムを前提にして，ハイパワード・マネーと貨幣供給との関係を調べてみよう。

ここで，ハイパワード・マネーを H，貨幣供給を M，公衆保有の現金（貨幣流通高）を CU，預金を D，銀行の現金保有を V，中央銀行への預け金を R とすると，

(1) $\quad M=CU+D$

(2) $\quad H=CU+V+R$

の関係があるから，両者の比をとると，次式を得る。

(3) $\quad \dfrac{M}{H}=\dfrac{CU/D+1}{CU/D+V/D+R/D}$

この式は，上の R と D のみに関する貨幣乗数 (M/H) のメカニズムをより一般的に示したものである。もし，この比率が安定していれば，ハイパワード・マネーを通じて貨幣供給が操作できる。すなわち，公衆の現金・預金保有比率 CU/D，銀行の現金・預金比率 V/D，そして，中央銀行預け金・預金比率 R/D が比較的安定しているか，操作可能であれば，この関係を利用して，ハイパワード・マネーを通じた貨幣供給のコントロールが可能となる。

■ 3つの比率 ─────────────────────────────────────

　ここで，ハイパワード・マネーと貨幣供給との関係を示す貨幣乗数を決め
ているこれら3つの比率について，考えてみよう。最初に，中央銀行への
預け金・預金比率 R/D から考える。R/D は法定準備率に等しいから，政策
変数とみなすことができる。すなわち，法定準備率を引き上げると，R/D
も上昇して，M/H は低下する。

　次に，銀行が保有する現金と預金との比率である V/D の決定要因につい
て，考えてみよう。銀行が支払い準備のために，法定の準備を超えてどれだ
け現金を必要とするかは，取引需要としての貨幣需要に類似して分析するこ
とができよう。金融の技術進歩によって，銀行がより効率的に現金を管理で
きるようになれば，V/D は低下する。

　わが国においても，1980年代までこの比率は趨勢的に低下したが，これ
は金融の技術進歩に基づく可能性が大きい。ただし，1990年代以降のように，
利子率が下落すれば，現金保有の機会費用，すなわち，現金を持つことで失
われる，貸出に回された資金が稼ぐ利子収益が低くなるので，銀行はあまり
現金準備を節約しなくなる。よって，この比率は上昇する。

　家計（公衆）の現金・預金比率 CU/D も，金融における技術革新とともに，
低下するだろう。金融取引における機械化の進展は，現金の保有を節約する
方向に働くと思われる。さらに，預金金利の上昇は，公衆の現金保有の機会
費用を増加させて，CU/D を低下させるだろう。(3)式は CU/D の減少関数
であるから，CU/D の低下によって M/H は増大する。

　このように考えると，貨幣乗数は，利子率によって影響を受ける。ハイパ
ワード・マネーと貨幣の供給との間にも，可変的な乗数関係があることにな
る。言い換えると，中央銀行がハイパワード・マネーをコントロールしても，
必ずしも貨幣供給量を正確にコントロールできるわけではない。利子率が上
昇すれば，銀行は現金準備を節約し，また，民間部門は現金保有を節約する
だろう。

　したがって，貨幣供給は，利子率の増加関数となる。もちろん，利子率が
一定であれば，貨幣供給はハイパワード・マネーの乗数倍だけ増加する。よ

表5.6　市中銀行のバランス・シート

資　産	負債および純資産	
現金・中央銀行預け金	預金通貨	負
銀行間取引（インターバンク貸出）	準通貨	
政府向け信用（国債など）	銀行間取引（インターバンク借入）	債
民間向け信用（貸出金など）	⋮	
⋮	資本金 準備金	純資産

資金の運用状況（借方）　　　　資金の調達原資（貸方）

って，貨幣供給は，政策変数であるハイパワード・マネーの増加関数であるとともに，内生変数である利子率の増加関数でもある。

■ 金融政策の効果

　貨幣供給と利子率に関するこのような結果は，4.3節の *IS–LM* の枠組みを用いた金融政策の分析に，どう影響するだろうか。貨幣供給が利子率の増加関数であれば，そうでない場合よりも，*LM* 曲線の傾きはより水平に近くなるだろう。なぜなら，貨幣市場が均衡している状態で，かりに利子率だけが上昇すれば，貨幣の需要が減少するとともに貨幣の供給も増加するから，貨幣市場が，標準的な場合と比較してより超過供給になるからである。

　したがって，均衡を回復するには，貨幣供給が外生変数のケースと比較して，国民所得はより増加しなければならない。これは，*LM* 曲線の傾きがより水平にあることを意味する。しかし，*LM* 曲線が右上がりである点は変わりない。定性的には，金融政策の効果は，標準的なケースと同様に分析できる。

　ただし，*LM* 曲線がより水平的になる分だけ，金融政策の量的な効果は小さくなり，逆に，財政政策の効果は大きくなる。また，ハイパワード・マネーの操作による貨幣供給の量的コントロールが万全ではない点にも注意したい。

❖*Case Study*　わが国の貨幣乗数

　貨幣乗数は，金融仲介機能を通じて，信用創造がどれだけ行われているかを反映している。この乗数は，貸出を通じて預金が増加し，それがまた貸出に回るという信用創造プロセスが活発であれば，上昇する。しかし，銀行や他の民間部門が預金残高や貨幣の保有を増加させると，それだけ信用創造プロセスから貨幣が漏れるので，貨幣乗数は低下する。

　わが国での貨幣乗数の1990年代の長期トレンドは低下傾向にある。これは，1993年以降，家計・企業等の非金融部門の現金／預金比率が上昇した要因が大きい。低金利の長期化を背景に，資産構成において現金への選好が高まったことが背景にあると考えられる。さらに，量的緩和政策によって供給されたマネタリーベースが，信用創造プロセスに十分に回っていないことも影響していると考えられる。

　その背景には，銀行貸出が減少していることがある。銀行貸出が縮小している理由としては，企業部門が過剰債務の解消の一環として，銀行からの借入を返済していることや，銀行部門がリスク許容力の低下のために，リスクの高い企業への貸出を削減していることが考えられる。

　2010年以降の動きをみると，異次元の金融緩和政策でマネタリーベースの伸びは著しく高まったが，マネーサプライの伸びは小幅に止まり，貨幣乗数は大きく低下している。これは日本銀行が異次元の緩和政策でマネタリーベースを増やしても，実物経済の消費や投資需要がそれほど刺激されないため，マネーサプライの増加につながらない事態を反映している。アベノミクスの限界が貨幣乗数の低下をもたらしていると解釈できるだろう。

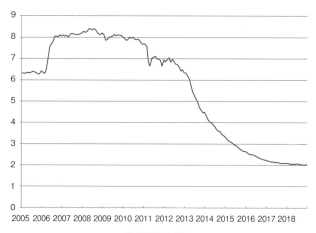

貨幣乗数の推移

（注）貨幣乗数＝マネーストック（M2）÷マネタリーベース。
（出所）日本銀行HP（時系列統計データ検索サイト）より作成。

5.5　金融政策の手段

　金融政策とは，中央銀行が貨幣供給をコントロールして，民間の経済活動水準や物価に影響を与えることである。金融政策は，大きく分けると，価格政策と数量政策に分かれる。ここで，中央銀行が貨幣供給をコントロールする方法について，まとめておこう。

　貨幣供給をコントロールする手段としては，(1)基準金利政策，(2)公開市場操作，(3)法定準備率操作などがある。

■　基準金利政策 ―――――――――――――――――――――――――

　最初に，基準金利政策から説明する。中央銀行は民間の銀行に対して貸出を行っている。基準金利の操作は価格政策の代表的なものであり，価格である貸出利率を直接操作して，貨幣供給を調整している。中央銀行からお金を借り入れることができれば，民間の銀行はそれをもとにして，乗数倍の貨幣供給をつくり出せることは，前節でも見たとおりである。

　日本銀行は，1994年まで，公定歩合（日本銀行が民間銀行へ貸付を行う際に適用する基準金利）を操作することで金融政策を行ってきた。すなわち，公定歩合が引き上げられると，銀行にとっては，中央銀行からの借入れコストが上昇するから，企業に対する手形の割引需要が減少したり，企業に対する貸出需要が減少する。したがって，利子率は上昇する。これは総需要を抑制するから，景気の過熱を防ぐのに役立つ。逆に，公定歩合が引き下げられると，利子率が低下し，総需要を刺激するのに役立つ。1994年に民間銀行の金利が完全に自由化された後，日本銀行は公定歩合を操作する代わりに，短期金融市場の金利（無担保コール翌日物の金利）を操作することになった。なお，2006年8月11日以降は，公定歩合という名称の代わりに，「基準割引率および基準貸付利率」という名称が用いられている。

　基準金利の変更が現実にどのくらいの効果を持つのかは，そのときの経済状態に依存する。民間の投資需要がそれほど活発でない不況期，そして，投

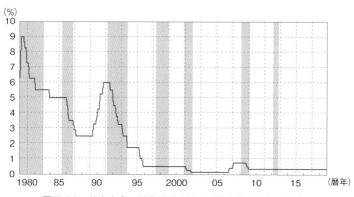

図5.10　公定歩合，基準割引率および基準貸付利率の推移

（注）灰色部分は景気後退期。
（出所）日本銀行 HP（時系列統計データ検索サイト）より作成。

資の利子弾力性があまり大きくないときには，民間の資金需要は小さく，しかも，利子率の低下によっても投資需要は刺激されない。このようなときに，基準金利が引き下げられても，市中の銀行は中央銀行から資金をあまり借り入れようとしない。金融緩和期には，金融引締め期と比較して，景気刺激策を目的とする基準金利政策はあまり有効ではない。

　ところで，最近では，国債などの公債の流通市場（＝満期前の債券を売買する市場）が発達しており，わが国の中央銀行である日銀は，これらの公債を担保にして銀行に対して貸出をするようになっている。このときの貸出に対する利子率も，基準金利によって決められている。

　基準金利は，中央銀行の持つ政策上の態度を反映する指標でもある。すなわち，基準金利が引き上げられると，それは中央銀行が引締め的な金融政策をこれから実施することを事実上意味している。このように民間の経済主体が考えると，単に基準金利が引き上げられただけで，他に何の政策の変更が行われなくても，民間の投資，消費行動が変化して，強力な引締め効果を持ちうる。あるいは，他の追加的な引締め政策をとる必要がなくなる。基準金利の変更は，民間の経済主体の期待形成に直接影響を与える。このような基準金利の持つ，シグナルとしての効果を，アナウンスメント効果と呼んでい

る[4]。

■ 公開市場操作 ─────────────────────────────

金融政策のうち数量政策とは，貨幣供給量を直接コントロールしようとするものである。

このうち，公開市場操作（オペレーション）は，中央銀行が手持ちの債券や手形を市場で売ったり買ったりする方法である。すなわち，公開市場操作とは，中央銀行が手形や債券を債券市場で売ったり（売りオペ），買ったり（買いオペ）することで，貨幣供給を操作することを意味する。

公開市場操作は，アメリカやイギリスでは，もっとも重要な金融政策の手段とみなされている。わが国でも，金融自由化が進むにつれて金融市場も整備されており，公開市場操作の役割は大きくなってきた（**図 5.11** には日本銀行の公開市場操作の仕組みを示した）。

ここで，売りオペの効果を検討してみよう。中央銀行は，たとえば，1 兆円の売りオペを実施したとする。中央銀行は，債券と交換に現金を 1 兆円だけ市中から吸収することになる。これは，銀行にとって手持ちの現金の減少となるから，もし法定の準備金しか銀行は保有していなかったら，準備金が不足する。したがって，銀行は企業や家計に対する信用の供与を減らさざるを得ない。その結果，極端な場合には，貨幣供給は準備金の減少の乗数倍だけ減少する。

ただし，準備金の減少を埋め合わせるべく，銀行が中央銀行から借り入れることができれば，売りオペの効果はあまりない。しかし，売りオペの政策がとられているときには，金融政策全体が引き締められているときだから，中央銀行は同時に貸出政策も引き締めているはずである。よって，売りオペの効果は，かなり大きいと考えられる。

---

[4]　基準金利の変更は，中央銀行の市中の銀行に対する貸出態度の変更を，もっとも明確な形で表すものである。したがって，民間部門にとっては，将来の中央銀行の金融政策をも示唆するものであり，将来の投資計画にも影響する。これは，民間の貨幣需要にも影響を与えるかもしれない。このように，公定歩合の変更が，貨幣の供給のみならず，投資需要や貨幣需要に対しても期待の変化を通じて効果を持つとき，アナウンスメント効果があるという。

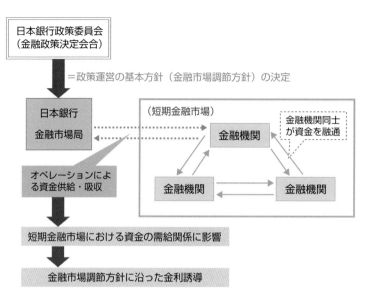

図5.11　日本銀行の公開市場操作（オペレーション）の仕組み

（出所）　日本銀行 HP「日本銀行と金融政策」
（http://www.boj.or.jp/type/exp/seisaku/exbojmp.html）

　中央銀行が債券を市場から買い入れる買いオペの場合には，売りオペとは逆のケースだから，信用は拡張される。

　日本銀行は日々，公開市場操作（オペレーション）などを用いて短期金融市場における資金の総量を調整している。これが金融調節である。たとえば，金融機関が保有している国債を日本銀行が買えば，代金をその金融機関に支払うので，資金を供給することになる（資金供給のためのオペレーション）。逆に，たとえば，日本銀行が保有している国債を金融機関に売れば，資金を吸収することになる（資金吸収のためのオペレーション）。

　日本銀行は，このように公開市場操作を主たる手段として，短期金融市場の資金量を調節することによって，金融市場調節方針によって示された短期金利（具体的には無担保コールレート（オーバーナイト物））の誘導目標を実現している。このように形成された短期金融市場の金利が他の金融市場の金利や金融機関が企業や個人に貸し出す場合の金利などに波及し，その結果，

経済活動全体に金融政策の影響が及んでいく。

■ 法定準備率操作 ————————————————————————

　次に，法定準備率の操作を取り上げよう。民間の金融機関は，受け入れた預金の一定割合を準備金として，保有しなければならない。この法律で決められた一定割合のことを，法定準備率と呼んでいる。そして，中央銀行が法定準備率を変更する政策を，準備率の操作と呼んでいる。

　法定準備率が1%変化するだけで，預金の変化はかなり大きいものとなる。このように，法定準備率の操作は急激な貨幣供給の変化をもたらす。ただし，貨幣乗数の値が外生的に一定でなければ，準備率を変えてもその政策的な効果は，定量的にははっきりしない。特に，法定準備以上の準備を銀行が持っている場合には，法定準備率の変更は，単に中央銀行への預け金とそれ以上の準備金との振替に終わる。

　また，法定準備率の変更は，毎日のように行うわけにはいかない。法定準備率の操作は，貨幣供給の微調整に適した政策手段ではなく，金融政策の大きな流れを決定するのに適した手段である[5]。

[数値例]

　いま法定準備率が3%であるとし，民間の現金保有の預金に対する比率が7%であり，また，銀行の法定準備を上回る準備のための現金保有の預金に対する比率が1%であるとしよう。このときの貨幣乗数は，

$$\frac{0.07 + 1}{0.07 + 0.03 + 0.01} = 9.7$$

---

[5]　マネーサプライ，すなわち，貨幣供給の増加率に一定の目標値や目標幅を決めて，貨幣供給の伸び率をコントロールしていこうというのが，マネーサプライ管理政策である。マネーサプライ管理政策は，1970年にアメリカの中央銀行（FRB）が実施し始めたのが最初である。そもそも金融政策運営上，マネーサプライをどの程度重視するかは，マネーサプライが将来の物価動向に関して他の金融指標や実体経済指標では捉えられない有用な情報をどの程度含んでいるかどうかに依存している。しかし近年，わが国のマネーサプライと経済活動との関係は不安定になっており，マネーサプライの伸び率の推移から景気や物価の現状や先行きに関する情報，さらには金融政策の効果を読み取ることが難しい状況となっている。金融政策の効果をあげるには，各種の金融資産価格や実体経済，物価の推移，企業や家計の資金調達動向などを仔細にチェックしていくのが適当と考えられる。

となる。ここで，法定準備率が4%に引き上げられたとすると，貨幣乗数はどうなるだろうか。簡単化のために，利子率は変化せず，貨幣乗数は外生的に一定であるとする。

　準備率が引き上げられると，銀行は支払いのための準備金が不足することになる。銀行は，貸出資金を回収したり，手持ちの債券を売るだろう。貸出資金を回収される相手や債券を買った人は，預金を取り崩してその支払いに充てるため，預金は減少する。どれだけ預金が減少するかは，貨幣乗数が教えてくれる。すなわち，

$$\frac{0.07+1}{0.07+0.04+0.01}=8.9$$

となる。預金と準備金との比が9.7から8.9に収縮するまで，預金の減少が続くことになる。

5.6　金融市場の変化と金融政策

■ 護送船団方式と金融ビッグバン

　1970年代前半まで，わが国の金融システムは人為的低金利政策のもとで金利が政策当局によって規制されていた。また，金融機関の間での業務のすみわけも固定化されており，店舗の展開も規制されていた。さらに，他の産業からの新規参入も認められず，また，倒産という形での退出も認められないという護送船団方式が採用されていた。わが国の産業界の中でももっとも手厚く規制されていた産業だった。

　その後，国債の大量発行と国際的な資本移動の活発化という2つのコクサイ化によって，わが国の金融システムは自由化に向けて次第に変化していった。国債の流通市場が整備され，市場での自由な金利の形成が進展した。そして，預金金利の自由化が次第に進展し，ついに1994年には預金金利は普通預金を含めて完全に自由化された。

　また，業務の守備範囲についても，証券と銀行間での相互乗り入れの方向

での改革が進行している。たとえば，店舗規制も廃止された。最近では，不良債権を抱える金融機関の倒産も現実の問題となっている。公的資金を投入することで，政府が民間金融機関の経営を事実上支配したり，外国の金融機関が破綻した日本の金融機関を買収することも見られるようになった。さらに，小売業など異業種からの新規参入も行われている。

このような金融ビッグバン（大改革）が進めば，金融産業も次第に他の産業と同様に，市場メカニズムが働く産業に変化していく。資金過剰の主体から資金不足の主体に資金の融通を行うという金融仲介機能が十分に発揮できていない点に，今日の金融市場の低迷がある。融資先の将来収益を適切に審査できる能力を向上させることで，金融仲介機能が向上すれば，日本の金融市場も将来性のある市場に変身するだろう。

■ 信用不安と金融秩序

マクロ経済活動を円滑に行うには，信用制度が保持されている必要がある。1990年代に入ってバブル経済が崩壊すると，銀行やノンバンクは大量の不良債権を抱え込むことになり，金融不安が広がった。さらに銀行の貸し渋りも加わって，1997年には大手の証券会社をはじめ各種金融機関が経営破綻をきたした。個々の金融機関の経営が破綻すると，金融システム全体が不安定になる。その結果，国民経済上重大な影響を及ぼすおそれが生じかねない。

こうした状況で，預金者保護のために預金保険機構の役割が注目されている。これは，金融機関の倒産などで預金の払戻しが不可能になった場合，金融機関に代わって預金者に対し預金払戻しを肩代わり・保証する機関である。さらに，この機関は，破綻金融機関に係わる合併に関して資金援助や不良債権の買取りなども行う。なお，少額預金者保護のために，金融機関が破綻した場合，そこに預けてある預金などを，1名義あたり元本1,000万円とその利息分を限度に政府出資の預金保険機構が払い戻すというペイオフ制度がある。

また，金融政策の信頼性を高めるために，1997年に日本銀行法が改正された。金融政策の決定に関して，これまで以上に透明性が高くなるとともに，中央銀行が政府からより独立して意思決定できるようになった。さらに，

1998年には金融再生委員会が発足した。このようにして，金融機関の検査・監督体制が整備された。また，金融再生法に基づく破綻処理の仕組みがつくられるとともに，早期健全化法によって公的資金の注入などの枠組みが整備された。金融システムを安定的に維持するには，大きなコストがかかる。

　日本銀行は，銀行や証券会社など，日本銀行の取引先に対して，業務運営の実態や各種リスクの管理状況，自己資本の充実度や収益力についての実態把握を行うための調査を行い，経営の健全性の維持・向上を促している。万一金融システムの安定が損なわれそうになった場合，日本銀行は必要に応じて，信用秩序の維持を目的とした最後の貸し手（レンダー・オブ・ラスト・リゾート）としての業務を行うものである。

■ 不良債権と景気

　1990年代を通じて，日本の銀行が抱える不良債権は増加し続けた。1990年代末には30兆円程度に達した。景気が悪化すれば，企業の経営環境も悪化する。銀行に資金をきちんと返済するには，企業が収益をあげる必要があるからである。したがって，景気が悪くなれば，不良債権は増加する。

　しかし，逆のルートも考えられる。つまり，不良債権問題がマクロ経済を押し下げるメカニズムもある。その第1のメカニズムは，不良債権によって銀行収益が圧迫されて，銀行の金融仲介機能が低下する点である。不良債権の処理額が増加して，それが銀行の収益を上回る状態が続くと，銀行はリスクの高い融資案件に資金を回せなくなる。その結果，銀行の貸出意欲が慎重になって，企業の投資を抑制することになる。これが，「貸し渋り」という現象である。

　第2のメカニズムは，収益の低い分野に労働者や資本などの供給資源がいつまでも停滞することである。不良債権の処理が遅れることで，収益性の高い事業に必要な資金が回らなくなる。生産性の高い分野に銀行が融資しなくなると，マクロ経済の活性化も期待できない。

　さらに，不良債権を抱えたままでは，金融システムの信頼性が損なわれる。その結果，企業や家計の行動が慎重になる。そして，企業の投資意欲や家計

の消費意欲が押し下げられ，マクロ経済も低迷が続く。

　このようにどちらが原因でどちらが結果であるのかは，必ずしも明確ではない。不良債権と景気とは相互依存関係にあるといえるだろう。それでも，不良債権が拡大しているのは，構造的に日本経済が低迷していることを反映しており，短期的な現象である景気の低迷と区別することも有益である。

■ リーマン・ショック後の金融政策

　2008年の世界金融危機を受けて，各国の中央銀行は，流動性の供給など本来の役割を果たすとともに，企業金融支援等の非伝統的な政策手段も用いている。日本銀行も，リーマン・ショック以降，こうした手段を多用してきた。すなわち，金融市場の安定確保を図る観点からは，年末・年度末越え資金の積極的な供給を図るとともに，長期国債買入れの増額等の措置を講じた。企業金融円滑化支援では，年末・年度末に向けた企業金融の円滑化に資する観点から，「企業金融支援特別オペレーション3」を導入した。さらに，CP・社債についての買入れを行うなどの措置を行っている。また，金融機関保有株式の買入れを再開したほか，金融機関向け劣後特約付貸付の供与を実施している。

　こうした非伝統的な手段は非常時にはやむを得ない面もあるが，その効果は厳しく評価すべきだろう。これらの措置は，日本銀行が企業の信用リスクを引き受けていることにほかならず，マクロ金融政策が個別企業の資金選択や資源配分に対して適切に介入できるのかという疑問も生じるからである。

■ 異次元金融政策

　2012年の政権獲得直後から日銀の金融政策に政治的圧力をかけた安倍政権は，積極的な金融緩和＝マネタイゼーションを志向した。アベノミクスの「第1の矢」である大胆な金融政策はこれまでのゼロ金利政策や時間軸政策とは一線を画した未曾有の実験であった。異次元金融政策とは，財政出動のために発行される国債を中央銀行が事実上無制限に引き受けることで，円安を誘導して，デフレ心理をインフレ心理に転換させることである。これは，

大量の長期国債を購入してベースマネーを積み上げることで，民間のインフレ予想を刺激する。企業や家計がインフレ心理になれば，購買意欲が刺激され，デフレ脱却の可能性も高まり，成長も促進され，日本経済も再生できるという。

　実際，2013年からの異次元金融緩和政策によって当初は大幅な円安が進み，日経平均株価も急上昇した。しかしながら，インフレ率は目標の2％に届かず，通常の金融政策への出口戦略も不透明なまま，2019年現在もマイナス金利などの異次元金融緩和政策が続けられている状況である。

❖Close Up　ゼロ金利政策と量的金融緩和

　わが国では1990年代に入って，金融緩和政策が採用されている。公定歩合も徐々に引き下げられて，銀行が企業に貸し出す金利も低下傾向を示している。それでも景気回復が思わしくないため，日本銀行は1999年2月より2000年8月まで直接の誘導目標であるコールレート（銀行間での資金の融通に関する金利）を実質ゼロ％の水準で安定的に推移させる政策を実施していた。これがゼロ金利政策である。短期市場金利をゼロまで下げるということは，すなわち「短期の資金需要については，すべてこれを満たすように中央銀行が資金を供給する」ということを意味する。そうなると，市場参加者の資金手当てのリスクは，ほぼ取り除かれる状態になる。ただし，それでも金融緩和政策の効果は思わしくない。その一つの理由は，デフレが進行している状況下においては，名目金利がゼロであっても実質金利は高いので，企業の資金需要がなかなか回復しないことにある。

　さらに，日本銀行は，2001年3月，景気回復テンポが鈍化し，一段の景気下押し要因があることを考慮して，「通常では行われないような，思いきった金融緩和」に踏み切った。すなわち，消費者物価指数が安定的にプラスになるまで量的緩和を続けるとした。そのために，日銀は長期国債を大量に買い切るなどして，潤沢な資金を機動的に市場に供給し，緩和効果を浸透させるため，波及メカニズムの強化にも取り組んでいる。これは，金融調節における主たる操作目標を，従来の「無担保コール取引のオーバーナイト金利」から，マネタリーベースの一部である日銀当座預金残高という「量的金融指標」に切り換えるものである。ただし，名目金利がゼロ以下に下がれないという制約もあり，量的緩和政策がマクロ経済を刺激する効果はそれほど顕著でない。

　2006年3月，日本銀行は，金融市場調節の操作目標を当座預金残高から無担保コールレート（オーバーナイト物）に変更し，量的緩和政策は解除された。その後の金融市場調節方針は，「無担保コールレート（オーバーナイト物）を，○○％前後で推移するよう促す」といった形で定めている。

　国際金融資本市場の動揺が深刻化した 2008 年秋以降，日本銀行は，金融政策面や金融システム面において様々な措置を講じてきた。まず，金融政策面では，政策金利の引き下げ，金融市場の安定確保，そして企業金融円滑化の支援という 3 つを実施してきた。2008 年秋以降，日本銀行は既存のオペレーション手段を通じて積極的な資金供給を続けつつ，新しい資金供給手段を導入，拡充した。また，金融システムの安定確保を図る観点から，金融機関からの株式の買入れを再開するとともに，金融機関向け劣後特約付貸付の供与を行うこととした。

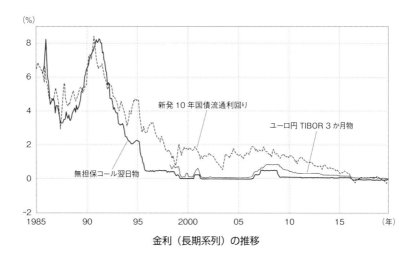

金利（長期系列）の推移

1999年以降の日本銀行の金利政策

期　　間	名　　称
1999年 2 月〜2000年 7 月	ゼロ金利政策
2001年 3 月〜2006年 3 月	量的緩和政策
2006年 4 月〜2006年 7 月	ゼロ金利政策
2008年10月〜	補完当座預金制度
2010年10月〜2013年 3 月	包括緩和政策
2013年 4 月〜2016年2月	量的・質的緩和政策
2016年 2 月〜	マイナス金利付き量的・質的金融緩和
2016年 9 月〜	長短金利操作付き量的・質的金融緩和

（備考）1. 日経NEEDS，Bloombergにより作成。
　　　　2. 新発10年国債流通利回り，無担保コール翌日物，ユーロ円TIBOR3か月物ともに月中平均。
（出所）内閣府　月例経済報告主要経済指標（令和元年12月20日）

Point──6　財政と金融の役割分担と中央銀行の独立性

　財政政策と金融政策はマクロ政策の車の両輪である。しかし，財政と金融では違いもある。まず，財政政策を行うには予算を国会で成立させるなど，時間がかかる。また，国会での議決を必要とするから，政治的な支持（与党の支持）も不可欠である。これに対して，金融政策では中央銀行が機動的に決定できるし，政治的にも独立した環境で意思決定ができる。これは，資金市場での資金の流れを対象としている金融政策の方が，より機動的で専門的な対応が求められるためである。わが国でも，中央銀行の独立性は法律で尊重されるようになっている。

　財政赤字が拡大して，国債残高が累増するにつれて，財政面からの景気刺激政策には制約がかかってきた。また，金利水準がゼロにまで低下するにつれて，金融面からも新たな緩和政策の余地は乏しい。こうした状況で，財政，金融それぞれの政策当局のどちらも，相手の政策に過度に期待する傾向が生まれる。たとえば，財政当局は，財政で打つ手はもうないから，金融当局がもっと大胆な手をつかってでも，インフレを起こすべきだと主張する。金融当局も，金融面で打つ手はもうないから，財政当局が景気対策により実効性のある予算編成を行うべきだと主張する。

　政策協調の観点からは，2つの政策当局が協調して，実効性の高い政策を追求すべきだろう。また，選挙を意識して積極的な景気対策が実施されるなど，財政運営が政治的なバイアスに影響されることが多い以上，金融政策を担当する中央銀行は政治的に独立した形で政策決定することは重要である。同時に，短期的な景気対策と中長期的な構造改革の役割分担を明確にすることも重要である。

まとめ

●貨幣市場も考慮する *IS-LM* の枠組みでは，政府支出が増大すると，国民所得が増加するとともに利子率が上昇する。政府支出の増加により，財市場で超過需要となり，生産が刺激され，国民所得が増大すると，貨幣の取引需要が増加する。いままでの利子率のままでは，貨幣市場はもはや均衡せず，超過需要が発生する。このため，貨幣市場の均衡を回復するように，利子率が上昇する。財政政策の拡張効果は，利子率の上昇によって，部分的に相殺されて小さくなる。これは，政府支出の増加によって，部分的に民間投資が減少することであるから，政府支出のクラウディング・アウト効果（押し退け効果）と呼ばれる。

●公債を資産とみなせるかどうかは，政府支出の拡大あるいは減税というマクロの財政政策の有効性にとって，重要なポイントであり，ケインズ的立場と新古典派立場の分かれ道でもある。わが国では財政赤字が累増しており，財政再建は重要な政策課題となっている。

●貨幣供給が増大すると，貨幣市場で超過供給となって，利子率が低下する。これは，投資需要を刺激して，財市場で超過需要をつくり出す。それに応じて，企業の生産活動が活発になり所得も増大する。所得の増加は，消費の増加を引き起こし，それがまた財市場を刺激して，所得のさらなる拡大をもたらす。このようにして，国民所得が増大していく。これが貨幣乗数である。

●信用創造のメカニズムを考慮すると，貨幣供給は，政策変数であるハイパワード・マネーの増加関数であるとともに，内生変数である利子率の増加関数でもある。金融政策は，大きく分けると，価格政策と数量政策に分かれる。貨幣供給をコントロールする手段としては，(1)基準金利政策，(2)公開市場操作，(3)法定準備率操作などがある。

● 1990 年代以降，日本では金融市場で自由化，国際化が進展するとともに，不良債権処理で金融機関の経営が厳しくなっており，金融政策もデフレを克服しつつ，金融機関本来の金融仲介機能を高めていくというこれまでにない課題に直面している。

● 2012 年以降，日本銀行は国債を際限なく引き受け，大胆な金融緩和で円安を誘導してインフレ心理を引き起こす異次元金融緩和を実施している。しかし，

目標とする 2%のインフレ率は達成されず，日本経済を活性化させる効果も十分ではない。

重要語

☐クラウディング・アウト効果　☐資産効果　　　　　☐長期的な乗数
☐体系の安定性　　　　　　　☐財政破綻　　　　　☐プライマリー・バランス
☐貨幣乗数　　　　　　　　　☐ハイパワード・マネー　☐信用創造
☐公定歩合(基準金利)操作　☐公開市場操作　　　☐法定準備率操作
☐アナウンスメント効果　　　☐不良債権　　　　　☐ゼロ金利政策
☐異次元金融政策

問　題

■1　政府支出が拡大しても全くクラウディング・アウト効果が生じない場合としては，どのようなケースが想定されるか。*IS–LM* の図を用いて説明せよ。

■2　政府支出乗数が 1.5，税率が 30％とすると，1 兆円の政府支出の拡大により，当初はどの程度の財政赤字が発生するか。

■3　政府支出の拡大により，当初は財政赤字が発生しても，やがては GDP の拡大による税収の増加によって，政府の収支が均衡する可能性がある。その場合の長期乗数の大きさはどの程度になるか。

■4　わが国の財政危機は依然として厳しい状況にある。財政再建の道筋をどう考えればよいか。

■5　法定準備率が 1％，銀行の現金・預金比率が 4％，公衆の現金・預金比率が 15％であるとしよう。このとき，貨幣乗数はどのくらいか。

■6　次の文章のうち正しいものはどれか。

（イ）基準金利が引き上げられると，利子率が低下する。

（ロ）基準金利の変更は，アナウンスメント効果を持つので，かなり有効な政策といえる。

（ハ）売りオペをすると，利子率は低下する。

（ニ）法定準備率を引き上げると，貨幣供給は増大する。

（ホ）法定準備率の変更は，貨幣供給の微調整に適した有効な政策手段である。

■7　銀行Aへの新しい預金の増加は，貨幣供給にどのように影響するか。ただし，公衆は通貨を預金としてだけ保有し，現金は保有しないとする。

（ア）公定歩合を低下させて，貨幣供給を増加させる。

（イ）銀行Aへの預金増加と同じ額だけ，貨幣供給は増加する。

（ウ）新しい預金が増加しても，貨幣供給は増加しない。

（エ）必要準備率の逆数だけ，潜在的には貨幣供給は増加し得る。

（オ）1から必要準備率の逆数を引いた大きさだけ，潜在的には貨幣供給が増加し得る。

■8　財政赤字について，以下の文章で正しいものはどれか。

（ア）プライマリーバランスで見た財政赤字は，通常の定義での財政赤字よりも，必ず大きい。

（イ）利子率が経済成長率よりも大きければ，必ず破綻する。

（ウ）利子率が経済成長率よりも小さくても，公債残高・GDP比率が増加することもある。

（エ）プライマリー財政黒字・GDP比率が2%で，利子率マイナス経済成長率も2%であれば，必ず公債残高・GDP比率は一定になる。

（オ）公債残高・GDP比率が60%，経済成長率が5%，通常の財政赤字・GDP比率が3%であれば，必ず公債残高・GDP比率は一定になる。

6 失業とインフレーション

　この章では，労働市場を考慮し，さらに賃金率の変化
や価格水準の変化（＝インフレーションやデフレーショ
ン）の問題を分析する。これまでの章では，物価水準一
定と想定していた。この章では右上がりの供給曲線を想
定して，物価水準を内生的に決定するモデルを構築する。
また，物価水準の変化であるインフレーションやデフレー
ションの問題も，分析する。

---

1. 労働市場での労働需要と労働供給はどのように調
   整されるか。
2. 総需要関数と総供給関数は，どのようにして導出
   されるか。
3. GDP と一般物価水準の同時決定を，財市場，貨
   幣市場のみならず，労働市場も考慮するモデルで説
   明する。
4. インフレーションやデフレーションがどのように
   決まるかを考える。
5. インフレ供給曲線，インフレ需要曲線を導出して，
   インフレ率と GDP の同時決定を説明する。
6. インフレ期待とマクロ経済の関係を考える。

6.1　総供給関数

■ 生産関数

　前章までの議論では物価水準の変化や労働市場の分析は捨象してきた。
3.1 で述べたように財市場では超過供給の状態にあると暗黙に想定したため

であり，単純化の仮定としてはもっともらしいものであった。しかし，現実には物価水準は経済活動水準とともに変化しており，マクロ・モデルの中で物価水準の決定や変動を考慮する方が，より興味のある問題を分析できる点はいうまでもない。この章では，労働市場を明示的に考慮することで，賃金率，物価水準の決定やその変化（＝インフレーションやデフレーション）の現象を分析したい。

　マクロ経済全体の GDP と財の価格（＝一般物価水準）はどのように決定されるだろうか。これまで物価水準は一定と想定してきたが，この章では物価水準をモデルの中で内生的に説明しよう。

　最初に，GDP と価格水準を決定するマクロ・モデルから考察しよう。財市場において右上がりの供給曲線（物価水準と供給量との間のプラスの関係）を明示的に導出するためには，労働市場における企業の最適な労働需要と家計の最適な労働供給の意思決定を，モデルの中で説明する必要がある。資本ストックが一定で変化しない短期において，財の供給や物価水準が変化するのは，労働雇用量が変化することを背景としている。また，賃金率や物価水準は労働市場での需給状況に大きく関係している。

　まず，企業の生産関数は，次のように与えられる。

（1）　　　　　$Y = F(N)$

　ここで，労働投入 N が増加すると生産 Y も増加するが，図 6.1 に示すように，その増加の程度（＝限界生産）は次第に逓減するとしよう。また，これはマクロの生産関数にも対応している。すべての企業を集計すれば，一国全体のマクロ生産活動においても，同様の N と Y の関係が定式化できるからである。

　企業の労働需要は，労働の限界生産（＝$\Delta F / \Delta N = F_N$）が，労働の限界費用である実質賃金率（$w/p$）に等しいところまで行われる。ここで p は一般物価水準，あるいは企業の生産する財の（貨幣で測った）価格，w は貨幣（＝名目）賃金率である。なぜなら，労働をもう 1 単位追加的に投入すると生産は労働の限界生産分だけ増加し，これが利潤の増加に対応する。他方で，費用

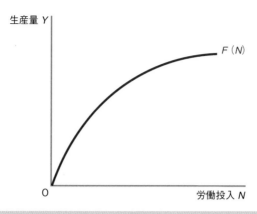

生産量 Y

F (N)

0   労働投入 N

労働投入量 N と生産量 Y との技術的な関係を定式化したのが，生産関数である。労働の限界生産は，この曲線の傾きに等しく，その大きさは次第に減少している。これを，限界生産力逓減という。

図6.1　生産関数

の方は実質賃金率分だけ増加し，これがコストの増加に対応しているからである[1]。p は企業の生産する財の価格であると同時に一般物価水準でもある。

　ところで労働の限界生産 F_N は，労働を 1 単位追加的に投入したときに，どれだけ生産が増加するかを示す。これは，生産関数の仮定（限界生産が逓減するという仮定）により，労働投入 N の減少関数になる。他方で，労働の限界費用は実質賃金率 w/p で与えられるから，企業の最適な労働需要 $F_N(N)$ は，次式が成立するように決められる。

(2)　　　$F_N(N) = \dfrac{w}{p}$

　すなわち，図 6.2 に示すように，労働の限界生産と実質賃金率とが一致し

---

1)　企業の名目利潤は「収入−費用」，すなわち「（財の価格×生産量）−（貨幣賃金率×労働投入量）」であり，

　　　$pY - wN$

　で与えられる。労働投入 N についての変化分 $\varDelta N$ をとると，

　　　$pF_N \varDelta N - w \varDelta N$

　となる。ここで，$pF_N \varDelta N$ は労働を追加的に雇用することで得られる販売収入の増加分，$w \varDelta N$ は労働を追加的に雇用することで増加する賃金コストを意味する。利潤が最大になる点は，この両者が一致する点，すなわち，$pF_N = w$ が成立している点である。

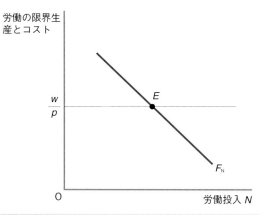

労働の限界生産 F_N は，労働投入量（雇用量）N の減少関数である。企業の労働需要は，この労働の限界生産が実質賃金率 w/p に一致する点 E で決定される。

図6.2　労働需要の決定

ている水準で，企業の労働需要が決められる。

[数値例]

　生産関数を $Y = 200N^{0.5}$，貨幣賃金率を $w = 10$，一般物価水準 $p = 1$ とする。このとき，(2)式は

　　　$100N^{-0.5} = 10$

あるいは，

　　　$N^{0.5} = 10$

となるから，労働需要は $N = 100$ となる。

■ 労働市場と均衡雇用量 ─────────────────────

　図6.2 より，労働需要は，貨幣賃金率 w の減少関数，価格水準 p の増加関数として考えることができる。貨幣賃金率が上昇すれば，労働コストが割高になるから，労働需要は減少する。財の価格が上昇すれば，いままでよりもたくさん生産することが採算上有利になるから，労働需要は拡大する。

　価格水準をシフト・パラメーターとして，ある水準で固定すると，図6.3

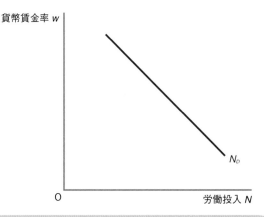

貨幣賃金率 w

N_D

0 　労働投入 N

企業の労働需要は，物価水準 p を所与とすれば，貨幣賃金 w の
減少関数となる。w が下がれば，p 一定の想定のもとでは，w/p
が低下するので，より多くの雇用を生産に投入することが採算
に合うようになる。

図6.3　労働需要曲線

に示すように，縦軸に貨幣賃金率，横軸に労働投入量を表す図において，労
働需要は貨幣賃金率の減少関数として，右下がりの曲線 N_D で表される。価
格水準 p が一定とすれば，貨幣賃金率 w の上昇で実質賃金率 w/p は上昇す
るから，労働需要は抑制される。

　次に，労働供給を定式化しよう。図 6.4 に示すように，何らかの理由のた
めに，労働者はある水準の貨幣賃金率 w_F でいくらでも労働供給をしたいと
考えているとしよう。労働供給は，w_F を通る水平線 N_S で表されると想定す
る。ただし，労働供給可能時間 N_F を超える労働供給はできないから，労働
供給曲線は，N_F までは水平線で，N_F を超えると垂直になる。労働者は，貨
幣賃金の水準のみに関心を示し，物価水準とは無関係に労働供給行動を決定
すると考える。これは，労働者の側に貨幣賃金と実質賃金とを混同している
という貨幣錯覚を想定していることになる。その意味では，労働者は企業ほ
どには合理的でないと考えている。

　図 6.5 には，労働市場の均衡を示している。労働需要，供給両曲線の交点
E_0 が，労働市場の均衡点である。この点では，非自発的失業が存在している。

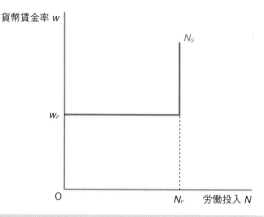

労働者は労働供給を一定の貨幣賃金率 w_F のもとで，N_F までは
いくらでも供給したいと考えている。したがって，労働供給
曲線 N_s は N_F までは水平線で，N_F 上では垂直になる。

図6.4　労働供給曲線

労働者は，w_F のもとでいくらでも働きたい，すなわち，労働供給能力 N_F ま
で供給したいと考えているが，実際には N_{E0} までしか雇用されない。$N_F - N_{E0}$
が非自発的失業に相当する。なお，ケインズ・モデルでは，N_F がかなり大
きく，常に非自発的失業が存在する状況が通常であると，想定している。

■　総供給関数の導出

　さて，価格 p が何らかの理由で上昇したとしよう。p はシフト・パラメー
ターであるから，労働需要曲線は，**図6.5** において右上方にシフトする。労
働供給曲線は p とは独立であって，シフトしないから，均衡点は労働供給曲
線上で右側に移動する。すなわち，労働雇用 N も増加する。また，生産量
も増加する。したがって，価格 p が上昇すると，雇用量 N も生産量 Y も増
大するプラスの関係がある。この関係は，ある価格 p のもとで生産したもの
が必ず販売されるとすれば，企業はどの程度まで労働 N を雇用して生産す
るのが最適かを示す。以上の議論から，**図6.6** に示すように，物価水準と供
給水準との間には，プラスの関係が見られる。

　言い換えると，価格が上昇すれば，貨幣賃金率一定のもとでは，実質的に

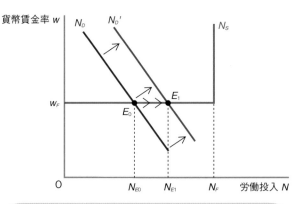

労働需要曲線 N_D と労働供給曲線 N_S との交点が，労働市場の均衡点 E_0 である。物価水準 p が上昇すれば，労働需要が刺激されるから，N_D 曲線は右上方にシフトする。均衡点は E_0 から E_1 へ移動する。しかし N_{E1} が N_F 以下であれば，非自発的失業 $N_F - N_{E1}$ は存在している。

図6.5 労働市場の均衡

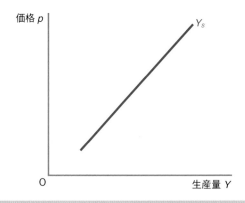

労働市場の均衡から物価 p と生産量 Y との間には，右上がりの関係がある。これを図示したのが，総供給曲線である。

図6.6 総供給曲線

労働者を安く雇用できるから，いままで以上に生産を拡大することで企業の利潤が増大する。このような価格と生産水準のプラスの関係が，総供給関数（(3)式）であり，この関係を図示したものがマクロの総供給曲線（図6.6）である。

(3) $Y = Y_s(p)$

なお，この供給関数は，各企業にとって，価格 p のもとでいくらでも生産
したものが販売できるという想定，すなわち，市場価格でいくらでも需要が
あるという完全競争の前提のもとで導かれたものである。

■ 総供給関数の修正

前述のモデルでは，物価水準とは無関係に，労働者が w_F という貨幣賃金
率のもとで，N_F までなら労働供給したいと考えていた。しかし，そのよう
な極端な貨幣錯覚を想定するのは，非現実的だろう。むしろ，労働者は貨幣
賃金だけではなく，（予想＝期待）実質賃金に関心を持つと考える方がもっ
ともらしいだろう。

p^e を労働者の期待する物価水準としよう。そして，労働者は w_F/p^e という
期待実質賃金率のもとで，N_F までなら供給したいと行動していると考えよ
う。ここで p^e は p と同じとは限らない。あくまでも労働者が何らかの期待
形成に基づいて予想する物価水準である。

このとき図6.4の労働供給曲線において，p^e はシフト・パラメーターとな
るから，p^e の上昇は，図6.4で労働供給曲線を上方にシフトさせる。その結
果，労働雇用量は減少し，供給される財の量も減少する。また，p と p^e が同
じだけ上昇する場合には，労働供給関数と労働需要関数とが同じ大きさだけ
上方にシフトするから，雇用される労働量は変化しない。したがって，この
場合に供給される財の量も変化しない。

以上の関係を式にまとめて，線型で近似すると，次のようなマクロの総供
給関数が書ける。

(3)′ $Y = Y_F + \dfrac{1}{\alpha}(p - p^e)$

ここで，Y_F は $p = p^e$ のときの供給量（$N = N_F$ のときの生産量）である。α
> 0 はパラメーターである。

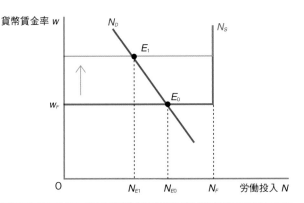

貨幣賃金率 w

p^eの上昇は，労働供給曲線を上方にシフトさせる。その結果，
労働雇用量は減少し，供給される財の量も減少する。

図6.7 総供給関数の修正

❖Close Up 総供給曲線の別の導出方法

本文では，総供給曲線を労働市場で非自発的な失業が存在する状況を念頭に置いて
導出したが，同じような（3）式あるいは（3）′式の形をしている総供給曲線は，労働
市場が均衡しているという想定でも，導出することが可能である。いわば，新古典派
的な立場から総供給曲線を導出する方法である。

賃金率は労働市場で需給を均衡させるように，完全に伸縮的に調整されるとしよう。
ただし，労働者は実質賃金の動きと貨幣賃金の動きとが短期的にあまり区別できない
と考えよう。下図において，労働需要は実際の実質賃金率 w/p の減少関数であり，労
働供給は期待の実質賃金率 w/p^e の増加関数であるとしよう。

さて，ここで p が予想外に上昇したとしよう。いままでと同じ w/p のもとで，p^e が
一定である限り，p の上昇は w/p^e を上昇させる。なぜなら，p の上昇に見合って，w
も上昇するが，p^e は上昇していないので，労働者にとっての実質賃金 w/p^e は上昇する
からである。したがって，労働供給曲線は右下方にシフトする。

均衡点は，労働需要曲線上で右下方に E_0 から E_1 へと移動するから，均衡での労働
雇用は増加する。すなわち，価格の上昇によって財の供給量も増大するという右上が
りの総供給曲線（3）式が導出される。さらに，p^e と p との相対的な比較で労働供給曲
線のシフトが決まるから，（3）′式のような定式化も可能になる。

このような新古典派的な考え方では，労働市場は常に均衡しており，非自発的な失
業は存在しないが，労働者の期待形成に不完全性がある（短期的には価格変化を完全
には予見できない）ために，短期的に雇用量が変化することになる。

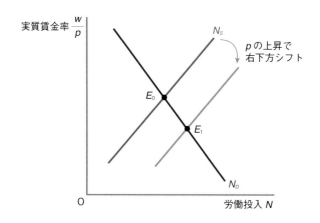

Column —— 3	わが国の労働市場の変化

　わが国の労働市場では，終身雇用，年功序列賃金，企業別組合などに代表される日本的な慣行が見られ，他の先進諸国の労働市場とは異なる特徴として，注目されてきた。特に，1970年代後半からの2つの石油ショックや円高に対しても，大量の失業を発生させることなく，比較的順調に産業調整，雇用調整が進展したことが，わが国の労働市場での調整のメリットであるとして，欧米の研究者から，日本的慣行を評価する声もあがった。長期的な視点で企業も労働者も行動する方が，長期的には望ましい状況が達成できやすいという評価である。

　しかし，1980年代後半から，わが国の労働市場でも大きな変化が現れるようになった。最近では非正規雇用が増加しており，終身雇用や，年功序列の賃金体系も崩れつつある。大企業といえども，中高年の労働者を年功で昇進させる余裕はなく，出向などの形で人員整理を進めている状況である。また，パートで働く契約社員などの普及やフレックスタイム，年俸制度の採用など，雇用環境は大きな転換点を迎えている。産業構造や経済環境が大きく変化するときには，失業を前提として市場での調整メカニズムを重視する欧米型の労働市場の方が，メリットが大きくなる。

6.2 総需要関数

　では，ある価格 p のもとで，実際にどの程度の（有効）需要が財市場に生じるだろうか。あるいは，価格の変化は実質的な総需要にどのように影響するだろうか。ここで，価格（一般物価水準）と総需要との関係を分析しよう。

　総需要 $C+I+G$ と価格水準 p との関係は，マクロの総需要関数としてまとめられる。総需要は，第4章で分析したように，IS–LM モデルから求めることができる。政府支出 G は政策変数であり，p の動きとは独立に操作されると考えよう。すなわち，政府は実質で測った政府支出水準を政策変数としてコントロールするものとし，価格が変化すれば名目支出をそれに合わせてスライドさせるものとする。

　また，実質で測った（財の量で表した）消費 C も実質可処分所得の関数であり，実質可処分所得が変化しない限り，p とは独立になる[2]。では，投資 I の動きはどうだろうか。価格が変化することで，実質貨幣残高が変化し，利子率が変化すれば，投資も変化する。

　実質貨幣残高 M/p の変化を通じる利子率の変化は，LM 曲線を用いて，分析することができる。

$$(4) \qquad \frac{M}{p} = L(Y,\ r)$$

　ここで，M は名目貨幣残高，Y は GDP，r は利子率である。第4章の LM 曲線との相違は，この章では一般物価水準を明示しているので，実質で貨幣供給，貨幣需要が表現されている点である。実質の GDP が拡大すれば，実質額で見て取引需要が活発になり，貨幣の取引動機による貨幣需要も増大する。

---

2) 消費が，可処分所得とともに実質資産残高，あるいは実質貨幣残高にも依存するという，**資産効果**を考慮すると，価格が消費に影響を与える可能性が生じる。すなわち，価格水準の上昇は，名目資産が一定の場合，実質資産残高を減少させるから，資産効果からは消費を抑制する方向に働く。逆に，価格が下落すれば，実質資産残高は増加し，消費も刺激される。価格変化が消費に与えるこのような効果は，ピグー効果とも呼ばれている。ピグー効果を考慮に入れると，価格の上昇により投資需要のみならず消費需要も減少するので，総需要曲線の傾きは，よりゆるやかになる。

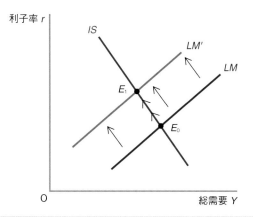

IS-LM 分析において，名目貨幣供給 M 一定のもとで物価水準 p が上昇すると，実質貨幣残高 M/p は減少する。その結果，LM 曲線が上方にシフトして，均衡点は E_0 から E_1 へ移動する。利子率は上昇し，総需要は減少する。

図6.8　物価上昇の効果

　いま，M を一定として物価水準 p が上昇すると，実質貨幣残高 M/p は減少する。これは p が一定のもとで M が減少したのと同じ効果，すなわち，実質的な貨幣供給残高が減少する効果（＝縮小的な金融政策と同じ効果）をもたらす。よって，同じ Y のもとで利子率 r を上昇させる圧力を生む。図 6.8 に示すように，p の上昇によって LM 曲線は上方にシフトして，利子率は上昇し，総需要（＝国民所得）は減少する。p の上昇と M の減少は，LM 曲線に与える定性的な効果としては，同じである。どちらも縮小的な金融政策の効果であるから，利子率を上昇させ，総需要を抑制する要因となる。

　したがって，物価水準の上昇で利子率が上昇すると，投資需要が抑制される。これに対して，消費需要と政府支出は利子率とは独立であり，どちらも実質で表現されているから，価格 p の変化によって直接的には影響されない。投資需要が抑制される分だけ，総需要も抑制される。すなわち，価格と総需要との間には，図 6.9 に示すように，マイナスの関係がある。

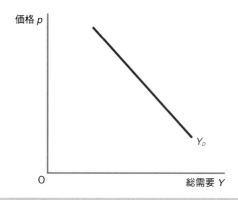

価格 p

総需要 Y

Y_D

O

IS-LM 分析における p と Y との関係を図示したのが，総需要曲線である。価格 p の上昇によって総需要 Y は減少するから，この曲線は右下がりとなる。

図6.9　総需要曲線

表6.1　総供給関数と総需要関数：まとめ

	総供給関数	総需要関数
定　義	労働市場で労働需要を満足する価格と生産水準との組合せ	財，貨幣市場を均衡させる価格と生産水準の組合せ
背　景	企業の利潤最大化行動：賃金率＝労働の限界生産	IS曲線 LM曲線
傾　き	右上がり	右下がり
シフト・パラメーター	貨幣賃金率	（実質）政府支出 （名目）貨幣供給
注意点	その価格水準でいくらでも企業は販売できるという前提（財市場では完全競争を想定）	名目貨幣供給一定のもとで，どのくらいの需要水準＝生産水準がIS-LMのモデルから出てくるかを示す

(5)　　　　$Y = Y_D(p)$

　言い換えると，*LM* 曲線のシフト・パラメーターとして物価水準 p が入っていることで，*IS–LM* 曲線の交点で与えられる総需要水準 Y も p に依存して決まる。p の上昇によって *LM* 曲線が上方にシフトして，*IS*, *LM* 両曲線の交点での Y は低下する。この p と Y とのマイナスの関係（総需要関数(5)式）を図示したのが，マクロの総需要曲線である。

6.3 一般物価水準の決定

■ マクロ経済の均衡

(3)式の総供給曲線と(5)式の総需要曲線との交点が，マクロ経済モデルの一般均衡点であり，一般物価水準と GDP を決める。図 6.10 に示すように，均衡点 E に対応する Y_E と p_E が均衡 GDP と均衡価格である。E 点は総需要曲線 Y_D 上にあるから財市場は均衡しているが，労働市場では企業の労働需要に応じて雇用が決定され，必ずしもすべての労働者が雇用されているわけではない。ケインズ・モデルでは完全雇用 GDP である Y_F よりも均衡 GDP である Y_E は小さく，その差が不完全雇用（＝非自発的失業）に対応する。

[数値例]

　総供給曲線が $Y = 100 + 2p$，総需要曲線が $Y = 200 - 2p$ としよう。このとき，両曲線の交点で与えられる一般均衡では，$p = 25$，$Y = 150$ となる。この均衡での Y が（外生的に与えられる）完全雇用水準 Y_F よりも小さいと，非自発的失業が存在している。

■ 財政・金融政策の効果

ここで，財政・金融政策の効果を考えてみよう。総需要曲線のシフト・パラメーターは G と M であるから，均衡所得は外生的な政策変数である実質政府支出 G と名目貨幣残高 M を所与として求められる。すなわち，線型で近似すると，次式のような関係がある。

(6) 　　　$Y_E = \varepsilon G + \gamma M$

ここで ε（イプシロン）は政府支出の乗数効果，γ（ガンマ）は名目貨幣残高の拡張効果を意味する。

拡張的な財政政策や金融政策により，総需要曲線が右上方にシフトすると，図 6.10 に示すように，均衡点も右上方にシフトする。したがって，物価も

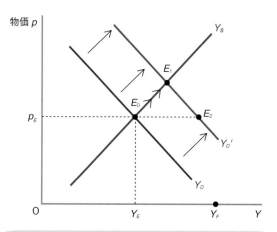

総供給曲線 Y_S と総需要曲線 Y_D との交点が，財市場，貨幣市場，労働市場の均衡から決定される所得と物価水準の組合せを示している。拡張的な財政金融政策により，総需要曲線 Y_D が右上方にシフトすると，均衡点は E_0 から E_1 へと移動する。物価と所得はともに増加する。E_0 から E_2 への動きは，物価水準一定の場合の総需要拡大効果（*IS-LM* のモデルでの効果）を表す。

図6.10　物価とGDPの決定

GDP も増大する。こうしたマクロ政策の効果を，前章まで用いていた総需要のみを考慮する *IS-LM* の枠組みの場合と比較してみよう。*IS-LM* の枠組みでは，物価は一定であり，総需要の増加がそのまま GDP の増加に対応していた。図6.10 で，E_0 から E_2 への動きが，物価水準一定の場合の総需要の拡大の大きさを示している。すなわち，これが第5章で分析した拡張的な財政金融政策の乗数効果である。

　これに対して，この章でも生産の拡大による利子率の上昇が投資を抑制するクラウディング・アウト効果が考慮されている。さらに本章のモデルでは，物価が上昇することで，実質貨幣残高が減少し，利子率が上昇して投資を抑制する。この物価の上昇によるクラウディング・アウト効果が，E_2 から E_1 への動きに対応している。物価の上昇を考慮すると，財政金融政策の拡張効果は，さらに減少する。すなわち，ここでの政府支出乗数の大きさ ε や貨幣供給の拡張効果の大きさ γ は，第5章で分析した *IS-LM* モデルでの値より

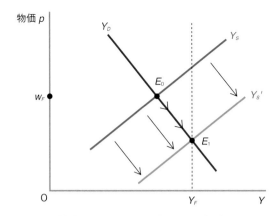

貨幣賃金率 w が低下すれば，総供給曲線は右下方にシフトする。その結果，物価は低下し，所得は増大する。貨幣賃金率が十分に伸縮的であれば，完全雇用所得水準 Y_F が実現するまで Y_S 曲線は下方シフトする。このとき，非自発的失業は解消される。

図6.11　貨幣賃金率の調整

表6.2　総需要曲線と*IS-LM*モデルとの比較

	総需要曲線	*IS-LM*モデル
内生変数	Y（GDP），r（利子率），p（物価水準）	Y（GDP），r（利子率）
市　場	財市場 貨幣市場 労働市場	財市場 貨幣市場
乗　数	p の上昇により投資が減少する分だけ，*IS-LM*モデルよりは小さくなる	r の上昇により投資が減少する分だけ，45度線のモデルよりは小さくなる

は小さい。

　なお，これまで一定とされてきた貨幣賃金率 w_F が低下すると，実質賃金率の低下による労働需要の増大によって，図6.11に示すように，財の供給曲線が右下方にシフトする。その結果，均衡 GDP 水準は上昇し，均衡価格は下落する。

　したがって，貨幣賃金率が完全に伸縮的であれば，やがては完全雇用水準 Y_F が実現するところまで，総供給曲線 Y_S は下方シフトするだろう。長期的には，貨幣賃金率の調整によって完全雇用が実現すると考えるのが，価格調

整メカニズムを重視する新古典派の立場である。最近ではケインズ経済学の立場でも，長期的にはこうした状況が成立することが想定されている。

6.4 インフレーションとフィリップス曲線

■ フィリップス曲線 ─────────────────

　これまでは，一般物価水準とGDPがマクロの一般均衡モデルにおいて，どのように決定され，政策によってどのように影響されるかを検討してきた。これからは，物価水準の変化率であるインフレーション（あるいはデフレーション）が，GDPとともにどのように決まるかを分析しよう。したがって，価格の変化率（＝プラスであればインフレ率，マイナスであればデフレ率）という動学的な経済変数を考慮することになる。

　ここまで貨幣賃金率一定と想定してきたが，インフレの問題を考えるには，貨幣賃金率の上昇メカニズムを考慮する必要がある。インフレーションとGDPとの関係を示すインフレ供給曲線は，総供給曲線(3)式を用いる代わりに，賃金率の変化率と失業率との関係を示すフィリップス曲線，賃金率と価格との関係を示すマークアップ原理，および失業率とGDPとの関係を示すオークンの法則の3つから，導出することができる。

　最初に，フィリップス曲線から定式化しよう。イギリスの経済学者のフィリップス（Phillips, A. W.；1914-1975）は，100年以上に及ぶイギリスでの統計的な関係から，賃金率の変化率と失業率との間に負の安定的な関係があることを見いだした。すなわち，図6.12に示すように，失業率が大きいときには，賃金率の上昇幅は小さくなり，逆に失業率が小さいときには賃金率の上昇幅は大きくなる。

　単純化のため，フィリップス曲線を線形で近似した式で書くと，次式のようになる。

$$(7) \qquad w = w_{-1} \phi (u_N - u) + w_{-1}$$

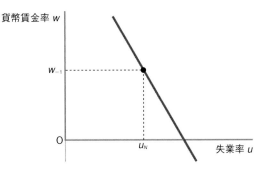

フィリップス曲線は，貨幣賃金率の上昇が失業率とはマイナスに関係していることを図示したものである。失業率 u が自然失業率 u_N よりも小さくなれば，前期の貨幣賃金率 w_{-1} よりも今期の貨幣賃金率 w は大きくなる。

図6.12　フィリップス曲線

　ここで，w は貨幣賃金率，$u(=(N_F-N)/N_F)$ は失業率，u_N は自然失業率，w_{-1} は前期の賃金率，ϕ（ファイ）はプラスの定数である。$(w-w_{-1})/w_{-1}$ は賃金上昇率を意味する。(7)式は，失業率ギャップ(U_N-U)と賃金上昇率とがマイナスに相関する関係を定式化している。自然失業率とは，労働市場でマクロ的な均衡状態にある完全雇用水準でもなお発生する失業率である。経済社会環境が変化するとき個人的な理由で自発的に転職活動する労働者も無視できないから，完全雇用のもとでもある程度の失業は存在している。このような失業を，非自発的（あるいは需要不足）失業とは区別して，自発的失業あるいは摩擦的（構造的）失業と呼んでいる。

　自然失業率の大きさは，労働市場の制度的な条件（職業安定所を通じる情報伝達の効率性など）に依存しており，マクロ経済環境とは独立にある水準で固定されていると考えよう。現実の失業率が自然失業率以下であれば，労働市場が超過需要の状態にあり，労働者は容易に職場を見つけることができる。このとき，賃金率が上昇していると考えるのは自然な定式化であろう。逆に，現実の失業率が自然失業率以上であれば，労働市場で超過供給の状態にあり，賃金率の切り下げの圧力が高くなるだろう。

❖*Case Study*　失業率の上昇とその中身

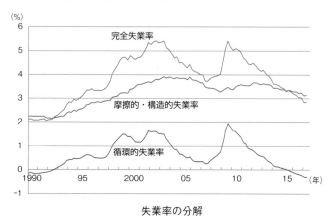

失業率の分解

（データ出所）　労働政策研究・研修機構
（出所）　宮本弘曉『労働経済学』新世社, 2018 年

　日本の失業率は，高度成長期には 1％程度だった。つまり，職を探しているほとんどの人は，仕事を見つけることができた。この時期には，完全雇用が実現していた。しかし，1970 年代以降，日本の失業率は次第に上昇し始め，最近では 5％程度で変動している。失業率が傾向的に上昇した理由の一つは，日本経済が低迷して，景気が良くないことである。均衡 GDP が小さければ，雇用される労働者も少なくなり，結果として，失業者が増加する。こうした理由で生じる失業は，循環的失業と呼ばれる。景気循環の過程で生まれる失業という意味である。

　ところで，失業にはもう一つの理由がある。それが，構造的失業である。産業構造が大きく変化している場合には，より高い賃金やより良い労働条件を求めて，人々が職場を動く。その過程で生まれる失業が，構造的失業である。

　その背景には雇用形態の多様化がある。たとえば，OA 化や職務内容の単純化によって，パートタイマーやアルバイト労働者（フリーター）が増加している。また，外資系企業や大企業の中には，専門的な能力のある者を期限付きで契約し，業績に応じて高い給料を支払うという，終身雇用や年功序列とは異なる非正規雇用，派遣といった雇用形態も増加している。さらには，出社と退社の時間を労働者が自由に選択できるフレックス・タイム制などを採用する例も増えている。雇用が流動化すると，構造的失業は増加する。また，労働者のスキルが企業の求めている水準に達していないと，好況期でも雇用先は容易に見つからない。この失業はマクロの総需要政策では解消できない。

　なお，2008 年のリーマンショック以降は失業率，構造的失業率ともに低下傾向にある。これはその後の日本経済が景気回復基調にあることと，少子化の進行で勤労世代の人口が減少し，労働供給可能人口が減少していることによる。

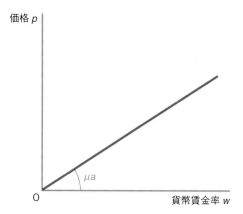

価格 p

μa

0 貨幣賃金率 w

> マークアップ原理は，賃金コスト w と価格 p との関係を示した
> ものである。マークアップ率 μ は，市場の競争状態に依存する
> パラメーターである（a は労働投入係数）。

図6.13 マークアップ原理

■ マークアップ原理 ─────────────────────────

　次に，賃金率と価格との関係を定式化しよう。もっとも単純で有力な定式
化はマークアップ原理である。

　マークアップ（markup）とは価格に付加する率を指すが，図6.13に示す
ように，マークアップ原理とは，賃金率と価格水準との間に一定の関係があ
ることを意味し，賃金が上昇すると，価格も同じ率で上昇する。

(8)　　　　　　$p = \mu a w$　　　　ただし，a：労働投入係数 $\dfrac{N}{Y}$

　ここで，p は一般物価水準，μ（ミュー）は外生的に与えられるマークア
ップ率である。μ は経済全体の競争の程度を反映し，完全競争よりも独占に
近いほど，その値は大きくなる。マークアップ率は，独占度とも対応してお
り，完全競争市場では 1 であり，その企業の価格支配力が強くなるほど，大
きな値をとり，企業利益が大きくなる。なお，マークアップ率は原価と価格
との乖離幅で定義される。原価は産出量 1 単位あたりでみた賃金費用であり，
wN/Y が原価になる。したがって，a（労働投入係数 N/Y）に w を掛け合わ
せたものが原価であり，これと価格とのギャップがマークアップ率となる。

■ オークンの法則 ────────────────────

　最後に，オークン（Okun, A. M.；1928-1981）の法則を定式化しよう。これは，マクロの生産関数に対応するものであり，失業率が低いほど，より大きな生産が可能になることを意味する。(1)式のマクロ生産関数を拡張したものとも解釈できよう。

　図6.14 に示すように，オークンの法則は，失業率ギャップ（$u_N - u$：自然失業率と現実の失業率との差）と GDP ギャップ（$Y_F - Y$：完全雇用 GDP と現実の GDP との差）の間に存在するマイナスの相関関係を示している。

$$(9) \qquad Y - Y_F = -\beta(u - u_N)$$

　ここで，Y_F は完全雇用 GDP＝自然失業率のもとでの生産水準を意味し，$Y - Y_F$ は（マイナスの）GDP ギャップに対応している。自然失業率よりも現実の失業率が大きい場合には，Y_F よりも現実の Y は小さい。その程度がオークン係数 β で示されている。オークン係数は，失業率の低下によってどの程度 GDP を拡大することが可能かを示しており，β が大きいときには，失業率を少し改善することで大幅な GDP の拡大が可能となる。

■ インフレ供給曲線 ────────────────────

　さて，これら 3 式より p と Y との関係を求めると，次式を得る。

$$(10) \qquad p = \alpha'(Y - Y_F) + p_{-1}, \qquad \alpha' = \frac{p_{-1}\phi}{\beta}$$

　ところで，インフレ率 π は $(p - p_{-1})/p_{-1}$ で定義されるから，上の式をインフレ率と Y の式に書き直すと，次式を得る。

$$(11) \qquad \pi = \alpha(Y - Y_F), \qquad \alpha = \frac{\alpha'}{p_{-1}} = \frac{\phi}{\beta}$$

　これが，供給サイドから GDP とインフレ率とのプラスの関係を示すインフレ供給曲線 A_S である。

　(11)式に示すように，A_S 曲線は，オークン係数 β が小さいほど，また，フィリップス曲線の傾き ϕ が大きいほど，その傾きが大きくなる。β が小さいほど α

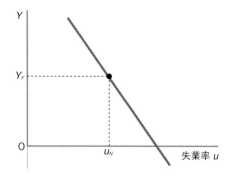

オークンの法則は，失業率ギャップとGDPギャップとの関係を示している。自然失業率 u_N に対するGDPが完全雇用GDP（Y_F）である。

図6.14　オークンの法則

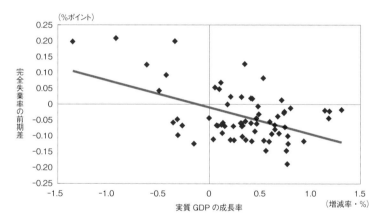

図 6.15　経済成長と完全失業率とのマイナスの相関関係
（実質 GDP 成長率の上昇と完全失業率の低下）

（注）　2000 年以降の四半紀ごとの実質 GDP の成長率と完全失業率の前期差の関係について，後方 3 四半期移動平均の数値を活用して示したもの。
（資料出所）　内閣府「国民経済計算」，総務省統計局「労働力調査（基本集計）」をもとに厚生労働省労働政策担当参事官室にて作成。
（出所）　厚生労働省『平成 30 年版　労働経済の分析』

が大きくなるのは，β が小さいほど Y を拡大するために，より失業率の低下が必要となり，そのためにインフレ率の上昇が必要となるからである。また，フィリップス曲線の傾きが大きいほど，労働市場で需給が逼迫したときに，賃金率が上昇しやすく，インフレ率も上昇しやすい。なお，インフレ供給曲線(11)式は，

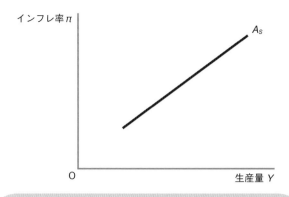

インフレ供給曲線 A_s は，労働市場での貨幣賃金率の調整を考慮に入れて，インフレ率と生産水準 Y との関係を示している。フィリップス曲線，マークアップ原理，オークンの法則から導出され，右上がりの関係がある。

図6.16　インフレ供給曲線

マークアップ率とは独立である。どのようなマークアップ率であっても，それが一定である限り，価格の変化率と賃金の変化率とは同じ値になるからである。

　図6.16に示すように，Y が上昇すると，インフレ圧力も上昇するが，(11)式にあるように完全雇用水準 Y_F の上昇は，インフレ圧力を減少させる。

■ インフレ需要曲線

　次に需要サイドでインフレ率と GDP の関係を見ておこう。前節で定式化した総需要関数(5)式の代わりに，総需要を実質貨幣残高 M/p と実質政府支出 G の増加関数として導出しよう。

$$(12) \qquad Y = D\left(G, \frac{M}{p}\right)$$

政府支出と実質貨幣残高の関数として表されることを意味している[3]。

　この(12)式の変化分をとると，線型近似として，次式が得られる。

$$(12)' \qquad \varDelta Y = \delta(m - \pi) + \lambda \varDelta G$$

　ここで，m は名目貨幣供給の増加率（$\varDelta M/M$）であり，$m - \pi$ は実質貨

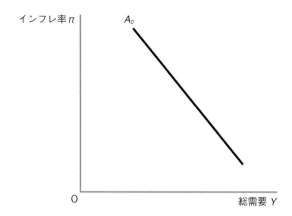

インフレ率 π

A_D

総需要 Y

O

> インフレ需要曲線 A_D は，IS-LM のモデルから導出されるインフレ率と総需要の関係を示したものである。インフレ率の上昇により，実質貨幣残高が低下して利子率が上昇し，投資需要が抑制されるから，この曲線は右下がりとなる。

図6.17　インフレ需要曲線

幣残高の変化を示す。実質貨幣残高が金融政策の結果として変化するか，実質政府支出が財政政策の結果として変化する場合に，総需要 Y は変化する。これは，第5章で分析した IS-LM 分析における政策の効果にほかならない。IS-LM の枠組みでは，λ（ラムダ）は政府支出乗数であり，δ（デルタ）は実質貨幣残高の拡張効果である。

　ところで，$\Delta Y = Y - Y_{-1}$ の関係があるから，これを上の式に代入すると，次式を得る。

(13)　　　$Y = \delta(m - \pi) + \lambda \Delta G + Y_{-1}$

　これが，インフレ需要曲線 A_D である。図6.17 に示すように，他の条件が一定であれば，インフレ率 π と GDP との間には，負の関係がある。

---

3)　総需要曲線とインフレ需要曲線の関係については，注意が必要である。(12)式が示すように，インフレ需要曲線は，実質政府支出と実質貨幣残高をシフト・パラメーターとして IS-LM モデルより導出される。これに対して，(6)式が示すように，総需要曲線は実質政府支出と名目貨幣残高をシフト・パラメーターとして IS-LM モデルより導出される。

■ マクロの均衡 ————————————————————————

　さて，インフレ供給曲線 A_S とインフレ需要曲線 A_D を，Y_F, m, ΔG, Y_{-1} を所与として Y と π の軸の**図6.18**に描いてみよう。インフレ供給曲線は右上がりであり，インフレ需要曲線は右下がりである。両曲線の交点 E で，マクロ一般均衡モデルにおけるインフレ率と GDP が決定される。この体系は，動学的な体系になっている。すなわち，Y_{-1}, p_{-1} のもとで，Y, p を決めるモデルであり，$p=p_{-1}$, $Y=Y_{-1}$ が成立しない限り，Y と π は一定値にとどまらず，定常的な均衡にはならない。

　ここで，政策の変化がインフレ率や GDP に与える効果を分析してみよう。まず，いままで G がある一定水準に維持されていたとして，財政政策により G が増加し続けるとしよう。$\Delta G=0$ が $\Delta G>0$ に変化するから，ΔG の増加が生じる。すなわち，同じ $G-1$ のもとで今期の G が大きくなる。このときに，今期の Y と π はどうなるであろうか。

　ΔG の増加により，今期のインフレ需要曲線 A_D は右上方にシフトするから，今期の均衡点 E はインフレ供給曲線上を右上方に移動する。新しい均衡点 E' では，GDP もインフレ率 π もともに大きくなる（**図6.18**左下図）。同様に，金融政策によって名目貨幣の供給増加率 m が増加したとしよう。m の上昇によっても，インフレ需要曲線は右上方にシフトするから，均衡点は E' へと移動する。その結果，インフレ率も GDP もともに増加する。

　以上，インフレを内生的に決定するモデルでも，総需要を刺激することで，GDP を上昇させることが導出された。インフレのコストさえある程度我慢すれば，総需要刺激政策は GDP の拡大に有効な政策として意味を持つ[4]。

　次に，インフレ供給曲線 A_S に関する変化を見ておこう。何らかの構造的変化によって完全雇用水準 Y_F が増加すると，インフレ供給曲線が右下方にシフトするから，均衡点は E'' へと移動し，GDP は増加するが，インフレ率は低下する（**図6.18**右下図）。GDP を拡大すると同時にインフレ率を抑制するのが望ましい政策だとすれば，総需要を抑制するのではなく，完全雇用水準 Y_F を拡大するための政策，たとえば，供給面での労働市場の整備などの対応が有効といえよう。

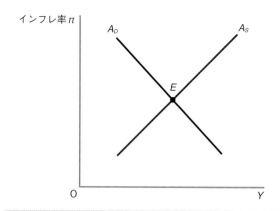

インフレ供給曲線 A_S，インフレ需要曲線 A_D の交点 E が，均衡での GDP とインフレ率を決定する。

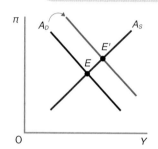

拡張的な財政金融政策で，インフレ供給曲線 A_D は右上方にシフトし，インフレ率，GDP ともに増加する。

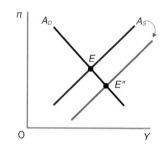

完全雇用水準が増加すると，インフレ供給曲線 A_S は右下方にシフトし，インフレ率が低下し，GDP は増加する。

図6.18　マクロの均衡

Point——7	インフレとデフレ

　インフレーションは，継続的に一般物価水準が上昇を続ける現象である。反対に，デフレーションは，継続的に一般物価水準が下落を続ける現象である。

---

4)　ただし，拡張的な財政政策の効果と金融政策の効果は，多少の相違がある。金融政策の場合，貨幣供給の増加率 m を上昇させてそれを新しい水準に維持すれば，A_D 曲線は来期以降も上方にシフトしたままである。これに対して，財政政策の場合，政府支出 G を増加させても，1回限りの増大であり，その後さらに G を拡大し続けない限り，来期以降は ΔG はゼロになって，A_D 曲線は下方へ戻ってしまう。もちろん，Y_{-1} が拡大しているから，当初の A_D 曲線まで戻ることはない。

　日本経済は戦後 50 年の間ほぼ一貫してインフレを経験してきた。1970 年代の石油ショックのときには，年率 20％以上のインフレも経験した。しかし，1990 年代にはいると，の数年間は一般物価水準が下落傾向を示しており，先進諸国でもまれなデフレを相当期間経験している。

　インフレは，需要量の増加に対して生産量が追いつかないために生じる**ディマンド（需要）・プル・インフレーション**と，賃金や原材料費・燃料費のコスト（費用）上昇率が，労働生産性の増加率を上回ることによって生じる**コスト・プッシュ・インフレーション**に大別できる。前者は，景気が過熱して生じるインフレである。後者は，石油ショックのように，不況でも生じる。

　またインフレ率が加速するにつれ，5％から 10％程度で上昇する**クリーピング・インフレーション**，10％から 20％程度で上昇する**ギャロッピング・インフレーション**，20％以上で，時には 100％を超える猛烈なスピードで上昇する**ハイパー・インフレーション**などに区別される。

　さらに，輸入価格の上昇や通貨供給過剰によるインフレーションなどもあり，その発生メカニズムは多様である。インフレもデフレも，経済活動を円滑に行うには，望ましい現象ではない。物価の安定は重要な政策目標の一つである。

6.5　インフレ期待の導入

■ インフレ期待とインフレ供給曲線

　インフレ率がプラスの状態が続けば，当然民間の経済主体はこれからもインフレが続くという期待のもとで，行動するだろう。いままでの分析では，人々はインフレが起きることを予想しないと考えてきた。すなわち，期待インフレ率はゼロであると暗黙のうちに想定していた。そのような想定は非現実的になる。人々のインフレ期待を明示的に導入すると，前節の議論はどのように修正されるだろうか。まず，インフレ供給曲線から考えてみよう。

　インフレ期待を導入すると，労働市場の状態が同じであっても，インフレ期待の大きさ如何で賃金率の動向は違ってくる。インフレが予想される場合には，名目賃金率がそれに見合って上昇しないと，実質的な賃金率が低下す

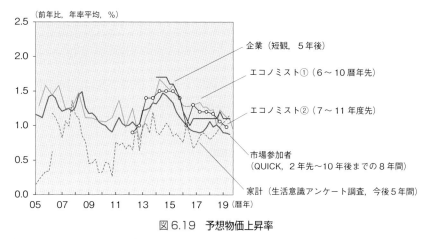

図6.19 予想物価上昇率

（資料出所） 日本銀行，QUICK「QUICK 月次調査（債券）」，JCER「ESP フォーキャスト」，Consensus Economics「コンセンサス・フォーキャスト」
（注） 1. エコノミスト①はコンセンサス・フォーキャスト，②は ESP フォーキャスト。
2. 家計は，修正カールソン・パーキン法による。
3. 企業は，全産業全規模ベースの物価全般の見通し（平均値）。
（出所） 日本銀行「経済・物価情勢の展望」（2019 年 10 月）

ると人々は考えるのに対して，インフレが予想されていない場合には，名目賃金率の上昇がそのまま実質賃金率の上昇になると人々は考える。

前者の場合，実質賃金と名目賃金を混同する貨幣錯覚を前提にしなければ，労働者はより大幅な名目賃金率の引上げを求めるし，企業も実質賃金率の動向が実質的な経済変数として効いてくる以上，それを認めることになる。逆に，デフレを人々が予想しているときには，名目賃金率が下落しないと，実質賃金率は上昇すると人々は考えるようになる。

したがって，人々が合理的であり，貨幣錯覚がなければ，フィリップス曲線において，失業率ギャップとは無関係に，期待インフレ率の大きさはそのまま貨幣賃金率の上昇に反映されると考える方が，もっともらしい。

$$(7)' \qquad w = w_{-1}\phi(u_N - u) + w_{-1} + \pi^e$$

ここで，π^e は期待インフレ率である。

ところで，マークアップ原理とオークンの法則は，インフレ期待とは無関

係である。したがって，インフレ供給曲線(11)式は，次のように修正される。

(14) $\quad\quad \pi = \alpha(Y - Y_F) + \pi^e$

GDP ギャップが変化しなければ，期待インフレ率の上昇は，同じ事だけ現実のインフレ率を上昇させる圧力を生む [5]。

❖ Case Study　日本のフィリップス曲線

単純に，賃金上昇率と失業率の関係を図示すると，図1で示される。すなわち，右下がりのフィリップス曲線を一応描くことはできる。しかし，1960年代から1990年代までインフレ期待が変化しなかったという想定は非現実的である。インフレ期待に応じてフィリップス曲線がシフトしてきた可能性を考慮すると，図2を得る。

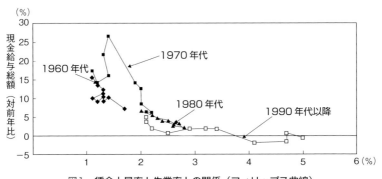

図1　賃金上昇率と失業率との関係（フィリップス曲線）
(注)　総務省統計局「労働力調査」，厚生労働省「毎月勤労統計調査」により作成。
(出所)　平成14年版「労働経済の分析〈要約〉（平成14年7月）」
　　　　(http://www.mhlw.go.jp/wp/hakusyo/roudou/02/zu22.html)

日本のフィリップス曲線を推計してみると，図に示すように，1980年代よりも1990年代の方がより上に位置している。これは構造的失業率が増加していることを反映しており，フィリップス曲線が横軸と交わる点，すなわち，自然失業率の水準が上昇していることを意味する。

---

5)　(14)式のインフレ供給関数は，(3)′式で特定化した期待価格水準の入った総供給曲線から，直ちに導出することができる。すなわち，(3)′式より

$\quad\quad p - p_{-1} = \alpha(Y - \hat{Y}) + p^e - p_{-1}$

ここで，今期の p，前期の p_{-1} がいずれも対数値で表してあると考えると，$p - p_{-1}$ はインフレ率にほかならない。したがって，次式を得る。

$\quad\quad \pi = \alpha(Y - \hat{Y}) + \pi^e$

これを，$\hat{Y} = Y_F$ と書き直せば，(14)式が得られる。

　なお，この推計では，労働市場の構造変化を表す要因として，女性の労働力比率（女性労働力人口 / 労働力人口）を用いている。経済社会環境の変化に対応して，女性が労働市場に参加する比率は趨勢的に増加しているからである。

　2002 年以降，景気の長期回復にもかかわらず，インフレ率は目立って高まっていない。したがって，フィリップス曲線は明確に観察されにくい。最近の研究では，これを，フィリップス曲線のフラット化という観点から考察している。すなわち，フラット化の原因については，インフレ率の傾向的低下に伴う価格改定頻度の低下や，競争激化を背景とした需要の価格弾性値の上昇などいくつかの仮説が考えられるが，これらの要因に加えて，経済のグローバル化や規制緩和などを背景に，財市場の競争構造や労働市場において，一方向の調整圧力が持続的に発生すると，個々の需給動向よりも，世間相場を重視した価格設定を行う企業の価格戦略が名目硬直性を高め，フィリップス曲線のフラット化をもたらすことを指摘している（参考文献：日本のフィリップス曲線に何が起こったか——企業の価格設定行動の変化と名目硬直性の高まり——木村武・黒住卓司・原尚子：日本銀行調査統計局 2008 年 1 月）。

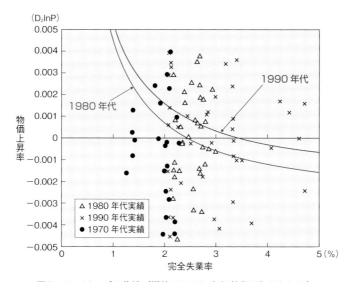

図2　フィリップス曲線（期待インフレ率を考慮に入れたもの）

（注）　総務庁「労働力調査」「消費者物価指数」により作成。
（出所）　平成 12 年版「年次経済財政報告（平成 12 年 7 月）」
　　　（http://www5.cao.go.jp/j-j/wp/wp-je00/wp-je00bun-1-1-8（7）z.html）

■ インフレ期待とインフレ需要曲線

次に、インフレ期待とインフレ需要曲線の関係を考えてみよう。インフレ期待が上昇すれば、名目利子率が一定であっても実質利子率が低下する。名目利子率 i と実質利子率 r との間の関係は、次のように定式化されるからである。

$$(15) \qquad i = r + \pi^e$$

ここで、「名目利子率＝実質利子率＋期待インフレ率」というこの関係式は、フィッシャー方程式と呼ばれている。

たとえば、現在1単位の財を将来の $1+r$ 単位の財と交換する場合を考えると、インフレ率が π^e であれば、貨幣で交換する場合には、利子率 i が r よりも π^e だけ大きくなってはじめて、将来 $1+r$ 単位の財と貨幣を交換できることになる。

LM 曲線の均衡に対応するのは貨幣の需給を均衡させる名目利子率 i であるが、これが一定であっても、インフレ期待が増大すれば、(15)式から同じ i のもとで実質利子率 r が低下して、企業の投資意欲を刺激する。企業活動は実質的な経済変数で決定されるからである。したがって、インフレ期待を導入すると、名目利子率所与のもとで実質利子率が低下するから、それは総需要を刺激する効果を持っている。第4章の LM 曲線の(2)式は次のように書き直せる。

$$(4)' \qquad \frac{M}{p} = L(Y, \ r + \pi^e)$$

よって、インフレ需要曲線(13)式は、次のように修正される。

$$(16) \qquad Y = \delta(m - \pi) + \lambda \varDelta G + Y_{-1} + \theta \varDelta \pi^e$$

インフレ期待が増大すると、投資需要を刺激して、総需要を刺激する要因になる。θ (シータ) はインフレ期待が上昇することで実質利子率が低下して、投資需要を刺激し、GDP を増加させる効果の大きさを示している。

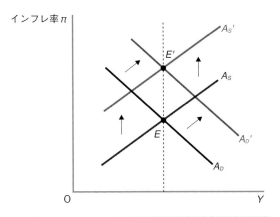

インフレ率 π

A_S'

E'

A_S

E

A_D'

A_D

O   Y

> 拡張的な財政金融政策により，インフレ需要曲線は上方にシフトするから，均衡点はA_S曲線上を右に移動して，インフレ率もGDPも増大する。しかし，インフレ率の上昇は，期待インフレ率の上昇を引き起こし，その結果，インフレ供給曲線は上方にシフトする。長期均衡では，当初の完全雇用水準Y_F以上のGDPの拡大は，期待インフレ率の上昇によって完全に相殺され，A_S曲線はA_S'までシフトする。

図6.20　政策の効果

■　政策の効果

　以上の修正を前提として，マクロ経済政策の効果を分析してみよう。図6.20において，まず，当初の均衡点Eで，現実のインフレ率と期待インフレ率が一致していると考える。ここで，拡張的な財政金融政策が採用され，総需要曲線A_Dが右上方にシフトしたとしよう。インフレの期待の調整は時間がかかるので，現実のインフレ率が変化してもすぐにはそれに追いつかないだろう（これを適応型の期待形成と呼んでいる）。

　このとき，期待インフレ率はさしあたって当初のままであるとすると，現実のインフレ率とGDPが上昇する。これは，やがては期待インフレ率を上昇させるだろう。その結果，インフレ供給曲線A_Sは，左上方にシフトする。インフレ需要曲線A_Dは，期待インフレ率が上昇しているときには，さらに右上方にシフトするが，期待インフレ率が前期よりも上昇しなければ，上方シフトの効果はなくなってしまう。やがてはインフレ需要曲線は，下方にシ

表6.3　インフレ供給曲線とインフレ需要曲線：まとめ

	インフレ供給曲線	インフレ需要曲線
定　義	フィリップス曲線，マークアップ原理，オークンの法則より導かれるインフレ率と生産能力との関係	*IS-LM*のモデルから導かれるインフレ率と需要の伸び率との関係を用いて，前期の需要を所与としたときの今期の需要とインフレ率の関係
傾　き	右上がり	右下がり
シフト・パラメーター	完全雇用生産水準	前期の所得，名目貨幣供給の増加率，実質政府支出の変化
期待インフレ率が上昇するケース	上方にシフトする	期待インフレ率の上昇幅が大きくなれば，上方にシフトする

フトすることになる。

　新しい長期均衡は，どのような点になるだろうか。そこでは，再び期待インフレ率は現実のインフレ率に一致しているはずである。したがって，インフレ需要曲線は，拡張的な財政金融政策の分だけ右上方にシフトしている。しかし，インフレ供給曲線も同様に左上方にシフトしているから，均衡点は図6.18で示すように，元の均衡点のちょうど上にくる。すなわち，GDPは元の GDP＝Y_F のままであり，インフレ率だけが上昇している。

　インフレ供給曲線(14)式に，長期的に成立する関係式 $\pi = \pi^e$ を代入すると，$Y = Y_F$ が得られる。(14)式を前提にする限り，長期的に期待インフレ率が現実のインフレ率と一致している状況では，それと両立可能な GDP は完全雇用 GDP＝Y_F のみであり，拡張的な財政金融政策によって，それを長期的に増加させることは不可能になる。

■ 長期的トレード・オフ

　労働者である家計に短期的のみならず長期的にも何らかの貨幣錯覚があり，期待インフレ率がプラスであっても，必ずしもそのままの大きさだけ賃金率の調整に反映されないと考えてみよう。このケースでは，(7)′ 式は，次のように修正される。

$$(7)''\qquad w = \phi(u_N - u) + w_{-1} + \omega\pi^e$$

　ここで，ω（オメガ）は 0 と 1 の間の定数であり，これが 1 より小さい限り，長期的にもインフレ率と GDP はマイナスの関係を持つ。なぜなら，この場合，インフレ供給曲線 A_S は，次のようになる。

$$(14)'\qquad \pi = \alpha(Y - Y_F) + \omega\pi^e$$

　したがって，$\pi = \pi^e$ の長期均衡では，

$$(17)\qquad \pi = \frac{\alpha(Y - Y_F)}{1 - \omega}$$

となり，長期的にインフレ率を上昇させれば，GDP を拡大させることが可能になる。すなわち，長期的にも GDP の拡大は，インフレの上昇というコストを支払うことで可能になる。しかし，インフレの抑制と GDP の拡大を同時に達成することはできない。このようなインフレと GDP との負の相関関係（どちらかをうまく操作しようとすれば，もう一方の方がうまく操作できないという関係）を，長期的に「トレード・オフの関係」にあるという。

　しかし，このようなトレード・オフの関係が長期的に存在するかどうかは，大きな争点である。ケインズ的立場と新古典派的立場の一つの相違は，ω を 1 とみなすか，1 より小さいとみなすかにある。各経済主体に長期的な貨幣錯覚を想定しない限り，ω は 1 と考える方が説得的であろう。また，実証分析の結果でも $\omega = 1$ を支持する結果が有力である。

　したがって，長期的には総需要を刺激するケインズ政策の効果はかなり制約されたものになる。もちろん，当初の GDP の水準が Y_F であっても，拡張的な財政金融政策によって Y を Y_F 以上に上昇させることはできる。しかし，この場合には，インフレ期待の修正が生じる。なぜなら，$Y > Y_F$ であれば，インフレ供給曲線が π が π^e よりも大きいことを意味しているから，次第に期待インフレ率が上昇するだろう。これは，インフレ供給曲線を左上方にシフトさせるので，結局，$Y = Y_F$ が実現することになる。その意味では，総需要を刺激する財政金融政策は，短期的な効果はあっても，長期的な効果は

ないといえる。

Column──4	デフレとインフレターゲット論

　内閣府は，景気の現状と先行きを分析した報告書「日本経済 2009-2010」において，日本経済のデフレ状況は 2009 年 4〜6 月期から始まったとの見方を示した。消費者の「低価格志向」が過熱しているとの実態も指摘した。報告書の副題には，「デフレ下の景気持ち直し『低水準』経済の総点検」とあり，政府が公式にデフレ宣言をしたことで話題となった。デフレ宣言の理由として，消費者物価指数（生鮮食品と石油製品除く）が半年間マイナスが続いていることや，国内総生産（GDP）の名目成長率が実質成長率を下回る「名実逆転」状態が続いていることが挙げられている。さらに，食料品を例に消費者物価指数と平均購入単価の動きを分析したところ，平均購入単価の下落率が消費者物価の下落率を大きく上回る状況が続いていた。こうした低価格志向は，賃金の低い地方部で特に顕著であった。

　このように，21 世紀のわが国は，ゆるやかながらデフレ状態にある。物価水準が 1-2% 程度下落している。デフレはマクロ経済にも悪い影響をもたらす。

　第 1 に，借入をしている企業にとっては，債務の実質的な金額が増加する。債務は過去に決められた金額だから，物価が下落すれば，その負担は実質的には重くなる。その結果，新規の投資をする意欲が抑制される。第 2 に，物価が下落しても，賃金の名目額はそれほど下落しない。したがって，実質的に賃金が上昇したのと同じである。これは企業の収益を圧迫する。この面からも，投資意欲は低下する。第 3 に，家計は，財・サービスの価格がこれから下がることが予想できる。したがって，家計はいま消費するよりも，消費を将来に先延ばしする方が得になる。その結果，消費意欲も低下する。

　これらの効果のために，マクロの総需要は低迷する。そして，マクロ経済も活性化されない。デフレ状況から脱却する政策として注目されているのが，**インフレターゲット論**である。

　これは，中央銀行が 2-3% 程度のゆるやかなインフレの目標を設定して，それを実現するために，積極的な金融政策を実施するというものである。しかし，デフレ期に金融政策でインフレを生じさせるのは容易なことではない。さらに，ひとたび人々がインフレを予想するようになると，それが過熱して，大幅な物価上昇を引き起こすという心配もある。

　日本銀行は，2016 年以降，生鮮食品を除く消費者物価指数の前年比上昇率の実績値が安定的に 2% を超えるまで，マネタリーベースの拡大方針を継続するという「オーバーシュート型コミットメント」を導入した。これによって，2% の「物価安定の目標」の実現に対する人々の信認を高めることを狙いとしている。しかし，この目標が達成できない状況が続いている。

Column —— 5	失業とサーチ理論

2010 年にノーベル経済学賞を受賞したダイヤモンド（Diamond, P.；1940-），モルテンセン（Mortensen, D. P.；1939-2014），ピサリデス（Pissarides, C. A.；1948-）の 3 人は，就職募集が多いときになぜ大量の失業者が発生するのかという疑問に応える**サーチ理論**を構築した。サーチ理論とは，モノやサービスの取引相手を探す（サーチ）行為に注目し，それら個別の取引が積み重なったときに全体の市場がどう動くのか，取引構造を分析するものである。

労働市場は企業と労働者が一堂に会して円滑に契約が結ばれる市場ではなく，互いに相手を見つけるのに時間や費用を要する。このため，労働者が十分な雇用機会を獲得できない一方，企業も必要な労働者を確保できない状況が生じる。労働者が就職できるかどうかは，労働者 1 人あたりの求人割合 v や失業率 u に依存する。求人数が求職数（失業者）に比べて大きければ，就職する確率は高くなる。労働者の就職確率 m はマッチング関数として以下のように定式化される。

$$m = m(u, v)$$

労働市場において互いに取引相手をうまく見つけることができないと，需要が十分あっても，雇用水準が過少になってしまう。つまり，求職側と求人側にミスマッチが生じて，失業率が上昇する。サーチ理論は，こうした状況を企業，労働者の合理的行動から説明しようとする。この理論から，失業保険を手厚くすると失業率が高くなり，再就職までに要する時間が長くなるという仮説も導出される。高い失業率が続く先進国の雇用状況を実証分析する際に，サーチ理論の枠組みは有益である。また，この理論は労働市場だけでなく他の市場の分析にも応用されている。

まとめ

●労働需要は，実質賃金率の減少関数である。労働供給を一定の貨幣賃金率のもとである水準（完全雇用水準）までいくらでも供給したいと定式化すると，労働市場では，労働需要を労働供給が上回り，非自発的失業が生じる可能性がある。このとき，総供給関数は価格（一般物価水準）の増加関数となる。総需要関数は，価格の上昇によって実質貨幣残高が減少して，利子率が上昇し，投資が抑制されることから，価格の減少関数となる。

●総供給曲線と総需要曲線との交点が，経済の均衡点であり，一般物価水準とGDP を決める。財市場は均衡するが，労働市場では企業の労働需要に応じて雇用が決定され，必ずしもすべての労働者が雇用されるわけではない。その差が不完全雇用になる。

●フィリップス曲線（賃金率の変化と失業率の関係），マークアップ原理（賃金率と価格の関係），オークンの法則（失業率と GDP ギャップとの関係）から，インフレ率と生産の関係を示すインフレ供給曲線は，右上がりとなる。また，インフレ率と総需要の関係を示すインフレ需要曲線は，右下がりである。両曲線の交点で，インフレ率と GDP が同時に決定される。

●拡張的な財政，金融政策により，インフレ需要曲線が上方にシフトすると，GDP が増加し，インフレ率は上昇する。期待インフレ率を導入すると，長期的には，総需要を刺激する政策の効果は完全に相殺される。

重要語

□生産関数	□労働の限界生産	□貨幣賃金率
□実質賃金率	□貨幣錯覚	□非自発的失業
□総供給関数	□総需要関数	□一般物価水準
□インフレーション	□デフレーション	□フィリップス曲線
□自然失業率	□失業率	□マークアップ原理
□オークンの法則	□インフレ供給曲線	□インフレ需要曲線
□期待インフレ率	□名目利子率	□実質利子率

問　題

■1　次の文章のうち正しいものはどれか。

（イ）労働需要は貨幣賃金率と価格水準の減少関数である。

（ロ）労働市場で貨幣賃金率が伸縮的に調整されても，非自発的失業が解消できない。

（ハ）総需要曲線は，財市場を均衡させる需要量と価格の関係を示している。

（ニ）政府支出を拡大させると，GDP は増大するが，価格水準は低下する。

（ホ）完全雇用 GDP と均衡 GDP との乖離は，労働市場では，自発的な失業の大きさに対応している。

■2　フィリップス曲線が，$w = 2w_{-1}(3-u) + w_{-1}$，マークアップ原理が，$p = w$，オークンの法則が，$Y - 100 = -10(u-3)$ であるとしよう。このとき，インフレ供給曲線を求めよ。

■3　期待インフレ率の調整が現実のインフレ率の動きから遅れるとしよう。このとき，期待インフレ率が現実のインフレ率と乖離する期間では，拡張的な総需要政策の効果はどうなるか。

■4　下の図は，「仕事に就けない理由別失業者の推移」を示したものである。この図を参考にしながら，(1)わが国の労働市場のどのような変化が生じたのか，(2)マクロの総需要管理政策は失業率を低下させるのに有効か，を議論せよ。

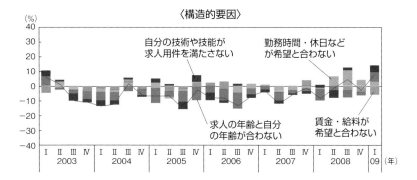

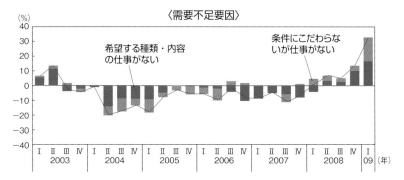

仕事に就けない理由別失業者の推移

（注）　総務省「労働力調査（詳細集計）」により作成。失業理由のうち，構造的要因を「求人の年齢と自分の年齢が合わない」「賃金・給料が合わない」「自分の技術や技能が求人用件を満たさない」「勤務時間・休日などが希望と合わない」とし，需要不足要因を「希望する種類・内容の仕事がない」「条件にこだわらないが仕事がない」とした。

（出所）　内閣府「今週の指標（No.926）」

（http://www5.cao.go.jp/keizai3/shihyo/2009/0629/926.html）

■5　名目賃金 W と物価水準 P との関係が次式で与えられている。

$$W = P\mu$$

ただし，μ は労働の限界生産性である。また，フィリップス曲線が次式で与えられている。

$$G_W = -0.5(U - U^N)$$

ここで G_W は名目賃金上昇率，U は失業率，U^N は自然失業率である。いま，自然失業率が3%，労働の限界生産性の上昇率が0.5%で一定であるとしたとき，失業率2%と整合的なインフレ率の数値を求めよ。

■6　総供給曲線が

$$\pi_t = \pi_t^e + 2(Y_t - Y^*)$$

総需要曲線が

$$Y_t = Y_{t-1} + \frac{3}{2}(m_t - \pi_t)$$

である経済を考える。ただし，π：インフレ率，π^e：予想インフレ率，Y：実質産出量，Y^*：実質完全雇用産出量（一定），m：名目マネーサプライ成長率である。

　いま，$t = s-1$ までは名目マネーサプライ成長率が4%で，経済が完全雇用にあるとする。$t = s$ で中央銀行が名目マネーサプライを8%に増加させたとき，s 時点において実現するインフレ率は $s-1$ 時点と比較して何%上昇するか。なお，予想インフレ率は1期前のインフレ率に等しく形成されるとする。

7 開放経済

この章では，開放経済における国民所得の決定メカニズムを考察するとともに，為替レートの変化がもたらすマクロ的影響について分析する。

---

1. 国際収支の意味，為替レート制度について解説する。
2. 固定レート制度のもとでの財市場の均衡を，45度線モデルと *IS-LM* モデルを用いて考えるとともに，財政金融政策の効果を分析する。
3. 変動レート制度のもとで国民所得の決定メカニズムと財政金融政策の効果を，資本移動がゼロのケースと完全なケースに分けて，説明する。
4. 為替レートの決定理論を解説する。
5. 為替レートの変動がマクロ経済に与える効果について，特に円高が日本経済に与える影響という観点から分析する。

7.1 国際収支と為替レート

■ 国際収支表

　国際収支表は，日本に生活の本拠がある自然人と法人の日本国内の事務所を「居住者」とし，それ以外の「非居住者」との間の取引を複式簿記の原則で統括的かつ統合的に記録したものである。一定の期間における所有権の移転が発生する取引（フロー）が記録される。居住者と非居住者の間の多様な取引を項目に分割して，項目ごとの合計を表示する。

　国際収支表を体系づける国際収支統計は，一定期間における一国のあらゆ

表7.1 国際収支表[*1]

現行版			2018年(暦年/億円)
経常収支			192,222
居住者・非居住者間で債権・債務の移動を伴う全ての取引の収支状況を示す。	貿易・サービス収支		3,919
	実体取引に伴う収支状況を示す。	貿易収支	11,981
		国内居住者と外国人(非居住者)との間のモノ(財貨)の取引(輸出入)を計上する。	
		輸出	812,387
		輸入	800,405
	サービス収支(*2)		-8,062
	第一次所得収支(*3)		208,533
		対外金融債権・債務から生じる利子・配当金等の収支状況を示す。	
	第二次所得収支(*4)		-20,231
		居住者と非居住者との間の対価を伴わない資産の提供に係る収支状況を示す。	
資本移転等収支			-2,125
金融収支			200,049
金融資産にかかる居住者と非居住者間の債権・債務の移動を伴う取引の収支状況を示す。	直接投資		147,198
	証券投資		99,765
	金融派生商品		1,178
	その他投資		-74,720
	外貨準備		26,628
誤差脱漏(*5)			9,953

(数値は財務省HPによる。)
*1 本表は国際収支マニュアル(BPM)第6版に準拠している。(2013年10月より国際収支表はこの版に基づいて作成されている。)
*2 サービス収支の主な項目
輸送:国際貨物,旅客運賃の受取・支払
旅行:訪日外国人旅行者・日本人海外旅行者の宿泊費,飲食費等の受取・支払
金融:証券売買等に係る手数料等の受取・支払
知的財産権等使用料:特許権,著作権等の使用料の受取・支払
*3 第一次所得収支の主な項目
直接投資収益:親会社と子会社との間の配当金・利子等の受取・支払
証券投資収益:株式配当金及び債券利子の受取・支払
その他投資収益:貸付・借入,預金等に係る利子の受取・支払
*4 官民の無償資金協力,寄付,贈与の受払等を計上する。
*5 統計作成上の誤差を調整するための項目。

る対外経済取引を体系的に記録した統計である。居住者と非居住者との間で行われる取引の内容に応じ,(1)財貨・サービス・所得の取引や経常移転を記録する経常収支,(2)対外金融資産・負債の増減に関する取引を記録する金融収支,(3)生産資産(財貨,サービス)・金融資産以外の資産の取引や資本移転を記録する資本移転等収支,などに計上している(詳しくは**表7.1**参照)。

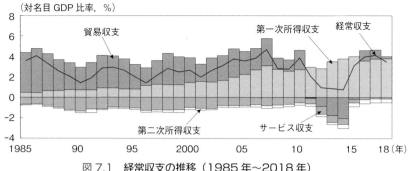

図 7.1 経常収支の推移（1985 年～2018 年）

（資料）内閣府「国民経済計算」，財務省「財政金融統計月報」，財務省・日本銀行「国際収支統計」により作成。

（出所）内閣府「令和元年度・年次経済財政報告」

このようにして対外経済取引は，主として財・サービスの売買である経常取引と，金融資産の売買である金融取引に分割される。

経常収支＝財サービスの輸出－財サービスの輸入

金融収支＝資産の増加－負債（株式を含む）の増加

普通の経済取引は，対価を伴う財・サービスや金融資産の売買であるため，基本的に資金決済と財・サービス，金融資産の受け渡しが同額で対応し，国際収支表の記録は合計がゼロとなる。対価を伴わない無償取引に見合う金額は，その性質に応じて第二次所得収支と資本移転等収支に分けて記録される。以上によって，国際収支統計に係る恒等式は次のとおりになる。

経常収支＋資本移転等収支－金融収支＋誤差脱漏＝0

経常収支の不均衡は対外資産の増減を意味する。たとえば，経常収支が黒字になると，ネットで対外資産は蓄積する。第一次近似として，サービス収支，第一次・第二次所得収支を無視すると，経常収支の均衡は，貿易収支の均衡を意味する。したがって，輸出が増加し，輸入が減少すると，対外資産は増加する。図 7.2 は，わが国の経常収支の推移を示している。

経常収支黒字幅の推移を見ると，2002 年度から増加基調となっていた。これは，貿易・サービス収支の黒字幅が抑えられる一方，所得収支の黒字幅が大きく拡大したことによる。所得収支については，2008 年までは目立っ

た減少は見られない。一方，2007 年末頃からは，経常収支の黒字幅が縮小傾向にある。その主たる原因は，貿易・サービス収支，その中でも貿易収支の減少である。2008 年秋のリーマン・ショック後は輸出が落ち込んで，経常収支が一段と減少している。2009 年に入ると所得収支の減少も目立っている。所得収支の減少は，日本企業の海外法人の業績悪化による直接投資収益の減少，円高と海外金利の低下による証券投資収益の減少などを反映したものである。

2010 年以降は，企業が海外投資から得る利子や配当金の受け払いを示す**第一次所得収支**の黒字が高い水準となっている。海外の子会社からの配当金受け取りや子会社の内部留保など直接投資収益が増加した。第一次所得収支の黒字は 2005 年に貿易黒字を上回って以来，着実に拡大が続いており，投資収益が日本の経常黒字をけん引する構図が鮮明になっている。貿易収支をみると，赤字の時期もある。これは原油価格が値上がりしたことで輸入が輸出を上回ったためである。サービス収支のうち旅行収支の黒字は増大している。訪日外国人観光客が大幅に増加したことで外国人による国内消費（＝インバウンド消費）も増大している。

■ 為替レート制度 ─────────────────

為替レート制度としては，為替レートをある所与の水準に政策的に固定したままに維持する**固定レート制度**と，外国為替市場での需給均衡に任せる**変動レート制度**の 2 つがある。わが国は，固定レート制度を 1970 年代前半まで戦後数十年にわたって維持してきた。当時は，1 ドル＝360 円という固定為替レート制度が存在していた。固定レート制度のもとでは，景気が良くなり輸入が増大すると，貿易収支が赤字になった。その結果，外貨準備が減少して 1 ドル＝360 円が維持できなくなりそうだと，金融政策を引き締めて，景気の過熱を防ぎ，輸入の増加を抑えたり，資本移動を制限して，ドルが外国に逃げないように為替管理政策が遂行された。

その後は，変動レート制度に移行し，外国為替市場で毎日の需給を反映して外国為替市場で為替レートは決定されている。

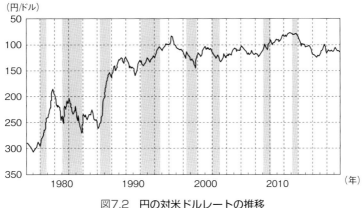

（円/ドル）

図7.2 円の対米ドルレートの推移

（注） 東京市場，ドル・円，スポット，17 時時点/月中平均。灰色部分は景気後退期を示す。
（出所） 日本銀行 HP（時系列統計データ検索サイト）により作成。

■ 為替レートの推移 ────────────────────────

　1980 年代以降の為替レートの推移を見ると，**図 7.2** に示すように，80 年代前半には平均 230 円ほどのドル高時代が続いたが，1985 年後半からは，一直線の円高が進行した。1988 年に 1 ドル＝128 円のピークをつけた後は少しドル高に向かったが，1992 年に入り再び 120 円台の水準に入った。1985 年に円高に向かったのは，先進諸国間での為替レートに関する「プラザ合意」をきっかけとしている。そして 1995 年には一時 80 円を突破する水準（79 円）まで円高が進展した。1990 年代後半に 100 円を上回るようになると，その後は，円高に歯止めがかかってきた。2000 年以降，120 円前後で推移した。その後，2008 年の世界金融危機以降は欧米諸国が金融緩和政策を採用して，金利を引き下げた結果，円高が進行して，2010 年後半では 84 円前後で推移している。

　長期的に見ると，1970 年代に 1 ドル＝360 円の固定レートから変動レートに移行してから，ほぼ一貫して，円高傾向が続いている。これは，日本経済が国際的に大きな地位を占め，日本が国際社会において経済大国となっていくプロセスに対応するものである。円高が進行することは，国民経済全体にも大きな影響を与える。

　一般の家計にとって，為替レートの動向は，地価や株価ほど関心はないが，外国との貿易や資金の取引をする場合には，最大限に関心の対象となっている。1980年代半ばや2009年以降の一時期などのように円高が急速に進行したときには，円高による不況の可能性が，中小企業を中心として大いに懸念されている。

　この章では，開放経済下の財政金融政策の効果，資産価格としての為替レートの決定メカニズムを考察するとともに，円高のもたらす影響についても，検討してみよう。

Column──6　Jカーブ効果

　円高になると輸入が有利になり，輸出が不利になるから，輸入が増大し輸出が減少して，純輸出が減少するというのが，為替レートの調整の基本的なメカニズムである。しかし，ドルの価格で評価すると，円高になるとドル表示の金額が拡大するから，輸出量が減少しても，輸出金額はドルベースでむしろ拡大するかもしれない。すなわち，円高はドルベースでの純輸出を拡大させる可能性がある。特に短期的には，数量の調整は遅く，円高になっても輸出量，輸入量がそれほど大きく変化しないとすれば，ドル表示での純輸出は拡大する。

　しかし，長期的には輸出量が大きく落ち込み，輸入量が大きく増大して，ドル表示でも純輸出が減少する。縦軸にマイナスの純輸出（あるいは純輸入），横軸に時間をとると，円高で最初は純輸入は低下して，その後増大する。この軌跡がJの文字に似ているので，こうした動きをJカーブ効果と呼んでいる。この効果は，短期的に為替レートの調整が経常収支の不均衡をむしろ拡大させる可能性のあることを示している。

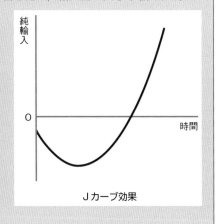

Jカーブ効果

表7.2　為替レート制度

固定レート制度	為替レートをある一定の水準に固定 日本では戦後から1970年まで1ドル=360円で固定
変動レート制度	為替市場の需給に任せる 1970年代の中盤から全面的な変動レートに移行 2010年後半では，1ドル=110円前後

7.2　固定レート制度：45度線のモデル

■ 財市場の均衡

　最初にもっとも単純なケインズ・モデルである第3章の45度線の乗数モデルを，輸出や輸入を考慮した開放経済に拡張して，財市場の均衡を国際収支の均衡や国内の総需要管理政策との関連で分析しよう。財市場の均衡式は，財・サービスの対外的な取引を考慮すると，次のように定式化される。

(1)　　　　$Y = C(Y) + I + G + X$

　ここで，Y は GDP，I は投資，C は消費，G は政府支出，X は純輸出（=輸出―輸入）である。投資と政府支出は，第3章同様，この節では外生的に一定水準にあると考える。

　消費関数 $C(Y)$ も，第3章同様，次のように特定化しよう。

(2)　　　　$C = c_0 + c_1 Y$

　ここで，c_0 は定数であり，限界消費性向 c_1 は 0 と 1 の間の定数である。

　この章で登場する新しい変数は，貿易収支の黒字幅を意味する純輸出 X（=輸出―輸入）である。この X と財市場の均衡とは，どのように関係しているだろうか。もっとも単純なモデルでは，輸出 x_0 を外生的に所与として，輸入を国民所得 Y の増加関数としている。すなわち，国内の経済活動が活発になれば，輸入需要も増大するが，輸出は外国にとっての輸入であるから，外国の国内でのマクロ経済活動の大きさに依存しており，自国の GDP と直

接には無関係と考えられる。このモデルでは，第3章同様価格は一定であり，総需要の大きさのみがマクロ的に意味を持つ。輸入水準は輸入する国のGDPに対応して需要サイドで決定されるとすれば，輸出水準が自国のGDPとは無関係になるというのも，もっともらしい仮定であろう [1]。

したがって，次式を得る。

$$(3) \qquad X = x_0 - x_1 Y \qquad x_0 > 0, \ 0 < x_1 < 1$$

限界輸入性向（$= -\Delta X / \Delta Y$）を表すパラメーター x_1 は，所得が1単位増加したとき輸入がどのくらい増加するか（＝純輸出がどのくらい減少するか）を示している。この(3)式をゼロにするGDP水準，Y^*（$= x_0 / x_1$）は，国際収支（＝貿易収支）を均衡させるGDP水準である。

(2)(3)式を財市場の均衡式(1)に代入して整理すると，財市場を均衡させるGDP水準が求められる。

$$(4) \qquad Y = \frac{c_0 + x_0 + I + G}{1 - c_1 + x_1}$$

これより，G の変化が Y に与える効果を求めると，次式を得る [2]。

$$(5) \qquad \frac{\Delta Y}{\Delta G} = \frac{1}{1 - c_1 + x_1}$$

政府支出拡大の乗数の大きさは $1/(1 - c_1 + x_1)$ になる。限界輸入性向 x_1 が分母に入っている分だけ，閉鎖経済の場合の政府支出乗数 $1/(1 - c_1)$ よりも小さくなる。これは，国内で有効需要が拡大するときに，その一部が輸入需要に回るために，国内の総需要の増大がその分だけ抑制されることを反映している。これは輸出の外国貿易乗数とも呼ばれている。なぜなら，

$$\frac{\Delta Y}{\Delta x_0} = \frac{\Delta Y}{\Delta G} = \frac{\Delta Y}{\Delta I}$$

---

1)　ただし，わが国の経験では，不況になり国内での需要が低迷している時期には，輸出が増大している。これは，輸出に対する努力が活発に行われるという，いわゆる輸出ドライブを想定した議論である。この節のモデルでは，こうした要因は捨象している。

2)　(4)式を G について微分して求める。

であり，外国への外生的な輸出の拡大によっても，政府支出乗数と同じ乗数倍だけ GDP の拡大，雇用の増加が生じるからである。輸出と政府支出はともに外生変数であり，Y に与える効果も同じになる。

　わが国の戦後の経済発展においては，朝鮮戦争やベトナム戦争の際に，アメリカを中心とした戦争需要がわが国の輸出増加につながり，わが国の総需要の拡大に寄与したことが，指摘されている。また，2008 年以降の世界金融危機でも，輸出の減少でわが国の GDP が大きく落ち込んだ一方で，その後は中国など新興国への輸出が回復して，わが国の GDP も増加に転じた。これも外国貿易乗数による国内の有効需要効果の一例であろう。

[数値例]
　限界消費性向 $c_1 = 0.8$，限界輸入性向 $x_1 = 0.05$ とすると，乗数は 4 となる。このとき，1 兆円の政府支出の増加（あるいは同額の輸出の増加）は，4 兆円の GDP の拡大をもたらす。

■ 2 つの均衡

　第 3 章でも見たように，(4)式で与えられる均衡 GDP 水準の Y は，完全雇用水準 Y_F と一致する必然性はない。同時に，国際収支を均衡させる GDP 水準である Y^* と一致する必然性もない。たとえば，$Y_F > Y^*$ としよう。このとき，Y_F を実現するように財政政策を操作すれば，図 7.3 に示すように，完全雇用は達成されるが，国際収支は均衡しない。Y^* 以上の GDP では，輸入が増大しているので，国際収支は赤字になっている。逆に，$Y_F < Y^*$ のケースでは，Y_F を実現する財政政策のもとで，国際収支は黒字になっている。あるいは，国際収支を均衡させる財政政策を採用すれば，今度は，完全雇用が達成できないことになる。Y_F，Y^* ともに外生的な水準で与えられるから，たまたま $Y_F = Y^*$ が成立していない限り，両方の GDP を同時に達成することは，不可能である。

　ところで，長期的には国際収支が均衡していない（基礎的不均衡にある）と，外貨準備が変化し，一定の為替レートを維持できなくなる。したがって，

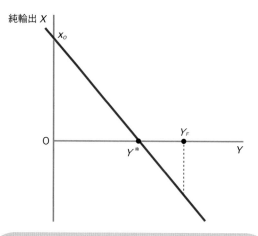

国際収支の均衡に対応する所得水準 Y^* は，完全雇用所得
水準 Y_F と一致する必然性はない。Y^* よりも低い Y では，
輸入需要が減少するから，国際収支は黒字であり，Y^* よ
りも高い Y では輸入の増大により，国際収支は赤字である。
図では，Y_F のもとで国際収支は赤字になっている。

図7.3　2つの均衡

完全雇用を実現しつつ，国際収支を均衡させるためには，財政政策とともに，
為替レートの調整が必要になってくる。すなわち，基礎的不均衡と判断され
れば，固定レート制度であっても，政府間の国際的な合意のもとに，為替レ
ートの調整が図られることになる。

7.3　固定レート制度：IS–LM モデル

■ モデルの拡張

IS–LM モデルを固定レート制度での開放経済に拡張しよう。IS–LM モデ
ルの開放経済への拡張は，マンデル＝フレミングのモデルとして知られてい
る。

財市場の均衡条件は，次のようになる。

(6) $\qquad Y = C(Y) + I(r) + G + X(e, \ Y)$

ここで，$C(Y)$ は消費関数，$I(r)$ は投資関数である。また，X は貿易収支の黒字幅，つまり輸出—輸入である純輸出を意味する。純輸出関数は，Y とともに e にも依存するだろう。e は為替レート（邦貨建て：日本のケースでは 1 ドル＝e 円）である。長期的には為替レートの調整も行われるから，e の変化のもたらす純輸出に与える効果についても，考慮しておこう。

e の上昇は自国通貨の減価（日本の場合は円レートの上昇は円安を意味する）であるから，自国財の価格が国際的に割安になり，外国財の価格が自国民にとって割高になる。その結果，自国の輸出を促進し，輸入を抑制する。したがって，e の上昇により X は増大する。また，7.2 で説明したように，所得の増加は輸入需要を刺激するので，純輸出を抑制する。なお，単純化のために税収は捨象している。

貨幣市場の均衡条件については，第 4 章での *LM* 曲線に対応する貨幣の需給均衡式がそのまま成立する。

(7) $\qquad M = L(Y, \ r)$

■ **資本移動ゼロのケース** ─────────

金融サイドを考慮するとき，国際的資本移動がどの程度行われているのかが問題となる。以下，この章では，2 つの極端なケースを主として取り上げることにしよう。最初は，資本移動が全然行われていないケースである。このとき，国際収支の均衡は，貿易収支の均衡と一致するから，依然として純輸出 $X = 0$ となる Y^* が国際収支を均衡させる GDP であり，利子率の水準は国際収支とは無関係になる。

この場合は，輸入需要が GDP に依存する点を除いて，閉鎖経済における *IS-LM* 分析が基本的にそのまま成立する。すなわち，図 **7.4** に示すように，財市場を均衡させる GDP は *IS*，*LM* 両曲線の交点で与えられる。たとえば，財政政策の効果は，閉鎖経済の場合と同様に分析できる。すなわち，G の拡

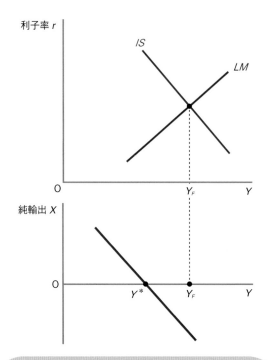

IS，LM 両曲線の交点が国内均衡に対応する所得水準である。この所得水準が総需要管理政策により完全雇用水準 Y_F を実現しても，必ずしも国際収支を均衡させる Y^* は同時に実現できない。

図7.4　資本移動ゼロのケース：固定レート制度

大により，IS 曲線は上方にシフトし，GDP も利子率も上昇する。しかし，限界輸入性向がプラスである分だけ，閉鎖経済のケースよりも，乗数の値は小さくなる。また，開放経済の場合の 45 度線モデルと比較すると，利子率が上昇する分だけ，乗数の値は小さくなる。また，金融政策の場合は，M の増大により，LM 曲線が下方にシフトして，GDP が増大し，利子率は低下する。このときの乗数値も，限界輸入性向がプラスである分だけ，閉鎖経済の場合よりも小さくなる。

　ところで，財政政策で完全雇用を実現することはできるが，国際収支の均衡と完全雇用を同時に達成することはできない。これは，金融政策を用いて

も，同じである。さらに，財政金融両方の政策を同時に用いても，Y^*を変化させることができない点も同じであるから，$Y^* = Y_F$を実現させることもできない。

Y^*を変化させるためには，為替レートeを調整するしかない。たとえば，$Y^* > Y_F$であり，Y^*を減少させる必要があれば，eの低下（＝円高方向への為替の調整）が必要である。このとき，輸出が減少し，輸入が増大するので，いままでよりも低い輸入水準＝低い所得水準のもとで，貿易収支は均衡することになる。

■ 資本移動完全のケース

次に，資本市場が完全であり，世界利子率r^*と国内利子率rとの間に完全な裁定関係が成立するとしよう。投資家は資本を運用する際に，収益率の高い国へ資本を移動させるだろう。$r > r^*$ならば，自国へ資本を集中させ，逆に$r < r^*$ならば，外国へ資本を集中させる。裁定条件である$r = r^*$が成立してはじめて，両国に資本が存在することが可能になる。資本市場の価格調整が完全であるとすると，資本移動による裁定行動の結果，自国の利子率は世界利子率（r^*）に等しくなる。

$$(8) \qquad r = r^*$$

最初に小国のケースを取り上げる。すなわち，自国は巨大な国際資本市場において小さな国であって，自国は世界利子率を操作することができないと考える。r^*を所与として，rが決まる（小国のケースでない，「2国モデル」については，7.5節で説明する）。小国のケースでは，(8)式が国際収支の均衡に対応している。このとき，自国の利子率が世界利子率に等しければ，どのような GDP 水準であっても，国際収支は均衡する。したがって，純輸出$X = 0$という制約はもはや意味を持たなくなる。(8)式のもとでは，貿易収支が不均衡でも，ちょうどそれを相殺するだけの資本収支差額が生まれるから，国際収支は必ず均衡している。資本移動があるケースでは，貿易収支の均衡と国際収支の均衡とは同じにならない。貿易収支と資本移動との合計が国際

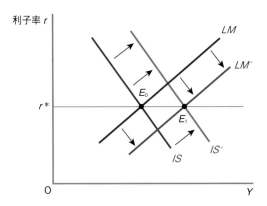

拡張的な財政政策により IS 曲線が右上方シフトすると，利子率が上昇する圧力が生じる。固定レートを維持するには，貨幣供給を増大させて利子率を低下させる必要がある。小国にとっては世界利子率 r^* は変更できないから，新しい均衡点 E_1 は E_0 と同じ利子率になる。

図7.5　資本移動完全のケース：固定レート制度

収支として意味を持つことになる。この小国のケースで，財政金融政策はGDP にどのように影響するだろうか。

　固定レート制度では，為替レート e はある水準 e^* で一定に固定されなければならない。そのためには，自国の利子率が常に世界利子率に一致するように，政策変数を操作する必要がある。もっともらしい想定は，為替レートを一定に維持するように，金融政策が調整されるという仮定である。**図7.5**は，この前提のもとで財政政策の効果を見たものである。

　政府支出の拡大により，*IS* 曲線が右上方にシフトする。これは，利子率の上昇を招き，資本の流入を引き起こす。金融政策を所与とすれば，為替レートは増価（日本であれば円高）になる。すなわち，e が低下する圧力が加わる。固定相場のもとでは，e の低下を防ぐように，金融当局が外貨を購入せざるを得ない。これは，国内での貨幣供給の増大につながるから，*LM* 曲線が**右下方へシフトする**。そして，利子率が世界利子率のままで，市場が均衡するように，調整が行われる。その結果，均衡点は，E_0 から E_1 へ移動する。

　乗数の大きさは，利子率が世界利子率で一定の場合の大きさになる。閉鎖経済の場合の45度線モデルと比較すると，輸入が所得に依存している分だけ，乗数値は小さくなる。その大きさは，45度線乗数モデルでの国際経済への拡張のケースと同じである。

> [数値例]
> 　たとえば，限界消費性向が0.8，限界輸入性向が0.3とすると，閉鎖経済の乗数値5は，開放経済では2へ低下する。しかし，利子率の上昇によるクラウディング・アウト効果は生じていない。

　このケースで，貨幣供給の増加という金融政策の効果を考えてみると，固定レート制度では，定義によって独自の金融政策がとれないために，その効果もない。すなわち，金融政策の効果は無効になる。以上の結果は，資本移動が完全であり，利子率が世界利子率で与えられるという仮定に依存している。

7.4　変動レート制度

■　資本移動ゼロのケース

　次に，変動レート制度を想定しよう。このとき，為替レートは為替の需給が一致するように市場で決められる。最初に，資本移動が全くないケースから分析しよう。資本移動がゼロであるために，国際収支，経常収支と貿易収支は一致するから，純輸出がゼロになるように為替レートが決まる。為替レート e の調整によって $X=0$ が常に成立しているから，45度線モデルでは，閉鎖経済の財市場の均衡条件と同じ均衡条件式になる。すなわち，次式が成立する。

> $(6)'$　　　$Y = C(Y) + I + G$

　したがって，均衡GDPは第3章の45度線モデルと同一になる。*IS–LM*

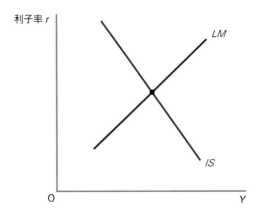

資本移動ゼロの場合，貿易収支が均衡するように為替レートが調整されると，純輸出は常にゼロになり，IS曲線は閉鎖経済と全く同じ形になる。財政金融政策の効果は，閉鎖経済の場合と等しい。

図7.6　資本移動ゼロのケース：変動レート制度

表7.3　政府支出乗数の比較：資本移動ゼロのケース，45度線モデル

閉鎖経済	$\dfrac{1}{1-c}$，cは限界消費性向
開放経済：固定レート制度	$\dfrac{1}{1-c+x}$，xは限界輸入性向
開放経済：変動レート制度	$\dfrac{1}{1-c}$（隔離効果）

分析では，(6)′式と(7)式がモデルになる。これも，第4章のモデルと同じになる。

　図7.6 に示すように，*IS-LM* モデルでも，*IS*，*LM* 曲線は閉鎖経済の場合と全く同じ形になる。したがって，財政政策の効果も，第3，4章の議論がそのまま当てはまる。これは，変動レート制度の隔離効果と呼ばれている。乗数の値は，限界輸入性向がどんなに大きくても，第3，4章の閉鎖経済の場合と同じとなる。

　また，外国からの外生的なショックも，国内経済活動に何ら影響しない。たとえば，アメリカからの輸入（日本からの輸出）が増加したとしよう。固

定レート制度であれば，貿易乗数分だけ国内の GDP も増加するが，変動レート制度では為替レートが円高になることで，日本の輸入（アメリカの輸出）も増加し，ネットの輸出は変化しない。その結果，日本の GDP も何ら変化しない。変動レート制度の隔離効果は，外国での需要ショックが国内経済に及ぼす効果を完全に相殺する。

■ **資本移動完全のケース**

次に，(6)(7)(8)式を用いて，資本移動が無限大のスピードで行われるケースを想定しよう。

小国のケースの場合，政府支出の拡大により IS 曲線が上方にシフトして，利子率が上昇すると，資本が流入し，為替市場では邦貨に対する超過需要が生じて，為替レートが増価する（＝円高になる）。図 7.7 が示すように，財政政策によって，IS 曲線が上方にシフトすると，為替レートの増価（e の低下）によって，輸入が促進され，輸出が抑制される。これは純輸出を抑制し，

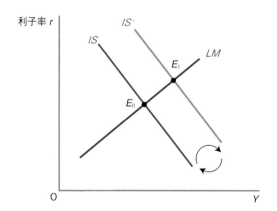

資本移動が完全な場合，拡張的な財政政策によって IS 曲線が右上方にシフトしても，為替レートが自国通貨の増加（日本の場合は円高）という形で変化して，純輸出を減少させる。これは IS 曲線を逆に左下方にシフトさせ，当初の拡張効果を相殺する。小国のケースでは，利子率が変更できないので，IS 曲線は元に戻るまで，その効果が続く。

図7.7　資本移動完全のケース：変動レート制度

国内の総需要を抑制して，*IS* 曲線を左下方にシフトさせる。

　すなわち，政府支出の拡大による *IS* 曲線の右上方シフトは，為替レートの増価による *IS* 曲線の左下方シフトによって，すべて相殺される。新しい均衡点は，元の均衡点 E_0 と同じになる。なぜなら，貨幣市場の均衡式(7)において，利子率と貨幣供給が変化しない以上，所得水準も変化できないからである。言い換えると，この場合，財政政策の乗数効果はゼロになる。財政政策は無効である。

■ 金融政策の効果

　変動レート制度の場合には，為替レートの調整によって(8)式が維持できるために，自国の政策当局は貨幣供給を独自に変化できる。この場合の金融政策の効果はどうであろうか。

　拡張的な金融政策によって，**図 7.8** が示すように，*LM* 曲線は右下方にシフトする。利子率の低下によって資本が外国に流出する圧力が加わるから，

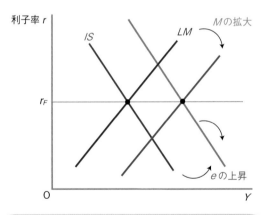

変動レート制度で，資本移動が完全な場合，拡張的な金融政策によって *LM* 曲線が右下方にシフトすると，利子率の低下圧力によって円安方向に為替レートが調整されるから，純輸出が増大して，*IS* 曲線は右上方にシフトする。新しい均衡点は，世界利子率のもとで *IS*，*LM* 両曲線が再び交わる点である。すなわち，金融政策の効果は大きい。

図 7.8　金融政策の効果（変動レート：資本移動完全）

表 7.4　財政金融政策の効果（資本移動完全，小国モデル）：まとめ

	財政政策	金融政策
固定レート制度	有効：金融政策が補助的に用いられる	無効：貨幣供給をコントロールできない
変動レート制度	無効：為替レートが財政政策の効果を完全に相殺するように調整される	有効：為替レートの調整により，さらにGDPに与える効果が拡大される

為替レートが減価し（円安になり），純輸出が刺激される。これは，*IS* 曲線を右上方にシフトさせて，さらに所得を増大させる。すなわち，金融政策の効果はかなり大きい。言い換えると，固定レート制度では，財政政策が有効であり，変動レート制度では，金融政策が有効になる。

IS–LM モデルを開放経済に応用した以上の分析は，マンデル＝フレミングのモデルとして知られている。このモデルは，*IS–LM* モデルの自然な拡張であり，国際マクロ経済学の基本モデルとなっている。ただし，変動レート制度のケースでも，為替レートの期待を無視して，固定レート制度の場合と同様に，外国での利子率と自国での利子率の相対的な動きのみで，資本移動が規定されるという考え方には，批判もある。以下 7.6 節でも説明するように，為替レートが変動する場合には，将来の為替レートがどうなると予想するかで，利子率の格差が同じであっても資本移動が逆に動く可能性は排除できないからである。

また，小国モデルでの分析は，日本のような経済大国の国際問題を分析する際には，不適切であろう。世界利子率も内生的に決定される２国モデルを用いる方が，より現実的と思われる。

7.5　２国モデルでのマクロ政策の効果

■ 固定レート制度でのマクロ政策

小国ではなくて，規模が大きく世界利子率に影響力を持つ国々の間では政

策の効果はどうなるだろうか。簡単化のために，世界が自国（日本）と外国（アメリカ）の2つの国から成るケースを想定しよう。2国モデルでは，小国モデルと以下の2つの点で異なる。

(1) 自国の利子率が自国の政策によってある程度は変化し得る。

(2) 自国の政策の結果，外国のGDPが変化すると，外国の輸入（＝自国の輸出）が変化して，それが自国に影響を与える。

まず，固定レート制度のもとで資本移動がない場合から考えよう。このとき，拡張的な財政・金融政策の結果，自国のGDPが増大すると，外国からの輸入が増加するから，外国にとっては輸出の増大になる。これは，輸出の外国貿易乗数の値だけ外国で需要を拡大させて，外国のGDPを増大させる。すなわち，日本の拡張的な財政金融政策により，アメリカのGDPが増大するという波及効果が生まれる。これは，日本に対する輸入需要の拡大をもたらし，日本のGDPがさらに増加するというさらなる波及効果をもたらす。乗数の大きさは，自国にとっても小国の場合よりも大きくなる。

次に，資本移動が完全な場合を想定しよう。このとき，拡張的な財政政策では，自国でGDPが増大するとともに，利子率が上昇する。外国でも輸出の増大によりGDPが増加するので，利子率は上昇するだろう。しかし，自国の方がGDPの増加幅が大きくなるので，自国利子率の上昇の方が大きくなる。その結果，資本は外国から自国へと移動する。国際収支の均衡を保つためには，自国で拡張的な金融政策を発動して，利子率を低下させる必要がある。その結果，自国のGDPはさらに上昇し，外国にとっては輸出がさらに拡大して，外国のGDPも拡大するだろう。利子率は，政策の変化以前と比べると，外国でGDPが拡大する分だけ，外国でのLM曲線に沿って，多少は上昇している。仮定により外国での独自の政策変化は行われず，LM曲線は外国ではシフトしていないからである。今度の場合も，日本（自国）の拡張的な財政政策の結果として，アメリカ（外国）のGDPが増大するという波及効果が生じている。

では，拡張的な金融政策の場合はどうであろうか。自国ではGDPが増大するとともに利子率が低下する。これは，外国では輸出増をもたらし，

GDP を増大させるとともに，利子率も上昇する。したがって，資本が自国から外国へと移動する。自国のみの政策によって，国際収支の均衡を維持するには，自国では緊縮的な金融政策を発動して，利子率を上昇させる必要がある。その結果，当初の拡張的な金融政策の効果は相殺される。為替レートが変更されない限り，両国の利子率が均衡するのは，当初の均衡点のみであり，当初の均衡点が再び成立してしまう。つまり，長期的には金融政策の効果は，小国のケース同様に，無効になる。

❖Close Up　2国モデルでの GDP を通じる波及効果

　固定レート制度で資本移動がない場合のもっとも単純な45度線モデルを用いて，GDP を通じる2国間での相互依存効果を，定式化してみよう。自国を無印，外国を＊印を用いて，財市場の均衡条件を書くと次のようになる。

$$Y = \frac{c_0 + x_0 + I + G}{1 - c_1 + x_1}, \quad x_0 = x_1^* Y^*$$

$$Y^* = \frac{c_0^* + x_0^* + I^* + G^*}{1 - c_1^* + x_1^*}, \quad x_0^* = x_1 Y$$

それぞれの国の輸入が，相手国にとって輸出となっている。

　自国の GDP の式に外国の GDP が外国への輸出の効果を通じて影響している。すなわち，自国に関する2つの式をまとめると，次式を得る。

$$Y = \frac{x_1^*}{1 - c_1 + x_1} Y^* + \frac{c_0 + I + G}{1 - c_1 + x_1}$$

　この式を図示したのが，右図の YY 曲線である。YY 曲線は，外国の GDP を所与としたときの自国の GDP の大きさを決める。Y^* が上昇したとき，Y に与える効果は，プラスであるが1よりは小さい。外国についても同様の式を求めると，Y^*Y^* 曲線が得られる。この曲線は，自国の GDP を所与として外国の GDP の大きさを求めるものである。YY，Y^*Y^* 両曲線の交点 E_0 が，2国モデルでの均衡点であり，それに対応する GDP が両国の GDP の水準を与える。

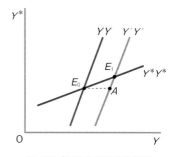

2国モデルでの相互依存効果

　さて，ここで，自国のみで拡張的な財政政策を実施したとしよう。G の増加により，YY 曲線は右方向にシフトするから，新しい均衡点は E_1 点になる。E_1 点は E_0 点の右上方にあるから，Y とともに Y^* も増大している。すなわち，拡張的な財政政策の効果は外国にも波及する。いま，E_0 点と同じ Y^* の水準になる新しい Y^*Y^* 曲線上の点を A 点

と置くと，E_0 点から A 点への動きは，外国からの波及効果なしの政府支出拡大の乗数効果を意味し A 点から E_1 点への動きが，外国からの波及効果を考慮した GDP の拡大効果に対応している。

■ 変動レート制度でのマクロ政策

最後に，2国モデルを用いて，固定レート制度ではなくて，変動レート制度のもとでのマクロ政策の効果を分析しよう。世界は自国（日本）と外国（アメリカ）の2国から成り，両国の合計した需給が一致するように利子率が世界資金市場で決定されていると考えよう。資本移動がゼロであれば，為替レートの調整によって，純輸出は両国ともに常にゼロになるから，2国間での相互依存関係は生じない。両国とも，閉鎖経済と同様になる。したがって，資本移動が完全なケースを対象としよう。

図7.9 に示したように，当初は r_0 という利子率の水準のもとで，両国とも E_0 点で均衡していたとしよう。日本のみが拡張的な財政政策を実施すると，日本の IS 曲線が上方にシフトして，日本では GDP が増大し，利子率も上昇する圧力が生じる。資本がアメリカから日本に流入し，為替レートが円高になる（e が低下する）結果，日本の IS 曲線は下方にシフトする。また，アメリカでは円高（ドル安）のために，IS 曲線が上方にシフトする。そして新しい均衡点 E_1 では，利子率 r_1 が r_0 よりも上昇し，両国ともに GDP が E_0 点よりも増大している。

閉鎖経済（あるいは資本移動がないケース）と比較すると，自国の GDP の増大は為替レートの調整によって部分的に相殺される。しかし，小国の場合のように，完全には相殺されない。すなわち，2国モデルでは資本移動が完全であっても，財政政策の効果は無効になるわけではない。GDP の波及効果のために，世界利子率が上昇する可能性が生じる。その結果，両国の貨幣供給が一定であっても，利子率が上昇して，その分だけ GDP が拡大する効果が生じる。また，日本の拡張的な財政政策がアメリカの GDP を増大させるという波及効果を持つ。

次に，自国（日本）による拡張的な金融政策の効果を見ておこう。図7.9

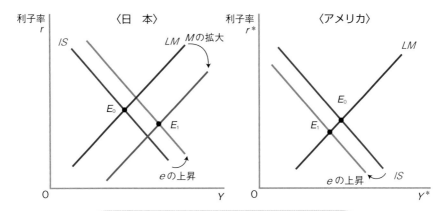

2国モデルで拡張的な金融政策を自国（＝日本）のみが採用すると，日本のLM曲線は右下方にシフトする。日本では円安になりIS曲線が右上方にシフトするが，アメリカではIS曲線は左下方にシフトする。その結果，世界利子率は低下し，日本ではGDPが拡大するが，アメリカのGDPは縮小する。

図7.9　2国モデルでの拡張的金融政策

に示すように，当初 E_0 で両国とも均衡していたとして，日本のみが貨幣供給を増大させたとする。日本の LM 曲線は右下方にシフトして，GDP の増大と利子率の低下要因を生み出す。資本は日本からアメリカへ移動するから，日本では円安（e の上昇），アメリカではドル高が生じる。その結果，IS 曲線は日本では右上方にシフトし，アメリカでは左下方にシフトする。新しい均衡点 E_1 では，利子率 r_1 は r_0 よりも低下して，日本の GDP は拡大し，アメリカの GDP は縮小する。国際的な貨幣供給の増加によって，利子率が低下するために，外国では GDP が減少してしまう。

　閉鎖経済（あるいは資本移動がないケース）と比較すると，自国の GDP の拡大は為替レートの調整によってさらに増幅される。しかし，小国の場合ほどには，増幅されない。また，日本の拡張的な金融政策はアメリカの GDP を低下させるという波及効果を持つ。

表 7.5　財政金融政策の効果（資本移動完全，２国モデル）：まとめ

		自　国	外国への波及効果
固定レート制度	財政政策	GDP拡大，利子率上昇	GDP拡大
	金融政策	無効	波及効果なし
変動レート制度	財政政策	GDP拡大，利子率上昇	GDP拡大
	金融政策	GDP拡大，利子率低下	GDP減少

表7.6　財政金融政策の効果：まとめ

		固定レート制度				変動レート制度			
		資本移動ゼロ		資本移動完全		資本移動ゼロ		資本移動完全	
		G拡大	M拡大	G拡大	M拡大	G拡大	M拡大	G拡大	M拡大
小国：	Y	+	+	+	0	+	+	0	+
	r	+	−	0	0	+	−	0	0
	e	0	0	0	0	+	−	−	+
2国：	Y	+	+	+	0	+	+	+	+
	r	+	−	+	0	+	−	+	−
	e	0	0	0	0	+	−	−	+
	Y^*	+	+	+	0	0	0	+	−

（注）　「G拡大」は拡張的な財政政策，「M拡大」は拡張的な金融政策を示す。

■　政策協調 ─────────────────────────────

　このように２国モデルを用いると，自国の政策の効果は一般的に外国の
GDPにも大きな影響を与える。したがって，国際的な政策協調のあり方が
重要な問題になってくる。変動レート制度のもとでの金融政策の場合，自国
のGDPは大きく増大するが，外国のGDPは減少する。逆に，財政政策の
場合，自国のGDPは固定レート制度の場合ほどには，あまり増大しないが，
外国のGDPも増大する。国際的な政策協調が可能であれば，金融政策はそ
れほど拡張的にしないで，財政政策の方を拡張的にする方が，両国のGDP
を増大させるという観点からは望ましいだろう。

　しかし，それぞれの国が自国のGDPの拡大のみを考えて，外国に与える

波及効果を無視して政策決定すると，結果として金融政策がかなり拡張的になり，財政政策はそれほど拡張的にならない。そして，互いの GDP が金融政策によるマイナスの波及効果のためにそれほど拡大しないという状況になってしまう。以上の結果は，２国モデルにおいて，両国が政策を協調することの利益を示している。

Column ── 7　**経済統合と通貨統合**

　最近の世界経済システムを，WTO（世界貿易機構）や IMF（国際通貨基金）に代表される単一の世界全体を包括するシステムと見るには無理がある。むしろ，EU など，地域的に関連する諸国間で**地域経済連合**を結成している。このような経済統合の集まりとして，世界の経済システムを理解することができる。

　各国が世界全体の経済統合よりも先に，地域ブロックに参加するには，いくつかの理由がある。国際的に企業や人が自由に動いている現状では，経済的に密接な関係にある国々の間で人為的な障壁（関税や規制など）があると，経済活動に支障をもたらす。自由な経済貿易体制を構築することで，域内での経済活動を活発化させ，市場の発展と雇用の創出が期待できる。

　また，EU のように通貨統合までを視野に入れている場合には，安定的な資本・金融取引を通じて，インフレの安定化や政治的な統合までも，実現することが可能となる。ヨーロッパにユーロという共通の通貨が導入されたことで，ヨーロッパ内のマクロ経済活動は活発になった。

　ただし，通貨統合にはデメリットもある。統合された地域内では事実上為替レートが固定されることになり，ある地域や国の景気変動が別の地域や国に波及しやすい。たとえば，ある地域でインフレが生じると，それが全体に波及しやすくなる。経済的な発展段階が同じ地域や国でなければ，通貨統合のメリットを実感しにくいだろう。2008 年の世界金融危機では，EU 内の途上国（ギリシャなど）で景気後退のショックを為替レートの調整で対応できない弊害が表面化した。

7.6 為替レートの決定理論

■ 資産価格としての為替レート

為替レートは，一国の通貨と外国の通貨との交換レートである[3]。株価が株式と貨幣との相対価格，地価が土地と貨幣との相対価格であるとすれば，為替レートは外国の通貨と自国の貨幣との相対価格であると解釈できる。したがって，外国の通貨という資産に対する価格が為替レートであり，その決定理論は，第11章で説明する株価や地価の決定理論と同様に，資産保有の裁定条件から考えることができる。

ただし，外国為替市場には，中央銀行が直接介入するケースが多いので，各国の政策変更の影響がすばやく市場に表れるという点や，資産が各国の通貨に限定されるために，市場で形成される価格の数が少数である点と，対象とする市場が世界中に広がっているという点で，地価や株価の市場に見られない特徴を持っている。

ところで，日本の家計がある単位（＝1円）の資産を，円ではなくドルを持つことによるメリットは，ドルを永遠に持ち続けることからくる収益の割引現在価値を為替レートで円に還元したものであり，これが1円に等しいことが裁定条件となる。したがって，為替レートは円に還元したドル収益の割引現在価値で与えられる。では，ドル収益とは何だろうか。

1ドルを毎期持つことで得られる収益は，アメリカでの利子収入である。1ドルをアメリカの資金市場で運用すれば，毎期その期に成立している利子率分の利子収入を稼ぐことができる。しかし，日本の家計は円での収益に関心があるから，ドルでの利子収入を毎期円に交換する必要がある。よって，ドル収益の割引現在価値は，毎期のアメリカでの利子収入をその期の為替レートで円に還元した収益の割引現在価値で与えられる。これが現在の為替レートを決める。すなわち，現在の為替レートは，外国での利子率を自国通貨

---

3) 為替レートの決定理論については，植田（1983），河合（1986），伊藤（1989），高木（1992）を参照されたい。

206

建てに還元したものの将来の無限の先までの割引現在価値の総和に等しくなる [4]。

■ 数式による定式化 ─────────────────────

もし，単純化の想定として，自国および外国での利子率が一定であり，1期後の将来の為替レート（e_{t+1}）も予想できるとしよう。この場合，現在の為替レート（e_t）は，将来の為替レート（e_{t+1}）と 1 + 外国利子率（r_F）の積を 1 + 自国の利子率（r）で割ったものに等しくなる。

$$(9) \qquad e_t = \frac{e_{t+1}(1+r_F)}{1+r}$$

利子裁定式(9)は，ある資金を国内で運用する場合と外国で運用する場合とが同等になる裁定条件である。

国内で 1 期間資金を運用すると，$1+r$ だけの収益を得られる。外国で運用する場合には，1 期後に外国の通貨の単位で $e_{t+1}(1+r_F)$ だけの収益が得られる。これを，1 期後の時点で自国の通貨に変換すると，e が変化していない場合には，$1+r_F$ に等しくなる。したがって，e_{t+1}，r_F 一定のもとで r が上昇すると，e_t は低下する（円高になる）。逆に，r_F の上昇によって，e_t は上昇する（円安になる）。金利格差が自国の方に有利になると，円高になるのである。

ここで，為替レートの予想変化率（g）を次式で定義しよう。

$$(10) \qquad e_{t+1} = e_t(1+g)$$

(10)式より，

$$(11) \qquad \frac{e_{t+1}}{e_t} = g + 1$$

(11)式を(9)式に代入して，$r_F g = 0$ と近似すると，結局次式を得る。

───────────────
[4]　利子率が 10%とすると，来期の 110 円は今期の 100 円と同じ価値を持つ。したがって，来期 110 円の割引現在価値は $110/(1+0.1) = 100$ 円になる。今期 100 円，来期 110 円の収益を生む資産の割引現在価値の総和は $100 + 110/(1+0.1) = 200$ 円となる。

(12) $r - r_F = g$

これは，為替レートの予想変化率は内外の金利格差に等しいという金利に関する利子裁定式である。たとえば，アメリカで金利が上昇すれば，r_F が上昇するから，(12)式より g は低下する。これは，(10)式より e_t の上昇（円安）をもたらす。

■ 購買力平価説

利子裁定式は為替レートの均衡水準については，明示していない。e_{t+1} が所与のもとでは，(10)(12)式から e_t を決めることはできるが，e_{t+1} も長期的には内生変数であるから，e_t の長期的均衡水準を利子裁定式から求めることはできない。為替レートの均衡水準は，どのようにして決まると考えたらよいだろうか。長期的な為替レート決定理論として，有力な考え方が購買力平価説である。この理論の基本的な考え方は，為替レートと物価の関係を，自国と外国の物価に関する裁定を通してみようとするものである。

この考え方の背後にあるのは，一物一価の法則である。財市場で国際的な裁定が行われると，すべての財・サービスの価格に関して，たとえば，日本の価格はアメリカの価格に為替レートを掛けたものになっているはず。もしそうでなければ，どちらか安い方から高い方へ財・サービスが移動するから，均衡では，どちらの国の価格も同じ財・サービスについては同じはずである。したがって，為替レートは，両国の物価水準が与えられれば，実質的に両者を等しくするように決まる。たとえば，アメリカのある財が1ドルで生産され，日本で同じ財が100円で生産されるとすれば，1ドル＝100円が均衡レートになる。

もちろん，すべての財・サービスが両国間で自由に貿易されているわけではないし，財・サービスによって輸送のコストも異なるであろう。購買力平価説が個々の財・サービスについてすべて当てはまるわけではない。貿易財（貿易が完全に自由に行われている財）では成立しているが，非貿易財（輸送コスト，人為的な規制などの理由により貿易が全く行われていない財）で

は成立していないだろう。しかし，購買力平価説は，平均的な日本の物価とアメリカの物価は，為替レートで調整すれば，ほぼ同じ水準にあるはずということを主張している。あるいは，為替レートの変化率は，両国のインフレ率の差に一致する。長期的な為替レートの動きを説明する理論として，この理論はもっともらしさを持っているといえよう。

■ アセット・アプローチ

　短期的，あるいは中期的に，為替レートが購買力平価説からかけ離れた動きをすることをうまく説明しようとする理論がアセット・アプローチである。上でも見たように，外国為替も資産の一部であるから，外貨の価格である為替レートも，株や土地などと同様の資産として見ると，資産価格が短期的にも大きく変動しうることは説明可能となる。第11章でも説明するように，資産価格は将来の期待によって形成されるから，期待が変わるだけで，大きく変動する。

　人々（投資家）は，異なる収益率やリスクを持つ資産に分散して投資する行動をとる。したがって，日本の自国通貨（円）建ての資産だけではなく，外国の通貨建ての資産も持つように，国際的に資産保有を分散するのは望ましい。それら複数の通貨建ての資産をどのような比率で保有するかは，それぞれの資産の予想収益率やリスクの程度に依存する。そして，国際的な資産市場での各通貨に対する需給を均衡するように，為替レートが決まる。

　外貨建ての資産を保有する際には，金利水準のみならず，予想される為替レートの変化の方向が重要となる。為替レートが予想外にドル高に動けば，為替差益が得られ，逆に円高に動けば，為替差損が生じる。したがって，為替レートの変化を予想しながら，外貨建ての資産をどれだけ保有するかを決めている。言い換えると，人びとが将来の為替レートの動きにどのような予想を持っているかで，現実の為替レートの決定にも大きな影響がある。

■ ファンダメンタルズ

　アセット・アプローチでは為替レートの均衡水準として，ファンダメンタ

表7.7 為替レートの決定理論：まとめ

利子裁定	為替レートの予想変化率の分だけ，内外の金利格差が生じる	短期の決定理論として有効
購買力平価説	自国と外国の物価水準の裁定から為替レートが決まる	長期の決定理論：貿易財に有効
アセット・アプローチ	国際的な資産市場での通貨に対する需要を均衡するように，為替レートが決まる	中期の決定理論

ルズ（理論値としての為替レート）を想定して，それが将来どう変化するかの予想に基づいて，為替レートが決まると考える。ファンダメンタルズを決める要因のうち，重要な変数として，金利，累積経常収支，インフレ率などが想定されている。

　金利水準，あるいは外国との金利格差が，為替レートの決定に大きな影響を持つのは，上で説明した利子裁定式(12)でも明らかであろう。また，経常収支の動向も為替レート決定の重要な要因である。経常収支が黒字になると，対外資産が蓄積されていくが，その結果として，経常収支黒字国の通貨の価値が増加する。つまり，日本で累積的に経常収支の黒字が拡大すると，円高が促進する。その直観的な説明は以下のようになる。

　日本で対外資産が蓄積されると，日本の家計や企業はドル資産を保有することになる。ドル資産を保有し続けるのが採算に合うためには，ドル資産の収益率が高くなる必要がある。ところで，現在のドルの価値が低いほど，将来ドルの価値が高くなる可能性が大きくなる。したがって，日本でドル資産保有が増加すると，現在の為替レートはドル安・円高の方向に動く。

　また，各国のインフレ率や，財政収支の状況，石油価格の動向や戦争の可能性なども，その他のファンダメンタルズとして重要視されることも多い。

7.7 為替レートの変動

■ 為替レートと期待

上でも述べたように，為替レートは，将来の自国と外国の金利水準，将来の為替レートの予想に依存して決まるから，これらの期待が変化すれば，現在の為替レートも変化する。その意味では，為替レートの変動も，株価や地価の変動と同じメカニズムを持っており，第11章で説明するバブル（価格が理論的にもっともらしい水準よりも大きく乖離する現象）の可能性も排除できない。

円とドルとの交換レートの現実の動きに見られるように，為替レートは大きく変動している。これは，どんなメカニズムによるものだろうか。将来に対する期待が合理的に形成されれば，現在の為替レートと次期の実現した為替レートとの誤差は，予想が当たらなかったという予想の誤差に基づくものでしかない。予想の誤差は，現在の時点ではどちらに転ぶかわからない（予想外に円高になるのか円安になるのか，予想が外れる方向はわからない）という性質を持つから，特定のバイアスを持つとは考えられない。

したがって，ある時点での為替レートとその次の時点での為替レートの差は，撹乱項[5]の動きで説明されるはずである。これは，統計的には，為替レートがランダム・ウオーク（不規則な変動）をしていると説明される[6]。

言い換えると，現在までの為替レートの動きで，次期の為替レートがどう動くかは説明できない。たとえば，これまでの為替レートが上昇していたとしても，だからといって次期の為替レートが現在よりも上昇するとは限らない。もし，次期に確かに上昇すると期待されるのであれば，その期待が生じ

---

[5] 経済モデルで，予測あるいは説明できない偶然の要因による効果のこと。ある経済変数（たとえば，為替レート）の現実の値と経済モデルで求められる値との乖離幅に相当する。

[6] この点は，株価や地価がランダム・ウオークするという仮説と同様に考えることができる。長期間にわたってたとえば円高方向に徐々に為替レートが調整されていく変化は，あまり合理的な期待形成を反映したものではない。円高の予想が将来も続くというのであれば，そうした予想が形成された時点で，即座に円高の方向に変化しているはずである。

た時点で，つまり現在の時点ですでに為替レートは上昇しているはずである。現在から将来への実際の変化は，あくまでも予想されなかった新しいニュースに反応したものであり，それにはコンシステントなバイアス（ある程度持続する同一方向への変化）は存在しないだろう。

❖Close Up　バブルとオーバー・シューティング

　為替レートにおいても，第11章でも説明する株価や地価と同様に，合理的バブルの可能性を排除できない。翁（1985）は，外国為替市場におけるバブルの可能性を実証分析している。それによると，バブルが為替市場に頻繁に発生している可能性は排除できないが，発生しているとしても，それはきわめて短期的な現象である。月次のデータで見た場合には，為替レートの変動の恒常的な主因とは考えられず，多くの場合はバブルは短期で崩壊しているという結果を得ている。ただし，1982年4月から10月にかけてのドル高のプロセスは，かなり長期化したバブル的な投機と解釈できるとしている。

　現在有力な為替レート決定理論の一つに，為替レートの変動をバブルとは異なる形で説明するオーバー・シューティング・モデルがある。オーバー・シューティングとは，市場で予想されていなかったファンダメンタルズに関する大きなニュースが発生したとき，為替レートが瞬時的に新しい長期均衡点を超えて大幅に増価あるいは減価し，その後追加的なニュースがなければ，新しい均衡点へと徐々に減価あるいは増加していく現象を意味している。為替レートが大きく変動するという点では，バブルと似ているが，変動の動学的な経路は，両ケースにおいて異なっている。すなわち，オーバー・シューティング・モデルでは，大きなニュースによって為替レートが瞬時に大きく変動し，その後ゆるやかに調整されるのに対し，バブルの場合は，まず投機的期待に基づいて，為替レートが一方向にゆるやかに変化し，次いで，投機的期待の崩壊によって為替レートの大幅な変化が瞬時に生じる。

■ 円高のメリット・デメリット

　ドル安は，日本にとっては円高を意味する。ここで，円高のメリット・デメリットを考えてみよう。円高の一番のメリットは輸入財やサービスが安く買えることである。輸入財を用いて生産する企業では，生産費が安くなる。交易条件が，日本にとって有利化すると，原油価格が上昇しても日本のインフレ率を小さくすることができる。また，有利なレートで円を外国の通貨に交換できるから，海外旅行の経済的な誘因も増加する。また，外国にある資

表7.8　円高の影響

メリット	輸入財・サービスの価格の低下
	海外旅行のコストの低下
	外国の資産購入コストの低下
デメリット	輸出産業への打撃
	産業の空洞化，失業
	市場開放への圧力の増大

産を購入する場合にも，有利な条件で購入することができる。国民経済全体としては，円高によって様々なメリットを得ているだろう。さらに，コメに代表される保護財・サービスの内外価格差も，円高によって大きくなるから，輸入保護規制に対する風当たりも強くなるだろう。

　次に，円高によるデメリットを考えてみよう。もっとも厳しい影響を受けるのは，輸出企業である。

　外国通貨（ドル）での価格が変化しないとすれば，円高による分だけ，円での収入は減少する。また，円高になると国内の資源を用いて生産するよりは，安い価格で資源が調達できる外国で生産をする方が，経済的なメリットがある。特に，労働や土地などの生産資源は国境を越えて容易には移動が行われない非貿易財であるから，そのような生産要素を集約的に用いる産業では，円高が進むと外国に生産拠点を移動する誘因が働く。

　したがって，円高が進むと企業は海外に工場などの生産設備を移動させる。自動車産業などは，1980年代に円高に刺激され，貿易摩擦の制約もあり，大挙してアメリカでの現地生産を拡大した。1990年代以降はアジア諸国に生産拠点を移している。

❖Case Study　空洞化現象

　円高の結果，企業が海外に拠点を移動すると，わが国の国内では産業基盤が損なわれ，経済が空洞化するのではないかという懸念が生まれる。企業の海外進出によって，その分だけ国内での企業の拠点が減少して，国内での雇用も減少する。わが国での工場は地方に多く立地しているので，それまで企業が集積していた地域経済は深刻な打撃を受ける。

　しかし，こうした動きにはプラスの面もある。つまり，企業が外国に進出するプラス面は，企業収益の改善である。企業は国内に立地するよりも採算上望ましいと考えて，外国に拠点を移す。したがって，企業の採算面では当然プラスの効果が期待される。これは，日本の株主にとってもプラスである。

　また，進出先の現地では，雇用の増大や日本からの技術の移転というプラスの効果も期待できる。さらに長期的には，日本からの企業の進出によって，進出先での経済発展が軌道に乗ることが予想される。こうなれば，相乗効果として日本に対する輸入＝日本にとっては輸出の増加も期待される。このように，長い目で見れば，空洞化も日本経済の活性化にプラスになるだろう。

　以上を総合すると，円高による空洞化現象は短期的には日本の雇用にマイナスの効果をもたらすが，長期的には日本にとってもプラスになる。そうしたプラスの効果をより大きくするために，政策面での対応も必要である。規制改革，税制改革などによって，日本の労働者を有効に活用できる企業や，日本の消費者が必要としている企業を日本に積極的に誘致して，国内での産業基盤を補強すべきだろう。

❖*Case Study*　移民の経済学

　移民問題は，近年多くの政治経済的な論争を引き起こしている。アメリカの大統領となったトランプ氏は選挙でメキシコからの不法移民を阻止するため壁をつくると公約した。ヨーロッパでは中東からの移民に関連するテロが続き，移民政策を厳しくする声が政治力を増している。移民が受け入れ国での職，賃金，財政，社会環境に及ぼすマイナス面を感情的に強調する議論が一般的に浸透している。果たして移民は受け入れ国の経済を混乱させ，財政負担を重くし，経済社会的なコストを増加させるのだろうか。客観的かつ建設的な議論が必要だろう。

　経済学で考えると，移民制限を緩和すれば，世界の労働人口がより効率的に配分されるため，世界全体のGDPは増加するはずである。その効果は貿易や資本移動を完全に自由にしたときの増加幅よりも大きく，また，その利益の多くは移住を選択した世界中の貧しい人に帰着する。たしかに受け入れ国で競合する労働者の賃金は短期的に減少するが，その国でも経済全体が活性化することで長期的に多くの労働者にその利益が及ぶ可能性が高い。また，移民を送出する国の住民の経済厚生も向上する。

　ただし，移民の移動をすぐに自由化すると，混乱や摩擦のコストも無視できない。経済学の論理に従うと，「市場に基づく」競売制度を用いて高い支払い能力をもつ高技能労働者から順次移民の受入を決めるという効率性を重視する案が考えられる。また，合法的移民の数を半減し，高技能労働者に絞るべきとする慎重案もあり得る。いずれにしても，何らかの基準を設定して，すでに移住国で経済活動を行っている膨大な不法移民を合法化するとともに，今後の新規移民については，不法移民の入国を制限しつつ，合法的な移民を客観的な基準で円滑に受け入れるべきと考えるのが，経済学者の標準的な見解だろう。

まとめ

●国際収支表は，一国の居住者が非居住者に対して行う経済取引を統括的かつ統合的に記録するものであり，複式簿記の原則に従って記帳されている。経常収支が黒字であれば，対外純資産を蓄積している。為替レート制度としては，為替レートをある所与の水準に固定したままに維持する固定レート制度と，為替市場の需給均衡に任せる変動レート制度の2つがある。

●固定レート制度のもとで，財市場の均衡のみを考慮する45度線のモデルで政策の効果を考えると，政府支出拡大の乗数の大きさは，$1/(1-c_1+x_1)$ であり，限界輸入性向 x_1 が入っている分だけ，これは閉鎖経済の場合の政府支出乗数 $1/(1-c_1)$ よりも小さくなる。これは，有効需要が拡大するときに，その一部が輸入需要に回ると，国内の総需要の増大がその分抑制されることを反映している。*IS–LM* のモデルを開放体系に拡張して財政金融政策の効果を見ると，資本移動が完全な場合，財政政策の効果は有効であるが，金融政策の効果は無効になる。これは，小国モデルのみならず2国モデルでも成立する。

●変動レート制度のもとで *IS–LM* のモデルを拡張して財政金融政策の効果を見ると，資本移動がゼロであれば，閉鎖経済と全く同じになる（隔離効果）が，資本移動が完全であれば，財政政策は無効であり，金融政策は有効になる。ただし，2国モデルではどちらの効果もある程度は有効であり，外国にも波及効果を持つ。

●為替レートは，将来の自国と外国の金利水準，将来の為替レートの予想に依存して決まる。短期的には利子裁定によって，長期的にはファンダメンタルズによって決まる。

●円高により，日本経済の産業構造も大きく変化している。輸出産業は，海外生産を増やしており，日本から成長産業がなくなるという産業の空洞化現象も一部で懸念されている。また，輸入が有利になることで，日本での石炭や農産物などの一部の衰退産業では，倒産や失業などの問題も避けられないだろう。しかし，全体として見れば，日本の国際的な購買力が増加することで，国民経済全体の厚生は増加するだろう。

重要語

- □ 国際収支
- □ 貿易収支
- □ 経常収支
- □ 金融収支
- □ 為替レート
- □ 固定レート制度
- □ 変動レート制度
- □ 純輸出
- □ 限界輸入性向
- □ 国際収支の均衡
- □ 資本移動
- □ 小国モデル
- □ 2国モデル
- □ マンデル=フレミングのモデル
- □ 隔離効果
- □ 利子裁定
- □ 購買力平価説
- □ アセット・アプローチ
- □ ファンダメンタルズ
- □ バブル
- □ 円高
- □ Jカーブ効果

問 題

■1 マクロ経済モデル，

$$Y = C + I + G + X - M$$
$$C = C_0 + 0.8(Y - T)$$
$$T = 0.25\,Y$$
$$M = M_0 + 0.1\,Y$$

（Y：国民所得，C：消費，I：投資，G：政府支出，X：輸出，M：輸入，T：税収）

において，純輸出（$X-M$）が10兆円の黒字であるとき，この黒字を解消するために政府支出 G をいくら増加させる必要があるか。

■2 固定レート制度における財政政策の効果を，金融政策の効果と比較しながら説明せよ。

■3 資本移動が完全な世界で，変動レート制度における財政政策の効果を，金融政策の効果を比較しながら説明せよ。

■4 円はユーロのようにドルに対抗できる通貨になれるか。

■5 以下の現象は円高要因として働くか。

（イ）わが国で金融緩和政策が採用された。

（ロ）わが国の貿易収支の黒字幅が拡大した。

（ハ）わが国で拡張的な財政政策が採用された。

216

（ニ）外国で景気が予想以上に好況になった。

（ホ）原油価格が高騰した。

■6　変動レート制度で資本移動なしのマクロ・モデルを考える。

$$C = 10 + 0.8Y$$

$$I = 20$$

$$G = 10$$

$$IM = 0.3Y - 20e$$

$$EX = 2 + 10e$$

　ここで，C：消費，Y：所得，I：投資，G：政府支出，IM：輸入，EX：輸出，e：為替レートである。

　政府支出が 10 から 20 に 10 だけ増加すると，所得は（ア）から（イ）へ変化する。

■7　資本移動が不完全な変動レート制度でのマクロ政策効果に関する次の文章の中で，正しいものはどれか。

（ア）緊縮的な財政政策と金融政策は，ともに利子率を上昇させ，円高を招き，貿易赤字を増加させる。

（イ）緊縮的な財政政策は，利子率を低下させ，円安を招き，貿易黒字を増加させる。緊縮的な金融政策は反対の効果をもつ。

（ウ）緊縮的な金融政策は，利子率を低下させ，円安を招き，貿易黒字を増加させる。緊縮的な財政政策は反対の効果をもつ。

（エ）緊縮的な金融政策だけが，国際的な経済変数に影響する。

（オ）緊縮的な財政政策だけが，国際的な経済変数に影響する。

8 経済成長モデル

経済成長は，GDP など経済活動水準の持続的，長期的な拡大を意味する。経済成長が可能になるには，総需要が増加するとともに，供給能力も増加する必要がある。投資によって生産能力が拡大する効果に注目することで，経済成長の理論モデルが構築できる。この章では，経済成長の標準的な理論的枠組みであるハロッド゠ドーマーの成長理論とソローの新古典派成長理論を説明する。

1. ケインズ・モデルの拡張であるハロッド＝ドーマー・モデルを説明する。
2. ハロッド＝ドーマー・モデルを用いて，財政金融政策が経済成長に与える効果を分析する。
3. 新古典派の経済成長モデルの標準的枠組みであるソロー・モデルを説明する。
4. ソロー・モデルを用いて，財政金融政策の経済成長に与える効果を分析する。
5. 経済成長の要因分析を通じて，技術進歩の影響を検討する。

8.1 ハロッド゠ドーマーのモデル

■ 経済成長とマクロ経済学

経済成長はマクロ経済学でも古くから大きな関心を集めてきた。1950 年代から 1960 年代にかけて，世界の多くの国々で高い経済成長が実現した。特に，わが国は，その経済成長の速さとその成長がかなりの期間続いたことで，世界中で注目された。しかし，1970 年代の後半からわが国の成長率は

低下し，1990年代以降成長率はほとんどゼロの水準にまで低下している。これに対して，中国やアセアン諸国など東アジア諸国では1980年代以降10%を超える高い成長を記録している。

では，なぜこのような高い経済成長は可能だったのだろうか。また，各国で成長率が異なるのはなぜだろうか。

■ ハロッド=ドーマー・モデルの特徴

この章では，経済成長の標準的な理論的枠組みを提示しているハロッド=ドーマーの成長理論とソローの新古典派成長理論を説明する。まず，戦後の経済成長理論の出発点であるハロッド=ドーマーの理論から見ていこう[1]。

これまでの章で説明したように，ケインズ・モデルでは，投資が有効需要の重要な構成要素であることが強調されたが，投資は，現在の有効需要の一つであると同時に，将来の生産に用いられる資本設備を増加させて，供給能力を高める側面を持っている。このような投資の持つ2面性を考慮して，成長理論を展開したのが，ハロッド（Harrod, R.；1900–1978）とドーマー（Domar, E. D.；1914–1997）である。

■ 必要資本係数

生産量1単位を生み出すのに必要な資本設備を，必要資本係数と呼ぶ。これをvで表すと，ハロッド=ドーマーの成長理論の特徴は，この必要資本係数を技術的に一定と仮定するところにある。

$$(1) \qquad \Delta Y = \frac{I}{v}$$

(1)式が成長モデルで重要な式であり，投資Iの生産能力増加効果を意味する。すなわち，投資1単位あたり$1/v$の大きさだけ，生産能力が増加す

---

1) ハロッドは，現代成長理論の出発点となった経済動学モデルを示した。ハロッドは，企業の投資行動は経済成長を不安定にする傾向があると考えた。そして，現実の成長率が適正成長率から離れると，企業の投資行動によって，ますます離れていくモデルを構築した。ハロッドはこれを，不安定性原理と呼んで，経済動学における基本的原理として重視した。

ると考える。あるいは，(1)式の代わりに，$Y=K/v$（ここで，$\Delta K=I$ の関係がある）で考えると，資本 K を完全操業すると，K/v だけの Y が生産可能になる[2]。この生産能力の増加に見合ってマクロ総需要が増加していくと，資本が完全に操業されるという意味で，適正な成長が可能となる。

　言い換えると，(1)式で与えられる ΔY だけの総需要が実際に生まれるかどうかが問題となる。これは，現実の資本ストックと GDP との比率である現実の資本係数と，技術的に与えられる必要資本係数とが一致する条件を考えることにほかならない。

■ 適正成長率

　財市場が均衡するためには，総需要に見合った生産が行われる必要がある。これは貯蓄と投資が等しいことを意味する。一国経済全体の平均的な貯蓄性向を s で表し，s の値も与件（＝外生的に一定）であるとする。国民所得を Y，貯蓄を S，投資を I で表すと，マクロ財市場の均衡条件として，次式を得る。

$$Y=(1-s)Y+I$$

あるいは

(2) $$S=sY=I$$

ここで，貯蓄性向 $s=1-$ 消費性向 c である。

　ところで，投資によって資本設備が増加するから，必要資本係数で両辺を除すと，$I/v=sY/v$ だけ，投資によって国民所得の供給能力が増加する。したがって，有効需要が $\Delta Y=sY/v$ の速度で増加すれば，将来にわたって，財市場の需給均衡は満たされる。

　以上の関係を満たす経済成長率，すなわち，

(3) $$\frac{\Delta Y}{Y}=\frac{s}{v}$$

で決まる成長率を，ハロッドは適正（保証）成長率 G_w と呼んだ。適正成長

---

[2]　$Y=K/v$ の変化分をとると，$\Delta Y=\Delta K/v=I/v$ が得られる。

率とは，資本ストックの稼動率を企業にとって望ましい水準（必要資本係数に対応する完全操業水準）に維持しながら，国民経済が成長を続けるときの成長率である。したがって，適正成長率は，資本の完全操業を保証する成長率といえよう。貯蓄率 s が大きいほど，高い成長が可能になるし，また必要資本係数 v が小さいほど，高い成長が可能になる。

> [数値例]
> 　貯蓄性向 $s=0.3$，必要資本係数 $v=3$ のケースでは，$\Delta Y/Y=0.1$ となる。つまり，10%の率で成長することが可能となる。

■ 支出成長率

　次に，需要サイドの GDP 成長率である支出成長率 G_t を定式化しよう。需要サイドの成長は，マクロ総需要がどれだけのスピードで成長するかで求められる。それには，(2)式の需要を決める式に加えて，投資需要がどのようなスピードで増加しているかが重要なポイントになる。需要サイドの投資が G_w の率で成長していれば，資本ストックは完全雇用される。しかし，投資が G_w の率で増加するかどうかは，不確定である。もっともらしい投資関数としてどのようなものが考えられるだろうか。

　ここで，単純な投資需要関数を次のように定式化しよう。

(4) $\qquad I = \beta Y_{-1}$

　ここで，Y_{-1} は前期の GDP を意味する。このモデルでは，望ましい資本ストックはこれまでの所得に依存して決められる。すなわち，今年の所得が高いと，来期の望ましい資本ストックが高いと考えて，来年の投資需要も高くなる。投資係数 β は Y_{-1} が上昇したとき，どの程度の投資が刺激されるかを示すパラメーターである。

　投資決定にある程度の遅れがあり，今期の景気が良くなれば，次期の投資計画が強気になると考えるのは，それほどおかしな仮定ではない。ハロッド゠ドーマー・モデルでは利子率を一定と考えているから，投資の説明要因

として，将来の景気動向を考える。

(2)(4)式より，次式を得る。

(5) $\qquad Y = \dfrac{\beta Y_{-1}}{s}$

これより，総需要の GDP の成長率である $G_r = (Y - Y_{-1})/Y_{-1}$ は，次のようになる。

(6) $\qquad G_r = \dfrac{\beta}{s} - 1$

すなわち，総需要の GDP の成長率である G_r は，投資係数 β の増加関数であり，乗数 $1/s$ の増加関数でもある。

■ ナイフの刃

ところで，財市場は，供給能力に見合う需要があるという意味で常に均衡しているわけではない。適正成長率を決める s, v と，総需要の成長率を決める s, β は外生変数であるから，G_w と G_r が一致する必然性はない。

ハロッド=ドーマー・モデルでは総需要の成長率＝現実の成長率となる状態を均衡と考えている。現実の成長率が必ずしも適正成長率に等しくならないとすれば，現実の成長率と適正成長率が乖離したとき，どのような調整のメカニズムが働くのだろうか。

そうした状況では，意図せざる在庫の増減がある。たとえば，現実の（総需要）成長率が適正成長率を下回る場合には，資本を完全に操業して生産を行うと，財市場で超過供給の状態になってしまうから，意図せざる在庫が増大している。このとき，現実の資本ストックは，必要資本係数から導出される適正な値から見て，過剰となり，投資意欲は減少する。投資が減少すると，その需要に与える効果は乗数プロセスを経て，さらに現実の成長率を低下させ，ますます適正成長率から下方へ離れていく。

逆に，財市場が超過需要となって，意図せざる在庫の減少が生じている局面では，現実の成長率が適正成長率を上回ることになる。このとき，投資意欲が刺激されて，現実の成長率がますます上昇していく。すなわち，現実の

表8.1　ハロッド゠ドーマー・モデル：まとめ

	適正成長率	支出成長率	自然成長率
定　義	資本が完全操業される成長率	現実のGDPの成長率	労働供給の増加率と労働節約的な技術進歩率の合計
式	$G_w = \dfrac{s}{v}$, s：貯蓄率, v：必要資本係数	$G_r = \dfrac{\beta}{s} - 1$, β：前期の所得と今期の投資の比率	$G_n = n + \mu$, n：人口成長率, μ：（労働節約的）技術進歩率
政策の効果	減税により，上昇	拡張的な財政金融政策により，上昇	外生変数のため，効果なし

　成長率がいったん適正成長率と一致しなくなると，累積的にその差は拡大していく。このような不安定な経済成長の性質を，ナイフの刃の現象とハロッドは呼んだ[3]。ハロッド゠ドーマー理論の特徴は，その不安定性にある。

　では，現実の（総需要）成長率が適正成長率を上回って，上方への乖離が生じるとき，経済はいつまでも発散し続けるだろうか。成長率の上限を与えるものとして，自然成長率 G_n という概念がある。自然成長率とは，その経済にとって労働の完全雇用を維持しながら達成可能な成長率であり，労働供給の成長率 n と労働節約的な（実質的に効率単位で測った労働者の数が増大する）技術進歩率 μ（ミュー）の和からなる。自然成長率に等しい率で経済が成長していけば，労働を完全雇用しながら，長期的に経済の成長が可能となる。したがって，現実の成長率も，長期的には自然成長率を上回ることはできない。

　ところで，適正成長率は，資本の完全な稼動のもとで可能となる成長率であった。適正成長率と自然成長率，そして，現実の支出成長率の３つが一致していれば，資本も労働も完全に操業，雇用され，均衡成長ができる。しかし，ハロッド゠ドーマーの体系では，自然成長率と支出，適正成長率を決める要因が，それぞれ独立に与件として与えられており，三者が長期的に一致するメカニズムは存在しない。したがって，現実の成長もそれらに等しくなる必然性はない。

---

3)　(4)式の投資関数には，G_n，G_w 間でのこのような相互作用は明示的には導入されていない。不安定性を数式でモデル化するには，より複雑な定式化を必要とする。

Column——8	カルドアの定型化された事実

　カルドア（Kaldor, N.；1908-1986）は，経済成長の歴史的な事実として，次の6点をまとめている。

(1) 総生産量（Y）と労働生産性（Y/L）は一定の率で持続的に成長する。

(2) 労働者1人あたりの資本量（K/L）は，持続的に増加する。

(3) 資本利潤率（r）はほぼ一定である。

(4) 資本産出比率（K/Y）は一定である。

(5) 利潤の分配率（rK/Y）と産出に対する投資の比率（I/Y）の間に相関関係があり，長期的に両者は一定である。

(6) 実質賃金率（w）は労働生産性（Y/L）の成長率に比例して上昇している。

以上の定型化された事実は，技術進歩を考慮すれば新古典派の成長モデルで説明可能である。

8.2　財政金融政策の効果

■ 適正成長率と財政政策

　ハロッド゠ドーマー・モデルは，第3，4章で展開したケインズ・モデルの経済成長への拡張である。前節で説明したように，ハロッド゠ドーマー・モデルでは，資本が完全に利用されるのを保証する成長率である適正成長率 G_w と現実の GDP の成長率である G_r を区別する必要があった。この節では，ハロッド゠ドーマー・モデルを前提として，財政金融政策の経済成長に与える効果を分析しよう。最初に，適正成長率に財政政策がどのように影響するかを検討しよう。

　経済成長に財政政策が及ぼす影響を考察するために，前節のモデルを拡張しよう。財政政策を考慮した体系は次のように定式化される。

(7)　　　$Y = C + I + G$

$$(8) \qquad C = c(Y - T)$$

$$(9) \qquad G = gY$$

$$(10) \qquad T = tY$$

ここで，Y は所得，C は消費，I は投資，G は政府支出，c は消費性向，g は政府支出率，t は税率である。

(7)〜(10)式は，需要サイドを決める式であり，基本的にケインズ・モデルのもっとも単純な45度線モデル（第3章）に対応している。(7)式は，(2)式同様，財市場の均衡条件である総需要 $C + I + G$ と総供給 Y が等しいことを意味する。(8)式は消費関数であり，消費が可処分所得 $Y - T$ の一定割合であることを意味する。(9)式は政府支出の決定式であり，GDPの一定割合が政府支出に向けられることを意味する。(10)式は租税関数であり，GDPの一定割合が税収として政府に徴収されることを意味する。なお，経済成長を議論する以上，すべてのマクロ変数が増加しないと意味がない。したがって，以下では税収同様，政府支出水準も増加すると考えて，対 GDP 比で見た政府支出率 g を政策変数と考える。

(7)〜(10)式から，(2)式に対応する，財市場の均衡で決まる貯蓄＝投資水準を求めると，

$$(11) \qquad S = (1-t)(1-c)Y = I$$

となる。

資本の完全操業(11)式に見合う形で供給能力が成長するのを保証するのが，適正成長率である。(1)(11)の両式が同時に成立する条件を求めると，以下の式を得る。

$$(12) \qquad G_w = \frac{(1-t)(1-c)}{v}$$

これが，財政政策を考慮した適正成長率である。

この成長経路では，すべてのマクロ経済変数 I, K, Y, G, T が一定率 G_w で成長している。前節の(3)式と比較すると，$1-c$ から $(1-t)(1-c)$ に変化している。

> **[数値例]**
> 　財政政策を無視すれば，前節で見たように，適正成長率は貯蓄性向 $1-c$ を必要資本係数 v で割ったものに等しい。たとえば，$c=0.8$, $v=3$ とすれば，$G_w=0.067$ となる。さらに，財政変数を考慮すると，たとえば $t=0.2$ とすれば，$G_w=0.0536$ となる。

■ 財政政策の適正成長率への効果

では，財政政策は，適正成長率にどのように影響するだろうか。(12)式から G_w は t の減少関数であるから，税率 t の上昇によって，適正成長率は低下する。逆に，t の低下で，適正成長率は上昇する。

t の上昇は，(11)式からわかるように，貯蓄＝投資の値を小さくする。その結果，適正な成長率も低くなる。

戦後のわが国の高度成長期には，経済成長による税収増（自然増収）で，財政収支は黒字傾向にあった。財政収支を均衡させるために，自然増収は減税という形で民間部門に還元されていた。これは，適正成長率を上昇させて，供給面から経済成長を刺激する効果を持ったといえよう[4]。

---

[4] 　ところで，ここまでの定式化では，政府支出の拡大は需要を刺激するのみで，生産能力は刺激しないと想定されていた。しかし，現実には公共投資という形で，政府支出もマクロ的な生産能力の拡大に貢献している。この点を考慮して，上のモデルを修正してみよう。政府支出の拡大によって γ（ガンマ）の大きさだけ，民間投資の拡大と同じだけの生産能力拡大効果があるとしよう。したがって，(1)式は，次のように修正される。

(1)′ 　　$\Delta Y = \dfrac{I + \gamma g Y}{v}$

このとき，適正成長率は，次のように修正される。

(12)′ 　　$G_w = \dfrac{(1-t)(1-c) + \gamma g}{v}$

すなわち，γg の分だけ，適正成長率は大きくなる。また，政府支出のうち，投資的な割合 γ が上昇すれば，適正成長率は上昇する。

■ 財政政策の支出成長率への効果 ─────────────────────

次に，財政政策が支出成長率に及ぼす効果を考える。(7)～(10)式と(4)式より，次式を得る。

(13) $$Y = \frac{\beta Y_{-1}}{1 - c(1-t) - g}$$

これより，Yの成長率 $G_r = (Y - Y_{-1})/Y_{-1}$ は，次のようになる。

(14) $$G_r = \frac{\beta}{1 - c(1-t) - g} - 1$$

現実の（総需要）GDP の成長率である支出成長率は，投資係数 β の増加関数であり，乗数 $1/[1 - c(1-t) - g]$ の増加関数でもある。したがって，政府支出率の拡大は，乗数値を増加させて，支出成長率を上昇させる。逆に，税率の拡大は乗数値を低下させて，支出成長率を減少させる。(14)式を(6)式と比較すると，家計の貯蓄性向 s の代わりに経済全体の貯蓄性向 $1 - c(1-t) - g$ が入っている。

■ 均衡予算制約と財政政策の効果 ───────────────────

以上は，政府支出率，税率それぞれの変化が，適正成長率と支出成長率に与える効果を見たものである。税率の上昇と政府支出率の上昇が支出成長率に及ぼす効果は，正反対の方向である。

最後に，政府支出率と税率を同じ率で変化させるという均衡予算制約における財政政策の効果を調べてみよう。$g = t$ の制約のもとで，g を上昇させたときの，G_w および G_r に与える効果は，次のようになる。

まず，均衡予算のもとでの政府支出率（＝税率）の拡大は，適正成長率を低下させる。次に，G_r は需要の成長率であるから，公共投資の生産能力効果 γ の大きさとは無関係である。よって，常に政府支出率の拡大は，均衡予算のもとでも支出成長率を上昇させる。

■ 金融政策の効果 ──────────────────────────

では，金融的側面を考慮すると，経済成長にどう影響するだろうか。ハロ

227

ッド゠ドーマー・モデルでは，利子率は外生であるから，文字どおりに解釈すれば，金融政策の効果は分析できない。しかし，*LM* 曲線を考慮して利子率，投資需要を内生化して考えることも可能である。貨幣供給を増加すれば，利子率が低下して，投資を刺激する。つまり，利子率を低下させることで，投資需要を刺激すると，現実の GDP 上昇率である経済成長率にもプラスに働くだろう。貨幣の供給率を増加させることで，利子率を低下させて，成長刺激政策をとることが可能になる。

金融政策では，投資需要が刺激できれば，支出成長率 G_n も上昇する。しかし，適正成長率 G_w を変更させることはできない。v, s ともに外生的に一定とされており，利子率の変化が G_w に影響する可能性が排除されているからである。これに対して，すでに分析したように，財政政策は G_w に影響を与える。したがって，財政金融政策をうまく組み合わせることで，G_n, G_w ともに高めに誘導することもできるだろう。

つまり，金融政策を緩和させて，現実の支出成長率を高めに誘導し，財政規模（税率）を抑制して，適正成長率を高めに誘導し，結果として高い均衡成長が長期的に可能になる。わが国の高度成長期のマクロ成長政策は，人為的な低金利政策により投資を刺激して支出成長率を高くするとともに，財政規模を小さくして，適正成長率を高くする政策だったと理解できる。

8.3 ソロー・モデル

■ 生産要素間の代替

ハロッド゠ドーマー・モデルにおける均衡成長経路の不安定性は，生産の技術的関係を示す必要資本係数が，外生的に固定されていることに基づく。これに対して，ソローの新古典派成長理論は，この係数が経済環境に応じて内生的に変化することを考慮する[5]。すなわち，資本が労働に比べて相対的に過剰になれば，資本市場で資本のレンタル需要よりも資本の供給の方が大きくなり，そのレンタル価格である利子率が低下する。また，労働市場で企

業の労働を需要する水準の方が家計の供給する水準よりも大きくなり，労働
雇用のコストである賃金率が上昇する。したがって，労働よりも資本を相対
的に多く使う技術が割安となる。その結果，より資本集約的な技術が採用さ
れ，必要資本係数は上昇する。

逆に，労働の方が資本よりも過剰になれば，労働コストが資本をレンタル
するコストよりも相対的に安くなるから，労働集約的な技術が採用されて，
必要資本係数は減少する。また，逆のケースでは，より労働集約的な技術が
採用されることによって，同様に，資本の完全な稼働が実現する。

このような生産要素間の代替が可能である生産関数のもとでは，資本の成
長率が労働の成長率を上回るときには，より資本集約的な技術が採用される
ことによって，必要資本係数は現実の資本係数と常に等しくなり，資本の完
全な稼動が実現する。

■ モデルの定式化

新古典派成長モデルの大きな特徴は，生産において資本と労働が長期的に
代替可能である点である。現在存在する資本と労働を完全に操業・雇用する
のが採算に合うように賃金率と利子率が調整されれば，長期的に資本，労働
とも不完全雇用（不完全操業あるいは失業）されることはない。資本や労働
の需給を調整する要素市場でも価格調整メカニズムは，長期的には十分働く
だろう。とすれば，長期的な経済成長を議論するときに，資本や労働の存在
量（＝供給量）が完全に操業・雇用される状況を想定するのは，それほど非
現実的なことではない。

現在存在する資本ストックの量を K，労働供給量を L とすると，これらを
完全に雇用して得られる生産量 Y が GDP になるはずである。K と L の蓄積
のスピードが決まれば，Y の蓄積のスピード（経済成長率）も決まることに

---

5) ソロー（Solow, R. M.：1924–）は，1950年代からの資本理論と成長理論の分野での先駆的な業
　績により，1987年にノーベル賞を受賞した。特に，1956年の論文で，新古典派成長理論の出発
　点を示し，1957年の論文では，経済成長の源泉に関する計量分析への道を開いた。ソロー・モデ
　ルの特徴は，理論と実証とのバランスがきわめて高いレベルで，手際よくとれている点にある。

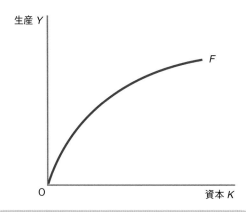

マクロ生産関数は，資本 K と労働 L を投入して，生産 Y がどの程度できるかの技術的な関係を示している。K と L がともに同じ割合で増加すれば，Y も同じ割合で増加する（1次同次の仮定）が，L 一定のもとで K のみが増加すると，Y の増加の程度（資本の限界生産）は逓減する。

図8.1　新古典派の生産関数

なる。したがって，新古典派のモデルでは，K，L と Y との技術的な関係を示すマクロ生産関数が重要な概念となる。

$$(15) \qquad Y = F(K, \ L)$$

新古典派の標準的成長モデルでのマクロ生産関数は，1次同次であり，それぞれの生産要素について収穫逓減であると仮定される。すなわち，資本と労働が同じ割合で増加すれば，生産量も同じ割合で増大する（1次同次）が，資本か労働の一方のみしか増大しない場合には，生産の拡大はそれほど大きくはない（収穫逓減）[6]。

したがって，次のように書き直せる。

$$(16) \qquad y = f(k)$$

---

[6]　1次同次の生産関数では，$\lambda Y = F(\lambda K, \ \lambda L)$ が任意の $\lambda > 0$ について成立する（λ：ラムダ）。$\lambda = 1/L$ を (15) 式に代入すると，(16) 式が得られる。また，収穫逓減とは，K，L それぞれの生産要素のいずれか一方のみを増加させたときの限界生産が逓減することを意味する。

ここで，$y=Y/L$ は，1人あたりの所得，$k=K/L$ は，資本労働比率あるいは資本集約度と呼ばれる。これは，図8.1のように，たとえば L を固定して（$L=1$）K だけ増加させると，Y は増加するが，その限界的な増加分（すなわち資本の限界生産 $\Delta Y/\Delta K=F_K$）は，減少していく。

さて，労働と資本は時間とともにどのように変化するだろうか。これは，マクロ経済全体の成長を決めるポイントである。労働（＝人口）については，毎期 n の率で外生的に上昇すると考えよう。労働者1人あたりある一定の（固定された）労働時間を供給することを考えると，労働供給の成長率と人口＝労働者の成長率とは一致する。

(17)　　　$\Delta L = nL$

資本については，貯蓄したものが投資に回り，資本蓄積になるから，貯蓄関数を定式化すればよい。単純化のために，ハロッド=ドーマー・モデルと同じく，所得 Y の一定割合 s を貯蓄に回すと考えよう。

(18)　　　$\Delta K = sY$

以上の(15)(17)(18)の3式が，ソロー・モデルを定式化したものである。

■ 体系の安定性 ───────────────────────

(16)式に留意してこれら3式を集約すると，次の式が得られる[7]。

(19)　　　$\Delta k = \dfrac{sf(k)}{nk}$

資本集約度（＝資本労働比率）k の変化 Δk は，1人あたりの貯蓄 sf から資本集約度を一定に維持するために必要な貯蓄 nk を差し引いたものに等しい。この式を図示したのが，図8.2である。

図8.2では，$sf(k)$ 曲線と nk 曲線を描いている。両曲線の交点 E_0 が，長期均衡点である。資本集約度が長期均衡における集約度 k^* よりも小さいと

7)　$K=kL$ より，変化分で表すと，$\Delta K=k\Delta L+\Delta kL$ である。この式に(16)(17)(18)の3式を代入して整理すると，(19)式が得られる。

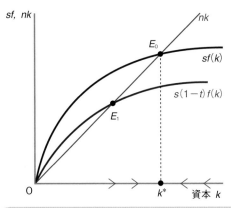

sf(k)曲線は，kの増加とともに増大するが，資本の限界
生産が逓減するので，そのスピードは小さくなる。nk曲
線はkと比例的に増大する。両曲線の交差E_0が長期均衡
点であり，長期均衡の資本労働比率はk^*となる。k^*の右
ではkが減少し，k^*の左側ではkが増大する。

図8.2　体系の安定性

表8.2　ハロッド゠ドーマー・モデルとソロー・モデルの比較

	ハロッド゠ドーマー・モデル	ソロー・モデル
貯蓄率	一定	一定
技術進歩率	外生	外生
資本と労働の代替	なし	あり
資本と労働の操業・雇用	不完全操業・雇用が一般的	賃金率，利子率の調整により完全操業・雇用
長期均衡	不安定	安定
長期的な成長率	自然成長率以下	自然成長率

きには，図からもわかるように，$sf(k)$曲線の方がnk曲線よりも上方にある
から，(19)式より，kは増大する。逆に，kがk^*よりも大きいときには，sf
(k)曲線の方がnk曲線よりも下にくるから，(19)式よりkは減少する。結局，
どのkの水準から出発しても，長期的に均衡水準k^*に収束する。このよう
な特徴を，体系が安定的であるという。
　新古典派のモデルでは，要素市場での利子率と賃金率の調整によって，常
に（長期的に）資本と労働が完全操業・雇用され，安定的成長が実現する。

なお，長期均衡では，資本集約度 k は一定であるが，資本ストック，GDP，消費，貯蓄，投資，労働供給などのマクロ経済変数はすべて，n という外生的に与えられる人口の成長率で成長している。

■ 財政政策の効果 ────────────────────

したがって，財政政策は長期的な成長率である n に影響を与えることができない。しかし，長期均衡での資本集約度 k^*（すなわち，資本蓄積の程度）や1人あたり GDP の大きさには影響する。ここで比例的な所得税率 t を導入して，財政政策の経済成長に及ぼす効果を分析しよう。均衡予算原則のもとで税収はすべて政府消費に回されるとする。このとき，可処分所得は $(1-t)Y$ となるから，(19)式は，次のように修正される。

(19)′ $\Delta k = s(1-t)f(k) - nk$

t の上昇は，$s(1-t)f(k)$ 曲線を下方にシフトさせるから，**図8.2** に示すように，均衡点は E_0 から E_1 へと移動し，長期的な均衡資本集約度も減少する。すなわち，税率の上昇によって相対的な資本蓄積は抑制される。税率の上昇により可処分所得が減少，貯蓄が減少し，長期的に資本蓄積も抑制される。

❖*Close Up*　黄金律

　新古典派の経済成長モデルで長期的にもっとも望ましい状態は，黄金律（golden rule）として知られている。長期的に，1人あたりの消費水準 c と資本労働比率 k，人口成長率 n の間には次のような関係がある。

　　$c = f(k) - nk$

nk は長期的に資本労働比率を一定に維持するのに必要な投資量であり，n が大きいほど，それに合わせて投資しないと k を一定に維持できないことを意味している。

　下図は，$f(k)$ と nk を表している。この差額が c であるから，図に示すように c が最大になる k の水準は，$f(k)$ の傾き $=f'(k)$ すなわち資本の限界生産が人口成長率 n に等しい点で与えられる。言い換えると，1人あたり消費水準 c を最大にするという意味で長期的に望ましい経済成長あるいは資本蓄積水準は，

　　$f'(k) = n$

で与えられる。これが，黄金律である。この議論は，長期的に k をいくらでも蓄積することが必ずしも望ましくないことを示している。経済成長は，高ければ高いほどよ

いというものではない。

$f'>n$ であれば，より資本蓄積を促進することが，長期での消費を最大にする意味で望ましい。しかし，黄金律まで経済成長を刺激しようとすると，その移行プロセスでは，貯蓄がより必要になるから消費を抑制しなければならない。つまり，長期的な消費の拡大のために，移行プロセスでは消費を犠牲にする必要がある。

ところが，$f'<n$ であれば，黄金律に移行するために，むしろ消費を拡大して，資本を食いつぶすことが要求される。これは，移行プロセスでの消費を拡大させる。このケースでは，すべての時点での消費を犠牲にすることなく，黄金律に移行できる。逆にいうと，$f'<n$ のケースでは，黄金律と比較して，動学的に資源が有効に利用されていないともいえる。この意味で，このケースを動学的に非効率なケース，また，逆に，$f'>n$ のケースを動学的に効率的なケースと呼んでいる。

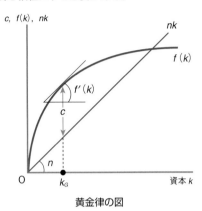

黄金律の図

❖Case Study　収束の計算例

次の表は，ソロー・モデルにおいてパラメーターを特定したときに，どの程度のスピードで長期均衡に収束していくかを，数値例で示している。表に示しているような例では，当初の k は 4.0 であり，長期均衡での k^* は 9.0 である。10 年後の k は 5.6 であり，10 年間で調整過程での k の動き（$9.0-4.0=5.0$）のうちの 32％程度（$=(5.6-4.0)/5.0$）が達成されることを示している。

長期均衡への収束の試算

年	k	y	c	sy	nk	Δk
1	4.00	2.00	1.40	0.60	0.40	0.20
2	4.20	2.05	1.44	0.62	0.42	0.20
3	4.40	2.10	1.47	0.63	0.44	0.19
4	4.58	2.14	1.50	0.64	0.46	0.18
5	4.77	2.18	1.53	0.66	0.48	0.18
10	5.60	2.37	1.67	0.71	0.56	0.15
無限大	9.00	3.00	2.10	0.90	0.90	0.00

（注）k は資本労働比率，y は産出労働比率（1人あたりの生産），c は1人あたりの消費，sy は1人あたりの貯蓄，n は人口成長率。マクロ生産関数として，$y=k^{0.5}$，$s=0.3$，$n=0.1$，当初の $k=4.0$ を想定。

■ 公共投資の効果

　以上の議論では，税収の増加によって得られた政府収入はすべて政府消費支出の拡大に向けられると想定されていた。(19)式に政府支出あるいは政府支出率が入っていないのは，政府支出がすべて消費的な支出に向けられると考えていたからである。

　ここで，すべての政府支出が投資的目的に使われると想定し直してみよう。さらに簡単化のために，民間投資と公共投資とは完全代替であり，どちらも同じ資本を蓄積すると想定しよう。公共資本も民間資本も，全く同じ形で経済の生産能力の拡大に寄与すると考えるのである。政府支出のうち投資的支出のシェアを示す γ は1になる。

　このとき，均衡予算の原則では，

$$t = g$$

が成立する。また，(19)式は次のように修正される。

(19)″
$$\Delta k = s(1-t)f(k) - nk + tf(k)$$
$$= [s + t(1-s)]f(k) - nk$$

　このケースでは，税率 t の上昇によって，$[s+t(1-s)]f(k)$ 曲線が上方にシフトすることになる。したがって，政府支出率の拡大によって，長期的に資本集約度が増大し，資本蓄積が促進される。より一般的には $\gamma > s$ であれば，政府支出率の拡大は資本蓄積を刺激する。

　なお，長期均衡での資本蓄積が増大するときには，新しい長期均衡に収束するまでの移行過程で，成長率も人口成長率 n 以上の率で上昇している。資本労働比率 k が上昇するためには，一時的には資本ストックの量 K が労働供給量 L 以上のスピードで増大しなければならないからである。L の増加率が n で一定である以上，k が上昇するためには，少なくともある程度の期間において K の増加率が n を上回る必要がある。このとき，Y も L 以上の率で一時的に増加している。

　したがって，上の状況では，長期的に資本蓄積が促進されるとともに，短期的には成長率も n を超えて上昇する。

■ **金融政策の効果** ────────────────────────────

　次に，金融的側面を考慮してみよう。新古典派のマクロ・モデルでは，投資需要が重要な変数ではなく，むしろ，貯蓄が投資を決める関係にあると考えて，貯蓄を経済成長にとって重要な要因とみなしている。したがって，貯蓄性向 s を外生的に一定と考えれば，金融政策が直接投資に影響を与える可能性はない[8]。

　しかし，貯蓄対象資産として実物資産である資本の他に金融資産である貨幣保有を想定すると，金融政策が資本蓄積に影響を与える可能性が生まれる。すなわち，家計の資産選択において，金融資産の持つ役割を重視する考え方である。拡張的な金融政策により，インフレーションが進行し，貨幣保有の実質的コスト（＝名目利子率）が増大すると，家計は金融資産よりも実物資産の方をよりたくさん持つように資産選択を変化させるだろう。これは，一定の貯蓄のうちで実物資産へ向かう資金供給の割合を増大させ，投資を刺激する効果を持っている。これは，トービン効果と呼ばれている。すなわち，こうした要因を考慮すると，拡張的な金融政策の結果として，経済成長は刺激される。

❖*Case Study* **体系の安定性**

　ここで，縦軸に資本と労働の成長率，横軸に産出資本比率（$z=Y/K$）をとった下図を用いて，ソロー・モデルにおける体系の安定性を説明しよう。所得の一定割合が貯蓄され，それが投資に回されると考えると，資本の成長率は，産出資本比率の大きさに対応している。なぜなら，

$$\frac{\Delta K}{K} = \frac{I}{K} = \frac{sY}{K} = sz$$

の関係が存在するからである。

　したがって，次の図が示すように，資本の成長率は直線 KK で示される。労働の成長率は，外生的に与えられる自然成長率 n に等しい水平線 NN である。資本の成長率が労働の成長率を上回っているときには，資本集約度（$k=K/L$）が上昇し，その結果

─────────────────────

8)　貯蓄率が外生的に一定ではなく，第9章で分析するように，異時点間の最適な消費の配分の結果として決定されるとすると，貯蓄率は利子率の関数と考えることもできよう。この場合，金融政策によって利子率を操作することで，貯蓄率に影響することも可能となる。

（生産関数より）産出資本比率 z が低下するから，資本の成長率は労働の成長率に近づいていく。経済は，均衡点 E に安定的に収束する。逆に，資本の成長率が労働の成長率を下回る場合には，労働集約的な技術が用いられ，資本の成長率は労働の成長率に近づいていく。資本と労働の報酬率である利子率と賃金率が，両要素の相対的な希少性を反映して伸縮的に動くことで，資本と労働の円滑な代替が可能となる。

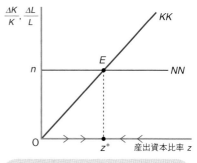

E が長期均衡であり，そこでの z* が
長期均衡産出資本比率である。

体系の安定性：別の図解

8.4　成長会計と技術進歩

さて，ソローの新古典派成長理論における代替可能な生産関数を用いると，現実の成長に各生産要素がどの程度貢献したのか，その寄与度を測定することができる。

すなわち，資本と労働がその限界生産力に応じて報酬を受け取るという前提のもとで，資本と労働の成長における貢献度を測定し，それらでは説明しきれない残差を技術進歩に基づくものであるとみなす。

たとえば，コブ゠ダグラス型（Cobb゠Douglas）のマクロ生産関数[9] を想定しよう。

(20) $$Y = AK^\alpha L^{1-\alpha}$$

ここで，A は生産性の程度を示すパラメーターであり，この水準が増大することが技術進歩に相当する。(20)式を変化率の形に書き直すと，次式を得る[10]。

(21) $$\frac{\Delta Y}{Y} = \frac{\Delta A}{A} + \alpha \frac{\Delta K}{K} + (1-\alpha) \frac{\Delta L}{L}$$

資本と労働に対する報酬が限界生産に応じて分配されると，α は資本の分

配率（rK/Y）に，$1-\alpha$ は労働の分配率（wL/Y）に等しい。したがって，(21)式の生産量 Y，資本ストックの量 K，労働供給量 L の変化率と rK/Y，wL/Y のデータを用いて，A の変化率を計算することができる。これが，技術進歩率の経済成長における貢献分ということになる。K，L の増加によって説明しきれない Y の増加分を，技術進歩による貢献分，全要素生産性（TFP）とみなす。

　このような経済成長の要因分析によると，戦後のわが国の経済成長を支えた大きな要因は，資本ストックの成長および技術進歩率の向上であることが示されている。すなわち，高度成長の秘密は，企業の旺盛な設備投資意欲とそれを可能とした豊富な貯蓄，高い教育水準を備えた良質な労働供給によるところが大きかったが，同時に，近代化した資本ストックに体化された技術進歩，そして一般的な技術水準の順調な上昇によるところも大きかった[11]。

　TFP の伸びは，資本や労働の投入量だけでは計測することができない，全投入要素の生産性の上昇に対する寄与分である。また，産出された付加価値の上昇率から資本・労働などの投入要素の変化率を控除した「残差」でもあり，生産の上昇に寄与する要因のすべてが入り得る。ここには，技術進歩率以外の様々な要因も含まれる。

　たとえば，労働，資本について発生した質的な変化（教育訓練による労働者の能力の向上，最先端の IT 技術を含む設備投資など）が労働者数，資本

9）　「コブ=ダグラス」の名称は，アメリカの上院議員ポール・ダグラスと（Douglas, P.）数学者チャールズ・コブ（Cobb, M. C.）に由来する。ダグラスがアメリカにおいて，国民所得の資本と労働に対する分配率が長期にわたってほぼ一定であることに注目し，数学者コブがこのような事実と矛盾しない関数として，
　　　　$Y = AK^{\alpha}N^{(1-\alpha)}$
　を導出したことによる。経済学では，今では一般に，
　　　　$f(x) = kx_1^{\alpha 1}\, x_2^{\alpha 3}\, x_3^{\alpha 3} \cdots x_n^{\alpha n}$
　の形の関数を「コブ=ダグラス型」と呼んでいる。
10）　(20)式の対数をとると，次式を得る。
　　　　$\log Y = \log A + \alpha \log K + (1-\alpha)\log L$
　　この式を対数微分すると，(21)式が得られる。
11）　技術進歩とは，生産1単位に必要な労働投入量の減少をもたらすような新しい技術の登場を指す。特に，あたかも労働投入量が増大したかのような効果を持つ技術進歩を，労働節約的な技術進歩，あるいは，ハロッド中立的な技術進歩という。

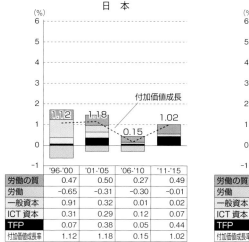

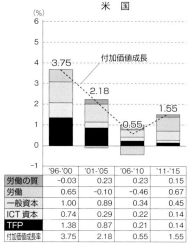

日 本	'96-'00	'01-'05	'06-'10	'11-'15
労働の質	0.47	0.50	0.27	0.49
労働	-0.65	-0.31	-0.30	-0.01
一般資本	0.91	0.32	0.01	0.02
ICT 資本	0.31	0.29	0.12	0.07
TFP	0.07	0.38	0.05	0.44
付加価値成長率	1.12	1.18	0.15	1.02

米 国	'96-'00	'01-'05	'06-'10	'11-'15
労働の質	-0.03	0.23	0.23	0.15
労働	0.65	-0.10	-0.46	0.67
一般資本	1.00	0.89	0.34	0.45
ICT 資本	0.74	0.29	0.22	0.14
TFP	1.38	0.87	0.21	0.14
付加価値成長率	3.75	2.18	0.55	1.55

図8.3　日本の成長会計分析

（原典）　総務省「我が国の ICT の現状に関する調査研究」（平成 30 年）
（出所）　総務省「平成 30 年版　情報通信白書のポイント」

ストック量などのデータに定量的に盛り込まれない場合は TFP の変化とし
て計測され，投入要素の利用方法を改善する IT 化による生産手法の革新な
どもここに含まれる。さらに，産業間の資源配分や企業の参入・退出行動も
TFP として計測されることがある。

Column —— 9　経済成長と生産性

　1990 年代後半からわが国の経済成長率が低下した大きな要因は，生産性の鈍化である。今後のわが国の経済成長にとって，生産性の上昇は重要なポイントである。熟年世代のニーズに適した付加価値の高い財サービスが提供されれば，経済成長は十分に可能である。

　特に，余暇，自然，環境関連の分野では成長が期待できるし，医療，介護などの分野でも需要が大きく増大する。他方で，こうした分野（農業，健康・福祉，公共サービスなどの業種）での生産性はそれほど高いものではない。これらの分野で生産性を高めて，付加価値の高い財サービスを供給できるイノベーションが進展すれば，わが国の経済活性化に寄与する。ただし，市場経済原理では割り切れない安心，安全への配慮が求められる分野が多いだけに，規制改革を大胆に進められるかどうかが，1 つのポイントとなる。

　中村・開発・八木（2017）は，日本で無形資産への投資が十分に行われてこなかったために生産性や成長率が低迷していると指摘する。ここで無形資産は，資本や労働などの経営資源を有効に活用するための仕事の進め方や仕組み，労働者の熟練度，研究開発によって蓄積される知的資産を総称する概念である。技術革新を生産性向上につなげるためには，無形資産への投資が重要だろう。

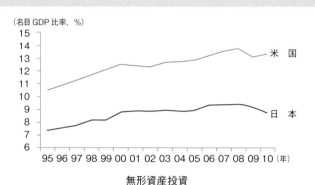

無形資産投資

　（注）　日本は JIP データベースによる計測値。米国は INTAN-invest（企業部門）と SPINTAN（公的部門）による計測値の合計。
　（資料出所）　JIP，INTAN-invest，SPINTAN，IMF
　（出所）　中村康治・開発壮平・八木智之「生産性と経済成長」日本銀行ワーキングペーパーシリーズ No.17-J-17，2017 年 10 月。

まとめ

●投資は，現在の有効需要の一つであると同時に，将来の資本設備を増加させて，供給能力を高める側面を持っている。このような投資の持つ2面性を考慮して，成長理論を展開したのが，ハロッドとドーマーである。適正成長率（資本の完全な稼動のもとで可能となる成長率），自然成長率，そして，現実の成長率の3つが一致していれば，資本も労働も完全に操業・雇用され，均衡成長ができる。しかし，ハロッド=ドーマーの体系では，自然成長率と適正成長率を決める要因が，それぞれ独立に与件として与えられており，両者が長期的に一致するメカニズムは存在しない。したがって，現実の成長もそれらに等しくなる必然性はない。ハロッド=ドーマー理論の特徴は，その不安定性にある。

●金融政策を緩和させて，現実の成長率を高めに誘導し，財政規模を抑制して，適正成長率を高めに誘導し，結果として高い成長が長期的に可能になる。

●ソローの新古典派成長モデルの大きな特徴は，生産において資本と労働とが代替可能である点である。新古典派のモデルでは，要素市場での利子率と賃金率の調整によって，常に資本と労働が完全操業・雇用され，安定的な成長が実現している。なお，長期均衡では，資本集約度は一定であるが，資本ストック，GDP，労働などはすべて n という外生的に与えられる人口の成長率で成長している。

●新古典派成長理論における代替可能な生産関数の導入は，現実の成長に対する生産要素の貢献度を測定することを可能とする。資本と労働がその限界生産力に応じて報酬を受け取るという前提のもとで，資本と労働の成長における貢献度を測定し，それらでは説明しきれない残差を技術進歩に基づくものであるとみなしている。

重要語

□ハロッド=ドーマー・モデル	□必要資本係数	□適正成長率
□ナイフの刃	□自然成長率	□支出成長率
□ソロー・モデル	□マクロ生産関数	□体系の安定性
□成長会計	□技術進歩	

問　題

■1　次のうち正しいものはどれか。

（イ）ハロッド゠ドーマーのモデルでは，現実の成長率と適正成長率，自然成長率は，長期的には等しくなるように投資が調整される。

（ロ）ソローの新古典派成長モデルの大きな特徴は，生産において資本と労働とが代替可能である点である。

（ハ）ソローの新古典派成長モデルでは，貯蓄率の高い経済ほど長期的な成長率も高くなる。

（ニ）ハロッド゠ドーマーのモデルで，政府の消費的な支出を拡大すると，適正成長率は上昇する。

（ホ）ハロッド゠ドーマーのモデルで，緊縮的な金融政策と拡張的な財政政策を併用すると，長期的に高い成長を実現することができる。

■2　ソローの新古典派モデルで考えると，長期的に経済成長率が上昇するものは次のうちどれか。

（イ）貯蓄率の上昇

（ロ）人口成長率の上昇

（ハ）技術進歩

（ニ）消費意欲の増加

（ホ）公共投資の増加

■3　次のようなコブ゠ダグラス型の生産関数を想定する。

$$Y = AK^{0.4}L^{0.6}$$

ここで，Y＝GDP，K＝資本，L＝労働，A＝生産性のパラメーターである。経済成長率が4％，資本の増加率が5％，労働の増加率が1％とすると，技術進歩率（TFP）は何％とみなせるか。

■4　ソロー・モデルを用いて財政政策の効果を考えるとき，以下の文章のうちで正しいものはどれか。

（ア）税率が増加すると，長期的に資本・労働比率（資本集約度）は低下する。

（イ）政府支出の増加は，長期的に資本・労働比率を上昇させる。

（ウ）公共投資の増加は，長期的な成長率を増加させる。

（エ）税率が増加すると，長期的な成長率は低下する。

（オ）税率が増加しても，長期的な資本・労働比率も成長率も変化しない。

■5　成長モデルについて正しいのはどれか

（ア）ハロッド・ドーマーの体系では，自然成長率と支出，適正成長率を決める要因が，それぞれ独立に与件として与えられており，三者が長期的に一致するメカニズムは存在しないが，現実の成長はそれらがすべて等しい条件の下で生じる。

（イ）生産要素間の代替が可能である生産関数のもとでは，資本の成長率が労働の成長率を上回るときには，より労働集約的な技術が採用されることによって，必要資本係数は現実の資本係数と常に等しくなり，労働と資本の完全な稼動が実現する。

（ウ）新古典派の成長モデル（ソローモデル）では，要素市場での利子率と賃金率の調整によって，安定的成長が実現し，長期均衡では資本集約度は一定であり，GDP は外生的に与えられる人口成長率で成長する。

（エ）定常状態での 1 人あたり GDP を最大にするという意味で長期的に望ましい資本蓄積水準は，資本の限界生産＝人口成長率という黄金律の条件で与えられる。

（オ）全要素生産性（TFP）の伸びは産出された付加価値の上昇率から資本・労働などの投入要素の変化率を控除するから，技術進歩率以外の要因は含まれない。

■6　ソロー・モデルを想定する。

$$y = k^{0.5}, \quad s = 0.02, \quad n = 0.05$$

ここで k は資本労働比率，y は 1 人あたり産出量，s は貯蓄率，n は人口成長率である。

長期均衡における資本労働比率を求めよ。

9 経済成長と貯蓄, 投資

第8章でも見たように, 貯蓄, 投資行動は経済成長の源泉である。この章では, 貯蓄・投資の決定メカニズムを理論的に整理するとともに, 経済成長を支えた要因について考えてみる。日本の戦後の高度成長期には, 貯蓄率, 投資率ともに国際的に見てもかなりの高水準が維持されていた。しかし, その後は成長率が低迷するとともに, 貯蓄率, 投資率とも低下している。

---

1. 貯蓄の決定メカニズムを分析して, 貯蓄行動を説明する。
2. 戦後の高度成長期の高貯蓄の原因について考える。
3. 投資決定のメカニズムについて, ケインズ理論と新古典派理論の両方の観点から考察する。また, トービンの q 理論についても説明する。
4. 戦後の高度成長期の高投資の原因について考える。

9.1 消費, 貯蓄決定のメカニズムと経済成長

■ 因果関係 ─────────────────────

これまでの各章で分析したように, 家計の消費, 貯蓄の決定と企業の投資決定メカニズムは, 総需要を決める大きな要因であると同時に, 長期的には経済成長を可能にする重要な役割も持っている。この章では, 貯蓄・投資の決定メカニズムを理論的に分析するとともに, 日本の経済成長を支えたいくつかの政策的, 制度的な要因について考えてみよう。最初に, 消費・貯蓄の行動から分析しよう。

　貯蓄率（＝貯蓄/GDP）の高さは，経済成長率の大きさと対応している。貯蓄と経済成長との関係は，古くから経済学の大きな関心であった。貯蓄は企業の投資資金となり，資本蓄積の源泉となるから，高貯蓄が高成長の原因であることについては，多くの議論の一致するところである。

　第8章で議論したように，近代的な成長モデルの原点であるハロッド゠ドーマーのモデルでは，生産要素間の技術的代替関係は固定されており，経済成長の経路は不安定な性質を持っている。経済全体の資本が完全雇用される適正成長率は，貯蓄率/必要資本係数（資本の対GDP比率）で決められるから，技術的な理由で所与とされる必要資本係数を一定とするとき，貯蓄率が高くなるほど経済成長率も高くなる。

　また，新古典派の経済成長モデルの原点であるソロー・モデルでは，生産要素間の技術的な代替関係が価格に応じて変化する状況を想定しており，資本も労働も完全操業・雇用され，経済成長は市場での価格調整メカニズムを通じて安定的な経路として実現される。資本の限界生産が資本蓄積とともに逓減することで，経済成長率は長期的に人口成長率と技術進歩率に規定される。したがって，長期的な経済成長率は貯蓄率と独立となる。一方，長期的な資本集約度（資本の対労働比率）は貯蓄率の高さで決まるから，貯蓄率の高い経済ほど資本集約度も高くなる。長期均衡への移行過程では，貯蓄率の高い経済ほど，また当初の資本蓄積が低い経済ほど，成長率も高くなる。

　結局，ハロッド゠ドーマー・モデルでも，新古典派のソロー・モデルでも，いずれにおいても貯蓄が高い経済ほど，経済成長あるいは資本集約度，資本蓄積水準も高くなる。

　では，逆の因果関係は成立するだろうか。すなわち，経済成長率が高いほど貯蓄率が高くなるという議論はもっともらしいだろうか。経済成長が進むほど，若い人の所得は増加する。人口構成が若い人に片寄っている人口の若い国の場合には，若い人の貯蓄動向がマクロの貯蓄動向を左右する。後で説明するライフ・サイクル仮説が主張するように，若年世代の貯蓄率が高いとすれば，経済成長率が高いと，貯蓄率の高い若い人の所得の比重が経済全体の所得の中で相対的に重くなり，結果としてマクロの貯蓄率も高くなる。

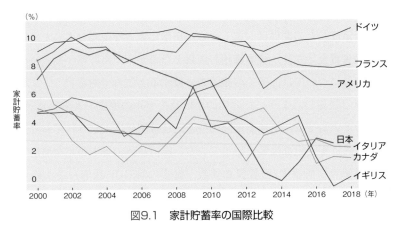

図9.1　家計貯蓄率の国際比較

（出所）　OECD（2019），Household savings（indicator）．doi:10.1787/cfc6f499-en
（Accessed on 22 November 2019）

　ただし，経済成長と貯蓄に正の相関関係があるとしても，その因果関係を現実のデータを用いて，実証的にどちらからどちらへと判断するのは，なかなか困難な問題である。また，国際的な資本移動を考慮すると，自国民の貯蓄が少なくても，外国からの投資資金が多ければ，高い投資活動が可能となる。閉鎖経済と異なり，開放経済では，各国別の貯蓄と投資の相関関係はそれほど高いものではない。

　図9.1は2000年以降の家計貯蓄率を国際比較したものであるが，2000年代に比較的高い経済成長を経験したアメリカの貯蓄率はこの時期に上昇し，経済成長が低迷している日本の貯蓄率は2000年代以降も低下傾向にある。

❖*Close Up*　最近の貯蓄・投資動向

　図1はわが国における最近の家計貯蓄率の動向を示している。2000年代に入っても家計の貯蓄率は低下傾向にあり，最近では3%程度の水準で推移している。また，制度部門別の貯蓄投資バランスを見ると，1990年代前半のバブル崩壊の前後で構造変化が見られる（**図2**）。すなわち，バブル崩壊前には家計部門は大幅な資金余剰（貯蓄超過），企業部門は大幅な資金不足だったが，バブル崩壊後には，家計の資金余剰が徐々に縮小する一方，企業部門の資金不足も縮小した。また，政府部門は88年から91年にかけては資金余剰であったが，バブル崩壊後には不足に転じている。

　また，97〜98 年の金融危機の前後でさらに変化が進んだ。家計部門は一時的に資金余剰を拡大させたが，その後は縮小の一途をたどった。また，企業部門は資金余剰に転じた。政府部門の資金不足は大幅に拡大した。2010 年代に入っても，企業部門の資金余剰と政府部門の資金不足の基調は変わっていない。ただし，2015 年以降はそのギャップが少し縮小する傾向もみられる（図2）。

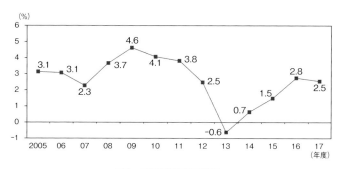

図1　家計貯蓄率の推移

（出所）　内閣府経済社会総合研究所 HP「平成 29 年度国民経済計算のポイント」

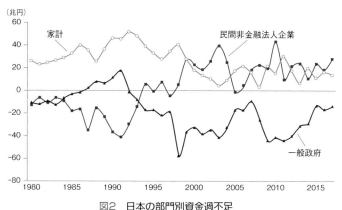

図2　日本の部門別資金過不足

（資料出所）　日本銀行「資金循環統計」
（出所）　脇田　成『日本経済論 15 講』新世社，2019 年

■ 消費・貯蓄決定の経済学

　まず，貯蓄・消費の決定メカニズムをミクロの経済主体（家計）の最適化行動の観点から，分析してみよう。貯蓄は，異時点間の消費の最適な配分を実現するために行われると考えるのが，経済学のもっとも自然な考え方である。

　将来に備えて貯蓄をする一つの大きな理由は, 将来の所得だけでは将来の望ましい消費水準の達成が困難だからである。貯蓄は, 現在の消費を一部抑えて, 将来の消費に振り替えることを意味する。たとえば, 将来に所得の低下が予想される場合, 現在の所得の一部を貯蓄して将来の備えに回すのは, 合理的な行動である。ただし, あまり貯蓄しすぎると, 現在の消費が大きく落ち込むので, その点からは負担になる。したがって, 貯蓄行動は貯蓄する限界的便益と限界的費用とが等しくなるまで行われる。

■ 異時点間の最適化行動

　標準的なモデルでは, 家計の消費関数は, 異時点間の最適化行動の結果として導出される。以下, もっとも単純な2期間の消費・貯蓄の配分モデルを用いて, これを定式化してみよう。

　家計の効用 (＝経済的な満足度) は, 第1期 (現在) の消費 C_1 と第2期 (将来) の消費 C_2 に依存すると考える。

(1)　　　　$U = U(C_1, C_2)$

　(1)式は効用関数であり, 効用はそれぞれの期の消費量の増加関数であり, かつ, 限界効用は逓減すると想定している。家計の第1, 第2期のそれぞれの予算制約式は, 次のように与えられる。

(2)　　　　$Y_1 = C_1 + S$

(3)　　　　$Y_2 + (1 + r)S = C_2$

　ここで, Y_1, Y_2 は各期の (労働) 所得であり, 単純化のために一定であると考えよう。S は貯蓄である。

　(2)式は, 第1期の所得 Y_1 がその期の消費と貯蓄に振り分けられることを意味する。(3)式は, 第2期の所得 Y_2 と第1期からの貯蓄の利子所得と元本が第2期の消費に振り向けられることを意味する。2期間で終わりとなるモデルであるから, 2期目にはプラスの貯蓄をしないで, 過去の貯蓄の元本も

取り崩して消費に充てる。なお，ここでは簡単化のため，子どものための遺産は残さないと考えている。

　これら2式からSを消去すると，次式を得る。

$$
(4) \qquad C_1 + \frac{C_2}{1+r} = Y_1 + \frac{Y_2}{1+r} = Y_p\left(1 + \frac{1}{1+r}\right)
$$

　(4)式左辺で与えられる可処分所得の現在価値は，(4)式右辺で与えられる恒常的水準の所得 Y_p に等しい[1]。恒常的所得は，毎期同じ所得水準を家計が得ているとすれば，どの程度の所得水準が達成可能かを示している。すなわち，(4)式において $Y_1 = Y_2$ と置いたときの所得水準が Y_p である。

　さて，家計は(4)式の制約のもとで(1)式で与えられる効用を最大にするように，第1期と第2期の消費の最適配分を決定する。

■ 恒常的所得仮説

　一般的に最適な消費・貯蓄の組合せは，予算線の傾き（＝利子率）と無差別曲線（＝効用をある水準で固定して，ちょうどそれを維持するような C_1 と C_2 の組合せを求めた曲線）の傾きが一致する点で決められる。

　ここで時間選好率を $C_1 = C_2$ のもとでの無差別曲線の傾きで定義する。すなわち，時間選好率 ρ（ロー）は，将来の効用を現在の効用と比較してどの程度重視しているかを示すパラメーターであり，これが大きいほど，将来より現在の方をより重視している。時間選好率は，消費者が現在消費と比較して将来消費を，どの程度同じものと評価しているかを示す指標である。これが大きいほど，将来の消費水準が現在の消費水準より量的に大きくなければ，納得しないことを意味する。

　ところで，利子率 r が時間選好率 ρ と等しい場合には，図9.2 に示すように，予算制約線 AB と無差別曲線との接点（＝最適点）E は45度線上にある。

1）　恒常的水準とは，ある経済変数が毎期変動しているとき，かりに毎期同じ値をとるとしたときに，現在価値で見て等しい安定的な水準のことを意味する。たとえば，$r=0$ として，$Y_2=0$，$Y_1=10$ とすると，Y_1 は第1期のみしか生じない所得である。かりに毎期同じ所得が発生したとすれば，$Y_p=5$ の水準の所得であれば，現在価値で見て $Y_1=10$，$Y_2=0$ と同じ大きさになる。

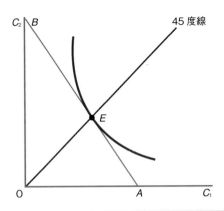

AB 線は，家計の現在価値で見た予算制約式であり，この予算線の上でもっとも効用の高い点が，最適点である。それは AB 線と無差別曲線との接点 E である。

図9.2　貯蓄・消費の決定

したがって，この場合，

(5)　　　　　$C_1 = C_2 = Y_p$

が成立する。家計は恒常的な可処分所得を毎期消費するのが最適になる。

　もちろん，時間選好率と利子率は常に一致する保証はない。一般的に利子率が高いほど，現在の消費よりは将来の消費の方を選好し，逆に，時間選好率の方が高いほど，将来の消費よりは現在の消費の方を選好する。両者がほぼ同じであれば，現在消費と将来消費の変動もそれほど大きくならない。(5)式が成立していない，より一般的なケースでは，利子率が時間選好率よりも大きければ，現在消費よりも将来消費の方が大きくなって，貯蓄も大きくなる。

　所得が大きく変動するのに比べて，消費が時間とともにそれほど変動しない安定的な経済変数であることは，よく知られた事実である。家計は，消費があまり変動しない方が望ましいと考えている。この現象をもっとも単純なモデルで説明するのが，恒常的所得仮説である[2]。

　したがって，貯蓄の最適水準は，貯蓄の収益率が大きくなるほど，時間選

好率が小さくなるほど，大きくなる。このような関係式（家計の最適な消費・貯蓄の配分を決める式）を，オイラー方程式と呼んでいる[3]。

■ **恒常的所得仮説の意義と限界**

恒常的所得仮説は，将来の所得動向が現在の消費・貯蓄行動にも大きな影響を与えることを示している。家計が長期的な視点で最適な消費・貯蓄計画を遂行していると考えると，もっともらしい定式化であろう。

しかし，この定式化は現在価値化された予算制約式のもとで家計が行動しているという想定に依存している。もし，将来所得が不確実であれば，家計が将来所得の収益を当てにして現在負の貯蓄（＝借入）をしようとしても，現実には借りることは困難であろう。そのような流動性の制約が効いている場合には，家計は今期の可処分所得をそのまま消費するしかない。こうした状況では，現在価値化されたストックの予算制約ではなく，毎期のフローの予算制約が，消費・貯蓄の決定に重要な意味を持つことになる。

9.2 日本の家計貯蓄率

データの面で日本の貯蓄率がアメリカなどと比較して高度成長期に高水準であったかどうかには，貯蓄の定義，推計の方法などの相違もあって，疑問の余地もある。しかし，**図9.3**に示すように，先進諸国の中では，日本の貯蓄率が1990年代まで中長期的にかなり高い水準を維持してきたことも確かであろう。本節では，日本の貯蓄率（なかでも家計の貯蓄率）がなぜ高い水準にあったのか，また，なぜその後低下してきたのかに関する代表的な議論

---

2) 恒常的所得仮説では，恒常的な可処分所得からの限界消費性向は，ほぼ1となる。これは，Y_tからの限界消費性向が1以下であるというケインズ・モデルとは，必ずしも矛盾しない。Y_tの上昇はC_tとSを上昇させるから，Y_tの上昇ほどにはC_tは上昇しない。しかし，Y_tの上昇のみでは，Y_pもそれほど上昇しないので，Y_pの変化とC_tの変化とはほぼ同じ大きさになる。

3) 効用関数がある特殊な形をしている場合には，貯蓄の大きさを示す消費の成長率は，貯蓄の収益率と時間選好率の差に比例することが導出される。オイラー方程式については，マクロ経済学の上級のテキスト，たとえば，Blanchard & Fischer（1989）などを参照されたい。

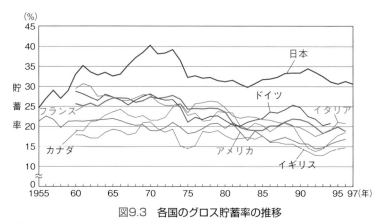

図9.3　各国のグロス貯蓄率の推移

（注）　各国比較に用いたデータの出所は主に OECD「National Accounts」。グロス貯蓄率＝（ネット貯蓄＋資本減耗）/ GNP。

（出所）　日本銀行 HP，調査統計局ワーキングペーパーシリーズ 99-5（1999 年 12 月），「日本の貯蓄は過剰なのか：あるいは欧米主要国の貯蓄が過少なのか」（大山剛・吉田孝太郎）（http://www.boj.or.jp/ronbun/ronbun_f.htm）

を紹介し，その論点を理解することにしよう [4]。

　　高度成長期に日本の家計貯蓄率がなぜ高かったのかについては様々な議論があるが，それらは次のようにまとめられよう。

■　政府との代替

　　第 1 の考え方は，家計の貯蓄が政府の貯蓄を代替しているという議論である。貯蓄は将来の不確実性や老後の備えなどのためになされると考えるのが自然である。政府の社会保障制度などの公的な保障が不十分だと家計が思っていると，自らの貯蓄で将来に備える必要性が高くなるから，民間レベルでの貯蓄が高くなるという考え方である。日本は，欧米諸国と比較すると，家族制度を通じて民間部門が老後の生活補助の大きな部分を担ってきていた。たとえば，老人が家族と同居している世帯の比率は日本では，国際的に見てかなり大きかったが，これは寝たきり老人の介護などの社会保障を公的ではなく私的なレベルでカバーしてきたことの反映であると理解することもでき

---

[4]　代表的な文献としては，小宮（1963），黒坂・浜田（1984），Hayashi（1986），Horioka（1989）などがある。また，宮田（1992）もサーベイ論文として有益である。

る。したがって，公的な社会保障の不足していた分，日本の家計貯蓄率が高かったという議論が出てくる。

　この議論は，経済学的には2つの意味に理解することができる。一つは，政府の貯蓄と民間貯蓄との代替性（あるいは，クラウディング・アウト）である。社会保障，特に年金は公的な貯蓄という性格を持っているから，民間貯蓄はこのような公的貯蓄とは完全に代替的であり，高度成長期に社会保障制度を通じる公的貯蓄が少なかった分だけ，家計の貯蓄が多かったという理解である。とすれば，公的貯蓄と民間貯蓄の総額は一定のはずである [5]。

　もう一つの理解は，公的な支出自体が老後の支出と完全代替関係（あるいは，クラウディング・アウト）にあると考えるものである。誰でも老後に寝たきりになるリスクがある。それに個人的に対応しようとすれば，多くの費用がかかる。そのような老後の備えのために，家計は若いときに貯蓄するという考え方である。したがって，政府が老人に対する公的な支出・サービスを充実させれば，家計の貯蓄は減少するだろう。さらに，老後の政府支出が将来に対するリスクを軽減して，現在の家計の消費を刺激し，貯蓄を代替する可能性も考えられるだろう [6]。

　政府の制度や支出と家計の貯蓄との代替関係に注目するのは，もっともらしい議論である。日本の貯蓄率の高さにこのような要因が量的にどれだけ貢献しているかは，疑問もある。1970年代から日本の社会保障制度は整備されてきた。寝たきり老人の介護などいまだ家庭中心の側面も見られるが，少なくとも年金の水準など制度面では欧米諸国と同じ水準にまで到達したということもできる。その1970年代後半時点でもなお欧米諸国よりも高かった貯蓄率を説明する理由としては，この考え方はいまひとつ説得力に欠ける。

---

5)　家計が私的な貯蓄とともに，年金基金を完全に代替的な貯蓄とみなし，統合して貯蓄行動を行うという仮説は，「統合命題」と呼ばれている。本間他（1987）の実証分析によると，高度成長期においては，公的年金貯蓄と家計貯蓄の代替性はほぼ完全に成立していたが，1973年以降ではこの代替関係ははっきりしなくなってきている。これは，年金財政方式が積立方式から賦課方式に移行してきたためであると考えられる。

6)　社会保障制度に限らず，ゲートボール施設など老人を対象とした公共支出を拡大すると，老年期の消費を刺激し，それに備えて，青年期の貯蓄も刺激するという効果も考えられる。つまり，第2期の消費を直接刺激するような政府支出は家計の貯蓄を刺激し，逆に，青年期の消費を刺激するような政府支出は家計の貯蓄を抑制する効果を持っている。

ただし，1980年代以降日本の社会保障制度が量的にも拡充するにつれて，貯蓄率が低下してきたのは，こうした仮説でも説明することが可能であろう。

■ ボーナス仮説

　第2の考え方は，ボーナスの重要性を考慮する議論である。日本のサラリーマンは，年収のかなりの部分をボーナスに頼っている。ボーナスは毎月の給料とは別扱いであり，ボーナスから貯蓄に回される割合（＝貯蓄性向）は高い。家計が毎月の給料で消費し，ボーナスで貯蓄するとすれば，ボーナスの比率の高い日本の家計は欧米諸国よりも，貯蓄率が高くなる。

　この考えが意味を持つためには，一つには流動性の制約が効いている必要がある。なぜなら，ボーナスと毎月の所得とで片寄りがあっても，それが事前にわかっている限り，ボーナスを当てにして毎月の所得以上に月々消費することができるからである。月々は所得以下でしか消費できないとすれば，それはある時点で所得以上に消費するためにお金を一時的に借りることが，困難であるからにほかならない。これを，家計が「流動性の制約にある」と呼んでいる。

　ボーナス月のみに消費を極端に拡大しても，消費の拡大から得られる限界効用は逓減するので，それほど効用の増加は大きくない。したがって，全体としての消費水準は抑制され，貯蓄が刺激される。資本市場が完全であり，個々の家計にとって，一定の利子率で自由にお金を貸し借りできるとすれば，このような流動性の制約は生じない。

　しかし，流動性の制約が存在しなくても，所得に伴うリスクが毎月の給料とボーナスとで異なれば，ボーナス仮説を合理的に説明することができる。ボーナスは景気によってその大きさが変動する不安定な所得であるから，恒常的な所得である毎月の給料よりもその貯蓄性向が高くなる。なぜなら，消費水準を恒常的所得に対応させる方が長期的には合理的だからである。とすれば，ボーナス比率の高い日本の家計の方が国際的に見て貯蓄率も高くなる。

　ボーナスは確かに事後的データの上では，家計の貯蓄の源泉ともいえるほどの重要な地位を占めていた。さらに，流動性の制約もサラ金の高金利に象

徴されるように，現実には無視できないだろう。またボーナスは景気とともに大きく変動するリスクの大きな所得であることも，確かである。ボーナス仮説にはそれなりのもっともらしさがある[7]。

しかし，ボーナスの金額は変動するとはいっても，大体の大きさは前もって予想することが可能である。日本経済がマクロ的に高度成長してきた1970年代前半までの期間では，ボーナス金額も順調に増加しており，毎月の給料との質的な相違はそれほどないと考えることもできる。また，1970年代後半以降は，預金口座を活用しての当座貸越やクレジットカードの利用も普及し，ボーナスを当てにしてローンを設定することも珍しくなくなっている。したがって，以前ほどには流動性の制約も効いていないだろう。

言い換えると，1970年代前半まではリスク要因があまり重要とも思われないし，1970年代後半からは流動性の制約があまり効いてこなかった可能性が高い。ボーナスからの貯蓄が大きかったからといって，高度成長期の日本の貯蓄率の高さがそれで説明できることにはならない。

■ 目標資産仮説 ─────────────────────────────

第3の考え方は，戦後の出発点での資産水準の低さに注目する目標資産仮説である。この考え方によると，家計はある最適な資産の目標水準を持っており，その資産水準を達成すべく貯蓄を行う。言い換えると，現在の資産水準と目標とする資産水準のギャップが大きいほど，フローの貯蓄率も高くなるという考え方である。ところで日本の場合には，第2次世界大戦による物理的な破壊と戦後直後の猛烈なインフレーションによって，それまでの家計の実物，金融資産が壊滅的に減少してしまった。ある望ましい資産水準を将来保有しようとすると，急激に資産の増加を行う必要に迫られた。

確かに，目標資産蓄積水準とのギャップの大きい家計ほど貯蓄率も高くなるのは，もっともらしい考え方である。マクロで見ると資産水準が著しく改

---

7) Ishikawa & Ueda（1984）は，ボーナスから消費に回る割合は，定期収入から消費に回る割合よりも有意に低く，ボーナス制度の存在によって貯蓄率が上昇したことを検証している。高山編（1992）も，同様の結果を得ている。

善されたとはいえ，現在でもより質の高い住宅を購入するため，最大限の貯
蓄をし，消費を切り詰める家計も見られる。

　事実，図9.3 に見るように，第2次世界大戦によってわが国同様資産水準
が大きく減少したと思われる，他の敗戦国であるイタリアや旧西ドイツの貯
蓄率は，国際的にもかなり高い。また，1970年代に石油ショックによる狂
乱物価（＝猛烈なインフレーションの進行）によって実質的な資産の目減り
が生じた時期にも，家計の貯蓄率は上昇した。その意味では，目標資産仮説
は有力な考え方である。わが国の家計が資産を蓄積するにつれて，貯蓄率が
低下傾向を示しているのも，この仮説で説明できる。また，この考え方は，
消費水準が所得とともに実質資産残高にも依存するというピグー効果や後で
説明するライフ・サイクル仮説とも対応している。

　しかし，マクロ的に資産の目標水準が何であるのか，明示することが困難
であるという弱点も持っている。

■ ライフ・サイクル仮説と人口的要因

　第4の考え方は，人口的要因に注目するものである。国際的に同じ年齢に
属するすべての人が同じ貯蓄行動をとったとしても，国によって人口構成が
異なれば，マクロの貯蓄率は異なることになる。

　9.1節の恒常的所得仮説でも説明したように，人々は生涯の予算制約のも
とで消費と貯蓄の異時点間の最適な配分を実現するように，貯蓄を決める。
貯蓄行動を説明する有力な仮説であるライフ・サイクル仮説によると，生涯
の所得を死亡時点ですべて使いきってしまうのが最適であるから，若くて働
いているときには貯蓄をし，老後に引退するときには若いときの貯蓄からの
所得を食いつぶす[8]。したがって，この場合の消費は，毎年の可処分所得と
ともに，その時点での資産の蓄積水準にも依存する。

　すなわち，若い時期には可処分所得からの一定割合を貯蓄する要因が支配

---

8) 恒常的所得仮説もライフ・サイクル仮説も，長期的な現在価値化された予算制約式のもとで最適
　な消費・貯蓄行動を決定するという意味では，同じ定式化で考えることができる。ただし，恒常的
　な所得の場合には，変動している所得と安定的な所得との区別が強調され，ライフ・サイクル仮説
　の場合には，労働所得と引退後の労働所得ゼロとの区別が強調される。

的となるために，プラスの貯蓄をする。老年になると，資産蓄積水準が大きいので，そこから消費を食いつぶす要因が支配的になる一方，毎年の可処分所得は小さくなるので，プラスの貯蓄をする行動はなくなる。

　言い換えると，ライフ・サイクル仮説のもとでは，若い人（＝労働供給をする家計）が貯蓄し，老人（＝引退した家計）は負の貯蓄をするという行動が最適解として導出される。ところで，日本の人口構成を見ると，戦後のベビーブームを経て，1980年代まで若年層が大きな比重を占めていた。若い人の多い国では貯蓄する人が多くなるから，マクロの家計貯蓄率も大きくなり，逆に老人の多い国では消費する人が多くなるから，マクロの家計貯蓄率は小さくなる。戦後の日本の人口構成が高度成長期に若年世代中心であったことが，マクロの貯蓄率を国際的に高くした要因であると考えられる。

　ミクロとマクロの集計の問題に注目しているこの仮説は，もっともらしい考え方である。人口構成の相違はマクロレベルでの貯蓄率に大きな影響をもたらす。国際的に見ても人口構成の若い国ほど貯蓄率が高くなる傾向は，ある程度見られる。わが国でも高齢化が進むにつれて，貯蓄率は低下している。しかし，この考え方にも反論の余地はある。日本では老人世代になっても，貯蓄率はそれほど低下していないという可能性である。

　ライフ・サイクル仮説が想定しているのとは異なり，老人はすべての資産を生涯の間に使いきってしまうのではなく，貯蓄をしながら生涯を終える（＝子どもに遺産を残す）ケースが，多く見られる。標準的なライフ・サイクル仮説が成立していれば，人口構成の変化は貯蓄率を変化させる大きな要因となるが，もしライフ・サイクル仮説が成立せず，貯蓄行動が年齢とそれほど大きく関係しなければ，人口構成が変化しても，マクロ的に貯蓄率が大きく変化することにはならない。

　人口構成の将来の変化に関しては，ある程度の確度を持って予想することができる。各世代別の死亡率については安定的なトレンドが見られるし，出生率についても，それほど大きな変動は考えられないからである。したがって，これから高齢化社会のピークを迎える日本の貯蓄率が急激に低下するかどうかも，ライフ・サイクル仮説の妥当性にかかっている。この点について

は現在様々な研究が進行中であり，必ずしも一致した結論は得られていない。

たとえば，上述したような**遺産行動**をどう理解するかも，重要な論点となる。遺産が高齢者の意図した遺産であり，それが将来世代のことを思っての利他的な行動であるとすれば，世代間での所得再分配を考慮して消費・貯蓄行動が決まるから，ライフ・サイクル仮説は成立せず，人口構成で貯蓄率の相違は説明できないことになる[9]。逆に，死亡時期が事前にわからないことで生じる遺産のように，意図せざる遺産の場合は，ライフ・サイクル仮説と整合的である。

ホリオカ=新見（2017）によると，（1）日本では，働いている高齢者世帯は正の貯蓄をしているものの，彼らの貯蓄率は若い世帯よりも低い。一方，退職後の高齢者世帯の貯蓄率は大きく負である，（2）退職後の高齢者世帯が資産を取り崩す傾向は年々緩やかに強まっており，この傾向は主に社会保障給付の削減によるものである，（3）退職後の高齢者世帯は，資産を取り崩してはいるが，取り崩し率は最も単純なライフ・サイクル仮説が予測しているほど高くはなく，これは主に予備的貯蓄と遺産動機の存在によるものであることが示唆される。

したがって，世代間での所得移転がどの程度どういうメカニズムで行われているのかを，理論的，実証的に分析することが，今後ますます重要になってくる。

Column ── 10	負の貯蓄率

　2013 年度に，家計の可処分所得からどれだけ貯蓄に回したかを示す家計貯蓄率はマイナス 1.3％ となった。比較できる統計がある 1955 年度以降，マイナスは初めてであった。これは，高齢化が進んだうえ，消費増税前の駆け込みで消費が伸びたためである。その後貯蓄率はプラスになったが，それでも 3％ 程度の低水準となっている。今後とも高齢化が進展して，貯蓄を食いつぶす高齢者が多くなると，貯蓄率がマイナスになるのはあり得るだろう。負の

---

9) この点は，第 12 章におけるバローの中立命題を参照されたい。

貯蓄率といっても，すべての家計がマイナスの貯蓄をしているわけではない。若年世代は，老後に備えて正の貯蓄をするが，老年世代が貯蓄を取り崩して消費するため，集計されたマクロの家計全体では貯蓄がマイナスになる。

　家計部門の貯蓄がマイナスになると，経済全体で考えると，外国から資本を借り入れるか，企業の投資資金需要がマイナスになるか，政府部門での財政収支が黒字になるか，のいずれかが生じていることになる。これは，ストックの蓄積の観点から見ると，対外資産の蓄積が減少するか，私的な資本ストックが減少するか，公債という公的な資産が減少するか，のいずれかが対応している。つまり，ストック大国の拡大には，逆の方向に働く。

　　したがって，それまでのストックの蓄積の内容が不十分であると予想されるなら，家計部門の貯蓄率がマイナスになる前に，貯蓄を有効に活用する方向での，ストックの形成およびその望ましい中身への調整が重要な政策課題になるだろう。

■ 貯蓄美徳仮説

　第5の考え方は，貯蓄を美徳とする精神を重要視するものである。日本では伝統的に貯蓄が美徳とされ，節約が好ましい生活慣習として子どものときから教育されてきたので，貯蓄率も高くなったという議論である。確かに，日本のみならず儒教精神が有力と思われる東アジア諸国の貯蓄率は，おおむね高い。家計が貯蓄するかどうかは，現在の消費と将来の消費のどちらを重要視するかという価値判断の結果とも解釈できるから，儒教精神が貯蓄を美徳とする価値判断に基づくものであり，それが支配的な生活慣習であれば，貯蓄率は高くなるだろう。

　この考え方も，その意味ではもっともらしい。しかし，あまりこの点を強調すると，貯蓄の問題は経済学の分析では処理できない問題となってしまう。わが国でも江戸時代には，「宵越しの金は持たない」という言葉に代表されるように，貯蓄を美徳とする風潮が支配的とはいえなかった。明治以降に，貯蓄増強が政策的に鼓舞されたのは事実であるが，それを儒教的な精神の普及によるものとみなすのは，問題があるかもしれない。

表9.1　高貯蓄の説明：まとめ

考 え 方	特　　徴	問 題 点
政府との代替仮説	公的な社会保障が不足しているから，その分だけ家計の貯蓄が政府の貯蓄を代替している	1970年代後半以降，社会保障制度が整備されても高貯蓄は続いた
ボーナス仮説	ボーナスの比率の高い日本の家計の貯蓄率は高い	流動性制約，所得のリスクという要因が重要かどうか
目標資産仮説	戦後当初の資産蓄積が低かったので貯蓄率が高くなった	戦後50年たっても当初の低い水準で現在の貯蓄率を説明できるか
ライフ・サイクル仮説	貯蓄の主体である若い世代の比率の大きかった高度成長期の日本で貯蓄率が高くなった	老人世代でもかなりの貯蓄をしている
貯蓄美徳仮説	伝統的に貯蓄が美徳とされ，多くの貯蓄をする生活習慣があった	戦後の高貯蓄の時期に特に儒教精神が普及したわけではない

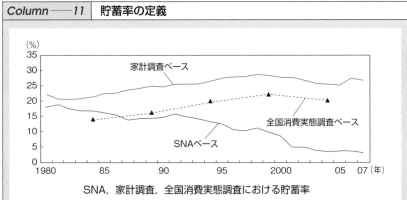

Column——11　貯蓄率の定義

SNA，家計調査，全国消費実態調査における貯蓄率

(注)　内閣府「国民経済計算」，総務省「家計調査」，「全国消費実態調査」により作成。家計調査，全国消費実態調査は世帯人員が 2 人以上の勤労者世帯。家計調査の貯蓄率は，1999 年までは農林漁家世帯を除くベースで，2000 年以降は農林漁家世帯を含むベース。SNA ベースの貯蓄率は，1995 年までは旧基準の値を接続している。
(出所)　平成 21 年版「経済財政白書」
(http://www5.cao.go.jp/j-j/wp/wp-je09/pdf/09p03031.pdf)

　貯蓄率は，フローの貯蓄を可処分所得で除したものとして定義される。そうして計算した貯蓄率の推移について，「国民経済計算」（SNA），「家計調査」や「全国消費実態調査」を用いたものがある。

　SNA ベースの貯蓄率は 1990 年代以降，一貫して低下している。しかし，「家計調査」や「全国消費実態調査」から作成された貯蓄率は高いままで推移し，

> むしろ 1990 年代以降漸増傾向を示している。「家計調査」と「全国消費実態調査」はおおむね同様の動きを示しているが，SNA と「家計調査」の水準と挙動の差については，(1)「家計調査」の貯蓄率は 2 人以上の勤労者世帯について集計されているのに対し SNA はすべての家計が対象のためサンプルのカバレッジが異なる。(2) 帰属家賃の取扱いなど両者の貯蓄の概念が異なる，(3)「家計調査」では耐久財消費などが十分捕捉しきれていない可能性がある，などの説明が考えられる。
>
> 　マクロの貯蓄率で国際比較を行う場合には，SNA にもとづく貯蓄率がもっともらしい。

9.3　投資決定のメカニズム

■ 投資の種類

　投資は，設備投資，在庫投資，住宅投資などのいくつかの種類に区別できる。

　在庫投資は，製品や原料を在庫として保有するものであり，生産と販売とのギャップを埋めるために行われる。在庫投資には，ある適正水準の在庫を維持するように行われる「意図した」在庫投資と，予想外に販売が不振だった結果，在庫が積み上がる「意図しない」在庫投資とがある。在庫投資は販売の動向を先取りする動きを示すから，景気の先行きを示す重要な指標である。ただし，最近では，技術革新の結果，在庫の管理がより効率的になり，必要最小限の在庫しか持たないで，在庫コストを削減する動きが見られるようになり，以前ほどには在庫投資は大きく変動しなくなった。

　住宅投資は，住宅建設のための投資である。これは，企業独自の投資というよりは，住宅を保有する家計のための投資と考えることもできる。家計の住宅投資も企業の設備投資と同様のメカニズムで分析することも可能であるが，それとともに人口学的な要因に依存する面も大きい。また，地価の上昇期待や住宅ローン金利の動向などにも大きく左右される。

　設備投資は量的にも大きな比重を占めており，企業の資産蓄積（資本スト

ックの拡大）の観点からもっとも重要な投資である。これは資本ストックを増加させる投資であり，この投資が活発に行われるほど，マクロ経済の供給能力が増大する。設備投資は，経済のマクロ的動向を理解するためにもっとも重要な要因の一つである。

　以下，この節では設備投資を念頭において，企業の投資行動を検討していきたい。

■ ケインズ的投資理論

　投資の理論にはいくつかの考え方がある[10]。それらは，大きく分けると，ケインズ的理論と新古典派的理論に分類できる。ケインズ的投資理論は，資本ストックが投資として生産活動に投入される際に，その企業特有の投資のノウハウなど何らかの非市場的な要因が重要であり，その結果新しい資本ストックとすでに企業内に据え付けられた資本ストックとは，別の財となることを強調する。投資の最適水準は，**図9.4**が示すように，投資の限界効率と投資の限界費用とが一致する点である。

　ここで，投資の限界効率とは，1単位の追加的な投資によってどれだけ企業の収益の現在価値が限界的に増加するかを示すものであり，投資の限界費用は，1単位の追加的な投資によってどれだけ追加的なコストが増加するかを意味する。ケインズ理論では，投資の限界効率は，(1)その投資によって生産能力がどれだけ増加するか，また，(2)それによって市場でその企業の売り上げがどれだけ増加するかに依存する。前者は，生産関数に関する技術的な要因と，投資の調整費用（新しい資本を生産ラインに投入して，使いこなせるようにするために必要なコストなどの資本ストックの据え付けに伴う様々な非市場コスト）に依存する。後者は，一般的にはGDPの将来の動向についての期待に依存すると考えられている。

　また，投資の限界費用は投資資金の借入コストであるから，市場利子率に対応する。さらに，資金市場が信用割当の状態にあって，一定の利子率でい

---

10)　投資理論のより立ち入った説明は，たとえば吉川（1987）などのマクロ経済学の研究書を参照されたい。

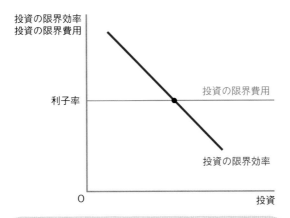

投資の限界効率は，投資量の減少関数である。投資の限界費用は利子率で与えられる。両曲線の交点が，最適な投資水準を決める。

図9.4　ケインズ的投資理論

くらでも借り入れることができないときには，どれだけ借り入れられるかというアヴェイラビリティ（資金の利用可能性）も，重要な説明変数となる。

　ところで，ケインズ理論の大きな特徴は，投資の決定に際して，投資の限界効率が重要な影響を持ち，投資の限界費用の方はあまり重要ではないと想定している点である。投資の限界費用である利子率が上昇しても，投資需要はそれほど抑制されない。言い換えると，投資の利子弾力性はかなり低いと想定されている。

　したがって，ケインズ理論では「アニマル・スピリッツ」と呼ばれる企業家の将来に対する期待が，投資決定で重要な役割を果たす。わが国の高度成長のように，毎年マクロ経済全体で総需要の伸びが大きい状況では，投資意欲も旺盛となり，それがさらに経済を成長させて，投資をますます刺激するというプロセスをつくり上げる。その意味で，ケインズ的な投資理論は，高度成長期の投資行動を説明するものとして，広く受け入れられてきた[11]。

　たとえば，次のような投資関数がその例である。

(6)　　　　$I = \alpha Y_{-1} - \beta r$

　　ここで，I は投資水準，Y_{-1} は前期の GDP，r は利子率である。前期の GDP が高いと，今期の投資が刺激される。α はアニマル・スピリッツの程度を示すパラメーターである。β は利子率に対する反応の大きさ（＝投資の利子-弾力性の程度）を示す。

■ 新古典派の投資理論

　　新古典派の投資理論は，新規の資本ストックとすでに企業に据え付けられている中古の資本ストックとの差を重視しない理論である。投資の意思決定それ自体よりも，既存の資本ストックも含めて生産に投入される資本が最適水準にあるかどうかが問題とされる。これは，資本の最適水準が先にあって，それへの調整過程として投資行動を捉えるものである。すなわち，図9.5 が示すように，資本ストックの最適水準は，資本の限界生産と資本の限界費用とが一致する点で求められる。

　　資本の限界生産とは，資本ストックを 1 単位増加させたときの生産の増加分を市場価格で評価したものであり，資本の限界費用は資本ストックを 1 単位市場でレンタルしたときの借入コストを意味する。企業は，資本ストックの中古市場でいくらでも資本ストックを借り入れることができるから，資本の限界生産が限界費用を上回る限りは，市場からの資本の借入を増加させる。均衡では常に最適な資本ストックを保有していると想定されている。

　　したがって，新古典派理論では，投資行動それ自体はあまり重要ではなく，最適な資本ストック水準がどのような要因で決まるかに関心がある。言い換えると，新古典派理論では投資ではなく，資本ストックの最適水準に主として関心がある。たとえば，資本の限界費用である資本コストが税制によってどのように影響され，その結果として最適資本ストックがどの程度変化するかが，分析されてきた[12]。

11）　香西（1981）を参照されたい。

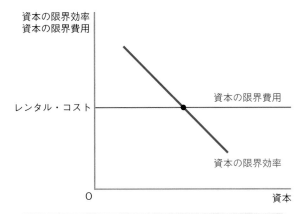

資本の限界生産は，資本ストックの減少関数である。資本の限界費用は資本ストックのレンタル・コストで与えられる。最適な資本ストックは，両曲線の交点で求められる。

図9.5 新古典派の投資理論

■ ストック調整原理による投資理論 ──────────

新古典派の投資理論では，最適な資本ストックと現実の資本ストックのギャップが存在することは説明できても，どのようなスピードでそれを埋めるように企業が行動するかは，説明できない。これを解決する一つの便法は，投資水準が最適資本ストックと現実資本ストックのギャップの大きさと正に相関を持っていると考えるものである。すなわち，最適資本ストックが現実の資本ストックを上回る程度が大きいほど，投資水準も高くなるという考え方である。

たとえば，次のような投資関数がその例である。

(7)　　　　$I = \lambda (vY - K)$

ここで，vY は最適な資本ストックに対応しており，最適資本ストックが

---

12)　資本コストとは，資本設備を生産に用いるためのコストをまとめたものであり，資本のレンタル価格に対応する概念である。すなわち，資本コストは採算上最低限必要とされる課税前の収益率に相当する。新古典派の投資理論の代表的な論文は Jorgenson（1963）である。なお，法人税率の上昇や投資減税などの優遇税率の低下などは，資本コストを上昇させて，最適資本ストックを減少させるから，投資にもマイナスに働くとされている。

GDP とある一定の関係になることを意味する。λは，最適資本ストックと現実の資本ストックとのギャップを調整するスピードを表している。

これは，ストック調整原理による投資理論であり，投資関数を実証分析で検証する際に，かなり一般的に用いられている。この考え方は，λが外生的に与えられているという点で，理論的にあまり優れたものではないが，実際にデータを用いて検証してみると，うまく現実を説明できるというメリットを持っている。

9.4 投資の q 理論

■ トービンの q

これまで見てきたように，ケインズ的な投資理論と新古典派の投資理論は，かなり性格を異にするものであるが，両者の理論的関係を明らかにしたものに q 理論がある[13]。q 理論は，投資の限界効率を計算する際に，株式市場での企業の評価に注目する。すなわち，トービンの q は，

$$q = \frac{\text{株式市場における企業の市場価値}}{\text{資本ストックの再取得価格}}$$

で定義される。分子は，株式市場での企業の評価額であり，株式市場が評価する企業の将来収益の現在価値を意味し，分母は，企業が現在保有している資本ストックを中古市場で売り出したときの評価額である。

$q > 1$ のとき，株式市場では企業全体の価値として，その企業内部の資本ストックを，資本ストックの市場価値よりも高く評価しているから，投資を行うことで，企業の価値が増加する。これは，企業内での経営上のノウハウなど市場化できないメリットを反映している。ケインズ理論では曖昧であったアニマル・スピリッツ（＝主観的な投資意欲）に依存していた投資の限界効率を，株式市場での客観的な評価に置き換えることで，ケインズ的投資関

---

13) q 理論については，Tobin（1969），Yoshikawa（1980），Hayashi（1982）などが基本的な文献である。

数をより明快な概念に発展させている。

たとえば，次のような投資関数がその例である。

(8) $\qquad I = \phi(q-1)$

ϕ は，トービンの q が 1 よりも大きいときにどの程度の投資が行われるかを示すパラメーターである。

ただし，投資行動として通常想定しているのは，企業をそっくり購入するという企業買収ではなく，追加的な資本ストックの蓄積であるから，q 理論でも限界的な q の概念（＝追加的な投資による企業価値の上昇/投資コスト）に対応している。すなわち，投資行動を理論的に説明するには，追加的な資本ストックの購入による将来収益の増加の株式市場での評価が重要となる。しかし，株式市場での評価は，既存の資本ストックからの利益の現在価値をも含むものであるから，新規投資からの将来収益の評価だけを抽出するのは，一般的に困難である。

この問題に対しては，ある一定のもっともらしい条件（1 次同次の投資調整関数）のもとで，追加的な資本に対する限界的市場評価＝投資の限界効率と投資コストとの比率（限界の q）と観察可能な上で定義した評価比率（平均の q）とが，一致することが示されている[14]。この条件のもとでは，平均の q が 1 よりも高いときに，投資が刺激される。したがって，株式市場での評価をもとに客観的データで計算される平均の q を求めて，それが投資を刺激しているかどうかを推計することが可能となる。

■ q 理論の実証分析 ───────────────

q 理論は，ミクロ的基礎を持つ投資理論であり，投資行動が q という 1 つの観測可能な経済変数に集約できるという特徴を持っている。したがって，投資行動を実証的に検証する場合に，大変有益な理論的アプローチである。q という 1 つの変数が計算できれば，後はこの q のデータを投資データと対

---

14) Hayashi（1982）を参照されたい。

応させて，q のデータで現実の投資行動が説明できるかどうかを，統計的に検証すればよいからである。投資行動に重要な影響を与えると思われる企業家の期待という主観的な変数を，データからつくり上げるという作業をしなくてもすむ。そのため，実証分析において，q 理論は多くの研究者の注目するところとなり，数多くの計測結果が報告されている [15]。

■ q 理論の問題点

これまでの q 理論に基づく投資行動の実証研究では，かなりもっともらしい推計結果も得られている。しかし，吉川（1992）がまとめているように，いくつかの問題点も明らかになっている。

すなわち，第1に，ほとんどの q 理論による投資関数の推定では，今期の q とともに前期までの q のラグ付きの変数を含めた方が，推定結果が良くなっている。理論的には，今期の q のみが投資を説明すべき説明変数として，推定式に入るべきであるが，実際には過去の q が今期の投資の説明変数として有意に効いている。

第2に，q 理論による投資関数の推定結果を，新古典派モデルの単純なストック調整原理型の投資関数の場合と比較すると，推定結果で判断して，q 理論の方が現実のデータとの当てはまりの点で良くないことが多い。

第3に，投資関数の説明変数として，q のデータの他に，別の経済変数を加えると，むしろ q が説明変数として有意でなくなり，他の新しく加えた経済変数のみが有意となるケースが生じる。特に，利潤率や稼働率といった企業の期待を反映すると思われる別の変数を入れてみると，q ではなくで，そうした変数の方がより現実の投資の動きをうまく説明できることが多い [16]。

第4に，q 理論は，資金調達市場での完全情報を仮定しており，資金調達

---

15) 米沢・丸（1984）は，企業の再取得価値を計算する際に，企業の保有している土地，金融資産の取扱いに注意を払って計測し，q 理論の実証分析を行っている。それによると，q の係数の符号条件は理論的仮説と一致しており，決定係数もアメリカにおける計測結果と同じレベルにある。また，アメリカでの結果と同様，ダービン＝ワトソン比が小さく，1階の残差にプラスの系列相関があることを示している。ただし，推定された q の値そのものを見ると，1974年度を除いてすべて1より小さくなっており，問題が残ると推定者自身が指摘している。

表9.2 投資理論の比較：まとめ

	ケインズ理論	新古典派理論	トービンの q
特 徴	新しい資本と古い資本を区別，企業家の将来に対する期待（アニマル・スピリッツ）を重視	新しい資本と古い資本を区別しない，最適な資本ストックへの調整過程として投資を理解	主観的な評価である投資の限界効率を，株式市場での客観的な評価に置き換えて，ケインズ理論を発展させた
投資関数の定式化	$I=\alpha Y_{-1}-\beta r$ I：投資 α：アニマル・スピリッツの程度 β：利子率に対する反応の程度 Y_{-1}：前期の所得	$I=\lambda(vY-K)$ λ：資本ストックの調整のスピード v：最適資本ストック Y との比率 K：資本 Y：国民所得	$I=\phi(q-1)$ ϕ：トービンの q が1より大きいときに投資が行われる程度を示す
問 題 点	投資の限界効率が主観的な要因に依存	最適な資本から最適な投資を導出するプロセスが恣意的	限界の q と平均の q とは一般的には一致しない

方法の違いは，設備投資行動に影響を及ぼさないという理論的構成になっている。不確実性や流動性制約などを明示的に考慮して，q のデータに加える方が，不完全な市場での投資行動をより描写できるという指摘がある。

9.5 高投資の原因

■ 高い投資の限界効率

先進諸国間で投資率の推移を見ると，**図9.6**に示すように，1990年代までわが国の投資水準はきわめて高かった。ただし，この数字はマクロの投資率であり，民間投資とともに公共投資も含んでいる。特に，1990年代後半は公共投資がマクロ投資率を下支えした。その後，経済成長が低迷するとと

16）こうした問題点を，q 理論と整合的に解決しようとする試みも最近ではいくつか報告されている。特に，吉川（1992）では，企業が投資の意思決定を行ってから，その投資が実際に完成し，資本ストックの一部として生産に寄与するまでに時間がかかる点を考慮して，標準的な q 理論を修正し，この問題に一つの回答を与えている。

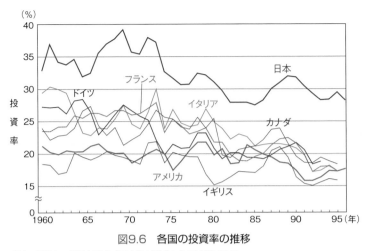

図9.6　各国の投資率の推移

(注)　投資率＝総資本形成（固定資本形成＋在庫純増）/GNP
(出所)　日本銀行HP，調査統計局ワーキングペーパーシリーズ 99-5（1999年12月），「日本の貯蓄は過剰なのか：あるいは欧米主要国の貯蓄が過少なのか」（大山剛・吉田孝太郎）
（http://www.boj.or.jp/ronbun/ronbun_f.htm）

もに，企業の投資意欲も減退傾向を示している。

　わが国で民間設備投資水準が高かった理由については，いくつかの説明がある[17]。それらを簡単に整理してみよう。ケインズ的な投資関数を前提にしても，新古典派の投資関数を前提にしても，定性的には投資あるいは最適な資本ストック水準は，同じような経済的要因で影響されるだろう。すなわち，投資が促進されるためには，投資の限界効率が高いか，あるいは投資の限界費用が低いことが必要である。まず，前者から見ておこう。日本で投資の限界効率が高かった理由としては，いくつかの説明が可能である。

　第1に，戦後当初の資本ストックの水準が低く，資本の限界生産が技術的にも高かったことが考えられる。戦後の経済復興において，アメリカやヨーロッパ諸国よりは少ない資本ストックから出発したために，投資の限界効率がそもそも高かったという理解である。

　第2は，アメリカやヨーロッパ諸国から進んだ技術を取り入れることがで

---

[17]　吉川（1992），黒坂・浜田（1984），Balassa & Noland（1988）などが有益である。また，日本でのサーベイ論文としては，本間他（1989），浅子・國則（1989）などが有益である。

きたために，生産関数が資本の限界生産を刺激する方向でシフトしたからという理解もあろう。

第3として，政府によるリスクを伴う研究開発などに対する助成が考えられる。投資は1つの企業にとってかなりリスクを伴う経済活動であるが，政府がそのリスクをカバーする政策をとれば，企業にとって投資の限界効率は上昇するだろう。

第4は，朝鮮戦争やベトナム戦争など外需に支えられて経済全体の需要の伸びが大きく，企業家の投資意欲が常に強かったために，投資の限界効率が高かった。

第5に，外需同様，国内の有効需要が高かったという要因も重要である。耐久消費財を中心とする消費財の需要が高い成長を示したのが，高投資の背景にあったと考えられる。吉川（1992）は，都市化・工業化に伴う人口移動による世帯数の大幅な増加，技術革新，労働生産性の上昇により，所得が増加する一方で，製品の生産コストが下がって，耐久消費財が多くの家計で購入可能となった点を指摘している。

Column──12	知的所有権

技術が大型化し，ソフト化すると，開発に金がかかる一方で，模倣に対しては弱くなる。特に，途上国では安易に先進国のソフトを利用する傾向が見られる。したがって，知的所有権を特許で保護する動きが世界的な流れになっている。ただし，あまり保護しすぎると，途上国の経済発展にマイナスになるだろう。といって，野放しにしておくと，先進国での新しい技術の開発の誘因が乏しくなってしまう。

また，日本企業の活動が世界的になり，アメリカ企業の日本企業への対抗意識が強くなるにつれて，アメリカ企業の知的所有権に関する意識が厳しくなり，ハイテク分野を中心として，日米企業間での紛争も増加している。

その一つの理由として，アメリカの特許制度の特異性がある。すなわち，アメリカでは，(1) 世界中どこでも先願主義をとっているのに，先発明主義を採用している，(2) 特許の保護期間について出願からのシーリングがない，(3) 発明日の立証について内外を差別している，(4) 世界の多くの国がとってい

る出願公開制度がない，などの問題がある。逆に，日本では，特許権保護の
範囲が狭く，これが日本企業を不利にしているといわれている。特許制度が
国際的に大きく異なるのは，円滑な企業の研究開発を促進する上で大きな障
害となる。国際的な特許制度の統一が望まれる。

■ 低い投資の限界費用

　後者の投資の限界費用が低かった理由として，政府による人為的な低金利
政策があげられる。

　低金利政策とは，政策的に低金利で固定された資金を，設備投資資金に集
中的に回すことによって，投資を促進させようとするものである。また，政
府によるリスクの軽減策が，借入コストの実質的水準を低下させた可能性も
あるだろう。さらに，消費財で測った資本財の相対価格が低下すれば，投資
の実質的コストが削減されるから，投資の限界費用も低下して，投資行動を
刺激する。

　日本では，長期間にわたって資本財産業の生産性の上昇率が大きく，これ
が消費財で測った資本財の相対価格を大きく引き下げるのに寄与している。

　この他，税制が国際的に異なることにより，資本コストも国際的に相違す
る。税制上の優遇措置の結果，企業の資本コストが低下したことも指摘され
ている。結果として，このことがわが国の高い設備投資意欲を支えた。実際
に，企業に対する税制は，日本とアメリカではかなり異なっている。国際的
に，資本コストと税制の関係は多くの関心を集めた。これまでの研究結果に
よると，日本の資本コストは，税制上の理由によりアメリカよりも小さくな
っている[18]。

---

18)　田近・油井（1987），Tachibanaki & Kikutani（1991），岩田（1992）などを参照されたい。

表9.3　高投資の説明：まとめ

高い限界効率	戦後当初の資本ストックが低水準 外需に支えられて全体の需要が増大 先進諸国から進んだ技術を導入 政府によるリスク負担 人口移動による世帯数の大幅な増加
低い限界費用	人為的低金利政策 税制上の優遇措置

❖*Case Study*　投資意欲はなぜ低下したのか

　1990年代に入って企業の設備投資は前年よりも減少する傾向が見られるようになった。景気対策によって公共投資が高水準で維持されている一方で，民間の設備投資は低迷している。なぜ，1990年代以降に投資意欲が低下したのだろうか。

　まず，高度成長期とは逆に，投資の限界効率が低下したことが考えられる。高度成長期に資本ストックが蓄積されたことで，追加的な投資からの限界効率が低下していった。また，アメリカやヨーロッパ諸国から最新技術を取り入れた結果，わが国が世界最先端の技術水準を持つようになり，外国からさらなる技術導入の恩恵を得ることが困難になった。国際的には円高を背景に，企業の対外進出が活発になり，国内で新たに工場などの資本設備をつくるよりも，外国で投資するようになった。

　円高が生じると，日本企業の国際競争力は低下し，新しい為替レート水準に見合った設備は縮小し，企業は過剰設備を抱えることになる。さらに，バブル経済の崩壊で，多額の不良債権を抱えた企業では，将来性よりも安全性を重視するようになって，リスクのある投資を回避して，資金を安全資産で運用するようになった。

　経済成長率が低下傾向を示し始めたことで，企業の期待成長率が低下して，将来の需要増を予想しにくくなり，投資意欲も低下した。製造業では，2008年前半まで3%程度の高い期待成長率に対応した設備投資を行っていたが，リーマン・ショック後は2%程度の期待成長率に対応する水準にまで落ち込んだ。このように，いくつかの要因が重なって，企業の投資意欲は低迷した。

　なお，2010年代に入ると，多少の変動はあるものの企業の設備投資は持ち直し傾向にある。それまで設備投資を抑制してきた結果，老朽設備の更新需要が差し迫った面もある。2020年の東京五輪に向けたインフラ整備などでの設備投資も活発化してきた。国内の人手不足などで省力化や省人化につながる自動化の設備投資も活発になっている。また，次世代の通信規格「5G」など新技術への対応も投資需要を下支えしている。さらに，アジア諸国で人件費が上昇したことで海外投資のコストが増大して，相対的に国内の投資にシフトしている企業もある。これらの諸要因で2010年代後半に設備投資は増加傾向にある。ただし，日本経済の競争力が強まらず，高めの経済成長が実現

できないと，設備投資が持続的に拡大するのは難しいだろう。

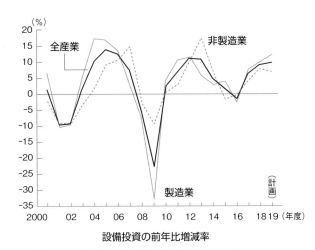

設備投資の前年比増減率

（注）　2002年から連結ベース。2008年からファイナンスリースを含む。2018年実績は見込みを含む。
（出所）　日本経済新聞　電子版（2019年6月3日）「設備投資，増勢続く　19年度9.9％増」

まとめ

●貯蓄は，異時点間の消費の最適な配分を実現するために行われる。貯蓄行動は貯蓄することの限界的便益と限界的費用とが等しくなるところまで行われる。貯蓄の最適水準は，貯蓄の収益率が大きくなるほど，時間選好率が小さくなるほど，大きくなる。

●日本の貯蓄率がなぜ高い水準にあったのかを説明する議論として，政府との代替，ボーナス仮説，目標資産仮説，ライフ・サイクル仮説と人口的要因，貯蓄美徳仮説など様々な考え方がある。これから高齢化社会を迎える日本の貯蓄率がどこまで低下するかということは，ライフ・サイクル仮説の妥当性にかかっている。

●ケインズ的投資理論は，資本ストックが投資として生産活動に投入される際に，その企業特有の投資のノウハウなど非市場的な要因が重要であり，その結果新しい資本ストックとすでに企業内に据え付けられた資本ストックとは，別の財となることを強調する。新古典派の投資理論は，新規の資本ストックとすでに企業に

据え付けられている中古の資本ストックとの差を重視しない理論である。資本の最適水準を求めて，それへの調整過程として投資行動を捉えている。トービンの q 理論は，ケインズ理論では曖昧であったアニマル・スピリッツに依存していた投資の限界効率を，株式市場での客観的な評価に置き換えることで，ケインズ的投資関数をより明快な概念に発展させている。

●高度成長期に投資の限界効率が高かった理由としては，当初の資本ストックが低水準であったこと，外需に支えられて総需要の伸びが大きかったこと，先進諸国から進んだ技術を取り入れたこと，政策的な支援体制があったこと，国内需要が旺盛であったことなどが考えられる。また，投資の限界費用が低かった理由としては，政府による人為的な低金利政策があげられる。

重要語

□恒常所得仮説　　　　□時間選好率　　　　　□公的貯蓄
□民間貯蓄　　　　　　□ボーナス仮説　　　　□目標資産仮説
□ライフ・サイクル仮説　□貯蓄美徳仮説　　　　□設備投資
□在庫投資　　　　　　□アニマル・スピリッツ　□ストック調整原理
□トービンの q 　　　□資本コスト

問　題

■1　これまでの日本の高貯蓄を説明する次の仮説に従うと，これからの日本の貯蓄率はどうなると考えられるか。
（イ）政府との代替
（ロ）ボーナス仮説
（ハ）目標資産仮説
（ニ）ライフ・サイクル仮説
（ホ）貯蓄美徳仮説
■2　新古典派の投資理論とケインズ的な投資理論の類似点と相違点を述べよ。
■3　21世紀に企業の投資意欲を活発にさせるには，どのようなマクロ政策が有効だろうか。
■4　以下の現象は貯蓄にどう影響するか。

(イ) 割引率が上昇した。

(ロ) 金利が上昇した。

(ハ) 可処分所得が増加した。

(ニ) 高齢化が進展した。

(ホ) グローバル化が進展した。

■5 以下の文章の（ ）に適当な用語を入れよ。

　　トービンの q 理論は，ケインズ理論では曖昧であった（ア）に依存していた（イ）を，（ウ）での客観的な評価に置き換えることで，ケインズ的投資関数をより明快な概念に発展させている。

■6 個人が貯蓄を増やすと，社会全体では貯蓄が減ってしまうという「貯蓄のパラドックス」について，当てはまる文章はどれか。

(ア) ケインズモデルでも新古典派モデルでも当てはまる。

(イ) 投資が GDP とプラスに相関するという特殊の前提をおいてはじめて，ケインズモデルに当てはまる。

(ウ) 新古典派モデルでは，完全雇用 GDP が常に実現されるように価格が調整されているので，当てはまらない。

(エ) 貯蓄の増加は投資の増加をもたらし，総需要と経済成長を促進するので，ケインズモデルでも新古典派モデルでも当てはまらない。

(オ) ケインズモデルで過去には当てはまったが，インフレに名目利子率が十分反応するようになると，当てはまらなくなった。

10 内生的成長モデル

経済成長に対する理論的な関心は，1970年代以降少し薄れていたが，1990年代に入って再び，多くの人の関心を集めるようになってきた。最近の経済成長モデルの特徴は，長期的に経済が成長を続けるメカニズムをモデルの中で内生的に説明することにある。この章では，各国間での長期に及ぶ成長率の格差を説明する内生的成長モデルの基本的な特徴を解説する。

---

1. 標準的な新古典派の成長モデルで，長期的に成長率の格差が説明できるかどうかを検討する。
2. 内生的成長モデルの基本モデルである *AK* モデルの特徴を説明する。
3. 経済成長における研究投資の重要性を指摘する。
4. 公共投資を生産関数に導入して，政府の大きさと経済成長率との関係を分析する。
5. 所得格差と経済成長との関係を分析する。

10.1 成長モデルと資本の限界生産

■ 成長率の国際的な格差

　歴史的に見ると，景気の良いときには経済成長率も高いが，景気の良くないときには経済成長率も低迷する。わが国の経済成長率も，景気の良いときと悪いときとで大きな差が見られる。しかし，長期的に経済成長率の平均的な水準をとってみると，国によってかなりの格差が見られる。

　すなわち，国際的に各国の長期的な経済成長を比較すると，成長率の高い

国と低い国ではかなりの差が見られる。また，成長率の高い国は長期的にかなりの成長をしているのに対して，成長率の低い国ではなかなか低成長から抜け切れていない。もちろん，途上国の中でも高い経済成長を記録して，長期的に先進国の仲間入りをしている国もあるが，所得水準が低いままで容易に経済成長ができないで低迷している国も存在する。このように，長期的に各国の成長率がある一定の範囲の中に収束していく状況とはいえない現象が見られる。

　内生的成長モデルは，このような各国間での成長率の格差を理論的に説明しようとして，新古典派の成長モデルを拡張したものである。すなわち，このモデルは，家計が最適に現在と将来との消費，貯蓄の配分を決めるという最適成長モデルを用いて，しかも，長期的な成長率がモデルの中で内生的に説明されるように，伝統的な新古典派のモデルに修正を加えたものである。

■ 新古典派モデルと成長の収束：ソロー・モデル ───────

　第8章で説明した新古典派の標準的な成長モデルでは，長期的に経済成長率はある水準に収束すると考えられてきた。言い換えると，現実の成長率の格差は，新古典派の標準的なモデルでは必ずしも説明しきれない現象といえよう。

　以下，直観的な説明を用いて，簡単なモデルを見ておこう。最初に，標準的な新古典派モデル（＝ソロー・モデル）では長期的に成長率が収束する傾向にあることを説明しよう。

　第8章で説明したように，ソロー・モデルに代表される新古典派モデルでは，資本ストックの成長率は，貯蓄の大きさと資本係数の大きさで決定された。すなわち，資本労働比率（＝資本集約度）の変化を示す成長の基本方程式は，次のように定式化されていた。

$$(1) \qquad \frac{\Delta k}{k} = \frac{sf(k)}{k} - n$$

　ここで，k は資本労働比率，s は貯蓄率，f は産出労働比率，n は労働供給の成長率である。図 10.1 が示すように，資本ストックが労働供給よりも高い

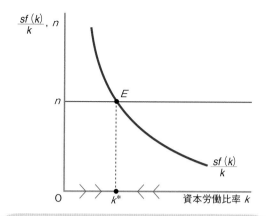

sf(k)/k は，資本ストックの成長率を表し，n の水平線は，労働（＝人口）の成長率を表す。ソロー・モデルでは，長期均衡 E は安定的に達成される。そこでの資本ストックの成長率は，外生的に与えられる人口成長率 n に等しい。

図10.1 成長率の収束：ソロー・モデル

率で蓄積されるにつれて，資本労働比率 k が上昇し，資本1単位あたりの生産 f/k＝Y/K が逓減し，資本ストックの上昇率 ΔK/K は，やがては労働供給の成長率 n に一致してしまう。これが，新古典派モデルでの長期均衡であった。

　この長期均衡での成長率は，モデルの外から外生的に与えられる人口成長率 n に等しくなる。このメカニズムでは，資本蓄積が進展するとともに，資本の限界生産が逓減するという想定が重要な役割を果たしている。資本労働比率 k ほどには産出労働比率 f は上昇しないから，その結果，資本1単位あたりの生産 f/k は逓減し，貯蓄率 s 一定のもとで資本ストックの成長率は人口成長率 n まで低下するのである。ただし，この人口成長率には，労働人口が実質的に増加するような労働集約的な技術進歩（ハロッド中立の技術進歩）の成長率も含まれる。

　人口成長率や外生的な技術進歩率が各国間でそれほど違わないとすれば，長期的な成長率は各国間で大体同じ値（＝人口成長率＋労働集約的技術進歩率）に収束することになる。つまり，k が小さい国では，現在高い成長をしているが，k の蓄積とともに成長率が低下する。逆に k が大きくて現在低い

成長をしている国では，k の減少とともに成長率が上昇することで，長期的には同じような成長率が実現する。これは，成長率の収束と呼ばれる[1]。

■ 最適成長モデル

標準的な新古典派モデルで貯蓄率 s を外生的に一定と仮定しているのは，非現実的かもしれない。しかし，成長率の収束というメカニズムは，貯蓄率 s を各経済主体（家計）が最適に決定すると想定している，より複雑な経済成長モデル（これを，最適成長モデルと呼んでいる）でも，同様に働く。

以下簡単に，最適成長モデルを用いて，この点を説明しよう[2]。家計が最適に消費・貯蓄行動をしているという理論的枠組みにおいて，マクロの貯蓄がどう決まるのかという問題は，家計が消費を現在と将来でどう配分しているのかという問題でもある。

ところで，第9章でも説明したように，最適な消費の異時点間の配分は，貯蓄の機会費用である時間選好率と貯蓄の収益率である利子率との大小関係から求められる。利子率 r が時間選好率 ρ よりも大きければ，現在の消費よりも将来の消費の方を優先する誘因が高くなる。したがって，消費の成長（増加）率 G_c は利子率の増加関数であり，時間選好率の減少関数になる。この関係（オイラー方程式）を，線型に単純化して，次のように定式化しよう（β は正の整数であり利子率に対する反応の大きさに対応する。ρ は時間選好率である）。

$$(2)\qquad G_c = \beta(r-\rho)$$

---

1) 定常状態における労働者1人あたり産出量・労働者1人あたり資本ストックは，労働集約的技術進歩率に等しい一定率 g で成長する。したがって，すべての経済の労働者1人あたり産出量は，(1) より低い1人あたり所得の水準から出発した国ほど早く成長し，(2)すべての経済は定常状態に収束し，(3)均斉成長状態では，1人あたり産出量は一定の成長率 g で増加する。これが，一般に，ソロー型新古典派成長モデルの「収束仮説」と呼ばれるものである。したがって，初期時点での所得水準と成長率の間に負の相関関係が生じる。なお，バローは，ソロー・モデルから導き出されるのは，すべての経済が同じ均斉成長（定常）状態に漸近的に辿り着くという「無条件収束」ではなく，外生的な変数である貯蓄率等によって決定される各国それぞれの定常状態に到達するという「条件付き収束」であると主張して，実証分析を精力的に行った（Barro, 1991）。
2) 最適成長モデルについては，Blanchard & Fischer（1989）を参照されたい。

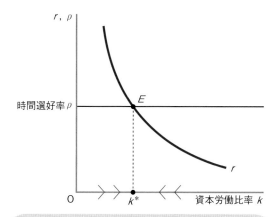

資本の限界生産rは資本労働比率kの減少関数であり，時間選好率ρはkとは独立な外生変数である。長期均衡点は両曲線の交点Eで与えられる。

図10.2　成長率の収束：最適成長モデル

　消費の成長率は，投資，貯蓄，GDP など他の経済変数の成長率と等しく，経済全体の成長率でもある。なお，単純化のために，人口の成長率 n はゼロと考えている。

　ところで，経済成長が進展すると，資本集約度が上昇し，資本の限界生産が逓減する。競争市場では，利子率は資本の限界生産に等しいから，これは利子率の低下を意味する。したがって，**図 10.2** に示すように，長期的には利子率は時間選好率に等しいところまで低下し，そこで経済成長もストップする。

　これは，第 8 章の**図 8.2** での長期均衡点の説明とも対応している。もちろん，労働が外生的に成長していれば，あるいは労働節約的な技術進歩が生じていれば，マクロの消費も資本ストックも（外生的に与えられる）n の率で増加している。しかし，n が共通である限り，成長率の格差は存在しない。また，1 人あたりの消費量や資本ストックは，長期的に成長せず，利子率は時間選好率と等しくなる。この点では，最適成長モデルを用いても，伝統的な新古典派の成長モデル（＝ソロー・モデル）と同様である。

10.2 *AK モデル*

■ 効率的な単位で見た労働供給

これに対して，内生的成長モデルでは，資本ストックが上昇しても，貯蓄の収益率である利子率が低下しないメカニズム，あるいは資本の限界生産が低下しないメカニズムを導入する。たとえば，資本蓄積と同じスピードで常に実質的な労働供給（効率単位で測った労働供給）が増加すれば，資本蓄積が進展しても，資本集約度が低下せず，資本の限界生産も低下しないことになる。

人口の成長が資本蓄積とは無関係に外生的に決まっている（あるいは人口が一定で増加しない）としても，内生的成長モデルでは，経済的な意味での実質的な労働供給が資本蓄積とスピードを合わせて内生的に成長していく可能性を考える。たとえば，資本が 2 倍に増加するときに，労働供給が一定であっても，同じ労働時間で 2 倍の働きが生まれるようなことがもっともらしいメカニズムで想定できれば，この考え方はかなり根拠のある議論となる。

ここで，ある標準化された労働を，ある標準的な労働者が 1 単位時間に労働供給するときに生産に投入される労働の働きで測るとしよう。もっと能力の高い労働者は，同じ時間働いてもより生産に投入される働きは大きい。これは，実質的には，彼（彼女）がより多くの標準的な労働を供給しているとみなすこともできる。逆に，能力の低い労働者の労働投入は，同じ時間働いても，標準的な労働で測ると，より少ない時間しか労働を供給していないことになる。このように，効率的な単位で労働を定義すると，表面的な労働時間や労働人口が変化しなくても，実質的な労働投入量は変化し得る。

■ 人的資本としての労働供給

経済的な意味での，すなわち，効率単位で測った労働供給が内生的に増加していく一つの有力な考え方は，人的資本として労働供給を解釈するものである。一定時間働いても，効率単位で測った労働供給の大きさ，つまり，労働供給の質は，その人の人的な資本蓄積の程度（過去の教育投資の大きさ）

を反映して，異なるだろう。たくさん教育投資が行われれば，人的資本が蓄積されるので，効率単位で測った労働供給は増加するだろう。

資本ストックの蓄積と同様に，教育投資によって，内生的に（効率単位で測った）労働供給が蓄積していくメカニズムがあれば，長期的にプラスの経済成長は可能となる。しかも，教育投資に影響を与えるような政策を想定すると，その成長率も政策によって変化し得る。

第8章で説明したように，標準的な新古典派モデルでは，労働の成長率 n は外生的に与えられている。

(3) $\qquad \Delta L = nL$ $\qquad\qquad$ （第8章の(17)式）

しかし，上で説明したように，労働を人的資本からのサービスであると理解すると，労働者が教育投資をしたり，労働者の質を高める技術進歩がモデルの中で生じたりする場合に，n は内生的に変化することになる。

たとえば，労働供給量 L を一定として，資本ストックの量 K のみが増大したとしよう。これは生産において労働が相対的に希少になり，労働の限界生産を高めるから，教育投資をして労働の質を高める収益を増大させる。その結果，教育投資の収益率が上昇して，教育投資が盛んになり，人的資本の蓄積が促進される。

■ 技術進歩の外部性 ────────────────────

労働供給が内生的に増加するもう一つの考え方として，技術進歩の外部性（＝波及効果）がある。すなわち，資本が蓄積されると，効率単位で測った労働供給が増加するような技術進歩がマクロ経済全体で発生し，結果として物理的な労働供給が増加しなくても，効率単位で測った労働供給が増加すると考えることもできる。資本蓄積それ自体が，労働供給の質を改善して，労働供給を増加させるメカニズムである。

■ マクロの生産関数 ────────────────────

これら2つの考え方は，いずれを用いても，マクロの生産関数としては，

同じような定式化になる。すなわち，マクロの生産関数は，

$$(4) \qquad Y = F(K,\ KL) = F(1,\ L)K = AK$$

となる。ここで，KL は，効率単位で測った労働供給を意味し，$L=1$ で物理的な労働供給が一定でも，資本蓄積によって効率的な労働供給が内生的に拡大する。これは，資本蓄積によって労働節約的な技術進歩が誘発されるとも考えられるし，資本蓄積によって労働者の熟練が進んで，労働者の人的資本がより蓄積されるとも考えられる。

(4)式において2番目の式は，$F(\ )$ が1次同次であるという標準的な生産関数の仮定による。ここで，$F(1,\ L) = A$（一定値）と置いている。なお，ここでは簡単化のために $L=1$，すなわち，人口は成長しないと考え，$n=0$ と想定している。

■ 長期的な経済成長率

(4)式の生産関数では，資本の限界生産は常に A で与えられる。したがって，資本ストックが増加しても，同時に，効率的な労働供給も増加するため，資本の限界生産は低下しない。(2)(4)両式から，消費の成長率 G_c，すなわち経済全体の成長率は，

$$(5) \qquad G_c = \beta(A - \rho)$$

となり（β は利子率に対する反応の大きさ，ρ は時間選好率），人口の成長率がゼロであっても，長期的にプラスの成長率が実現される。これがもっとも単純な内生的成長モデルである AK モデルと呼ばれる定式化である。

ここで，A の水準が各国で異なり，しかもそれが政策によって変化するものであれば，国際的な成長率格差が説明できることになる。そのようなルートとしては，具体的には技術進歩の外部性に関わる研究開発の相違，人的資本蓄積に関わる教育投資の相違，あるいは，民間資本蓄積の生産性に関わる政府の公共投資の相違などが考えられる。

表10.1　内生的成長モデルの特徴

	ソロー・モデル	最適成長モデル	内生的成長モデル
貯蓄率	一定	利子率と時間選好率の差に応じて最適に決定	利子率と時間選好率の差に応じて最適に決定
資本の限界生産	逓減	逓減	一定
長期的な成長率	外生（人口成長率＋技術進歩率）	外生（人口成長率＋技術進歩率）	利子率と時間選好率の差に応じて，内生的に変化し得る

■ 研究開発と経済成長

　(4)式で定式化したような技術進歩によって効率単位で測った労働供給が拡大していくメカニズムは，現実の経済成長においても重要である。そこで，研究開発と経済成長との関係を考えてみよう。この関係が国際的に異なり，結果として(4)式の*A*の水準に格差が生じる場合に，成長率の国際的格差も生じることになる。

　第9章でも議論したように，高度成長期に日本の企業の投資が活発であった一つの大きな理由は，研究開発投資の比重が大きかった点である。わが国の研究開発投資は対GDP比で見て国際的に高水準であった。日本のみならず先進諸国の経済成長の源泉として，重要な役割を果たしているのが，製品の質の向上を意図する研究開発投資である。以下では，研究開発投資のメカニズムについて，簡単に整理してみよう。

　研究開発の大きな特徴はその経済的外部性にある。すなわち，ある企業の研究開発投資によって新しい製品が開発されたり，既存の製品の品質が向上したりすると，その経験は当該企業だけではなくて，広く産業界全体に及ぶだろう。他の企業は，新しい製品をまねすることで，新しい技術を容易に獲得することができる。

❖*Case Study*　研究開発費の推移

　研究開発投資は，リスクが高く懐妊期間も長いため，景気後退局面では民間企業において削減対象となりやすい。金融危機やそれに伴う景気の急速な悪化が生じると，

もっとも犠牲にされやすい支出である。経済成長を持続させるには，将来を見据えて効果のある研究開発投資を確保することが重要である。

　研究開発費の GDP 比の推移を見ると，最近に伸び率が加速したのはスウェーデン，フィンランド，韓国である。この北欧の 2 カ国は日本の水準を超え，韓国も日本の水準に近づいている。なお日本の比率は，バブル崩壊後に低下したが，1990 年代半ば以降はゆるやかな上昇を続けてきた。景気悪化によって民間の投資が低迷したときには，公的な研究開発投資が増加し，政府による下支えが行われるケースが多い。

　下図のように，日本は 2008 年までは増加傾向であったが，その後はほぼ横ばいである。韓国，中国，ドイツでは経済規模が拡大すると同時に，研究開発費の対 GDP 比率も上昇している。

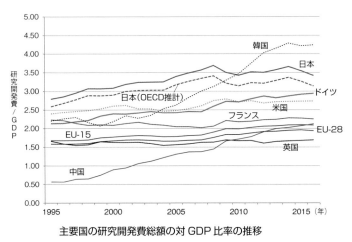

主要国の研究開発費総額の対 GDP 比率の推移

（出所）　文部科学省　科学技術・学術政策研究所, 科学技術指標 2018, 調査資料-274, 2018 年 8 月。

■ 知的資本と経済成長

　研究開発との関連で重要な概念が，知的資本である。これはマクロ経済全体での技術レベルの水準を表しており，研究開発や人的投資によって，その技術レベルが向上していく過程は，知的資本ストックの蓄積とみなすことができる。知的資本は一企業ではなく，マクロ経済全体の技術水準を反映している。すなわち，研究開発によって広い意味での知的資本ストック（効率的な労働供給に与える効果も含む）が蓄積されると，当該企業のみならず，マクロ経済全体の生産に貢献すると考えられる。

　各企業は自らの創業者利得を求めて，研究開発を行うが，それがやがては知的資本ストックの蓄積という外部経済効果を経済全体にもたらし，ますますマクロ経済成長が促進される。

　知的資本は生産技術に関するノウハウの蓄積という形で労働者の経験を豊かにして，その人的資本の質を向上させる効果も含んでいる。したがって，知的資本が事実上効率単位で測った労働供給を増加させるという定式化も，経済成長において重要なものとなる。すなわち，(4)式のような定式化において知的資本が蓄積されると，A の水準が大きくなると考えられる。

　また，上でも述べたように，知的資本は労働者に対して体化され，人的資本の蓄積に貢献するだけではなく，広く物理的資本の生産性を向上させる効果も持っている。この場合には，知的資本ストックの蓄積により，K，L ともに生産性が向上するから，全体としての生産関数の形 $F(K, L)$ が上方にシフトすると考えられる。

　すなわち，(4)式の代わりに，次のような定式化も可能である。

$$(4)' \qquad Y = A(K)F(K, L)$$

　このときも，物理的な労働供給が一定であっても資本ストック K が増大することで，長期的に資本の限界生産は逓減しない可能性が生じる。

10.3　公共投資の導入

■ 政府の予算制約───────────────────

　この(4)式で与えられる AK モデルを拡張して，公共投資が民間資本の限界生産性に影響する効果を導入しよう。そして，公共投資を通じて，財政政策の経済成長率に与える効果を分析しよう。

　いま，政府は税収を公共資本のためにのみ用いるとする。このとき g を公共資本（＝公共投資）の大きさとして，マクロの生産関数を(6)式のように

287

定式化する[3]。これは，すでに紹介した第8章の(20)式をもとに，$L=1$（労働供給量一定）として，公共投資gの拡大により資本の限界生産性Aが増大する可能性を考慮したものである。民間資本の限界生産は逓減するが，民間資本と同時に公共資本が蓄積されれば，民間資本の限界生産は逓減しない可能性が生まれる。労働供給が一定であっても，公共資本が増加することで，民間資本の生産性が上昇するメカニズムを想定する。

$$(6) \qquad Y = AK^{1-\alpha}g^{\alpha} \qquad 0 < \alpha < 1$$

これは，コブ゠ダグラス型の生産関数である。民間資本の他に公共資本が存在し，両方の資本を組み合わせることで，GDPが生産されると考える。あるいは，Ag^{α}を(4)式のAと考えると，公共資本の投入によって知的資本レベルを示す生産性Aが上昇すると解釈することもできる。

政府の予算制約式は，

$$(7) \qquad g = \tau k$$

であり，τ（タウ）は税率である。簡単化のため，民間資本が課税ベースである[4]。また，政府の公共投資はストックではなく，フローで定義されている。税率が導入されると，家計にとっての利子率は課税後の利子率になるから，資本の限界生産F_Kとは税率分τだけ乖離が生じる。

$$r = F_K - \tau$$

よって，経済成長率は（2）式より

$$(8) \qquad G_c = \beta(F_K - \tau - \rho)$$

となる。課税後の貯蓄の収益率が低下すれば，その分だけ貯蓄をすることの

---

3) ここでは，単純化のために，公共資本と公共投資を区別していない。つまり，公共資本は1年で100%減価して，毎年の公共投資のみがその期の公共資本として生産に用いられると考えている。ストックとしての公共資本とフローの公共投資を区別することも可能であるが，基本的な結果はどちらの想定でもそのまま成立する。

4) もちろん，民間資本ではなくGDPが課税ベースであっても，以下の議論は基本的にはそのまま成立する。

有利さが小さくなるから，他の条件が一定であれば，消費の成長率そして経済全体の成長率も低下する。

ところで，資本の限界生産 F_K は財政政策により，どう影響されるだろうか。(6)式より，資本ストック K が1単位増加したときの Y の限界的な増分の大きさを見ると

$$(9) \qquad F_K = (1-\alpha)A\left(\frac{g}{k}\right)^\alpha = (1-\alpha)A\tau^\alpha$$

となる。F_K は，K の減少関数であるが，公共資本 g の増加関数である。すなわち，民間資本ストックのみが増加すれば，民間資本の限界生産は減少するが，公共資本が増加すれば，民間資本の限界生産は上昇する。

(9)式を(8)式に代入して整理すると，結局，マクロの経済成長率は次のように定式化できる。

$$(8)' \qquad G_c = \beta\left[(1-\alpha)A(\tau)^\alpha - \tau - \rho\right]$$

(8)′ 式は，経済成長率が政策変数 τ に依存して決定されることを示している。つまり，成長率は，税率の関数としてモデルの中で内生的に決定される。これは内生的成長モデルの特長である。

■ 税率と成長率 ————————————————————————————————

(8)′ 式によって示される税率の成長率の関係は，**図10.3** のように表すことができる。税率が低いときには，税率とともに成長率は上昇するが，税率が高くなると，それ以上税率を上げると成長率はかえって低下する。成長率を最大にする税率 τ^* は，

$$(10) \qquad \tau^* = \left[(1-\alpha)\alpha A\right]^{\frac{1}{1-\alpha}}$$

となる。

税率あるいは公共投資の拡大が経済成長に与える効果は，2つある。一つの効果は，税率 τ の上昇が私的な資本収益率を直接減少させるマイナスの効果である。税金を負担することで，家計の貯蓄の課税後の収益率が低下する

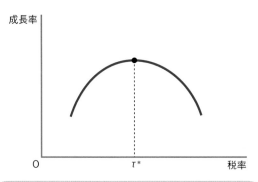

図10.3 税率と成長率

と，貯蓄があまり有利ではなくなり，貯蓄が抑制される。これは，経済成長を抑制する方向に働く。もう一つの効果は，$\tau = g/k$ の上昇が，相対的に公共資本の拡大をもたらし，これが民間資本の限界生産を上昇させ，成長率を上昇させるプラスの効果である。公共投資の生産面での民間投資の収益性を刺激する効果であり，この点からは，公共投資をするほど，経済成長が促進されることになる。

　政府の規模が小さいときには，第2のプラスの効果が支配的になるが，資本の限界生産は逓減するから，政府の規模が大きくなるにつれて，第1のマイナスの効果が支配的になる。そして，(10)式の税率のときに，両方の効果がちょうど相殺し合って，成長率は最大になる。

■ 政府の大きさと経済成長率 ───────────────

　政府の大きさと経済成長率の関係は，実証的にも関心を集めている。図10.4に示すように，1980年代までで見ると，先進諸国の中でわが国は公共投資の比率が大きく，長期的な成長率も高い。これに対して，アメリカは公

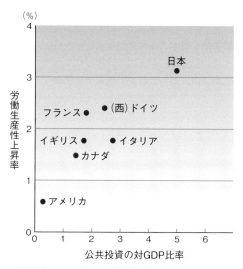

図10.4　労働生産性上昇率と公共投資の対GDP比率の各国比率

(資料) Aschauer (1989) により作成。

共投資の比率も小さく，成長率も低い。また，ヨーロッパ諸国は，公共投資率も成長率も，日米の中間にある。したがって，その限りでは，成長率と公共投資率との間にプラスの相関が見られる。

　しかし，1990 年代以降は，先進諸国間で公共投資率と成長率に明確な関係は見られない。また，より対象を拡大して世界の多くの国の間での実証分析でも，成長率と公共投資率との間にそれほど有意なプラスの相関は見られない。さらに，公共投資のみならず，政府消費を含めた政府の規模と成長率との相関を見ると，マイナスの関係を示していると考えられる。政府の消費的支出の拡大が，経済成長にマイナスに効くのは直観的にももっともらしいであろう。問題は，公共投資と経済成長との関係であるが，この節の理論的分析が示すように，公共投資が経済成長を促進するか抑制するかは，理論的にははっきりしない。実証分析においても，それほど確定的な結論は得られていないようである。

❖Case Study　公共投資の生産性

　公共投資あるいは公的な資本ストックが生産にどの程度貢献しているかは，最近実証的にも関心を集めている。特にわが国では最近になって公共資本のデータが統計的に整備されたこともあって，この分野での研究が活溌に行われている。これまでの研究結果によると，フローの公共投資がその期の GDP の生産活動を直接刺激する効果は小さいものの，ストックとしての公共資本の蓄積が生産を拡大する効果はかなり大きい。1980 年代までは公共資本の限界生産は，民間資本の限界生産よりも大きかったという結果も得られている。長期的に資本を公共部門と民間部門に最適に配分するのであれば，両部門間での資本の限界生産は等しくなるように配分するのが望ましい。上の結果は，当時において公共資本が民間資本と比較して，まだ過小であったことを示唆するものである。しかし，1990 年代以降，公共投資の限界生産は相当低下してきたという実証分析が多い。最近になるほど，公共投資の生産性は低くなっており，公共事業が生産性を重視して行われるのではなく，需要面から地域経済を支える効果を重視して行われるようになったと考えられる。

■ 成長率の最大化は望ましいか

　図 10.3 に示したように経済成長率は政府の政策によって影響される。とすれば，成長率を最大にするような政策を採用することも可能である。では，成長率の最大化は望ましい政策だろうか。成長率を高くすると，将来の世代にとっては利用可能な資源が多いから，望ましいといえる。しかし，現在の世代にとっては貯蓄を多くするためには消費を切り詰める必要がある。したがって，成長率を高くするのは将来の世代にはプラスであるが，現在の世代にはマイナスになる。どちらの利害を重視するかで，成長率をどの程度高くするのが望ましいかが決まることになる。

　将来の消費から得られる効用水準の割引現在価値を最大化するという意味で最適な成長率は，一般的には，経済成長率の最大になる点とは一致しない。しかし，(6)式のようなコブ゠ダグラス型の生産関数を前提とすると，成長率の最大化と効用の割引現在価値の最大化とが一致することが知られている。

■ 金融的要因の考察

　次に，金融的視点をこれまでの内生的成長の分析に加えてみよう。金融市

場の発達度合いは，その国の経済成長にも大きな影響を与える。資本市場が不完全であり，貸出の金利と借入の金利が一致していない場合，当初資金をたくさん持っている家計とそうでない家計では，資産蓄積のパターンが異なるであろう。当初に資金を持っていない家計では，成長のためには借入が必要である。しかし，金融市場が整備されておらず，借入のコストが高い場合には，十分な借入が行われず，結果として高い成長が実現できない。

　これは，家計でなく一つの国全体と考える場合も同様である。すなわち，当初発展途上であり，国内の金融市場が整備されておらず，あまり借入資金を持っていない国では，将来の所得を当てにして外国から資金を借り入れるしかない。その場合の利子率が高ければ，十分な借入が行われず，高い経済成長も実現しにくい。

　研究開発投資にはリスクが伴うから金融市場が整備されていないと，どうしても情報の非対称性などの要因で，借入コストが高くなる。これは発展途上国が経済成長をする場合の一つの金融面からの障害になっている。途上国の間での成長率格差の要因は，金融市場の整備状況にも大いに依存している。

　金融市場で資金を手当てして，途上国でも先進国から進んだ技術を移転し，資本の蓄積を進めることができれば，高い資本の限界生産を長期にわたって維持することも可能であり，結果として高い成長率が達成可能になる。

Column ── 13	複数均衡

　低い成長率と高い成長率を経験する国があるのは，長期的なマクロ経済政策の相違ではなくて，経済の均衡値の相違であるという考え方も，最近有力になっている。すなわち，経済の長期的な均衡点が複数あると，全く同じマクロ経済環境で長期的に描写できる国でも，たまたま低い成長率にとどまる場合と，高い成長率を享受できる場合がある。

　通常，低い成長率の均衡では，GDP の水準も低く，家計の人的な資本形成も少ない。これに対して，高い成長率の均衡では，GDP の水準も高く，家計の人的な資本形成も活発である。この相違は，公共投資や税制の相違ではなく，たまたま 2 つの均衡点のどちらかが実際に実現するかに依存する。

　たとえば，一時的に政府が人的投資を促進させる政策をとれば，その後は

そうした政策がなくても，家計は自ら人的投資を活発にさせて，高い均衡点が実現する。あるいは，家計が人的投資の収益率が高いと（楽観的に）期待して，政府の政策無しでも，そうした投資を活発にしていると，それがマクロ経済にプラスの波及効果をもたらして，高い成長率の均衡が実現する。

10.4　不平等と経済成長

■ 所得再分配と税率

　世界各国の経済成長率は，国によって異なっているし，長期的な成長率の水準を見ても，大きな差がある。このような国際的に異なる長期的な成長率の格差を説明しようとする試みは，内生的な成長理論の大きな関心の一つである。以下では，その中でも各国内における所得格差の側面から，国際的な成長率格差の問題を検討してみよう。

　一つの観察される現象は，所得分配の不平等な国ほど成長率が小さいというものである。各国別の成長率を時間とともに追ってみると，所得格差の大きい国は長期的に成長率がそれほど高くないのに対して，所得格差の小さい国は，成長率も高く，次第に先進諸国の仲間入りをしようとしている。このような現象は，10.3 のモデルを用いて，説明することが可能である。

　いま，各国での税率が民主主義の多数決原理で決定されているとしよう。過半数の家計にとって有利な税率が政治的なプロセスを経て決定されると考えるのである。所得格差の小さい国ではそれほど再分配をする必要がないので，成長率を最大にするように，(10)式の τ^* に近い水準で税率が決定されるだろう。しかし，所得格差の大きい国では，所得再分配の必要性が高い。低所得者の割合が大きく，彼らの意向で税率が決定されるとすれば，公平性をより重視するために，税率は τ^* よりもかなり高いところで決められるだろう。その結果，経済成長率は，所得格差の小さい国よりも，所得格差の大きな国の方が低くなるのである。

表10.2 成長率に与える効果：まとめ

研究開発	労働者の効率を高めることで成長促進 経済全体の生産性を高めることで成長促進
教育投資	人的資本の蓄積を進展させて，成長を促進
公共投資	経済全体の生産性を高めることで成長促進 財源として所得税がかかると，課税後の収益率を低下させて成長抑制
所得分配	所得格差が大きいと，再分配のための税率が高くなり，成長抑制

■ 教育投資の外部性

さらに，教育投資に外部性があると考えると，この効果は強くなる。すなわち，ある人が若いときに教育を受けて，自分の人的な資本をより蓄積すると，その人のみならず経済全体にとっても，所得が増加するという外部経済があると考えよう。すべての人が教育投資をできれば，経済全体として，高い成長率が実現できる。しかし，教育投資をするには資金が必要である。将来の所得を当てにして，教育投資の資金を借りてくるのは，現実には困難であろう。流動性の制約の存在である。

とすれば，所得の低い人は教育投資ができない。所得格差が大きければ，それだけ，教育投資をする人の数が小さくなり，経済全体としての成長率も小さくなる。また，所得の低い人にも教育投資ができるように，所得を再分配しようとすれば，それだけ税率が大きくなるから，この点からも，成長率は低くなる。このように，個人間の所得格差の側面を考慮すると，国際的な成長率の長期的な格差について，ある程度の説明が可能になってくる。

❖Close Up　所得格差とグローバル化

　グローバル化が進展すると，世界中の労働者が同じ単純労働を供給可能になる。日本で単純労働の賃金コストが上昇すると，労働コストの安い途上国の製品に太刀打ちできなくなり，国際的に日本企業の競争力が損なわれるので，日本の企業も単純労働の賃上げ要求を受け入れにくい。よりスキルを必要とする熟練労働で，かつ，世界の市場でニーズの大きな生産に関わる場合には，派遣労働でも賃金の上昇を享受できる。ただし，熟練労働の場合，たとえば，研究開発など短期よりは長期の視点で生産に貢

献する場合が多い。そうした職種は長期的雇用を前提として，長期の視点で働きぶり
を評価するから，雇用の流動性が高い派遣労働になじまない。派遣労働の形態にとど
まる限り，賃金上昇を長期的に享受するのは困難だろう。

　企業が外国に進出すると，わが国の地域経済で空洞化が進展するし，外国から労働
者が多く入ってくると，文化的，社会的な摩擦も増大するだろう。アジア地域におけ
る各国間で経済発展水準に相当の差がある現状では，大胆に相互交流を推進すると，
こうした摩擦も大きくなる。その結果，政治的にも大きな抵抗が生じて，長期的に交
流が阻害されるおそれもある。

　したがって，着実に交流をすすめるともに，マイナスの影響をできるだけ小さくす
る現実的な政策的対応も必要となる。その一つの方策として，社会的，経済的混乱を
最小化するための財政負担も増加するだろう。

Column——14	経済的自由度と成長

　以下の表にあるように，中国の経済発展で都市部のみならず農村部でも所
得は増加している。それでも都市部と農村部との所得格差は大きいままであ
る。経済成長は経済的にはプラスの要因であるが，大きな所得格差は政治的
には不安定要因かもしれない。さらに，政治的な一党独裁が経済的な発展と
長期的に両立できるかどうかも疑問だろう。

　「クズネッツ仮説」によると，開発の初期に所得格差が拡大し，発展ととも
に格差は縮小する。経済成長の初期段階では，産業間で成長格差が大きく，エ
リートを養成して，先進技術を吸収することで，成長産業を育成し，一国全
体の経済成長が進展する。ただし，成長がある程度進むと，中間層が成長の
恩恵に加わる方が成長も持続するし，また，成長の果実を産業間，地域間で
再分配する余裕もあるという考え方である。わが国でも高度成長の初期段階
では，産業間，地域間の格差は拡大したが，成長が一段落すると，そうした
格差は次第に縮小していった。

　経済が成長するにつれて，中間層が台頭するが，そうした人々の選好は多様
化する。国民の意識，選好と統制的な政治体制が両立できるかどうかは，中
国のみならず，多くの途上国で共通の課題である。経済発展論の標準的な考
え方では，発展の初期段階での政治独裁は，強い意志で国の方向を定めるこ
とができるため，政治の理念が適切である限り，うまく機能して，経済発展
にもプラスに働く。しかし，中間層が厚みを増し，人々の意識，選好に多様
化が進展すると，政治独裁はむしろ，経済発展の障害になりやすい。

　中国が中長期的に安定成長を続けると，日本経済にもプラスの波及効果をも

たらす。しかし，所得格差の是正が進まず，経済成長も停滞するようになると，中国社会が不安定化して，政治的に混乱するかもしれない。また，国際社会におけるアメリカと中国の覇権争いが激しくなり，貿易摩擦が深刻化すると，日本にとってもマイナスの影響を受ける可能性が高く，また，国際経済全体にも大きな悪影響がある。

中国国民所得の増加と関連経済指標（2007-2016年）

指標	2007	2008	2009	2010	2011	2012	2013	2014	2015	2016	平均
1人あたりGNI（元）	20,498	24,209	26,115	30,671	35,978	39,815	43,390	47,140	49,937	53,601	37,135
都市部住民1人あたり可処分所得（元）	13,786	15,781	17,175	19,109	21,810	24,565	26,467	28,844	31,195	33,616	23,235
農村部住民1人あたり可処分所得（元）	4,140	4,761	5,153	5,919	6,977	7,917	9,430	10,489	11,422	12,363	7,857
農村部貧困人口(万人)	4320	4007	3597	16567	12238	9899	8249	7017	5575	4335	7580
GDP成長率	14.2	9.7	9.4	10.6	9.5	7.9	7.8	7.3	6.9	6.7	9.0
国家財政収入成長率	32.4	19.5	11.7	21.3	25.0	12.9	10.2	8.6	5.8	4.5	15.2
国家財政支出成長率	23.2	25.7	21.9	17.8	21.6	15.3	11.3	8.3	13.2	6.3	16.5
平均実質賃金成長率	13.4	10.7	12.6	9.8	8.6	9.0	7.3	7.2	8.5	6.7	9.4
1人あたりGNI成長率	23.0	18.1	7.9	17.4	17.3	10.7	9.0	8.6	5.9	7.3	12.5
都市部住民1人あたり可処分所得成長率	17.2	14.5	8.8	11.3	14.1	12.6	7.7	9.0	8.2	7.8	11.1
農村部住民1人あたり可処分所得成長率	15.4	15.0	8.2	14.9	17.9	13.5	19.1	11.2	8.9	8.2	13.2
農村部貧困発生率	4.6	4.2	3.8	17.2	12.7	10.2	8.5	7.2	5.7	4.5	8.0
住民1人あたり可処分所得のジニ係数	0.484	0.491	0.490	0.481	0.477	0.474	0.473	0.469	0.462	0.465	0.477

（注）農村住民1人あたり可処分所得のうち2012年以前のデータは農村住民1人あたり純所得額。農村貧困人口及びその発生率は『2008標準』と『2010標準』による統計値。
（資料出所）中国統計年鑑2017，2016，2013年版を基に計算作成。
（出所）康　成文「中国の所得格差が経済成長に与える影響と対策」東京大学社会科学研究所『社会科学研究』第70巻2号，2019年

まとめ

●内生的成長モデルは，長期的な各国間での成長率の格差を理論的に説明しようとして，新古典派の成長モデルを拡張したものである。標準的な新古典派モデルでは，人口成長率や外生的な技術進歩率が各国間でそれほど違わないとすれば，長期的な成長率は各国間で大体同じ値に収束することになる。これは，成長率の

収束と呼ばれる。

●内生的成長モデルでは，資本ストックが上昇しても，利子率が低下しない，あるいは資本の限界生産が低下しないメカニズムを導入する。その一つが，技術進歩によって効率単位で測った労働供給が拡大していくメカニズムであり，もう一つが公共投資によって生産性が上昇していくメカニズムである。

●税率（＝公共投資率）が低いときには，税率とともに成長率は上昇するが，税率が高くなると，それ以上税率を上げると成長率はかえって低下する。また，経済成長率は，所得格差の小さい国よりも，所得格差の大きな国の方が，低くなる。

重要語

□成長率の収束　　　　□最適成長モデル　　　□*AK* モデル

□研究開発投資　　　　□知的資本　　　　　　□公共投資

□所得格差　　　　　　□外部性

問　題

■1　次の文章のうち正しいものはどれか。

（イ）ソロー・モデルでは，長期的な経済成長率は，貯蓄率の高い国ほど，大きい。

（ロ）*AK* モデルでは，資本の限界生産は逓減している。

（ハ）*AK* モデルの長期的な成長率は，時間選好率の減少関数である。

（ニ）公共投資の経済成長率に与える効果は，プラスである。

（ホ）所得格差の大きい国ほど，経済成長率は高くなる傾向にある。

■2　以下の文章の（　）に適当な用語を入れよ。

（ア）が（イ）よりも大きければ，現在の消費よりも将来の消費の方を優先する誘因が高くなる。したがって，消費の成長（増加）率は（ア）の増加関数であり，（イ）の減少関数になる。

■3　政府規模の拡大が経済成長率にプラスに働くとすれば，どういう理由が考えられるか。

（ア）生産性の高い公共資本への歳出が増えた。

（イ）公務員の数が増えた。

（ウ）政府消費の増加で内需が増加した。

（エ）公共投資の乗数効果が大きくなった。

（オ）教育投資への補助金が増大した。

■4　以下の文章の（　）に適当な用語を入れよ

　　　内生的成長モデルでは，（ア）が成長しても（イ）が低下しないメカニズムを導入する。たとえば，（ア）と同じスピードで効率単位で計った（ウ）が増加すれば，（イ）も低下しない。

■5　内生的成長モデルで成長率の上昇に寄与する要因は次のうちどれか。

（ア）時間選好率が上昇した

（イ）資本所得の税率が低下した

（ウ）金融市場の機能が強化された

（エ）勤労人口が増加した

（オ）利子率が低下した

■6　国際的に成長率が収束しないとすれば，どのような要因が働いているからだろうか。

■7　下図は1人あたりGDPの水準と格差の指標の関係を示したものである。クズネッツ仮説（**Column**──**14**参照）について何がいえるか。

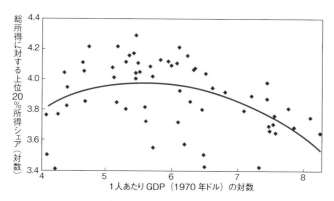

1人あたり GDP の水準と格差の指標

（注）　Ahluwalia, M. S.（1996）"Inequality, Poverty and Development." *Journal of Development Economics.* により作成。

（出所）　平成19年度「経済財政白書」
　　　　（http://www5.cao.go.jp/j-j/wp/wp-je07/pdf/07p03040.pdf）

11 マクロ・ダイナミックス

この章では，マクロ経済活動の変動（＝景気循環）に関する理論を解説する。経済成長と並んで景気循環に関する議論は，古くから活溌に行われてきたが，マクロの長期的変動としては，経済成長よりも景気循環の方が，重要視されてきた。この章では，そうした景気循環に関する代表的なマクロ理論を整理する。さらに，最近のわが国での経験をふまえて，資産価格の変動やバブルに関する議論も紹介する。

1. GDP などマクロ経済活動の規則的変動（拡大期と後退期の繰り返し）である景気循環を取り上げる。
2. 景気循環を説明するケインズ的なモデルとして，乗数と投資の相互作用を考える。
3. 新古典派的な均衡循環モデルを説明する。
4. 内生的な景気循環モデルの基本的考え方を説明する。
5. 資産価格の変動に関する理論とバブルについて説明する。

11.1　景気循環

■ 景気循環のパターン

マクロ経済全体の活動水準の中身を見ると，必ずしも各産業の活動水準は同じ方向に動いているわけではない。また，個々の経済主体を見ても，景気の良い企業や家計もあればあまりかんばしくない企業や家計もある。しかし，大雑把にみると，多くの企業や家計の活動水準は，同じ方向に動いているの

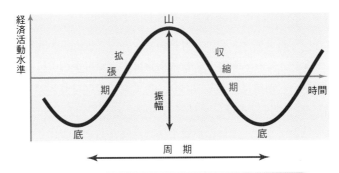

図11.1　景気循環の形

も事実である。そして，マクロ経済全体の活動水準は，あるときには活発になり，あるときには不活発になりながら，ある程度規則的に変化している。

　すなわち，ある程度の長期間をとると，マクロ経済全体の活動水準は，単に変動しているのではなく，規則的に拡張と収縮を繰り返している。このようなマクロ経済の変動を，景気循環と呼んでいる。特に，GDPの動きを見ると，拡張期と収縮期がある。ただし，長期的に経済成長が生じている場合には，縮小期といっても活動水準が下落するのはまれであり，実際には長期的な成長のトレンドから下方に乖離している状況が多い。したがって，循環は長期的な成長のトレンドからの乖離幅として理解する方が現実的であろう。

　図11.1は，典型的な1つの循環を示したものである。景気循環は，通常4つの局面に分けて，考えられる。すなわち，経済活動が上昇しつつある局面を拡張期，拡張期が終わって経済活動水準が低下し始める時期を景気の山（あるいは，上方転換点），経済活動の下降局面を収縮期，そして，それが底に達して景気が回復し始める時期を景気の谷（あるいは，下方転換点）と呼んでいる。

　1つの景気循環の長さは，1つの山から次の山までの長さで定義され，景気の周期と呼ばれる。また，景気の山と谷の乖離の程度は，振幅と呼ばれる。大きく上下に振れるほど，振幅の幅は大きいといえる。理論モデルでは景気循環はある程度の規則性を持って繰り返されるが，現実には，全く同じ景気

循環のパターンが必ずしも繰り返されるわけではない。

　経済各部門の動きをみると，非耐久消費財部門では，景気変動の振幅はあまり大きくない。これに対して，耐久消費財や投資財部門では，景気の振幅はかなり大きい。消費は安定しており，景気循環のプロセスでもそれほど大きく変動しないが，投資はマクロ経済環境に応じてかなり大きく変動する。第9章でも見たように，家計は消費を異時点間であまり変化させないように消費・貯蓄行動を調整するのが，長期的な効用の最大化から見て望ましい。したがって，所得が変動しても消費はそれほど大きくは変動しない。それに対して，投資は将来のマクロ経済環境に対する期待に大きく依存しており，期待が変化すると大きく変動する。

■ 景気循環の分類

　景気循環を，その周期の長さに応じて，いくつかに分類してみよう。まず，周期が3年から4年くらいの短期の循環は，在庫循環（キッチン循環）と呼ばれている[1]。これは，もっともよく観察される景気循環のパターンである。次に，周期が7年から10年くらいの循環は，設備投資循環と呼ばれている。これは設備投資の循環を示す。また，周期が20年くらいのものは，建設循環と呼ばれている。建設投資の循環は通常の設備投資の場合よりも長いと考えられる。さらに，周期が数十年という長い循環は，コンドラチェフの波と呼ばれている[2]。これは，大きな技術革新に対応するものである。

表11.1　景気循環の分類

分　類	周　期	特　徴
キッチン循環	3，4年	在庫投資の循環
設備投資循環	7〜10年	設備投資の循環
建設循環	20年	建設投資の循環
コンドラチェフの波	数十年	大きな技術進歩

1)　キッチン（Kitchin, J. A.；1861-1932）は，1923年に景気循環は，主循環と2あるいは3の小循環から成り立っており，小循環の周期は平均して，40カ月であることを示した。キッチンの示した小循環は，販売量との比較で適正な量の在庫を確保するために，生産量を調整するために生じるもので，在庫循環として理解できる。

❖*Case Study*　わが国の景気循環

わが国の景気循環を見ると，下の表にあるように，戦後 70 数年間に 15 回の景気循環が生じている。1 つのサイクルの期間は，31 カ月から 83 カ月となっている。拡張期と後退期を比較してみると，1970 年代前半までの高度成長期では拡張期の方が縮小期よりも相当長かったが，その後は後退期が相対的に長くなってきている。これは，トレンドとしての経済成長率が次第に低下したためである。

第 15 循環では拡張期が 2009 年 3 月から 2012 年 3 月までの 36 カ月である。なお，第 16 循環は 2019 年現在も拡張期が続いており，従来の戦後最長でリーマン・ショックのあった 2008 年まで 6 年 1 カ月続いた第 14 循環の「いざなみ景気」を抜いたとみられる。ただし，雇用環境は好転しているもの，実質成長率は平均して 1 ％程度の低い水準にとどまっており，賃金もそれほど増加しておらず，豊かさの実感は乏しい。

景気基準日付

	谷	山	谷	期　間			(参考)四半期基準日付	
				拡張	後退	全循環	山	谷
第 1 循環		昭和 26 年 6 月	昭和 26 年 10 月			4 カ月	昭和 26 年 4〜6 月	昭和 26 年 10〜12 月
第 2 循環	昭和 26 年 10 月	昭和 29 年 1 月	昭和 29 年 11 月	27 カ月	10 カ月	37 カ月	昭和 29 年 1〜3 月	昭和 29 年 10〜12 月
第 3 循環	昭和 29 年 11 月	昭和 32 年 6 月	昭和 33 年 6 月	31 カ月	12 カ月	43 カ月	昭和 32 年 4〜6 月	昭和 33 年 4〜6 月
第 4 循環	昭和 33 年 6 月	昭和 36 年 12 月	昭和 37 年 10 月	42 カ月	10 カ月	52 カ月	昭和 36 年 10〜12 月	昭和 37 年 10〜12 月
第 5 循環	昭和 37 年 10 月	昭和 39 年 10 月	昭和 40 年 10 月	24 カ月	12 カ月	36 カ月	昭和 39 年 10〜12 月	昭和 40 年 10〜12 月
第 6 循環	昭和 40 年 10 月	昭和 45 年 7 月	昭和 46 年 12 月	57 カ月	17 カ月	74 カ月	昭和 45 年 7〜9 月	昭和 46 年 10〜12 月
第 7 循環	昭和 46 年 12 月	昭和 48 年 11 月	昭和 50 年 3 月	23 カ月	16 カ月	39 カ月	昭和 48 年 10〜12 月	昭和 50 年 1〜3 月
第 8 循環	昭和 50 年 3 月	昭和 52 年 1 月	昭和 52 年 10 月	22 カ月	9 カ月	31 カ月	昭和 52 年 1〜3 月	昭和 52 年 10〜12 月
第 9 循環	昭和 52 年 10 月	昭和 55 年 2 月	昭和 58 年 2 月	28 カ月	36 カ月	64 カ月	昭和 55 年 1〜3 月	昭和 58 年 1〜3 月
第 10 循環	昭和 58 年 2 月	昭和 60 年 6 月	昭和 61 年 11 月	28 カ月	17 カ月	45 カ月	昭和 60 年 4〜6 月	昭和 61 年 10〜12 月
第 11 循環	昭和 61 年 11 月	平成 3 年 2 月	平成 5 年 10 月	51 カ月	32 カ月	83 カ月	平成 3 年 1〜3 月	平成 5 年 10〜12 月
第 12 循環	平成 5 年 10 月	平成 9 年 5 月	平成 11 年 1 月	43 カ月	20 カ月	63 カ月	平成 9 年 4〜6 月	平成 11 年 1〜3 月
第 13 循環	平成 11 年 1 月	平成 12 年 11 月	平成 14 年 1 月	22 カ月	14 カ月	36 カ月	平成 12 年 10〜12 月	平成 14 年 1〜3 月
第 14 循環	平成 14 年 1 月	平成 20 年 2 月	平成 21 年 3 月	73 カ月	13 カ月	86 カ月	平成 20 年 1〜3 月	平成 21 年 1〜3 月
第 15 循環	平成 21 年 3 月	平成 24 年 3 月	平成 24 年 11 月	36 カ月	8 カ月	44 カ月	平成 24 年 1〜3 月	平成 24 年 10〜12 月

（出所）　内閣府経済社会総合研究所 HP「景気動向指数研究会」
　　　（http://www.esri.cao.go.jp/jp/stat/di/100607 hiduke.html）

---

2)　コンドラチェフ（Kondratiev, N. D.：1892–1938）は，1925 年に，平均 50 年周期という長期の景気循環があることを示した。18 世紀末から 1920 年までに，2 回半の景気循環を観測している。このような長期の景気循環は，産業革命とか鉄道建設とか，歴史的に見ても重要な技術革新によって引き起こされたものである。

11.2　外生的循環モデル

■ 乗数過程と発散

　さて，景気循環のメカニズムについて，マクロ経済学がどのような理論的枠組みを用意しているのか，説明しよう。

　まず，ケインズ・モデルでは，景気循環を累積的な**乗数過程**の結果生じる現象と説明している。すでに第3章で説明したように，乗数過程は，当初の外生的なショックがそれ以上の規模の総需要（＝GDP）の変動をもたらすという累積的な性格を持っている。所得が増大すると，消費関数に定式化されているように，消費の増加を引き起こし，それがまた所得を増加させて，累積的に所得の増加プロセスが進行する。しかし，総需要の拡大が生産のさらなる拡大を引き起こす乗数過程は，発散することはない。所得増の一部が，必ず貯蓄として，所得増から消えてしまうからである。1回限りの外生的なショックによって，GDPが無限に拡大し続けることはない。やがてGDPは新しい水準に収束していく。

　したがって，単純な乗数プロセスだけでは，累積的な経済活動の活発化，あるいは循環変動は説明できない。

■ 所得と投資

　第4章のケインズ・モデル（＝*IS–LM*のモデル）では，投資は利子率のみに依存すると考えてきた。しかし，第9章の(6)式で定式化したように，中長期的には，投資の限界効率自体が，モデルの中で内生的に変化する可能性を考える方がもっともらしい。すなわち，所得が増加すると，企業の期待がより強気になり，同じ利子率のもとでも投資需要が刺激される。所得の増加に応じて，設備投資や在庫投資が増加する。

　まず，在庫投資から考えてみよう。在庫投資が所得に依存するのは，企業が在庫と生産（＝所得）との間にある適正な関係を維持しようとしているからだと解釈できる。

さて，生産が増加して，適正在庫の水準も増加するとき，企業は在庫投資を活発にするだろう。このとき，在庫投資の増加はまず所得を増加させるが，その一部は消費の増加となり，企業に対する財の需要をまた増加させる。その結果，予期せざる出荷増によって，現実の在庫が減少し，再び適正在庫水準よりも現実の在庫水準が落ち込む。こうして，乗数と在庫投資の相互作用が続くと，在庫は常に適正値より低く，在庫投資が増大して，経済拡張の圧力が常に続くことになる。

次に，乗数と設備投資との相互作用を考えてみよう。設備投資が所得に依存すると，生産設備と生産量との間にも適正な関係が生じる。さて，経済が拡張しているとき，乗数効果によって所得が増加すると，生産の増加によって，現存の生産設備は，適正な生産設備水準よりも小さくなる。これは，設備投資を刺激するから，再び乗数過程を通して，所得を増加させる。これが，さらに生産設備に対する投資意欲を刺激して，拡張のプロセスが続いていく。

このように，在庫投資，設備投資いずれに注目しても，GDP の拡大により投資が刺激される可能性を考慮すると，発散的な累積的拡大のプロセスが生じる。

■ 式と図による説明 ─────────────

以上で説明した乗数と投資の相互作用を，式と図を用いて，説明しよう。まず，t 期における投資（I）と GDP（Y）との間に，以下の乗数の関係がある[3]。なお，単純化のため，利子率が一定の 45 度線モデルを用いて，その拡張を考える。

(1) $Y_t = \alpha I_t$

ここで，$\alpha(>1)$ は乗数値であり，投資 I の一定倍（α）だけ GDP が生産されることを意味する。

───────────────
[3] たとえば，消費関数が $C = \left(1 - \dfrac{1}{\alpha}\right)Y$ として，財市場の均衡条件を $Y = C + I$ で表すと，(1)式が得られる。

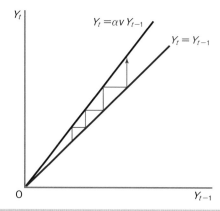

αv >1 のケースでは，$Y_t > Y_{t-1}$ が成立しているから，Y が
どんどん拡大していく拡張期に相当する。

図11.2　累積的な拡張プロセス

次に投資関数を定式化しよう。

(2)　　　$I_t = v Y_{t-1}$

第9章で定式化したように，前期の所得（Y_{t-1}）の一定倍の投資（v）が誘
発されると考える。前期の所得が高ければ，将来の所得の予想も高くなり，
企業の投資意欲が刺激されると想定している。ここでは，簡単化のために利
子率は外生的に一定と考える。

(2)式を(1)式に代入すると，

(3)　　　$Y_t = \alpha v Y_{t-1}$

を得る。

したがって，αv が 1 よりも大きければ，GDP は拡大を続けることになる。
つまり，$Y_t / Y_{t-1} = \alpha v > 1$ なら $Y_t > Y_{t-1}$ となる。

図 11.2 は，縦軸に Y_t を，横軸に Y_{t-1} をとって，(3)式を描いたものであ
る。αv が 1 よりも大きければ，図 11.2 に示すように，Y_t と Y_{t-1} の関係式
(3)は 45 度線の上方にあるから，累積的に GDP が拡大を続けていく。乗数

値 α が大きいほど,また,前期の所得が今期の投資を誘発する程度 v が大きいほど,このような状況は生まれやすい。

■ 景気の反転 ─────────

図 11.1 の発散的なメカニズムでは,常に GDP は拡大し続ける。これは,景気の拡大が永遠に続くことを意味する。しかし,現実には,ある期間が過ぎると,景気は後退期に入る。では,累積的な拡張プロセスが終わり,景気が山を迎えるのはなぜだろうか。さらに,景気が山の状態にとどまらず,反転して,収縮期に入るのはなぜだろうか。

景気を反転させる要因として考えられるのが,生産能力の上限である。その大きな要因は労働供給の制約であろう。第 9 章で分析したように,設備投資によって,生産設備は拡充されても,労働供給は急速には拡大し得ない。もちろん,労働節約的な技術進歩があれば,ある程度は,労働供給は増加する。また,第 10 章の内生的成長モデルが強調しているように,景気とともに経済的意味での労働供給もある程度は拡大するだろう。

しかし,景気の拡大局面では,設備投資や生産の増加率は技術進歩を考慮した労働供給の増加率よりも高くなるのが普通である。教育投資や熟練による労働の質の向上には,ある程度の時間がかかる。あるいは,マクロ経済全体では完全雇用が達成されず労働供給以外に余裕があるとしても,ある基幹産業で労働者不足が発生するかもしれない。また,石油などの原料不足といった労働以外の生産要素が生産の拡張にストップをかけるかもしれない。

労働供給などの制約による生産能力の上限は,企業の期待に変化をもたらす。拡張局面では,企業の将来に対する楽観的な期待が支配的であり,それが投資意欲の増加となって表れる。しかし,生産能力に対する限界が認識され,生産コストが上昇するなどして,企業の期待が弱気になると,設備投資意欲も減少する。賃金率などが上昇すると,生産コストが上昇して,採算上投資を拡大することが困難になる。これは,逆方向の乗数プロセスを経て,生産を抑える方向に働くので,悲観的予想をさらに強めることになる。これは投資を抑制する方向に働く。その結果,需要も増大しなくなり,生産活動

が拡大しない景気の山を迎えるだろう。

　ひとたび経済活動の拡大が終了すると，そこにとどまることは不可能であろう。なぜなら，ひとたび在庫と生産設備が適正値をとるとそれ以上の在庫や生産設備の拡張は必要なくなるから，新たな在庫投資や設備投資はきわめて低い水準に落ち込むためである。ところが，投資が落ち込むと所得は乗数倍だけ落ち込む。したがって，景気循環の山に到達した経済は，図11.3に示すように，そこにとどまらず，景気の縮小局面に入っていくことになる。

　(1)(2)式のモデルにおいては，$\alpha v < 1$ であれば，累積的な縮小過程が続くことになる。企業の投資意欲が減退して v が小さくなると，この可能性が生まれる[4]。

■ 景気の回復

　景気の収縮局面では，拡張局面とは逆のことが起きている。すなわち，投資と乗数の相互作用で，マクロ経済は累積的に収縮していく。投資需要の落ち込みが生産活動を低迷させ，また，生産活動の低迷がさらに投資需要を減退させる。

　しかし，景気の縮小局面と拡大局面とでは重要な違いもある。設備投資は，物理的理由であまり大きくは落ち込まない。言い換えると，設備を意図的に破壊するなど廃棄しない限り，グロスの（粗の）設備投資が負の値をとることはない。企業は，たかだか新規の設備投資を控えるにすぎない。ネットの（純の）設備投資は，グロスの設備投資から減価償却あるいは減耗分を差し引いたものであるから，ネットの設備投資は，減耗分だけマイナスの値をとるにすぎないということもできよう。

　では，累積的な収縮局面が終わりとなり，景気が回復するためには，どのような変化が考えられるだろうか。一つは，新しい経済成長を生み出す力が

---

4)　乗数プロセス自体にもラグがあるケース（たとえば，消費決定と実際の消費との間にラグがあり消費が前期のGDPの増加関数になるケース）では，投資関数の想定次第で全体として2期間の遅れに関するモデル（2階の定差方程式）になる。このとき，パラメーター次第では，内生的な循環が生じる可能性もある。

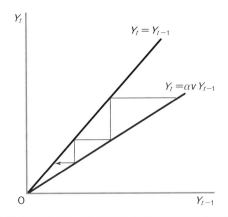

$\alpha v < 1$ のケースでは，$Y_t < Y_{t-1}$ が成立しているから，Y が
どんどん縮小していく収縮期に相当する。

図11.3　累積的な縮小プロセス

働くことである。たとえば，新しい技術が開発されて，新しい市場が開拓さ
れ，企業の投資意欲が回復すれば，経済は拡張期に入るだろう[5]。AI や IOT，
VR，ロボティクスなどの新技術の導入により，産業全体，マクロ経済全体
の投資が刺激される例などが，考えられる。外国からの需要（輸出）の増加
も，投資需要の回復に寄与する。

　また，人口増加に伴う生活必需品の需要の増加は，食料や住宅部門への投
資を呼び起こす。もちろん，時間がたてば資本の減耗も進むから，新しい投
資需要もやがては刺激されるだろう。経済が回復するには，結局，投資の回
復が必要なのである。経済全体の基調としての成長があり，そこに投資意欲
の回復があれば，乗数過程が働いて，景気は再び拡大に向かうことになる。

　(1)(2)式のモデルでは，$\alpha v > 1$ の状況に戻れば，景気が回復し，GDP の
上昇局面が生じる。投資意欲が回復して v の値が大きくなることが景気の反

---

5)　シュンペーター（Schumpeter, J. A.；1883-1950）は，景気循環の原動力を革新者の革新に求めた。
　革新（イノベーション）とは，新技術や新しい経営方法などの産業上の発展をいう。革新者が新し
　い革新を行うと，模倣するものが続いて，投資が活発となり景気が上昇する。新しい生産設備が稼
　動してその財が大量に生産されるようになると，価格が低下し，景気の後退が始まる。コンドラチ
　ェフの波を大きな革新として，捉えるものである。

転の条件になっている。

■ 景気対策の意味 ─────────────────────

　このようなケインズ・モデルでの景気対策の政策的含意を見ておこう。景気が大きく振幅すると，拡張期における過剰な資本の操業と縮小期における過大な資本の不完全操業という資源の無駄を引き起こす。長期的な成長のトレンドが同じであれば，なるべく景気循環の振幅の幅が小さくなる方が，労働や資本をより効率的に利用できるから，資源配分上望ましい。したがって，景気循環の幅が大きくならないように政策的な介入が正当化される。財政金融政策によって，景気の過熱を防いだり，景気の回復を促進したりする政策が，意味を持つのである。

11.3　均衡循環理論

■ 新古典派のマクロ理論 ─────────────────

　第8章で見たように，新古典派のマクロ・モデルでは，財市場は長期的に均衡している。長期的に非自発的失業は存在しない。このマクロ・モデルでは(1)伸縮的な価格調整を前提とした市場均衡と(2)合理的期待形成 [6] を前提としている。そのようなモデルでも，短期的にマクロの経済変数が循環することを説明することは可能である。しかし，景気循環があるからといって，資源配分上の浪費が生じているわけではない。したがって，この立場では景気循環の振幅をなだらかにする政策的な対応は，必要がない。

　ただし，より現実的な新古典派のマクロ・モデルでは，短期的に価格調整メカニズムが働かない可能性は考慮されている。その場合，短期的に非自発

---

[6]　合理的期待形成とは，人々は現時点で入手できるすべての情報を駆使して，もっとも合理的・効率的に将来を予測するという仮説である。過去のデータだけではなく，将来の財政金融政策など，マクロ経済に関するあらゆる情報を利用して合理的に各人は期待を形成すると考える。したがって，期待がはずれる場合でも，一方方向に（常に過小に，あるいは，過大に）はずれることはなく，ランダムにはずれることになる。

的な失業も生じるし，景気変動が資源配分上コストとなることも考慮されている。それでも，中長期的には価格調整メカニズムがうまく働くはずであるとして，裁量的な景気対策を政府が実施することには，消極的である。

■ 貨幣的要因 ─────────────────────────────

ところで，新古典派的な均衡循環理論には，貨幣的要因を強調する考え方と，実物的な要因を重視する考え方の2つのアプローチがある。最初に，フリードマンに代表される貨幣供給を重視する学派，マネタリストによる貨幣的要因に基づく循環理論を取り上げよう。これは，景気変動の要因をケインズ・モデルが強調するような投資の変動ではなく，予想されない貨幣供給量の変化と捉える立場である。

第6章でも見たように，予想されない金融政策は期待インフレ率と現実インフレ率の乖離をもたらして，短期的に実物的な効果を持つ。合理的な期待形成を前提にしても，撹乱的な金融政策の変化は予想できないからである。したがって，予想されない金融政策，特に，予想されない貨幣量の変化がある程度撹乱的に生じれば，結果として，マクロ変数が循環的な動きをすることは十分説明可能となる。

予想されないショックである以上，長期的に見ればプラスとマイナスとがほぼ同じ割合で生じているはずだから，結果として循環的な動きが生じる可能性が高い。たとえば，予想外に貨幣供給の増加率が大きく，期待インフレ率以上のインフレ率が生じると，インフレ需要曲線が上方にシフトして，GDPは拡大する。逆に，貨幣供給の増加率が予想外に小さいときには，期待インフレ率以下にしか現実のインフレ率が生じないから，インフレ需要曲線は下方にシフトして，GDPは減少する。このような撹乱的な金融政策の結果として，長期的に，GDPの拡大と縮小が交互に観察されて，経済活動の循環が生まれる。

■ 実物的循環理論 ─────────────────────────

次に，貨幣以外の要因，特に，実物的な生産性のショックによって生じる

均衡循環理論を取り上げよう。これは，実物的循環理論あるいはリアル・ビジネス・サイクル理論と呼ばれている。この理論も，貨幣的な循環理論同様に，(1)伸縮的な価格調整を前提とした市場均衡と(2)合理的期待形成を前提としている。

　いま，ある経済主体の意思決定（たとえば企業の投資計画）には何らかの時間的要素が必要であり，計画が完全に実行されるまでに時間の遅れがあるとしよう。ここで，その計画が実行される前に，何らかの外生的なショックが生じると，計画とは異なるものが実現してしまう。たとえば，企業の投資計画策定にはなかった生産技術上のショック（たとえば天候の変化，消費者の嗜好の変化，生産における品質管理上のショックなど）が生じて，生産水準が当初の予定とは異なってしまうことが考えられる。

　合理的期待形成を前提としても完全予見ではないから，予想されない外生的ショックは事前にはわからない。計画が実現した後ではじめて，外生的ショックが発生したことがわかる。生産にプラスに働くショックの場合，次期以降の将来について，投資計画と消費計画が上方に修正されるだろう。その結果，マクロ経済活動は活発化する。しかし，この効果は一時的ショックに対応しているから，やがてはなくなってしまう効果である。このような外生的なショックが撹乱的に次から次へと生じると，結果としてマクロ経済活動が活発になったり，不活発になったりして，マクロの変数が循環運動を示す。

　この理論では，景気循環を同じような経済活動の繰り返しとして理解するのではなく，単なる撹乱的なショックに対する反応の結果として理解している。したがって，マクロ経済活動水準が低迷する時期がたとえ長く続いたとしても，景気が悪化しているとは考えないで，単に撹乱的なショックがたまたまそうした状況を引き起こしたにすぎないと見ている。そして，景気循環それ自体には何ら資源配分上の浪費がないと想定しているから，景気変動をなだらかにする政策的な対応も必要ないと考えている。

❖Close Up　実物的循環理論

　実物的循環理論（リアル・ビジネス・サイクル理論）の基本モデルは，確率的な技

術ショックを導入している。技術ショックに不確実性があると，家計は消費や労働供給について確定的な選択はしない。不確実性のもとでのオイラー方程式は，今期の消費が次期の利子率および消費の期待（予想）に影響されると考える。一般に利子率が高ければ次期に消費を回そうとするが，もし次期の金利が高いときに次期の消費も大きければ，消費の限界効用が低くなるので，こうした相関がないときに比べて貯蓄の魅力が失われ，今期の消費の増加につながる。また，相対価格の上昇により余暇消費が減少すると考えると，利子率の上昇で今期の労働供給は相対的に増加する（労働供給の異時点間代替仮説，第 12 章 12.2 節参照）。

　正の技術ショックがあると，次期における資本の限界生産は上昇するから，家計は貯蓄をする。同時に，貯蓄の一時的な高まりは消費経路の上昇を意味するので，利子率の上昇を引き起こして，労働供給を増加させる。一般的なリアル・ビジネス・サイクルモデルは，解析的な解を得ることが困難であるため，数値計算によってその性質を分析することが通常である。それによると，正の技術ショックのあとで技術水準がゆっくり減衰していくケースでは，資本はショック時には変化せずその徐々に増加し，ピークに達した後で標準水準に回帰していく。産出水準はショックの期に増加し，その後次第に標準水準へと回帰していく。消費は産出量より小幅にゆっくりと反応するため，投資は消費より変動が大きい。技術のショックはプラス，マイナス両方のケースがランダムに生じるので，こうした変動の結果，景気循環が生じる。このモデルに市場の失敗は存在しないので，変動はショックに対する最適な反応として導出される。したがって，経済変動を減らそうとする政策的介入は経済厚生を低下させる。

❖ Close Up　DSGE モデル

　近年，各国政府機関，中央銀行や国際機関等において，ミクロ的基礎付けのない旧来型のケインジアン・マクロ計量モデルに代わって，ミクロ的基礎付けに基づく動学的確率一般均衡型のマクロ計量モデル（DSGE）が用いられている。DSGE モデルは，実物的循環理論をその理論的な枠組みとしている。ただし，実物的循環理論モデルはミクロ的基礎がしっかりしているものの，モデルから導かれる経済変数が現実のデータにあまりあてはまらないとの批判がある。そこで，1990 年代以降，価格の硬直性などの様々な「摩擦」をこのモデルに導入することで現実の経済現象の説明力を高めるべく，ニューケインジアン・モデルの要因を取り入れた DSGE モデルが政策現場のモデル分析で普及するようになった。

　DSGE モデルでは，景気循環やインフレ変動などの原因を各種の構造ショックの変動の結果として分析できるため，どの構造ショックが変動の主要因だったのかを特定化することも可能となる。ただし，モデルに現実的な摩擦要因を数多く取り入れた結果，モデルが複雑すぎて定性的な予測が難しくなり，数値計算の結果を直感的に解釈しにくくなった面もある。

11.4   内生的循環モデル

■ 循環が発生しないケース

11.2，11.3 節で説明した外生的要因によってマクロ経済活動の循環的な変動をモデル化する循環理論とは別に，モデルの中で循環の動き自体を発生させるメカニズムが内生的に存在することに注目する試みが，内生的循環モデルである。この節では，これまでの外生的循環モデルとは異なる内生的循環モデルを，簡単に説明しよう。

形式的に考えると，内生的に循環を生むメカニズムとしては，次のような関係があればよい。あるマクロ変数，たとえば資本ストックのt期の水準をk_tで表し，以下の式で示される動学的な関係を考えてみよう。

(4) $k_{t+1} = \phi(k_t)$

今期の資本ストックの水準が与えられると，今期の貯蓄も決定され，その結果来期の資本ストックも決定されるだろう。そのような関係を定式化したのが，(4)式である。図 11.4 に示すように，このϕ曲線が右上がりで，かつ次第にその傾きが逓減的であれば，長期均衡点に収束していく。長期均衡点は，ϕ曲線と 45 度線 k_t との交点 E になる。この場合には，k_t は単調に増加，あるいは減少していく。内生的循環は生じない。第 8 章で見たようなソロー・タイプの新古典派成長モデルでは，この図のような動学的な調整メカニズムを想定していた。

■ 循環が生じるケース

しかし，図 11.5 に示すように，ある点を超えてこのϕ曲線が右下がりになれば，循環の可能性が出てくる。たとえば，図 11.5 において A 点に対応する k_t が当初の点であるとしよう。このとき，k_{t+1} は B の高さで与えられるから，横軸では k_{t+1} は C 点になる。C 点で k が与えられると，次期の k すなわち k_{t+2} は D 点に対応する高さになる。したがって，横軸では A 点になる。

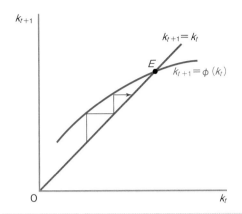

φ曲線が右上がりであり，かつ，45度線の左側から交わる
ケースでは，kは単調に均衡点に収束していく。循環的な
動きは生じない。

図11.4 内生的循環のないケース

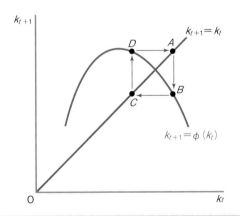

φ曲線が右下がりの領域で45度線と交わる場合には，内生
的な循環が生じる可能性がある。この場合，A点とC点とい
う2つの水準を交互に繰り返す。

図11.5 内生的循環

D点とA点とが同じ縦軸上にあれば，次のkの水準はB点の大きさになり，
その次はD点の水準になる。こうして，kの大きさは高水準のA，D点と低
水準のB，C点とを交互に繰り返す。つまり，外生的ショックに頼らずに，

表11.2　循環モデルの比較

乗数と投資の相互作用	外生的循環モデル ケインズ的な累積する乗数と投資需要の相互作用で，拡張，縮小を説明，景気の反転は外生的な制約，ショックによる
貨幣的循環モデル	外生的循環モデル マネタリストの立場 予想されない貨幣供給の変化により循環を説明
実物的循環モデル	外生的循環モデル 合理的期待形成，収縮的価格調整を前提 予想されない生産性のショックにより循環を説明
内生的循環モデル	モデルの中で循環を説明 代替効果が所得効果よりも強いと，内生的な循環の可能性が生じる

内生的に循環運動が生まれる。

では，図11.5のように，ある点を超えると右下がりになるϕ曲線の形状は，経済的にもっともらしく生じるだろうか。k_tが資本ストックとすれば，ϕ曲線は貯蓄の大きさに対応する。今期の資本ストックを所与とすると，今期の貯蓄が大きいと，来期の資本ストックも大きくなるからである。資本ストックの蓄積水準が小さい場合に，資本が増大すれば貯蓄も増加し，資本ストックの蓄積水準が大きい場合に，逆に資本がさらに増大すると，今度は貯蓄が減少するとすれば，図11.5のようなϕ曲線が導出可能になる。

資本ストック水準が増加すれば，貯蓄も増加するというのは，所得効果からはもっともらしい想定である。しかし，代替効果からは，資本蓄積が大きいとすでに資本の限界生産が小さく，貯蓄の収益率も小さくなっているから，貯蓄をする誘因も小さいだろう[7]。この場合，代替効果の方が所得効果より

---

[7]　所得効果とは，実質的な所得が増大したとき，消費がどのように影響されるかを示すものである。通常は，所得が拡大すれば消費も増加すると考える。貯蓄の計画においては，貯蓄は将来の消費のために行われると考えると，将来の消費を増大させるときに貯蓄も増大する。したがって，（恒常的な）実質所得が増大して，将来の消費も増大するとき，貯蓄も増加する。また，代替効果とは，2つの財の相対価格が変化したときに，どちらの財をより多く需要するようになるかを示すものである。貯蓄の収益率が大きくなると，現在消費をするよりは貯蓄をして将来の消費を多くする方が，相対的に有利になる。その結果，貯蓄が増大する。これが代替効果である。したがって，代替効果の観点からは，資本蓄積が拡大して利子率が上がり貯蓄の収益率が低下すると，貯蓄意欲が減退することになる。

も大きければ，かえって貯蓄が減る可能性が生まれる。すなわち，資本蓄積水準が小さいときに所得効果が支配的になり，資本蓄積水準が大きくなって代替効果が支配的になると，**図11.5**のような曲線を描くことができる。こうした場合に，内生的循環が導出できる。

11.5　資産価格とバブル

■ 価格の変動

　マクロ経済活動の変動として，GDP，投資，消費などの実質的な経済活動変数が変動することを想定してこれまで分析してきたが，財・サービス価格や資産価格などの価格変数が変動することもある。1970年代の石油危機のときには，フローの財価格が大きく上昇して，「狂乱物価」と呼ばれた。さらに，1980年代後半のわが国の「バブル経済」の時期に見られたのは，フローの財・サービスの価格変動ではなく，また，GDPなど実質的経済活動水準の大きな変動でもなく，土地や株などのストックの資産価格の変動（上昇）であった。さらに，1990年代の「失われた10年」で日本経済が低迷したのも，地価や株価がこの時期に下落し続けたことがその背景にある。その後は，フローの財価格も下落するデフレ現象が生じている。以下では，資産価格の変動について考えてみよう。

❖Case Study　バブルの崩壊と資産価格の低迷

　図に示すように，わが国における土地の価格（地価）や株の価格（株価）の動きを見ると，資産価格が急激に上昇したのは，1980年代後半であった。この時期に何が起きたのだろうか。

　1985年の為替レートに関する先進諸国間での「プラザ合意」以降，円高不況対策，貿易摩擦解消のための内需主導型経済成長を目的として，低金利政策がとられた。公定歩合は記録的な低水準に抑えられた。その結果，企業の経済活動は活発になったが，一方で，預貯金などの金融資産から土地や株などキャピタル・ゲインが期待できる資産へと需要が変化した。その結果，地価，株価が高騰した。

　1980年代における急激な資産価格の上昇は，日本経済にプラスとマイナスの効果をもたらした。プラスの効果は，1980年代後半の順調な景気に見られたように，資産価値の上昇で投資と消費が刺激された資産効果である。資産が増加すると，人々はより積極的な経済活動をするようになる。

　逆に，1990年代に入って，高金利政策や景気の減速を反映して，株価，地価が急落すると，「バブルの崩壊」と呼ばれる悪影響が出てきた。すなわち，資産価格の低下によるマイナスの資産効果は景気の足を引っ張った。地価と株価の値下がりが連鎖反応を引き起こし，信用不安が加速された。1990年代半ばから金融機関の破綻が相次ぎ，バブル期に不動産業に大幅な貸付を行った住宅金融専門会社は不良債権のために整理・廃止され，その過程で多額の税金が投入された。

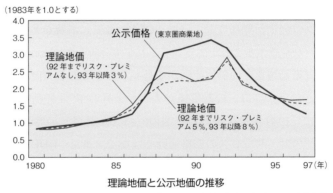

理論地価と公示地価の推移

（注）　国土庁「地下公示」，経済企画庁「国民経済計算」，（社）日本ビルヂング協会連合会「ビル実態調査のまとめ」により作成。理論地価＝（オフィス賃料）／（利子率＋リスク・プレミアム），利子率＝受取財産所得／金融資産（金融機関）。
（出所）　内閣府HP「平成11年度年次経済報告」（1999年7月）
（http://www5.cao.go.jp/j-j/wp/wp-je99/wp-je99-s0038.html）

■ 資産価格の決定理論

　株価などの資産価格は効率的な資産市場においてどのように形成されるだろうか。簡単な資産価格の決定理論を紹介しよう。ある資産を保有すると，現在のみならず将来にその資産から収益を手に入れることになる。通常のフローの消費財と異なり，資産は現在限りで消滅することはない。さらに，市場で売らない限り，いったん資産を手に入れるとその所有権は永遠にその保有者のものとなる。

　いま，代表的な資産として株式を想定しよう。株式を所有すると，その保

有者は今期のみならず将来に永遠にその企業の利益配分を受け取る権利を有する。企業から株主への利益還元は，通常は配当という形でなされる。したがって，株式を持つメリットは現在から将来の無限の先までの配当を手に入れることである。言い換えると，株式取得のメリットは，現在から将来無限の先までの配当の割引現在価値に等しい。株式取得のコスト（1株あたり）は，現在時点での株式の市場価格であるから，結局，株式の価格は，配当の割引現在価値で与えられる。

　もし，株価が配当の割引現在価値よりも高ければ，その株を持つことのコストよりもメリットの方が少ないから，株は売られ，その時点での株価は低下するだろう。もし，逆に，株価が配当の割引現在価値よりも低ければ，その株を持つことのコストよりもメリットの方が大きいから，株は買われ，株価は上昇するだろう。均衡では，株価は配当の現在価値に等しくなる。では，株式を永遠に保有しないで，将来売却を予定している場合，株価形成はどうなるだろうか。株式を今期購入して来期に売却するものとしよう。今期の購入コストは，今期の株価である。株式を1期間保有するメリットは，今期に受け取る配当と来期に売却する売却代金である。売却代金は来期の株価に等しい。市場の参加者は今期に来期の株価をどう予想しているのだろうか。

　来期の株式の購入者がそれから先に永遠に株式を所有するとすれば，それは，来期以降の配当の割引現在価値に等しい。したがって，今期の株式保有のメリットは，結局，今期の配当と来期以降の配当の割引現在価値の合計に等しくなる。これは，今期の所有者が永遠に株式を所有し続けるケースと同じである。

　次に，来期の所有者が途中で株を売却するケースを想定しよう。この場合にはその先の所有者が株を永遠に所有すれば，それ以降の配当の割引現在価値でその時点の株価が決まるから，将来の所有者の受け取る配当の割引現在価値は，来期の所有者の売却価格に反映されているはずである。

　この関係を用いると，前と同様の議論により，現在の株価は現在から将来までの配当の割引現在価値に等しくなる。結局，無限の先まで誰かがその株を所有し続けていく以上，どの時点で株が売買されようと，その時点での株

価は，その時点から無限の先までの配当の割引現在価値に等しくなる。これが，株価決定の配当仮説である[8]。

■ 配当仮説の数式による定式化

以上の議論を数式を用いて定式化してみよう。t 期における株式投資と安全資産である債券への投資の裁定を考えよう。p_t を t 期の株価，d_t を t 期の配当，r を安全資産である債券の利子率とすると，資産保有の裁定式として次式が成立する。

$$(5) \qquad p_t(1+r) = p_{t+1} + d_t$$

ここで，左辺は p_t 円で株式を1株買う代わりに，債券投資する場合の $t+1$ 期での収益（＋元本）を示し，右辺は p_t 円で株式を1株購入し，$t+1$ 期にその株式を売却する場合の $t+1$ 期での収益を示す。なお，p_{t+1} は t 期に完全予見されると想定している。これは，合理的期待形成のもっとも単純なケースである。(5)式から，

$$p_t = \frac{d_t}{1+r} + \frac{p_{t+1}}{1+r} = \frac{d_t}{1+r} + \frac{d_{t+1}}{(1+r)^2} + \frac{p_{t+2}}{(1+r)^2} = \frac{d_t}{1+r} + \frac{d_{t+1}}{(1+r)^2} + \frac{d_{t+2}}{(1+r)^3} + \frac{p_{t+3}}{(1+r)^3}$$

この式において，さらに p_{t+3} を p_{t+4} に置き換え，また，その式の p_{t+4} をさらに置き換えていくと，結局，p_t は，無限の先までの配当流列の割引現在価値に等しくなる。すなわち，次式を得る。

$$(6) \qquad p_t = \sum_{j=1}^{\infty} \frac{d_{t+j-1}}{(1+r)^j}$$

この式の右辺は，株価のマーケット・ファンダメンタルズと呼ばれる株価の理論値である[9]。配当仮説は，無限の先までの予想配当流列を債券利子率で割り引いた現在価値で，株価が決まることを意味する。

---

8) ここでは，単純化のために，将来の株価や配当を完全に予想できるものとしている。これは完全予見の仮定である。より一般的には，与えられた情報のもとで投資家が最適に予想するという合理的期待形成を前提としている。株価配当仮説の説明は，三輪・西村編（1990）を参照されたい。

9) 株価のマーケット・ファンダメンタルズという場合，配当の将来の流列を意味することが多く，配当を割り引く際の割引率をそれに含めて議論するかどうかは人によって異なっている。(6)式の右辺でファンダメンタルズを定義する以上は，割引率もそれに含めて考える方が自然であろう。

Column — 15 　一般物価水準と貨幣供給

　一般物価水準 p は，貨幣と財の相対価格であるが，貨幣というストックの価格であるとも考えられる。よって，資産価格の裁定式と同様な式を用いて，p を定式化することができる。いま，貨幣需要関数を次のように定式化しよう。

$$m_t - p_t = -\gamma(p_{t+1} - p_t)$$

ここで，m_t は t 期の貨幣供給量（対数），p_t は t 期の価格（対数），γ はインフレ率が上昇したとき貨幣需要がどれだけ減少するかを示すパラメーターである。$m_t - p_t$ は実質貨幣残高（対数），$p_{t+1} - p_t$ はインフレ率（対数）を意味している。この式を書き直すと，

$$p_t = m_t + \gamma(p_{t+1} - p_t)$$

これは，今期の価格 p_t が m_t という配当と $p_{t+1} - p_t$ というキャピタル・ゲインの合計からなるという，資産市場の裁定条件(5)式と形式的には同じ形の式である。したがって，p_t について解くと，次式を得る。

$$p_t = \frac{1}{1+\gamma} m_t + \frac{1}{1+\gamma} p_{t+1}$$

この式の p_{t+1} を同様の関係式を用いて，p_{t+2} に置き換えると，次式を得る。

$$p_t = \frac{1}{1+\gamma} m_t + \frac{\gamma}{(1+\gamma)^2} m_{t+1} + \frac{\gamma^2}{(1+\gamma)^2} p_{t+2}$$

さらに，p_{t+2} を p_{t+3} に置き換えて無限の先まで p の置き換えをすると，結局

$$p_t = \sum_{j=1}^{\infty} \frac{\gamma^{j-1} m_{t+j-1}}{(1+\gamma)^j}$$

を得る。この式は，物価水準が将来の貨幣供給の γ でウェイトされた割引現在価値に等しいことを意味しており，(6)式に対応するものである。すなわち，ストック価格の一般的な決定メカニズム同様に，**将来の貨幣供給の動向で**，現在の価格水準が大きく影響される。将来政府が貨幣供給を拡大させるという予想がなされると，実際の貨幣供給が変化しなくても，**それが予想された時点で**，すぐに価格は上昇することになる。

■ リスク・プレミアム

　将来の配当や将来の利子率の動向は，現実には現時点で完全に予見することは困難である。将来の配当流列に不確実性があるときには，株式で運用するのは，安全資産で運用する場合よりも，リスクが大きい。リスクがある分

だけ，株式に対する需要は減少し，それだけ株価も小さくなる（リスク・プレミアム）。現在の株価が低下することで，株式保有の期待収益率が上昇し，リスクを考慮して，安全資産との裁定が働くのである。

したがって，リスクを考慮すると，株価はそうでない場合よりも低下する。これは，リスク・プレミアムの分だけ，将来の配当を現在価値化する際の割引率が上昇していると解釈することもできる。

■ 配当仮説とバブル ─────────────────────

ところで(6)式の配当仮説は，裁定式(5)を満たすものではあるが，(6)式のみが(5)式を満たすわけではない。いま，t期の株価p_tについて

(7) $p_t = p_t{}^* + b_t$

としてみよう。ここで，p^*は配当仮説(6)式で決まる株価の理論値である。b_tは，株価がファンダメンタルズ（＝理論値）から乖離した程度を反映しており，バブルに対応している。

もし，

(8) $b_t(1+r) = b_{t+1}$

が成立しているとすれば，(7)式で決まるp_tも(5)式の裁定関係を満足している。

このように，バブルとは，現実の資産価格の不安定な変動のうち理論値で説明しきれない部分を指す。(8)式は，将来の株価が少なくとも債券の利子率と同率のキャピタル・ゲインを生むものと予想されている限り，いくらでもバブルが存在する可能性を示唆している。

株価の配当仮説は，バブルの可能性を排除し，株価が無限に発散しない状況を想定している。株価に限らず，資産価格が無限大にまで発散すると考えるのは，非現実的だろう。

こうした非現実的な状況を排除する考え方は，いわゆる長期的な合理的期待形成仮説と呼ばれている。しかし，バブルを理論的に排除する論理的な必

然性はない。裁定行動のみを前提とすれば，必ずしもバブルの可能性は排除できないのである。

合理的な裁定行動と資産市場の効率性を前提としても，バブルが存在しうるのは，直観的には次のように説明される。配当仮説は株価の水準に関する仮説であるが，裁定条件は株価の上昇によるキャピタル・ゲインを含む収益率が問題となっている。これは，(5)式を書き直して，

$$(5)' \qquad r = \frac{p_{t+1} - p_t + d_t}{p_t}$$

の形にすると，理解できる。投資家が株価は上昇すると考えると，株式の取得価格がファンダメンタルズ（理論価格）を上回っていても，債券の収益率以上の収益を確保することが可能であり，そのことがまた株価を上昇させるのである。

■ バブルの経済学

バブルを説明する際に，まず問題となるのが，バブルの発生メカニズムである。バブルが発生するためには，バブルが無限に持続可能であるか，あるいは，バブルの崩壊が不確実なものでなければならない。バブルが無限に持続可能なためには，無限の数の市場参加者が次から次へと登場する必要がある。

バブルの発生要因としては，大きく分けると4つの点が指摘されている。第1は，一種のネズミ講のような無限数のゲーム（Ponzi game）である。これは，他人の資金を先に借り入れた人がその返済をどんどん先送りする状況に対応しており，無限に参加者が登場すれば，バブルという早い者勝ちの利得が可能となる。

第2は，非常にまれにしか起こらないが，いったん生じると大きな影響のある事態に対する合理的反応として，現時点で資産価格がファンダメンタルズから乖離するケース（ペソ問題）である[10]。

第3は，市場への参加者にある種の制約があるとき，全く本質的でない要因でバブルが発生しうるケースである。投資家にある種の主観的要因が共通

表11.3　資産価格とバブル

ファンダメンタルズ	資産価格の理論値 毎期の収益の割引現在価値 割引率が上昇すれば，下落
バブル	現実の資産価格の変動のうち理論値の変動で説明できない部分 ネズミ講のような無限数のゲーム，ペソ問題，太陽の黒点理論などで，ある程度は説明可能

にあると，あるとき突然にバブルが発生する考え方は，太陽黒点理論と呼ばれている。

　第4に，貨幣のように本来価値のないものが世代間で流通している現象を，バブルとみなすことも可能である。貨幣は，それ自体は価値のないものであるが，マクロ経済全体として望ましい機能を持っている。このように社会厚生の面からプラスの面があるとすれば，それがバブルの発生を促進させる要因にもなる [11]。

| Column——16 | 株式市場の効率性 |

　株式市場が効率的であるということは，市場への参加者が将来の企業の収益について合理的な予想を形成し，裁定行動が完全に行われることを意味する。言い換えると，完全競争市場で，かつ期待形成に関しては合理的である主体からなる市場が，効率的な資産市場ということになる。

　株式市場における配当仮説では，投資家の合理的な行動は，通常次の2つの仮定によって記述される。

---

10)　ペソ問題とは，1976年，メキシコ・ペソの平価切り下げに対する期待によってペソが先物市場で過小評価され続けた事実に由来しており，当初は先物為替市場の効率性の問題として提示された。特に，実現する確率は低いが，実現すると為替レートの大幅な変動を引き起こすような，将来の外生的与件や政策・制度の変化に関する期待が現在の為替レートに影響を与える現象を指す。そのようなファンダメンタルズとして，政治的，軍事的情勢の変化（政権交代や戦争の勃発），通貨供給ルール，平価の変更など種々の要因が幅広く考えられる。

11)　ここでのバブルは，いわゆる「合理的バブル」である。バブルの経済的な説明については，翁（1985），浅子他（1990）などを参照されたい。

(1) 各投資家は，各株式の本来的な実体価値である株式保有から将来獲得できると予想される配当だけを基準として，投資決定をする。

(2) 各投資家は，他の投資家も同様に予想される配当のみに基づいて投資決定をし，その結果として株価の市場価格が決定されると考えている。

そのような状況では，株価は配当仮説で決まるだろう。しかし，現実には市場への参加者が合理的な予想形成をしているとは限らないし，裁定行動も完全に行われているかどうかもはっきりしない。株式市場が効率的に運営されているかを実証的にテストするには，株価の配当仮説が妥当しているかをテストすればよい。しかし，実際にこの仮説をテストするのは容易なことではない。

この問題をうまく解決しようとした試みが，シラー（Shiller, 1981）によって行われた**株価のボラティリティ（分散制約）・テスト**である。彼の分散制約テストは，株価の形成に関する次の仮定から導出されている。

(1) 株式保有に対して，投資家の要求する収益率すなわち株式保有の機会費用は，一定である。

(2) 株価は，この投資家が要求収益率を割引率とする，実質配当の割引現在価値に等しく決定される。

(3) 将来配当に関する期待形成は合理的である。

分散制約テストは，事後的な配当の流れから事後的に見た株価の理論値を配当仮説に基づいて計算し，これと実際の株価とを比較するものである。実際の株価が株式市場で形成されるときには，将来の配当の流れはわからないから，予想するしかない。この予想が合理的に行われるとすると，実際の株価の方が事後的な配当の流れから計算される理論値よりも，そのばらつき（分散）が小さくなる。なぜなら，実際の配当を企業が行うときには，将来の時点になってはじめて予想可能となる様々なショック要因を反映しているから，それがばらつく分，理論値も大きく変動しているはずだからである。

ところが，実際のデータで検証してみると，実現した配当から計算された理論値よりも，実際の株価の方が大きく変動しているという結果が得られた。これは，合理的期待形成と配当仮説を前提とした株式市場の効率性に大きな疑問を投げかけたものとなった。株価が理論的に課せられる上限をはるかに超えて変動しているという結果は，株式市場での裁定式（上述の仮定における（2））が成立していないか，予想が合理的でないか，バブルが存在するかのいずれかを意味するからである。裁定式の成立と合理的予想形成を前提とすると，バブルの存在を示唆するものとも考えることができる。

シラーの研究については，その後多くの学者によって厳密なチェックが進められている。現在までのところ，シラーの結果を完全に覆す結果は得られていない。しかし，このアプローチで本当にバブルの存在が検証できるのかについては，批判もある。また，このアプローチでは，ファンダメンタルズをどのように推計するのか

の問題や，株価や配当系列の非定常性にまつわる問題も指摘されている。

■ 資産価格の一般理論

　株価に関する配当仮説は，資産一般の価格の決まり方に適用できる。ファンダメンタルズに基づく資産価格形成理論を土地の場合に応用すれば，地代の現在から将来までの割引現在価値で地価が決まる。債券であれば，現在から将来までの利子支払の割引現在価値で債券価格が決まる。しかし，現実の株価あるいは地価は，配当あるいは地代の割引現在価値で決まる理論的な水準とは，かけ離れていると思われる状況も少なくない。これは，現実の世界でバブルが無視できないことを意味する。

　株価決定の配当仮説（地価決定の地代仮説）は，どのくらい現実的な仮説なのであろうか。この問題は実証分析の課題であり，現在様々な研究の成果が蓄積されている分野である。

❖Close Up　バブルの実証研究の問題点

　配当仮説を実証する試みは，逆にいうとバブルを実証する試みでもある。バブルを広く資産価格のファンダメンタルズ（＝配当の割引現在価値）からの乖離として定義すると，ファンダメンタルズを推計する必要があるが，これが実際には困難である。配当の割引現在価値を推計する場合に，予想される将来配当の流列がどのようなものであるのかが観察できないし，割引率に何を用いるかも簡単な問題ではない。株式の収益に伴うリスク・プレミアムをどの程度考慮するか，将来割引率が変化する可能性を考えるかどうかも問題となる。

　また，配当仮説では，無限に存在する企業が前提とされているが，実際には有限の時点で企業の合併や倒産が起きるかもしれない。また，最近では株価のファンダメンタルズとして，将来の収益の割引現在価値ではなく，現在の資産価値（解散価値）を用いて解釈しようとする試みもある。理論的には，トービンの q が 1 に等しいならば，両者は一致するはずであるが，現実には両者はかけ離れているケースも多い。

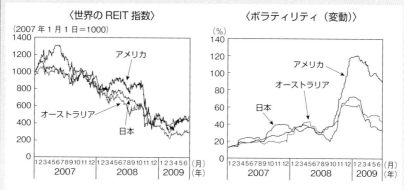

| Colulmn――17 | アメリカの住宅建築バブルとサブプライム・ローン問題 |

REIT（不動産投資信託）市場の動向

（注）　Bloomberg により作成。日本は東証 REIT 指数，アメリカは Morgan Stanley REIT Index，オーストラリアは S&P/ASX200Property Index を指標とする。ボラティリティは直近 90 日間取引終値の対数変動値（日次）の標準偏差を年率換算し，その推移をグラフ化。
（出所）　平成 21 年度「経済財政白書」（http://www5.cao.go.jp/j-j/wp/wp-je09/pdf/09p02022.pdf）

　サブプライム・ローンは，主にアメリカにおいて貸し付けられたローンのうち，サブプライム層（優良顧客（プライム層）ではない顧客）向けのものをいう。通常の住宅ローンの審査には通らない，信用度の低い人向けのローンである。

　金融の IT 技術の発達によって，銀行は信用度の低い融資先への債券をまとめて小口証券化して，投資家へ販売した。これにより，リスクは証券を買った投資家が負うため，銀行は融資先が経営悪化しても，不良債権を抱えずにすむようになったので，比較的安全度の低い融資先へもどんどん融資するようになった。しかもアメリカの格付け会社がこの証券に高い格付けを設定したので，世界中の金融機関が購入し，さらに需要が増大して，ますます積極的な融資が行われた。

　こうして不動産市場や金融市場に大量の資金が流れ込み，不動産価格はファンダメンタルの理論値よりも大きく上昇して，住宅バブルが生じた。サブプライム・ローンは不動産価格が上昇することを前提としたローンであったため，バブルが崩壊して，不動産価格が下落し始めると，債務不履行状態に陥った。

　住宅バブルの原因としては，以下のような理由が指摘されている。

（1）あまりにも長い間，金利を下げすぎてしまった。

（2）住宅価格が永遠に上がるかのように，投資家がリスクを理解せずに投機してしまった。

（3）格付け会社が適切に格付けすることに失敗した。

（4）適切な審査基準でローン貸付を行わなかった。

（5）返済能力の乏しい人が借金しすぎた。これらの要因が重なって，巨大な住宅バブルが生じた。

まとめ

●規則的に収縮と拡張を繰り返す経済活動を，景気循環と呼ぶ。ケインズ・モデルでは，乗数と投資との相互作用を通じて，累積的な拡張プロセスが生まれる。景気が反転するのは，生産能力の上限である。経済全体の基調としての成長があり，そこに投資意欲の回復があれば，乗数過程が働いて，景気は再び拡大に向かう。

●新古典派モデルでは，財市場は常に均衡している。非自発的失業は存在しない。伸縮的な価格調整を前提とした市場均衡と合理的期待形成を前提としている。そのようなモデルでも，予想外の金融的ショックや生産性ショックを考慮することで，マクロの経済変数が循環することを説明することは可能である。外生的要因により発生する循環理論とは別に，モデルの中で循環の動き自体を説明しようとする試みが，内生的循環モデルである。

●株式価格決定の配当仮説とは，配当の割引現在価値で株価が決定されるという考え方である。株価の配当仮説は，バブルの可能性を排除し，株価が無限に発散してしまわない状況を想定している。現実の資産価格の不安定な変動のうち，理論価格の動きで説明がつかない部分が，バブルである。バブルが発生するためには，バブルが無限に持続可能であるか，あるいはバブルの崩壊が不確実なものでなければならない。バブルが無限に持続可能なためには，市場への無限の数の参加者が次から次へ登場する必要がある。

重要語

□景気循環　　　　　　□外生的循環モデル　　　□乗数と投資の相互作用
□景気の反転　　　　　□均衡循環理論　　　　　□内生的循環モデル
□資産価格　　　　　　□配当仮説
□マーケット・ファンダメンタルズ　　　　　　□リスク・プレミアム
□バブル

問　題

■1　投資関数が

$$I_t = 0.5\, Y_{t-1}$$

で与えられるとしよう。このとき，乗数がいくつ以上であれば，累積的な拡張プロセスに対応しているか。

■2　ケインズ的な循環理論と新古典派の循環理論の類似点と相違点を整理せよ。

■3　次の文章のうち正しいものはどれか。

（イ）内生的循環モデルでは，政策が内生的に変化して循環が生まれる。

（ロ）配当仮説では，株式は永遠に保有され続けることを前提としている。

（ハ）バブルは，経済学で説明のつかない価格の変動である。

（ニ）リスク・プレミアムが増大すると，資産価格も上昇する。

（ホ）景気循環といっても，全く同じ変動が繰り返して観察される必然性はない。

■4　以下のようなマクロ・モデルを考える。

$$Y(t) = C(t) + I(t) + 2$$
$$C(t) = \alpha Y(t) + 2$$
$$I(t) = v(Y(t-1) - Y(t-2))$$

ここで $Y(t)$：t 期の国民所得，$C(t)$：t 期の消費，$I(t)$：t 期の投資，v：加速度係数，α：限界消費性向である。いま，$Y(1) = 15$，$Y(2) = 16$，$Y(3) = 18$，$Y(4) = 24$ とすると，α と v の値はそれぞれいくらか。

■5　以下の文章の（　）に適当な用語を入れよ。

（ア）循環モデルでは，モデルの中で循環を説明する。（イ）効果が（ウ）効果よりも大きいと，（ア）循環が生じる。

■6　毎年の配当が 100 円で，利子率が 2％であり，この値が将来も同じであるとする。株価の理論値はいくらになるか。

12 中立命題とマクロ政策の有効性

　これまで見てきたように，マクロ経済政策では，ケインズ的立場と新古典派的立場のどちらの考え方が，現実に妥当しているかが争点であった。この章では，市場メカニズムが完全に機能していることを前提とする新古典派マクロ理論の立場に立って，マクロ政策の有効性がどの程度あり得るのかという問題を，世代間再分配政策と政府支出政策を中心に取り上げる。これに対して，ケインズ的立場に立って，従来のケインジアンよりもより合理的な経済主体の行動を前提としてマクロ経済政策を議論する考え方もある。最後に，そのようなニュー・ケインジアンの議論を紹介する。

---

1. 公債発行あるいは公的年金政策を取り上げて，どのような世代間再分配政策が有効であるのか，あるいは無効であるのかを整理する。
2. 中立命題を前提として，政府支出拡大の乗数効果を分析する。新古典派のマクロ・モデルでは，政府支出の財源調達の方法ではなく，政府支出の規模（＝政府の大きさ）がマクロ的に重要な概念となる。
3. 中立命題を前提として，公債発行のクッション政策を説明する。
4. 金融政策の中立性について考える。
5. ニュー・ケインジアンの議論を整理して説明する。

12.1　世代間再分配政策

■ マクロ政策の有効性

　マクロ経済政策として，最近量的にも質的にも重要な意味を持っているのが，世代間の再分配政策である。これは，公債発行や年金政策などの補助金・支出政策を通じても行われている。特に，わが国も含めて先進諸国では，世代内の所得格差がかなり小さくなっていることもあって，世代間での再分配政策が，質的にも量的にも重要となってきている。世代間再分配政策の有効性は，マクロ政策の有効性を考える上で重要なポイントであり，ケインズ・モデルと新古典派モデルの大きな相違点の一つである。

　日本経済にとっても深刻な問題である人口構成の高齢化，財政赤字の拡大などの現象も，世代間の再分配政策と関わりの深い問題として理解することができる。最初に，どのような年金，公債政策が世代間で再分配効果を持つのか，あるいは持たないのかを整理してみよう。

■ 2つの年金制度

　年金制度には，大きく分けると，積立方式と賦課方式の2つがある。積立方式では，若いときに積み立てた年金基金を市場で収益率のもっとも高い有利な資産で運用して，その世代が老年期になってから，老年期に給付として使うものである。同じ世代内では長生きする人とそうでない人との間での再分配が行われるが，世代間での再分配は行われない。これに対して，賦課方式では，若い世代の年金負担を資産運用することなく，その時期の老年世代への年金給付にそのまま回すものであり，世代間での再分配が行われる。賦課方式では年金基金の積立は一切生じない。

　わが国の公的年金制度は，修正積立方式と呼ばれており，原則として積立方式となっているが，実際は世代間の再分配がかなりの程度で行われており，実質的には賦課方式に近い性格を持っている。

■ 積立方式とマクロ経済 ─────────────────

　積立方式では，定義により，世代間の再分配は行われない。**図 12.1** に示すように，t 世代の年金積立金は，青年期＝t 期の貯蓄となり，t 世代が老年期になる老年期＝$t+1$ 期に利子率分だけ上乗せされて，元本とともに年金給付を受ける。簡単化のため，市場が完全であり，公的資金と私的資金の収益率が同じであるとすれば，積立方式による年金の増加は，同額だけ私的貯蓄を減少させるのみで，家計の実質的な所得を何ら変化させない。なぜなら，家計にとっては老後の貯蓄手段として，公的年金負担も私的な貯蓄も，同一であり，公的年金負担の増加は，家計の貯蓄の増加と同じであるから，その分だけ私的な貯蓄は減少する。

　マクロ経済全体の貯蓄は，私的な貯蓄と公的な年金積立金の増加（＝公的年金負担）の合計である。公的年金が増加しても私的貯蓄が同額だけ減少すれば，マクロの貯蓄も変化せず，したがって，資本蓄積にも影響は生じない。積立方式では，世代間で中立的であるばかりか，公的年金政策自体が実質的に，何のマクロ効果ももたらさない[1]。

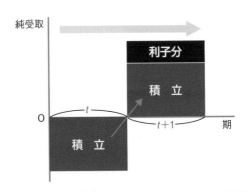

> 積立方式では，青年期（t 期）に積み立てた基金を市場で運用し，老年期（$t+1$ 期）にその積立金と運用益（利子分）を給付する。

図12.1　積立方式の年金政策

───────────────────

1)　生存する期間が，同一世代の中での人によって異なる場合には，世代内での早く死ぬ人から長く生きる人への所得の再分配が行われる。この点を考慮すると，積立方式と私的な貯蓄とは異なる。

■ リカードの中立命題 ────────────────────────

　次に，年金制度と比較対照させる意味で，以下のような公債の発行を考え
る。図 12.2 に示すように，たとえば景気対策として減税政策を実施し，そ
のために t 期に t 世代に対して 1 期満期の公債を発行し，将来の $t+1$ 期に t
世代に公債を償還するための課税を課すとしよう。このとき t，$t+1$ それぞ
れの期の政府の予算制約式は，次のようになる。

(1)　　　　$b_t + T_1^t = 0$

(2)　　　　$T_2^t = (1+r) b_t$

　ここで，b_t は t 期に発行して $t+1$ 期に満期となる公債であり，T_1^t は t 期
に青年世代である t 世代に課せられる（1 人あたりの）税負担（一括固定税）
であり，T_2^t は $t+1$ 期に老年世代である t 世代に課せられる（1 人あたりの）
税負担（一括固定税）である。なお，単純化のため人口は一定で変化しない
と想定しよう。

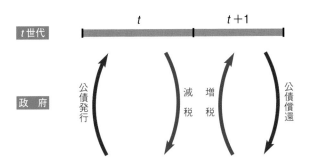

t 期に公債が発行されて，それを財源として減税政策がとられ
ても，将来 $t+1$ 期に公債を償還するための増税が行われる。
政府の予算制約から，t 期の減税と $t+1$ 期の増税の現在価値は
等しい。したがって，家計が現在価値で見た予算制約式で行
動するとすれば，公債発行による t 期の減税政策の効果は否定
される。

図12.2　リカードの中立命題

　(1)式はt期の政府の予算制約式であり，公債発行による収入と税収との合計である左辺が総額でゼロであることを意味する。なお，簡単化のために，最終財購入のための政府支出gはゼロであり，利子率rも一定であるとする。

　b_tはt期の公債発行量である。b_tが増大すれば，同額だけ税負担T_1^tが減少することが可能となる。(2)式は$t+1$期の予算制約式であり，公債を償還するための支出である右辺が，それに必要な税収である左辺に一致することを意味する。$b_t>0$であるから，$T_1^t<0$であり，t世代は青年期に補助金をもらう。あるいは，税負担が軽減される。そしてt世代は老年期に，公債の償還のために税金を支払う。(1)(2)式より，b_tを消去すると，

$$(3) \qquad T_1^t + \frac{T_2^t}{1+r} = 0$$

であるから，b_tを変化させても，(3)式左辺の税負担の現在価値は変化しない。公債発行では，税金を支払うタイミングを変えることができても，(3)式左辺で与えられる税負担の総額は変化しない。

　すなわち，どのような公債発行政策を採用していても，税負担の現在価値は政府支出の現在価値（＝このケースではゼロ）に一致しなければならない。家計が，生涯の予算制約式に基づいて最適な貯蓄・消費計画を立てているとき，税負担の現在価値が不変であれば，政府の公債発行によって，家計の行動は何ら影響を受けない。なぜなら，家計は現在価値化した予算制約式のもとで生涯の消費から得られる効用を最大にするように，消費・貯蓄を最適に選択するからである。したがって，公債の発行は，経済全体にも実質的効果をもたらさない。これが，リカードの中立命題である。

　リカードの中立命題が成立していると，公債を増発しても，家計の消費計画は何ら影響されない。公債の消費に与える資産効果がゼロであるから，ケインズ・モデルでの公債調達による政府支出拡大政策に対して，否定的になる。第5章で指摘したように，ケインズ・モデルでは公債残高の消費に与える資産効果がかなり強くないと，体系が安定的でなく，政府支出乗数もあまり大きな値にならない。したがって，リカードの中立命題はケインズ的な財政政策の有効性を否定する政策的な含意を持っている。

■ 年金政策と公債発行との比較 —————————————————

この同一世代内で発行と償還とが完結している公債政策（＝リカードの中立命題が成立している公債発行）について，積立方式の年金政策と比較してみよう。

どちらも，世代間の再分配効果を持たない。また，t, $t+1$ 期ともに，政府による減税政策のマクロ的効果は完全に中立化される。この点でも，両者は同一となっている。したがって，この2つの政策は，同じ政策と理解することができる。

年金政策の場合には，公的貯蓄 b（＝積立金）が増加する分だけ，民間貯蓄 s が同額だけ減少して，全体としての貯蓄（これが資本蓄積に対応している）は，変化しない。公債政策の場合には，減税分だけ公債需要 b が増加するが，それは政府の赤字（公債の供給）に見合うものであり，私的な貯蓄 s（これが資本蓄積に対応している）は変化しない。公債，年金いずれの政策であっても，マクロの貯蓄は変化しない。

しかし，表12.1 に示すように，積立方式の年金政策の場合には，t 期の政府収支は，年金積立金が増加する分だけ，黒字となる。逆に $t+1$ 期には，年金給付の分だけ，赤字になる。同一世代内の公債発行の場合には，t 期に公債発行分だけ，赤字となり，$t+1$ 期に公債の償還課税のために，黒字となる。

同じマクロ政策でありながら，財政収支尻である財政赤字，黒字の発生パターンは異なっている。これは，政府の収支尻である財政赤字，黒字の情報が，政策判断の基準として，有益ではないことを示す一つの例である。

表12.1　財政収支の変化

	t期	$t+1$期
積立方式の年金	黒　字	赤　字
同一世代内の公債発行	赤　字	黒　字
賦課方式の年金	均　衡	均　衡
世代間の公債発行	赤　字	黒　字

■ 賦課方式 ─────────────────────────────

　次に，賦課方式の年金を想定する。賦課方式では毎期世代間で再分配が行われるから，複数の世代を同時に考慮する必要がある。次のような簡単な2期間世代重複モデルで考える。各世代とも青年期，老年期の2期間生存し，ある世代の老年期に次の世代が青年期にあるとしよう。したがって，毎期老年世代にある世代と青年世代にある世代とが共存している。

　t期に生まれる世代をt世代と呼ぶ。t世代が老年期，$t+1$世代が青年期になっている$t+1$期で，賦課方式の年金を通じる再分配効果を，定式化しよう。T_2^tをt世代の老年期の負担，T_1^{t+1}を$t+1$世代の青年期の負担とすると，賦課方式では，

(4)　　　　　$T_2^t + T_1^{t+1} = 0$

が成立する。なお，簡単化のために，人口は成長しないと考える。ここでは，青年世代から老年世代へ所得の移転が行われているので，$T_2^t < 0$であり，$T_1^{t+1} > 0$である。

　図 12.3に示すように，$T_1^{t+1} = -T_2^t$が大きいほど，青年世代から老年世代への所得移転も大きくなる。このケースでは，年金政策はマクロ的効果を持つ。すなわち，老年世代への所得再分配によって，老年世代の生涯を通じる所得の現在価値が増大して，老年世代の消費は増加し，効用水準も増大するが，青年世代の消費は減少し，効用水準も減少する。その意味で，青年世代

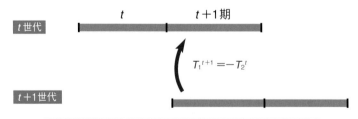

賦課方式では，ある時点（$t+1$）で老年世代にあるt世代に対して，その期に青年世代である$t+1$世代から，所得の移転が行われる。

図12.3　賦課方式

から老年世代への実質的な所得の移転が行われる。

■ 世代間の公債発行

　次に世代間での公債発行を想定する。リカードの中立命題で想定していた公債発行とは異なり，同一世代内で公債の発行と償還とが完結しないで，公債償還のための課税を将来世代に転嫁するケースを考えよう。すなわち t 期に発行して $t+1$ 期に満期のくる公債を償還するために，課税を t 世代ではなく，$t+1$ 世代に負わせる場合を想定しよう。このとき，上述の結果はどう変更されるだろうか。

　政府の予算制約は，$t+1$ 期に (2) 式ではなく，次のようになる。

$$(5) \qquad T_1^{t+1} = (1+r)\,b_t$$

　したがって，t 世代は，$t+1$ 期に何ら税金を負担しない。t 期の公債発行による t 期における税負担の軽減分がネットの減税として，生涯の予算制約式にもそのまま現れる。

　これに対して，$t+1$ 世代は，$t+1$ 期に公債償還のために必要な税負担の増加のみが生じるから，現在価値で見ても，税負担の増加をもたらす。つまり，実質的に所得が t 世代から $t+1$ 世代に移転している。図 12.4 に示すように，公債発行は中立的ではなく，世代間での再分配効果を持つ。t 世代は所得の現在価値が増加しているから，消費も拡大する。したがって，公債発行による現在政策はその時点での消費を拡大させるというマクロ的な効果を持っている。

　このケースを，賦課方式の年金政策と比較してみよう。いずれも t 世代へ $t+1$ 世代から実質的な所得の移転が生じている点は同じである。(4)(5) 式がちょうど成立するように，賦課方式での年金の負担と給付を調整し，また，公債発行を調整すると，この 2 つのケースは，全く同じ政策とみなすことができる。公債政策の場合には，t 期で公債を発行するから，資金市場で公債の供給が出てくる。しかし，同時に t 期の減税分だけ t 世代の所得が増加するから，公債の供給分だけの公債の需要も増加することが可能である。利子

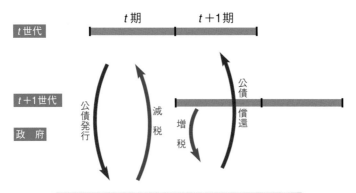

図12.4　世代間の公債発行

率はその限りでは影響を受けない。民間部門の実質的経済活動については，両方の政策ともに，t期の消費が拡大し，$t+1$期には老年世代の消費は拡大するが，青年世代の消費は抑制されるという意味で，マクロ的な効果は全く同じである。

　これに対して，政府の収支尻には差異がある。すなわち，**表12.1**に示すように，賦課方式の年金政策では，定義により，政府の収支は毎期均衡している。しかし，世代間の公債発行の場合では，t期に公債発行分だけ財政収支は赤字となり，$t+1$期に公債を償還するために財政収支は黒字となる。マクロ的経済政策として全く同じ2つの政策が，財政収支尻に対しては異なる効果を与える。逆にいうと，財政収支の収支尻は，経済的に何ら有益な情報をもたらさない。

　この公債政策は，$t+1$時点ではなくt時点で$t+1$世代からt世代への世代間再分配を試みたものとも，解釈できる。つまり，$t+1$時点での財源を当てにして，あらかじめt期にt世代に対して減税政策を行っているケースである。その資金は実質的に世界市場から借りてきている場合と経済的に同じ政策を，公債発行はもたらす。

表12.2　世代間再分配政策

	再分配効果	特　　徴
積立方式の年金	なし	世代内の再分配効果はある
同一世代内の公債発行	なし	リカードの中立命題に対応
賦課方式の年金	あり	同じ時点で再分配を実施 青年世代から老年世代への所得の移転
世代間の公債発行	あり	異なった時点で再分配を実施 現在世代から将来世代への負担の転嫁

■ 世代会計 ──────────────────────────

　以上の分析は，財政赤字がマクロ経済政策の指標として，有益ではない可能性を示すものである。むしろ，各世代別に，政府からの受取（＝年金給付，補助金，公債の償還金など）マイナス政府への支払金（＝税負担，年金負担，公債の購入など）で定義されるネットの負担の現在価値がどのくらいあるのかが，家計にとって重要であり，これが経済政策の効果を分析するうえでも，重要な情報を与える。

　賦課方式と世代間の公債発行という 2 つのケースでは，t 世代は $-T_2^{t+1}/(1+r) = -T_1^t = b_t$ だけのネットの現在価値で見た所得の増加があり，$t+1$ 世代は同額だけのネットの現在価値で見た（t 期で評価した）所得の減少がある。したがって，両方の政策とも，世代間で実質的な所得移転をもたらす。このように，各世代別の財政政策によるネットの現在価値の変化を推計するものが，コトリコフ（Kotlikoff, L. J. ; 1951–）の世代会計という考え方である。

　なお，世代会計の考え方では，積立方式の年金の場合と同一世代内の公債発行のケースは，どちらも，世代間再分配はないから，世代別のネットの負担は変化しないという意味で，同一となる。

■ バローの中立命題 ──────────────────────

　では，世代間での再分配に注目する世代会計は，常にマクロ政策の有益な指標だろうか。もし，年金や公債発行などの公的な世代間での再分配が，私的な再分配によって中立化されるとすれば，公的な再分配は政策的な意味を

失う。このとき，世代会計も有益な情報を与えなくなる。この観点は，バローの中立命題として知られている。

バロー（Barro, R. J.：1944-）は，親の世代が子どもの世代の経済状態（子どもの効用）にも関心を持つという利他的な選好を前提として，親が子どもに遺産を残すことを重視した。そして，公債発行によって親の世代が減税の恩恵を受け，公債を償還するための課税を子どもの世代に課せられることで，子どもの世代が負担を被る場合に，親の世代が自発的に子どもの世代への遺産を増加させることで，公的な世代間の再分配効果が完全に相殺されることを示した。これは，世代の枠を超えて公債が発行される場合でも，公債の中立命題が成立することを意味しており，リカードの中立命題の重要な拡張になっている。

図 12.5 に示すように，e_{t+1} を t 世代が $t+1$ 期に $t+1$ 世代に残す遺産の大きさとしよう。簡単化のために，賦課方式の年金政策を公的な再分配政策の代表例として想定しよう。このとき，公的な再分配の大きさは，$-T_1^{t+1}$ で表される。したがって，老年世代から青年世代への公的再分配，私的再分配の両方を総合したネットの再分配の大きさは，$e_{t+1}-T_1^{t+1}$ で表すことができる。これを，有効再分配 e^*_{t+1} と定義すると，この大きさを最適に選択するように，家計は遺産の大きさを選択する。したがって，政府が T_1^{t+1} を変化させても，e^*_{t+1} が一定となるべく，e_{t+1} を家計は調整するから，公的な再分

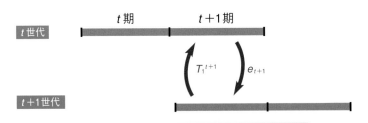

政府による $t+1$ 期の公的な $t+1$ 世代から t 世代への所得再分配 T_1^{t+1} は，民間部門による逆方法の再分配 e_{t+1} が遺産という形で実施されれば，完全にその効果が否定される可能性がある。

図12.5　バローの中立命題

表12.3　リカードの中立命題とバローの中立命題

	リカードの中立命題	バローの中立命題
資本市場	完　全	完　全
税　金	一括固定税	一括固定税
将来の予想	可　能	可　能
政府と民間の計画期間	同じ必要はない	同　じ

配政策の効果は無力となる。

　バローの中立命題が成立していると，政府の財政赤字が政策指標として意味を失うばかりでなく，世代会計もその有用性がなくなる。

　ただし，遺産動機がバローの定式化した利他的なものでなければ，たとえ遺産が現実の世界で大きなものであっても，バローの中立命題が成立するとは限らない。中立命題が成立するには，次の4つの条件が必要である。(1)資本市場が完全である。(2)撹乱的な税が存在しない。(3)将来の政府の財政政策や所得，増税が予想できる。(4)政府の計画期間と民間の計画期間が同じである。

❖Case Study　わが国の年金問題

　多くの先進諸国同様，21世紀のわが国は少子高齢化社会である。しかも，わが国ではそのスピードが世界一速い。賦課方式を前提としているわが国の公的年金や医療保険制度のあり方に，急速な少子化，高齢化は根本的な問題を投げかける。多くの人々が公的年金の将来に対して不安を抱いている。

　現行の年金制度が抱える最大の問題は，少子高齢化のもとで給付と負担のバランスが崩れ，財政収支が悪化する危険性が大きいこと，そして，現行の給付水準を維持しようとすれば将来世代への負担が増大し，世代間格差が拡大してしまうことである。

　現役世代が引退世代の年金給付を負担するという賦課方式で，しかも確定給付型で運営されている現状の公的年金には，以下の弊害が生じている。第1に，少子化・高齢化が予想以上のスピードで進行しているため，人口構成の変化に極端に依存する賦課方式では，若年世代や将来世代の財政負担が大きくなり過ぎる。第2に，経済成長率の低下で，公的資産の運用益が予定利率を大きく下回っている。積立部分の運用においても，運用のリスクをすべて保険料の調整に任せる確定給付方式には限界がある。第3に，老後の生活保障における公的年金の役割について，「本音」と「建前」が乖離

している。必要最小限度の生活保障であるべきだという原則論を掲げつつ，実際には，それを超える部分まで面倒をみてきた結果，老年世代の人々は公的年金に必要以上に期待し，依存する生活設計を立てている。こうした現状の給付水準は，財政面からも今後は維持できない。

　公的年金というセーフティ・ネットの仕組みは，将来においても維持していかなければならない。とりわけ高齢時における最低限度の所得を保障する基礎年金は，政府が責任を持って運営すべき社会保障の中核的な部分である。しかし，少子高齢化社会でこの公的年金を維持するためには，思い切った改革が必要となる。現行制度をいくら部分的に修正しても，賦課方式で運営する限り，少子高齢化という人口動態の圧力に耐え切れない。積立方式では，将来の年金給付に備えて各世代が自分で保険料を積み立てていく。少子高齢化のもとで公的年金の持続可能性を高め，給付と負担をめぐる世代間格差を是正するためには，勤労世代が自助努力で老後の必要資金を準備できるように，個人勘定の積立型貯蓄を充実させることが重要である。老後資金のかなりの割合を自助努力で賄えるようにすれば，賦課方式の公的年金はスリム化できる。

　2004年の年金制度改正では，中長期的な方針として，老後の給付水準を一定にして保険料の引上げで対応する確定給付方式から，保険料を一定に維持しながら給付水準の調整（引下げ）で対応する確定拠出方式に変更されることになった。これによって，公的年金の規模を縮小できるから，少子高齢化が進展しても保険料の引上げをある程度回避できる。

　すなわち，保険料水準固定方式とマクロ経済スライドによる給付の自動調整という仕組みが採用された。これは，保険料水準を固定（これ以上引き上げない）した上で，その収入の範囲内で給付水準を自動的に調整する仕組み（保険料水準固定方式）である。社会全体の保険料負担能力の伸びを反映させることで，給付水準を調整する。年金額は通常の場合，賃金や物価の伸びに応じて増えていくが，年金額の調整を行っている期間は，年金を支える力の減少や平均余命の伸びを年金額の改定に反映させ，その伸びを賃金や物価の伸びよりも抑えることとしている。この仕組みをマクロ経済スライドという（ただし調整は名目額を下限とし，名目額は維持）。また，給付水準の調整を行っても高齢期の生活の基本的な部分を支えるものとして，厚生年金の標準的な年金世帯の給付水準は，現役世代の平均的収入の50％を上回るものとするという政治的な配慮も追加された。

　しかし，少子化・高齢化が進展する限り，こうした変更は一時しのぎの対応でしかない。賦課方式である以上，若い世代ほど，保険料の支払総額よりも受け取る給付総額は減少してしまう。その一部は国庫補助（一般会計からの財源投入）の増額で対応しようとするが，これは保険料ではなくて，税金の負担を増やす（あるいは財政赤字で将来世代の税負担を増やす）ことを意味する。これから税金を負担するのは若い世代であるから，国庫補助の引上げは抜本的な解決策になっていない。若い世代ほど老後の給付水準が低下し続ければ，年金収益率で見た世代間の不公平感は依然として解消されない。

12.2　新古典派マクロ・モデルでの乗数効果

■ 新古典派のマクロ・モデル ──────────────────

　リカードおよびバローの中立命題を前提にすると，公債発行による減税政策の効果は無効になる。しかし，政府支出拡大の効果まで無効になるわけではない。中立命題の世界では政府支出を何で調達するかが無差別になるが，政府支出拡大それ自体はマクロ的な効果を持っている。それでも，ケインズ・モデルが想定している1を超える乗数効果が生じるとは限らない。以下では，そのような新古典派のモデルで政府支出拡大の乗数効果を分析しよう。

　新古典派のマクロ・モデルでは，財市場での需給均衡式として，次式を得る。ここで Y_s は財の供給，C は消費需要，G は政府支出である。

$$(6) \qquad Y_s(r) = C(Y_p - G_p) + I(r) + G$$

以下，(6)式の経済的意味を説明しよう。

■ 新古典派モデルの総需要 ──────────────────

　新古典派モデルでも，投資需要 I は，第4章のケインズ・モデルと同様に定式化される。つまり，投資は利子率 r の減少関数である。しかし，消費関数の定式化は大きく異なっている。

　消費需要は，恒常的可処分所得水準 $Y_p - G_p$ に依存する。ここで Y_p は恒常的所得水準であり，$G_p = T_p$ は恒常的政府支出水準＝恒常的税負担水準である。中立命題を前提とすると，第9章でも説明したように，現在の可処分所得ではなく，生涯を通じての可処分所得の平均的な水準である恒常的可処分所得が，消費を決める変数となる。恒常的な可処分所得は，恒常的な消費水準にも対応しており，利子率と時間選好率とが等しければ，毎期恒常的な可処分所得を消費に回す行動が，最適となる。つまり，恒常的可処分所得からの消費性向は，1に等しい。

　さらに，現在の税負担ではなく，生涯を通じての平均的な税負担が問題と

なる。なぜなら，家計は将来の増税の可能性にも考慮するからである。したがって，現在減税が行われても，長期的な政府の予算制約より，将来の増税がその背後にあるとすれば，生涯を通じての平均的な税負担は変化しない。さらに，生涯を通じての恒常的な税負担の大きさは，恒常的政府支出の大きさに対応している。

　以上の議論をふまえると，(6)式右辺が示すように，r は直接的には消費に影響しないが，投資を抑制するから，総需要は r の減少関数となる。

■ 新古典派モデルの供給サイド

　次に，(6)式左辺の供給サイドを定式化しよう。新古典派モデルでは，常に労働者は完全雇用されている。貨幣賃金率は伸縮的であり，労働市場は常に均衡している。労働雇用は，家計の最適な余暇と消費との選択の結果として求められる。家計の労働供給が増加すれば，生産水準も増加するだろう。

　(6)式左辺で定式化しているように，総供給は r の増加関数と考えられる。なぜなら，利子率が上昇すると，現在よりも将来の余暇の消費が有利になる。家計は現在よりも将来の余暇の消費をいままで以上にしようとして，労働供給を将来から現在へと代替すると考えられる。家計は一定の労働供給可能時間（1日であれば24時間）を余暇の時間と労働に割り振るから，余暇と労働供給とは逆の関係がある。この異時点間の代替効果により，現在の労働供給が刺激されると，現在の生産能力も拡大する。

■ 新古典派モデルのマクロ均衡

　このような新古典派のマクロ・モデルを図示したのが図 12.6 である。この図は，縦軸に利子率 r，横軸に Y_d，Y_s をとっている。総供給曲線 Y_s は利子率 r の増加関数として，右上がりであり，総需要曲線 Y_d は利子率 r の減少関数として，右下がりである。両曲線の交点 E が，財市場の均衡点を示す。

　この図は，*IS-LM* の枠組みにおける *IS*，*LM* 曲線と似た形をしているが，経済的意味は全く異なる。すなわち，この均衡点は常に完全雇用点であり，ケインズ・モデルにおける非自発的失業は，ここでは存在しない。また，消

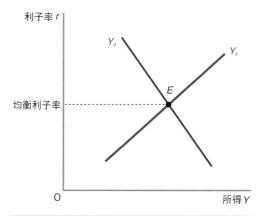

Y_s 曲線は総供給曲線であり，Y_d 曲線は総需要曲線である。曲線の交点で，均衡利子率と所得水準が決定される。新古典派のマクロ・モデルでは，家計が最適に労働供給を決定し，貨幣賃金率が完全に伸縮的なので，どの均衡所得水準でも完全雇用が実現している。

図12.6　新古典派のマクロ・モデル

費関数は総需要ではなく，恒常的所得 $Y_p - G_p$ に依存している。以下，このモデルを前提として，政府支出拡大の乗数の大きさを検討してみよう。

■ **場合分け**

　新古典派のマクロ・モデルでは，政府支出の拡大という場合，現在の政府支出の拡大だけを意味するのか，将来の政府支出の拡大も意味するのかで，乗数の大きさは異なってくる。新古典派のモデルでは，家計は将来における政府のマクロ経済政策の変化も考慮に入れて，消費計画を立てるという，合理的家計を想定しているからである。

　政府支出の拡大については，以下の3つの場合に分けて，検討するのが有益だろう。

　(i)　一時的拡大：現在の政府支出は拡大するが，恒常的な政府支出は変化しないケース（$\Delta G > 0$, $\Delta G_p = 0$）

　(ii)　恒常的拡大Ａ：現在の政府支出は拡大しないが，恒常的な政府支出が

拡大するケース（$\Delta G = 0$,　$\Delta G_p > 0$）

(iii)　恒常的拡大 B：現在の政府支出も恒常的な政府支出も拡大するケース（$\Delta G = \Delta G_p > 0$）

(i)のケースでは，現在の政府支出の拡大をちょうど相殺するように，将来の政府支出が削減され，結果として政府支出の現在価値は一定となって，恒常的な政府支出が一定となる。(ii)のケースでは，現在の政府支出は変化しないが，現在時点で将来の政府支出の拡大を約束し，その結果，政府支出の現在価値および恒常的な政府支出が増加すると家計も予想する。(iii)のケースは，(i)のケースと(ii)のケースを組み合わせたものと考えることができる。

■　一時的拡大 ────────────────────────────

最初に，(i)のケースから分析しよう。図 12.7 がこの場合の政府支出の拡大という財政政策の効果を示している。政府支出の拡大により，総需要曲線 Y_d は右上方へシフトする。したがって，均衡点は E_0 から E_1 へ移動する。所得は増加し，利子率は上昇する。この定性的な結果は，ケインズ・モデルすなわち，第 5 章で分析した $IS\text{--}LM$ の枠組みを用いたケースと同じである。

さらに，E_0 から E_1 への動きを，E_0 から E_2，E_2 から E_1 への動きに分解してみると，E_0 から E_2 は利子率一定のもとでの政府支出拡大の効果，E_2 から E_1 へは利子率の上昇によるクラウディング・アウト効果と解釈できる。利子率の上昇によって投資需要が抑制されるので，総需要がその分抑制されて，生産＝所得水準も抑制される。この点も，ケインズ・モデルと同様である。

しかし，乗数の大きさについては，重大な相違がある。図 12.7 の新古典派モデルでは，E_0 と E_2 の大きさは 1 にしかならない。すなわち，かりに利子率が上昇しないとしたときの政府支出拡大の乗数効果は，1 にとどまる。なぜなら，利子率が一定であれば，投資需要は変化しないが，消費需要も変化しないからである。政府支出 G の拡大によっても $Y_p - G_p$ は一定であるから，総需要は G の大きさしか拡大しない。つまり，乗数は 1 にとどまる。

Y が拡大しても，消費は現在の Y ではなく恒常的な所得水準 Y_p に依存している。現在の G の拡大で現在の Y は増加しても，将来の G の減少で将来

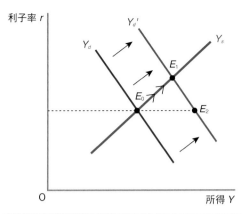

政府支出の一時的な拡大によって，総需要曲線Y_dはY_d'へと右上方にシフトする。均衡点はE_0からE_1へと移動し，利子率は上昇し，所得は増大する。E_2からE_1への動きは，利子率の上昇による投資需要抑制効果（クラウディング・アウト効果）である。ケインズ・モデルと異なり，E_0からE_2への動きでみても，乗数は1にしかならない。

図12.7　一時的拡大

のYが減少する。したがって，恒常的な所得Y_pは変化しないから，消費も増加しない。ケインズ・モデルのように消費がさらに拡大する拡張的なプロセスは働かない。E_2からE_1への変化によって，利子率が上昇し，投資が抑制されると，所得の拡大は一部相殺される。

　したがって，E_0からE_1への最終的な乗数の大きさは，プラスであるが，1よりは小さくなる。

$$0 < \frac{\varDelta Y}{\varDelta G} < 1$$

■　恒常的拡大 A ────────────────────────────

　次に，(ii)のケースを検討しよう。この場合は，将来の政府支出の拡大の約束のみであり，現在の政府支出Gは変化しない。G_pの拡大は，消費需要に抑制的に働く。すなわち，恒常的な可処分所得がG_pの増加分だけ減少するから，その分だけ消費需要も減少する。第9章でも説明したように，利子

率と時間選好率とが等しいとき恒常的可処分所得の限界消費性向は1であるから，G_pの増加分と同額だけ，消費需要は減少する。これは，将来の政府支出の拡大という予想が，将来の税負担の拡大を予想させて，恒常的な税負担も増大させるからである。恒常的な税負担の増大が予想されれば，その時点から，消費を削減して，将来の税負担の増加に備えて貯蓄を増大させるのが，家計の最適な反応といえる。したがって，図12.8において，総需要曲線Y_dは左下方にシフトする。均衡点はE_0からE_1へ移動するが，E_1では利子率が減少するとともに，所得も減少している。

　図12.7と同様に，E_0からE_1への動きを利子率が変化しないときの移動点E_2を経由して，考えてみよう。最初に，E_0からE_2への動きでは，G_pの増加分だけCが減少しており，乗数は-1となっている。次に，E_2からE_1への動きでは，利子率の減少によって投資需要が刺激され，クラウディング・イン効果が生じている。その結果，所得は増加するが，E_0からE_2までの落ち込みを完全に相殺することはできない。したがって，全体としての政府支出の拡大の乗数効果は，マイナス1とゼロの間になる。

$$-1 < \frac{\Delta Y}{\Delta G_p} < 0$$

単に将来の政府支出の拡大を約束するのみで，現在何も政府支出を拡大しないときには，現在何も将来の支出の拡大を約束しない場合よりも，景気を刺激すると思われるかもしれない。実際に，現実のマクロ政策では景気対策の手段として，将来の政府支出の拡大を公約する場合が多い。しかし，新古典派のモデルが想定する合理的個人を前提とすれば，そのような約束のみの支出拡大では，むしろ将来の税負担に備えて家計が現在から消費を削減して，貯蓄を増やす。現在の総需要を拡大するという観点からは，将来の景気刺激策を約束するだけではむしろマイナスに働く可能性がある。

■ 恒常的拡大 B

　最後に(iii)のケースを検討しよう。このケースは，(i)と(ii)が同時に生じたケースであるから，それらの結果を総合的に判断すればいい。(i)では

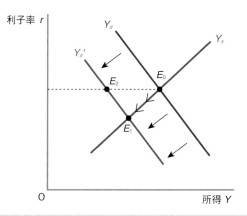

恒常的拡大Aの場合，今期の政府支出は増大しないので，総需要曲線Y_dは，将来の税負担の増加の予想により，逆に左下方にシフトする。均衡点はE_0からE_1へと移動し，利子率は低下し，所得も減少する。かりに利子率が変化しないとしたときの動きE_0からE_2までの乗数の大きさは－1である。

図12.8　恒常的拡大A

Y_d曲線が右上方にシフトし，（ii）ではY_d曲線が左下方にシフトする。しかも，シフトの水平方向の大きさはそれぞれ1である。したがって，両方が同時に生じると，結局Y_d曲線は何らシフトしないことになる。均衡点は当初の均衡点のままで，何ら変化しない。所得も利子率も変化せず，乗数はゼロとなる。

　政府支出が今期から恒常的に上昇すると，政府支出の増加による総需要の拡大をちょうど相殺するように，同額だけ消費需要が減少して，結局総需要は変化しない。政府支出の拡大が民間投資ではなく，民間の消費をクラウド・アウトする（押しのける）状況になっている。恒常的な政府支出の拡大は，恒常的な税収の拡大に対応しているから，家計はその分だけ恒常的な可処分所得が減少すると解釈して，消費意欲を低下させる。これが，拡張的な政府支出の直接的な拡大効果を相殺する。

■ 代替性の程度

　これまで，政府支出の拡大は総需要の項目としては入っていたが，政府支出が家計にとってどのような形で便益をもたらすかは，考慮していなかった。政府支出が単に無駄な支出として需要を拡大させるためのみに使われるのか，あるいは，家計にとって有益な形で使われるのかが，重要なポイントになる（ケインズ・モデルのマクロ経済政策では，こうした無駄な支出であっても，総需要の拡大には役立つ点が強調されている）。この点を考慮すると，新古典派のマクロ・モデルはどのように修正されるだろうか。

　単純化のために政府支出と民間消費との代替の程度をγで表し，有効消費C^*を次のように定式化しよう。

$$(7) \qquad C^* = C + \gamma G$$

　この有効消費が，家計の効用関数の中に毎期入るものとしよう。1単位の民間消費の増大とγ単位の政府支出の増大とが，同じ形で家計の効用の増大につながると考えている。これまでの分析では，$\gamma = 0$とおいて，政府支出は家計の消費と直接関係ないものとされてきた。$\gamma > 0$の場合には，2つのルートを通じてこれまでの分析が修正される。

　一つは，民間消費に与える直接の代替的影響である。家計が消費するものと内容が同じものを政府が支出すれば，政府支出が増加すると家計の消費は直接減少するだろう。たとえば，政府が私的な教育と同じ内容の公的な教育を充実させれば，家計が私的な教育にかける支出は減少する。1単位の政府支出の拡大は，γ単位の民間支出の拡大と同じと受け取れるから，γ単位だけ，民間消費は減少する。

　もう一つの効果は，恒常所得に与える効果である。政府支出の増加が家計にとって有益であれば，その分だけ実質的な家計の所得が増加したのと同じである。γの大きさは，家計にとってどの程度政府支出が有益であるかの大きさを示している。したがって，1単位の恒常的な政府支出の拡大はγ単位だけの恒常的な実質的所得を増加させて，γ単位だけの消費需要を刺激する。

表12.4　新古典派の政府支出乗数

一時的拡大	政府支出の恒常的水準を増加させないで，今期の支出を増大させる	乗数は0と1の間	政府支出は増大するが，民間投資は利子率の上昇のために減少する
恒常的拡大A	政府支出の恒常的水準を増加させるが，今期の政府支出を拡大させない	乗数は−1と0の間	政府支出は今期増大しない。民間消費は税負担の増大が予想されるので，むしろ減少する
恒常的拡大B	政府支出の恒常的水準も，今期の政府支出も増大させる	乗数は0	一時的な拡大と恒常的拡大Aが，同時に生じたケースである

■　政府支出拡大の乗数効果 ───────────────────

　以上の拡張を前提として，政府支出の拡大の乗数効果を再検討してみよう。(i)の場合には，一時的な政府支出の拡大であるから，$\gamma > 0$ であっても，恒常的な所得が実質的に拡大する効果は生じない。したがって，今期の政府支出が増加することで，民間消費との直接の代替効果のみが生じて，消費需要はγだけ，直接減少する。すなわち，図12.7において，E_0 から E_2 への需要の拡大の直接的な大きさは，$1-\gamma$ に低下する。その分だけ，乗数の大きさも小さくなり，$1-\gamma$ 以下になってしまう。

　(ii)の場合には，現在の政府支出は増加しないから，民間消費との直接の代替効果は生じない。しかし，恒常的な政府支出の拡大による実質的な恒常所得の拡大効果は，γ の大きさだけ生じている。したがって，図12.8において，E_0 から E_2 への大きさは，$-1+\gamma$ になる。政府支出の恒常的な拡大によって，税収は1だけ増加するが，政府支出拡大の便益がγだけあるので，実質的な恒常所得は−1ほどには落ち込まない。したがって，乗数の値は，$-1+\gamma$ よりは大きくなる。

　(iii)のケースでは，(i)と(ii)の合計したケースであるから，γ の大きさがどうであってもそれはちょうど相殺されるので，乗数はゼロのままになる。

■　政府支出の評価 ───────────────────

　では，γ の大きさは，現実の世界ではどの程度であろうか。特にγが1よりも大きいか小さいかが問題となる。1よりも大きければ，ケース(i)とケー

ス（ii）において，乗数の符号は逆転する。γが1より大きいと，政府支出の便益は非常に高い。政府支出が小さい水準であれば，追加的な政府支出の便益はかなり高いと考えられるが，政府支出の拡大が続けば，次第に政府支出の便益は低下していくだろう。

　乗数の分析は，限界的な政府支出の追加的な拡大の効果であるから，そこで問題となるγは，現状の政府支出を所与としてさらに政府支出を追加していくことの限界的な評価を意味する。新古典派の経済政策では，通常γは1よりも小さいと想定している。これは，政府の規模がすでにあまりにも大きくなりすぎて，政府支出の拡大の便益が民間消費と比較して小さい状況であり，大きな政府の弊害が現れているケースである。

❖Case Study　減税政策の乗数効果

　わが国では，不況期に定額給付金を支給したり，減税するなど，公共事業の拡大ではなくて，補助金の増加による景気刺激策が実施されてきた。こうした減税政策の乗数効果はどのくらいだろうか。

　本節の新古典派モデルを前提とする限り，中立命題が成立するから，乗数はゼロである。しかし，現実には中立命題は完全に成立するわけでもないので，多少の消費刺激効果が期待される。最近注目されている，人間の不合理性や心理的要因を考慮に入れた行動経済学的アプローチでは，人々が将来のことを考慮していても，こうした減税政策が消費を刺激する結果が得られる。

　実際にも，多くの実証研究でそれらの政策の消費刺激効果がある程度認められている。アメリカでは，2001年のITバブルの崩壊や2008年のリーマン・ショック後の減税政策の消費性向は0.2から0.4程度であったという研究がある。内閣府の調査による定額給付金の消費性向の推計値は0.3程度であった。

Column——18 | 財政赤字の有用性

　財政赤字は，フローの指標である。世代会計は，ストックの指標である。どちらが有用であろうか。12.1節の議論から，リカードの中立命題が成立すれば，財政赤字ではなく，世代会計が有用な指標となる。リカードの中立命題が成立するためには，将来の予算制約式を家計が織り込んで，現在価値化した予算制約式のもとで，最適な貯蓄・消費計画を立てているとの想定が，重要である。

これがどの程度現実的かは，一つには，流動性制約や資本市場の不完全性のために，現在価値化した制約のみでは，不十分な状況を現実的な状況として想定できるかどうかにかかっている。ケインズ的な世界では，このようなリカードの中立命題が成立しない状況を現実的と考えている。新古典派的な世界では，逆にリカードの中立命題を前提とした議論となっている。したがって，ケインズ的な世界がより現実的であるほど，フローの財政赤字が有用な情報を与えることになる。

ケインズ的な世界では，流動性制約がきつく，限界消費性向は大きいから，たとえば一時的な減税の乗数効果も大きい。新古典派的な世界では，その反対に，単に税負担のタイミングを変えるだけの減税の効果は，ほとんどない。逆にいうと，財政赤字を強調しながら，ケインズ的な財政政策の効果を否定する議論は，自己矛盾に陥っている可能性が高い。

バローの中立命題が成立している世界では，公的，私的な世代間の再分配のすべてが問題となる。自発的な遺産の大きさや公債の発行量などとともに，郵便貯金などを通じる公的金融が，最終的に収支尻を課税で調整しているケースでは，世代間で実質的に再分配効果を持っている可能性もあるから，それらも考慮する必要がある。

12.3　公債のクッション政策

■ 公債発行のミクロ的コスト

これまでこの章で税負担の問題を議論した際には，暗黙のうちに税金は一括固定税で徴収されるものと想定していた。一括固定税とは，人頭税のように1人あたりいくらという金額を一括して徴収するものであり，各経済主体の経済的活動とは無関係に税負担が決定される税である。これに対して，所得税など税率が与えられて，所得という課税ベースが変化すれば，その人の税負担も変化する税金は，一括固定税とはいえない。公債の中立命題は，一括固定税が利用可能であるときに，税負担の時間的分担の変更が，マクロ的効果を持たないことを主張するものであり，一括固定税が利用できない状況

では，中立命題は成立しない。

　一括固定税が利用できないときの最適な公債政策として，ミクロ的な超過負担の最小化を意図する議論が，公債のクッション政策である。中立命題が成立していれば，公債発行自体をどう考えるかは，マクロ的に無意味となるが，一括固定税が利用できないという状況を考えると，公債発行のミクロ的コストが問題となってくる。

　12.1節でも説明したように，今年の減税と来年の増税との組合せは，公債発行によってはじめて可能となる。公債発行は，このような異時点間の調整機能を活かして，景気後退，政府支出の一時的な拡大などの外生的なショックを吸収するように，クッションとして変動すべきであると考える。

　この公債発行政策は，マクロではなくミクロの観点から，財政赤字の政策的意味を問題とする。すなわち，課税に伴う超過負担を最小にするという，ミクロ的視点からの最適課税問題の考え方を公債管理政策に応用したものである。それによると，たとえば所得税の限界税率を上昇させることは，異時点間の労働供給とレジャーに関する合理的な個人の選択に重大な歪みを与え，資源配分の効率性から見て重大な損失をもたらす。税収を増大させると，経済に与える悪影響は累進的に増大する。したがって，このコストをできる限り小さくするには，異時点間の限界税率や税収をなるべく一定にすることが望ましい。したがって，限界税率を一定に保つために，税体系を短期的にはそれほど変動させないで課税を平準化するのが望ましい。

■ 累進的な所得税との比較

　この点は，次のような例を考えるとわかりやすい。あるときに所得が大きく増えたとすると，累進的な税制では税負担はそれ以上に大きくなる。別の年に所得が落ち込んでも税負担の落ち込みは，それほど大きくない。したがって，長期的に同じ所得水準のある人の間で，安定的な所得を稼ぐ人の税負担額の総額よりも，変動している所得を稼ぐ人の税負担の総額の方が大きくなる。

　所得が増大するとそれ以上のスピードで税負担も増大する累進的な所得税

表12.5　財政政策の考え方：まとめ

	リカードの中立命題	世代間再分配政策	特　徴
ケインズ的な立場	成立しない	あり	財政赤字を発生させると，拡張期の財政政策が有効に行える 総需要を管理して完全雇用を実現させる
新古典派Ⅰ世代会計	成立する	あり	世代間での現在価値で見てあまり極端な不公平がないように政策を実現
新古典派Ⅱ超合理性	成立する	なし（バローの中立命題）	公債発行は，ミクロ的なコストを重視して，クッション政策を採用 マクロ的には政府支出が供給サイドに与える効果を重視

のもとで，プロ・スポーツの選手や中小企業のオーナーなど変動所得の多い人とサラリーマンや公務員などの安定所得の多い人では長期的に同じ総所得額がある場合でも，税負担の大きさは異なる。所得の大きさを政府の税収の大きさ，個人の税負担の大きさを経済の超過負担の大きさに対応させると，税収に応じて累進的に超過負担が増加する関係がある以上，同様なことがいえる。

つまり，長期的に同じ総税収を確保するのであれば，毎年の税収を変動させない方が，超過負担の総額は小さくなる。たとえば，景気の低迷がバブルの崩壊や信用不安という一時的な外生的ショックによるものであると，税収の低迷に対しては，無理に増税を行ったり，政府支出を削減したりしないで，公債の発行で対応する方が長期的な財政運営からは，望ましい。

次に，政府支出の一時的な増加が必要になったとしよう。大震災や世界金融危機などの外生的なショック要因である。このとき，政府支出の財源調達としては，同じ時期に税収を同額だけ増大させるよりも，税収の確保は長期的な視点で対応して，一時的に公債を発行する方が望ましい。言い換えると，非常時の費用に伴う課税の超過負担を非常時のみに集中させるよりは，平時を含めて広い時期に拡散する方が，全体としての課税の超過負担は小さくなる。これが課税の平準化である。

したがって，新古典派の公債政策も，政策的な含意としては，ケインズ・

モデルの場合とそれほどかけ離れたものではない。どちらの立場でも，たとえば景気が低迷している際には，公債の発行が正当化される。もっとも，新古典派の立場では，そのような公債発行は景気を刺激する効果を持っているのではなくて，税負担を長期的にならすことで，超過負担を小さくするものであるから，ケインズ的政策論とは，公債発行の目的が異なっている。

❖Case Study　従来型の景気対策は有効か

　ここで，景気対策の有効性について検討しよう。伝統的なケインズ・モデルを前提とする限り，公共投資の増加は，減税の場合よりもマクロ総需要を刺激する効果が大きい。これら2つの政策の相違は，

> 公共投資＋財政赤字＝（公共投資＋増税）＋（減税＋財政赤字）

という関係に注目すると，均衡予算で政府支出を拡大するかどうかである。（公共投資＋増税）政策の効果は均衡予算乗数であり，この大きさはプラスの値になる。
　すなわち，政府支出の拡大が総需要を増加させる直接効果が，公共投資拡大政策にはあるが，減税政策にはない。乗数の波及的効果で見れば，人々の可処分所得の増加が消費を刺激する限界消費性向の大きさに依存している点で，公共投資の波及効果は減税と同じである。したがって，前者の方が乗数は必ず大きい。景気対策として総需要の拡大を主張しながら，同時に公共投資よりも減税の方が効果が大きいと主張する議論もある。そうした議論は，伝統的なケインズ的なモデルを前提とする限り，理解しがたい。
　わが国で公共投資の乗数効果が小さくなった一つの理由は，中立命題が現実的な妥当性を持ち始めたことにある。なぜなら，伝統的なケインズ・モデルの枠組みでは，乗数効果の低下を必ずしもうまく説明しきれないからである。
　乗数低下の要因としては，(1)税率（＝租税負担率）の上昇，(2)日本経済の国際化，(3)変動為替レート制度のもとでのマンデル＝フレミング効果，(4)公債の中立命題の4つが考えられる。
　このうち，景気の低迷期にはクラウディング・アウト効果はそれほど大きくないし，限界税率や限界輸入性向は，最近きわだって上昇しているわけでもない。マンデル＝フレミングの命題も，為替レートの期待形成次第では必ずしも成立しない。また，投資の限界支出性向の低下が乗数値低下のもっとも大きな要因であるという試算もある。しかし，投資の限界支出性向はマイナスにはならないから，これだけでは乗数値を大きく低下させないだろう。
　もちろん，極端な新古典派モデルが現実の日本経済に妥当するわけではない。しかし，中立命題が完全には成立しないとしても，人々が将来の政府行動，特に公共投資

の将来便益や財政赤字の将来負担などに，かなり関心を持っている限り，乗数の値はかなり小さくなる。

　景気対策の主役である公共投資政策の評価は，どのようなマクロ・モデルを前提とするかで大きく異なってくる。新古典派モデルのように，ミクロ的な基礎を重視すると，公共投資の便益面での評価が問題となる。従来型の公共投資では需要刺激効果もそれほど期待できない。便益面で無駄な公共投資を拡大するよりも，減税の方が民間消費を刺激する効果が大きくなる可能性が生まれる。あるいは，減税と公共投資の抑制を同時に行うことも，場合によっては，景気対策として望ましい。

　公共投資はその便益が将来に発生するし，また，公共投資の財源として公債が発行されると，実際の税負担も将来に発生する。公共投資の利用価値は，将来においてはじめてその効力を発揮する。中長期的な視点で人々が将来の便益と負担を予想して行動すると考えると，公共投資は現時点でも民間経済活動にマクロ的影響をもたらす。

　すなわち，公共投資の増加が民間消費支出を増やすか否かは，現在の社会資本が，社会的に見て最適な水準にあるか否かに依存する。なぜなら，公共投資の便益が将来大きいと期待されるなら，それを「当て」にして，現在から民間の貯蓄を増やす必要がなくなる。その分だけ，現在の消費が刺激される。逆に，無駄な公共投資の場合は，将来にネットの負担増が予想されるので，それに備えて民間消費を減らして，貯蓄を増やす行動が最適となる。無駄な公共投資の拡大は民間消費を抑制するが，有益な公共投資の増大は，民間消費支出を抑制しないどころか，むしろこれを増大させる。

　これまで日本の財政政策に関するマクロ分析では，公共投資の将来便益が現在の民間経済活動に与える効果は，あまり注目されなかった。しかし，ケインズ・モデルで景気対策の議論をしている人でさえ，最近は公共投資の便益面での評価を問題にするようになっている。それだけ，従来の公共投資の便益面での評価がずさんであったといえる。今後は公共投資による将来便益の変化が民間消費に与える効果も考慮することが大切である。その際，政府支出の規模以上に，政府支出の中身が問題となる。

12.4　金融政策の中立性

■ 金融政策の効果

　金融政策は，多くの場合，貨幣供給の変化を目的とする政策であり，利子率に与える効果，物価水準に与える効果やインフレ率に与える効果，そして，そのような価格変数の変化が，GDP や失業率などの実質的な経済変数に及ぼす効果が問題となる。第5章でも見たように，ケインズ・モデルでは物価

水準一定のもとで，金融政策は LM 曲線をシフトさせることで，利子率と GDP にも影響を与える。

　また，第 6 章で見たように，インフレを考慮したフィリップス曲線を前提とすれば，金融政策は貨幣供給の増加率を変化させ，ある程度インフレを加速させることで，インフレ供給曲線を上方シフトさせて，失業率を低下させる。このような金融政策の有効性については，ケインジアンとマネタリストの間で論争が行われてきた。

■ 金融政策の論争点 ─────────────────────

　第 6 章 6.5 でも議論したように，期待インフレ率の調整を考慮すると，フィリップス曲線は長期的には垂直になってしまい，インフレ率を加速させても失業率が低下することはないというのが，新古典派（＝マネタリスト）の立場である。次のようなインフレ供給曲線を想定しよう。

$$(8) \qquad \pi = \alpha(Y - Y_F) + \theta\pi^e$$

　ここで，π はインフレ率，Y は GDP，Y_F は完全雇用 GDP，π^e は期待インフレ率，α，θ（シータ）は正の定数である。期待インフレ率が実際のインフレ率にどのように影響するかを示すパラメーターである θ の大きさを，ケインズ・モデルは 1 よりも小さいと考えているのに対し，マネタリストは 1 と想定している。もし θ が 1 よりも小さければ，$\pi = \pi^e$ が成立しているとき，(8)式は次のように書き直せる。

$$(8)' \qquad \pi = \frac{\alpha}{1-\theta}(Y - Y_F)$$

　これは，現実のインフレ率と期待インフレ率が等しいという長期均衡において，インフレ率と GDP との間にプラスの相関が存在することを意味し，図 12.9 に示すように，長期的にも金融政策が失業率を低下させ，GDP を拡大させる効果を持つことになる。あるいは，失業率を低下させるには，インフレ率の上昇が有効である。失業率とインフレ率を同時に低下させることはできないが，どちらかを犠牲にすれば，もう一方を改善することができる

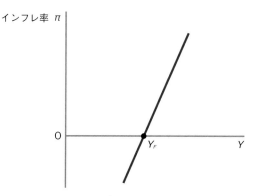

インフレ率 π

O　　Y_F　　Y

期待インフレ率の調整が完全でなければ，長期インフレ供給曲線は垂直にならない。このとき，期待インフレ率が現実のインフレ率に等しい長期均衡でも，GDPとインフレ率との間にプラスの関係が存在する。

図12.9　長期インフレ供給曲線

という意味で，トレード・オフの関係が存在する。このもっとも極端な場合が，$\theta = 0$であり，インフレ率が変化しても期待インフレ率は何ら変化しない。ケインジアンの立場は，こうした状況が現実的だというものであった。

　これに対して，マネタリストは$\theta = 1$がもっともらしいと主張した。インフレ率が予想される以上，インフレが生じてもGDPや雇用水準，実質利子率という実物経済の状況とは無関係に価格，賃金率の調整が行われるはずである。これは貨幣が中立的であることを意味する。すなわち，労働者が労働供給する場合や企業が財を販売する場合には，ある財と別の財・サービスとの交換を行っているから，その相対価格（＝実質価格）が問題となる。単なる名目価格は貨幣との交換価格であって，計算上の意味しかないと考える。貨幣はベールになる。

　したがって，たとえば5％のインフレをすべての経済主体が予想していれば，失業率の如何を問わず，5％の名目賃金率の上昇は当然のこととして実現し，5％の価格の上昇は何ら実物経済とは無関係に実現する。これが，$\theta = 1$の意味である。このとき，長期的に現実のインフレ率と期待インフレ率とが等しくなれば，$\pi = \pi^e$を(8)式に代入すると，

(9)　　　　$Y = Y_F$

が成立する。すなわち、インフレ率とは無関係に、GDP は完全雇用水準で
与えられる。長期的に現実のインフレ率は期待インフレ率とは一致するから、
Y_F が実現する。したがって、金融政策は何ら効果を持たない。貨幣は長期
的に中立的である。

■ 新マネタリストの立場

　この議論をさらに進めた考え方が、合理的期待形成を前提とする新マネタ
リストの議論である。ルーカス、サージェント（Sargent, T. J.；1943–）、ワー
ラス（Wallace, N.；1939–）などの人々は、短期的にもインフレ期待は現実の
インフレ率とそれほど乖離しないことを主張した。すなわち、人々は与えら
れる条件のもとでもっとも最適にインフレ率の期待を形成するから、継続的
に期待インフレ率が現実のインフレ率から乖離すると考えるのは、非合理的
であるとした。もっとも単純なケースでは、$\pi = \pi^e$ が常に成立するという完
全予見のケースである。

　この場合は、(9)式が常に成立するから、貨幣は短期的にも中立であり、
何の効果もなくなる。より現実的には、$\pi = \pi^e$ は必ずしも常に成立している
わけではない。しかし、常にインフレ率を過小に評価したり、過大に評価す
るという意味で、バイアスを持った形で期待形成が誤りを持つと考えるのも、
非現実的であろう。とすれば、短期的にも意図した形で金融政策が効果を持
ち続けるのは困難になる。

　言い換えると、インフレ率が予想以上に変化したという、予想外のショッ
クがあるときのみ、短期的な金融政策は効果を持つ。予想されない金融政策
の変化のみが有効であり、しかも、それは全く攪乱的な変化でなければなら
ない。このような立場は、短期的にも裁量的金融政策の効果を否定するとい
うきわめて強い政策的な意味を持つ。

表12.6 金融政策の考え方：まとめ

ケインズ的立場	金融政策は適切に運営されれば，総需要を管理して完全雇用を実現可能 インフレ率とGDPとのトレード・オフ関係はある その関係の中でもっとも望ましい点を選択
マネタリスト	長期的に貨幣は中立 拡張的な金融政策は短期的に有効であっても，長期的にはインフレ率の上昇のみを引き起こす
新マネタリスト	予想外のショックがあったときのみ，短期的に金融政策は効く 裁量的な金融政策の効果は，短期的にもない

❖*Close Up* テイラー・ルール

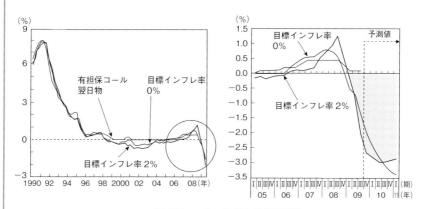

テイラー・ルールによる金利試算

（注） テイラー・ルールとは，政策金利が(a)現実のインフレ率の望ましいインフレ率からの乖離，(b)現実のGDPの潜在GDPからの乖離（GDPギャップ）に対応して調整されているという考え方である。ここでは消費者物価指数（除く生鮮，消費税調整済み）と内閣府推計のGDPギャップを用いて，0.0%と2.0%の目標インフレ率を仮定し，それらについての目標金利を推計した。（詳細は「日本経済2009–2010」付注3-3）。推計期間は，1996年以降の低金利政策の期間を除いた，1983年第1四半期から1995年第4四半期。無担保コールレートではなく，長期の系列が利用可能な有担保コールレートを用いて推計したが，両者はほぼ同じ動きをしている。予測値は，ESPフォーキャスト調査（2009年12月8日）による実質GDP成長率，消費者物価変化率の予測平均値を用いて試算。潜在成長率については2009年第3四半期の値を延伸。
（出所） 内閣府「日本経済2009–2010」（http://www5.cao.go.jp/keizai3/2009/1211nk/pdf/09-3-3.pdf）

　中央銀行の望ましい金利設定のあり方を示すもの有力な考え方として，テイラー・ルールがある。これは，マクロ経済状態に応じて，政策金利（日本でいえば，無担保コールレート・オーバナイト物）を導出する金融政策ルールである。具体的には，政策金利は，(1)現実のインフレ率が望ましいインフレ率とどの程度乖離しているか，

(2)現実の成長率が潜在成長率とどの程度乖離しているか（GDP ギャップに相当）という物価と景気の状況に対応して調整されるという考え方である。この考え方に基づいて試算すると（上図参照，内閣府の推計），テイラー・ルールによる金利の試算値と実際の政策金利を重ね合わせると両者はおおむね一致した動きを示している。すなわち，ここでのテイラー・ルールの推計式は実際の政策反応をおおむね近似できていると考えることができる。

　金融政策の運営パターンを機械的なルールに基づいて導出できると，予見性が高まり，金融政策の透明性が向上する。その結果，民間部門の円滑な期待形成が促され，予想外のショックで経済活動が影響されることも少なくなり，経済活動を安定化させる効果もある。中央銀行と民間部門との間で適切なコミュニケーションが図られることは重要である。

■ インフレ課税

　最後に，政府の予算制約と金融政策との関連を調べておこう。インフレは，貨幣の実質的価値を減価させるから，貨幣を保有している場合には，その人の実質的な購買力が低下する。すなわち，インフレ率の分だけ貨幣を保有することで実質的な所得が減少する。この大きさ，すなわち，インフレ率と貨幣の実質残高との積は，インフレ保有による経済的な損失であり，インフレ課税（貨幣鋳造益）と呼ばれる。

　なぜなら，民間部門にとっての経済的損失は，政府にとっては利益だからである。政府は貨幣を増発することでインフレを引き起こすが，それによって政府支出などの購買を可能にしている。政府が収入を得られるのは，インフレ課税の分だけ，家計から政府部門に購買力が移転されるからである。このような移転は，課税と同じ効果を持っている。

　したがって，公債発行による課税のタイミングがマクロ的効果を持たないという中立命題は，インフレ課税を考慮しても基本的に成立する。たとえば，政府が移転支出の財源を貨幣の増発によって賄ったとしよう。これはインフレ課税による減税である。リカードおよびバローの中立命題が成立している状況では，このようなインフレ政策はマクロ的効果を持たない。つまり，金融政策は無効になる。

Column――19	ルーカスによる批判

　新古典派からケインズ的な裁量的マクロ経済政策を批判した有名な議論に,ルーカスの議論がある。これは,政策の効果（たとえば政府支出拡大の乗数効果）の大きさを予想する際には,民間の経済主体がどのように将来の政策に関して期待しているかを十分考慮しないと,重大な過ちをもたらすことになる点を強調している。特に,計量的に政策の効果を分析する際には,過去のデータに基づく回帰分析が行われる。これは,過去の民間の経済主体の行動が,これらかの政策の変化についても基本的に変わらないという前提で,分析することを意味する。

　たとえば,減税の乗数効果を考えてみよう。過去の消費行動から,減税による可処分所得の拡大が消費を刺激する効果が大きかったとする。したがって,これからも減税政策の効果は大きいと考えたくなるだろう。しかし,減税の後では少し時間がたって,増税が行われており,民間の経済主体も次第にそれを予想するようになったとすると,これまでほどには減税の乗数効果は大きくならなくなる。

　民間の期待形成が,長期的にはかなり合理的に行われるとすれば,過去のデータに基づく回帰分析の結果は,将来の政策の効果を予想する際にはあまり信頼がおけなくなる。回帰分析で推定されたパラメーター自体が,期待形成によって変化し得るのである。ルーカスは,将来の政策の効果を議論する際には,民間部門が将来にどのような予想をするのかを明示的に考慮する必要があることを,強調した。

12.5　ニュー・ケインジアンの理論

■ 新しい雇用の理論

　第3章から第6章までで説明したように,ケインズ・モデルでは,貨幣賃金の硬直性（＝貨幣錯覚）と非自発的失業が大きな役割を演じている。しかし,このような概念は,アドホック（＝恣意的）な仮定であるとして新古典派の立場から批判されてきた。合理的期待形成はそうした批判の代表例である。より合理的な経済活動の意思決定メカニズムとより完全な価格調整メカ

ニズムを前提とするとマクロ経済政策の多くの部分が，効かない（＝中立的になる）か，あるいは乗数の大きさが小さくなって，ケインズ的総需要管理政策が意味を失うことが指摘された。

その後，こうした批判を考慮して，よりミクロ的な最適化行動を明示した観点から，すなわち企業と労働者の合理的行動を前提として，ケインズ・モデルの理論的な基礎を再構築する試みが行われるようになった。特に，雇用の理論では，暗黙の契約理論，効率的賃金仮説，内部市場モデルなどが有力な議論として，発展してきた。これらの考え方をまとめて，ニュー・ケインジアンの立場と呼んでいる。この節では，これらのケインズ的な新しいマクロ・モデル（ニュー・ケインジアンのモデル）の特徴について簡単に紹介しよう。

■ 暗黙の契約理論

ニュー・ケインジアンの立場から，もっとも早い段階で展開された議論が，暗黙の契約理論である。この理論は，労働者が企業よりも危険回避的であり，賃金の変動を好まないとすれば，景気の状況にかかわらず，一定の貨幣賃金が支払われるというものである。企業は危険に対して中立的であれば，長期的な賃金支払いの大きさにのみ関心があるから，そのような契約を受け入れる余地がある。労働者の方は，不況のときに大きく賃金受取が減少し，好況のときに大きく賃金受取が増大するよりは，ある安定した水準の賃金支払いの方を望む。

暗黙の契約理論は，賃金契約を一種の保険契約として理解するものであり，雇用量の変動よりも，賃金率の変動の方が安定していることに注目する。暗黙の契約というのは，賃金決定が書面で明示される契約の形をとらないで，暗黙のうちに契約を交わしていると考えられる状態を指している。

この理論では，長期的に貨幣賃金率が安定して，労働市場の短期的な需要と供給を一致する水準に調整されないという，**貨幣賃金率の硬直性**を説明することができる。したがって，非自発的な失業も説明できる。不況下で労働需要よりも労働供給が多くて，労働市場が超過供給の状態にあるとしても，賃金率は下がらない。企業は好況のときに賃金率を引き上げない代わりに，

不況のときにも賃金率を引き下げないことで，長期的に限界生産に見合った賃金決定をしているからである。

　しかし，労働者が危険回避的であるとしても，実質賃金ではなく，貨幣賃金での支払いの安定性を求めるというのは，貨幣錯覚を想定しており，ミクロ的な合理性という観点からは，不満も残る。また，需要の変動などをならしてみると，長期的には労働市場が均衡していることを意味するから，長期的に非自発的失業が存在することを説明するモデルにはなっていない。

■　効率的賃金仮説

　労働者は，同じ時間働いても，どの程度まじめに働くかで実質的な労働供給の大きさは異なるだろう。制度的に一定の労働時間働くことが決まっている場合でも，その中身は労働者の努力水準に依存する。効率的賃金仮説は，こうした観点に注目して，実質賃金の水準が労働者の労働意欲，すなわち労働生産性に影響を与えるという主張である。したがって，実質賃金を切り下げると労働者の意欲が減退するから，労働市場で非自発的失業が存在しても，企業にとって賃金率を引き下げるのが有利になるとは限らない可能性が生まれる。

　企業の生産関数を次のように定式化しよう。

$$(10)\qquad Y = F(e(w)N)$$

　ここで，Y は生産量，N は雇用量，e は労働者がどれだけまじめに生産活動に従事するかを示す努力水準，w は実質賃金率を意味する。e は w の増加関数である。ここでは $e' > 0$（ここで $'$ は微分の記号）と考える。すなわち，労働者は実質賃金率が高いほど，同じ時間働いてもより熱心に働くと想定するのである。また，図 12.10 に示すように，e は賃金率が小さいときには逓増的に増加するが，やがてはその増加の程度は逓減的になると考える。企業の利潤は

$$(11)\qquad \pi = F(e(w)N) - wN$$

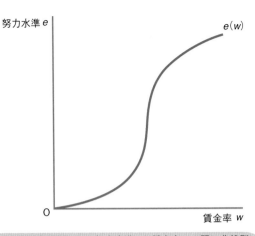

効率的賃金仮説では，努力水準eと賃金率wの間に非線型の関係を想定する。すなわち，wが小さいときにはeは逓増的に増加するが，wが大きくなると，eは逓減的にしか増大しない。

図12.10　効率的賃金仮説

で与えられる。簡単化のために，生産物価格は一定であるとし，貨幣賃金率＝実質賃金率で分析を進めよう。

　企業は，利潤πを最大にするように，wとNを決定する。(11)式が最大になる条件を求めるために，wおよびNで微分してゼロとおくと，最適条件として，次式を得る。

(12)　　　$F'(e(w)N)Ne'(w) = N$

(13)　　　$F'(e(w)N)e(w) = w$

(13)式を(12)式に代入すると，

(14)　　　$\dfrac{e'(w)w}{e(w)} = 1$

になる。すなわち，実質賃金率の硬直性が説明される。(14)式は，最適な実質賃金率のもとで努力の賃金弾力性が1になることを意味する。(12)式より，

労働雇用量もユニークに決定される。これは労働者の供給行動とは独立であるから，非自発的失業が存在しても，何ら賃金も雇用の調整も行われないことになる。これは，労働市場で超過供給の状態にあっても，賃金率を切り下げると労働者の努力水準が低下して，企業の採算上マイナスになるからである。

　この理論は，貨幣賃金率の硬直性ではなく，実質賃金率の硬直性を説明する理論である。(14)式で w が決まるという結論は，努力水準 e が実質賃金率のみの関数であるという点から，導き出されている。しかも，図で示すように，努力水準が最初は賃金率に逓増的に反応するが，やがては，逓減的にしか反応しないという，努力関数の形状にも大きく依存するモデルである。そのような想定が現実的であるかどうかが，この理論がもっともらしい議論であるかどうかを評価するポイントになってくる。

　同じ時間働いても，まじめに働くかどうかに労働者の裁量の余地がある点は，もっともらしい。しかし，それが単に実質賃金率のみに依存するというのは，大胆な仮定であろう。より現実的に考えるとすれば，他の企業で働くときの賃金率や，どれだけまじめに働くかが企業にとって観察可能であるのかどうかという監視のコストに依存するだろう。また，現実の世界では，景気循環とともに実質賃金も変化すると考える方が普通である。効率的賃金仮説では，景気変動と実質賃金とが完全に独立になってしまうが，この点も問題点だろう。

■ 内部労働市場の理論

　内部労働者とは，すでに企業に雇用されている労働者を意味し，外部労働者とは，企業に雇用されないで失業中の労働者を意味する。内部労働市場の理論では，内部労働者と外部労働者とは同じではなく，企業にとって内部労働者を解雇して外部労働者を雇用するにはコストがかかると考えている。

　たとえば，外部労働者を採用する際に，訓練コスト，求人広告コスト，選別コストなどが想定されている。企業内部での熟練度の向上など企業固有の人的資本の形成が，労働者の労働供給能力にとって重要であるとすれば，内部労働者と外部労働者とは区別されるだろう。

　したがって，内部労働者が外部労働者以上の賃金を得ていても，企業にとって内部労働者を解雇して外部労働者を採用することが，必ずしもプラスになるとは限らない。言い換えると，失業者が現行賃金以下の低い賃金率で雇用されることを期待しても，企業が彼らを雇用するとは限らず，非自発的失業と硬直的な賃金が存在する。内部でいろいろなノウハウを蓄積してきた労働者にそれなりの高賃金を支払うことが，企業にとってもプラスであるし，内部労働者にとっても，他の企業に移るといままで蓄積してきたその企業固有の人的資本が，あまり応用できないとすれば，他の企業に移る誘因は乏しい。

　また，賃金決定が完全競争市場ではなく，内部労働者によって組織される労働組合と企業との交渉で決まるとすれば，一度外部労働者となって企業の外に出てしまうと，企業と直接交渉することが不可能になり，なかなか雇用される機会を見いだすのが困難になってしまう。

　短期的には，内部市場と外部市場を区別することは重要である。しかし，企業固有の人的資本の蓄積がどのくらい重要であるのかも，議論の余地はある。より長期的には，内部労働者と外部労働者との代替は可能である。したがって，内部労働市場の理論のみで長期的な非自発的失業の存在を説明するのは，困難であろう。

■ メニュー・コスト

　労働市場のみならず，広く財市場の価格決定メカニズムも考慮して，ケインズ的状況を説明する試みもある。そのうちの代表的な考え方が，メニュー・コストである。完全競争市場ではなく，複数の企業がある程度差別化された財を供給しながら競争している，独占的競争の市場を想定しよう。すなわち，独占的に競争している企業が価格を決定しているとすれば，市場条件が変化すれば，価格を変更する誘因が生まれる。

　しかし，価格を変更するには調整コストが必要である。たとえば，メニューを書き換えなければならない。このような調整コストを多少でもモデルに導入すると，大幅な市場条件の変動でなければ，あえて価格を調整しない方がその企業にとっては望ましい状況があり得る。そうしたケースでは，価格

表12.7　ニュー・ケインジアンの議論

仮　　説	内　　容	問　題　点
暗黙の契約理論	労働者が企業よりも危険回避的だから，貨幣賃金率が固定される	貨幣錯覚を想定 実質賃金率の硬直性はいえない 長期均衡での非自発的失業を説明できない
効率的賃金仮説	実質賃金が労働者の意欲と関連するから，硬直的になる	労働者の意欲が実質賃金のみに依存すると考えられるか 努力関数の形状に結果が依存している
内部労働市場の理論	内部労働者と外部労働者を区別して，その代替にコストがかかるから，非自発的失業や賃金の硬直性が生じる	長期的には代替可能 企業固有の人的資本がどのくらい現実には重要か
メニュー・コスト	価格調整の小さなコストで結果として価格がかなり硬直的になる	どのくらいのコストでどの程度の硬直性になるのかの定量的な関係が曖昧

の調整があまり進まず，結果として数量調整が支配的となる。その結果，不況になっても労働市場において貨幣賃金率の調整が進みにくく，非自発的失業がなかなか解消されないことになる。

　あるいは，企業や家計の期待形成に合理的な期待形成からほんの少し乖離する可能性を導入すると，結果として上述の調整メカニズムと同様な状況が生じることも指摘されている。すなわち，合理的な期待形成を行うには，市場構造や外的なショックに関する情報を収集する必要があるが，これにはコストがかかる。

　このコストが小さくても，プラスであれば，あえてあまり合理的な期待形成をしないで，ある程度曖昧な意思決定をする方が，得になる状況も考えられる。そうした状況では，マクロ経済活動の結果はかなりケインズ的な状況になり得る。

■ 需要の外部性

　他にも，価格硬直性を説明する議論として，需要の外部性という考え方がある。ある企業が価格を切り下げる場合，一般物価水準も多少は下がること

で，実質貨幣供給が増大する。よって，*LM* 曲線が右下方にシフトするので，総需要が刺激されるという効果を持つ。これは，他の企業に対しても需要を増大させるという外部効果を持っている。つまり，ある企業の価格引下げは他の企業にとってもメリットがある。

しかし，個々の企業の意思決定においては，このような外部性は考慮されないから，社会的に望ましい価格の引下げが現実には行われないという議論である。

■ ヒステリシスの理論

さらに，長期的に自然失業率に対応する GDP しか選択できず，裁量的な総需要管理政策の効果はないという新古典派からの批判に対して，総需要管理政策をどうするかで，長期的な自然失業率自体が影響を受けるという考え方もある。

たとえば，不況が長く続くと，労働者の労働意欲が減退して，労働供給の質が悪くなってしまう。このような状況のもとでは，長期的に自然失業率に戻ったとしても，その自然失業率自体が以前よりも高くなってしまう。長期均衡への調整プロセスの長さや当初のショックの大きさ自体が，長期均衡そのものの水準に影響する（ヒステリシス（履歴現象）が生じる）という考え方は，ヒステリシスの理論と呼ばれている。このような議論も，ケインズ的なマクロ経済政策を補強する考え方である。

Column ── 20	裁量政策の有効性と財政赤字

ニュー・ケインジアンの標準的モデルを前提とすると，裁量的な財政政策の有効性は財政収支状況とも関係する。情報の不確実性と摩擦のあるケインズ型の民間投資モデルを用いると，不況期の望ましい財政政策は当初の財政状況に依存する。特に，あまり政府負債を抱えていない国では，政府支出を増加させる標準的なケインズ政策が有効であるが，より多く政府負債を抱えている国では，政府支出を削減するのが良い政策である。政策反応はその国ごとに財政状況に応じて異なる。

　この分析結果は，直観的には以下のように説明できるだろう。一般的に，民間投資の増加にはある閾値（壁）が存在する。企業は将来のマクロ環境が良くなる確かな期待があってはじめて，投資する。したがって，ケインズ的な拡張効果をもたらすには，民間投資が増大する必要があるが，多少の景気刺激策では閾値を超えられないため，民間投資を誘発する効果はない。景気を回復させるには，大規模な政府支出の増加が必要であり，小規模な拡大では不況を脱することはできない。

　しかし，政府支出が大きく増加するためには，政府がこれから大量に公債を発行できる財政状況が前提となる。新規公債を大量に発行できる十分な財政収支上の隙間があってはじめて，景気対抗的な財政政策は有効になる。言い換えると，ケインズ型のモデルを前提としても，平時に財政健全化を進めて，非常時に大規模な財政出動が可能となる条件を整えることが，裁量的な財政運営を有効に活用するためには重要である。

Column——21　MMT（現代貨幣理論）

　2018年頃から，MMT（現代貨幣理論）が内外で注目を集め，話題となった。多額の学生ローンを背負った若者の救済を訴える米国民主党左派の政治家が，その財源に関して「財政赤字を心配する必要はない」とするMMTを支持したことから，米国内で論争が活発化した。その過程で，MMT論者が巨額の財政赤字でもインフレも金利上昇も起こっていない日本がMMTの成功例と主張したことから，日本でも注目されるようになった。

　ただし，MMTはアカデミックな学術論文できちんとモデル化されたものではなく，その論理展開は決して明確ではない。基本的な主張は，①インフレにならない限り，財政赤字は問題がない，②インフレになったら，税金を増やせば良いというものである。これらは学術的な理論仮説というよりも，こうあってほしいという願望に近い議論である。

　第5章でも説明したように，政府の異時点間の予算制約式として，現時点の国債残高＝将来のプライマリーバランスの現在割引価値，という制約が成立するが，MMTはこれを否定する。自国通貨建てで国債を発行している限り，自国の現金を渡せば国債償還が可能だから，債務不履行はあり得ないという。しかし，債務が償還できたとしても，ハイパーインフレになり金融危機が起これば，マクロ経済は大混乱する。また，金利が成長率を上回れば，十分なプ

ライマリーバランス黒字を実現しない限り，債務が雪ダルマ式に膨らみ，国債残高/GDP比率が発散してしまう。MMT論者はインフレになれば増税をすれば良いと主張するが，そうした危機的状況で簡単に増税できるとも言えない。

　不況期に積極財政を主張するのはケインズ的な立場であり，MMTはそれを過度に強調する。しかし，ケインズ的な財政運営でも財政の持続可能性には留意している。この点で，MMTは財政赤字のメリットを強調するあまり，そのコストを軽視しすぎる危ない議論だろう。

まとめ

● 賦課方式の年金も世代間で発行と償還が異なる公債発行も，同様な世代間の再分配効果を持っている。しかし，両者の財政収支に与える効果は異なる。逆にいうと，財政収支はマクロ政策の指標としてあまり有益ではない。むしろ，世代別にネットの負担の現在価値がどうであるのかが重要な情報を与える。これが世代会計の考え方である。

● しかし，親の世代が子どもの世代の効用を重視して利他的に遺産を残すと，世代の枠を超えて公債が発行されても，中立命題が成立する。これがバローの中立命題である。この世界では，世代会計は財政赤字同様に，政策的意味が失われる。中立命題のもとでは，公債発行による減税の効果はないが，政府支出拡大の効果まで無効になるわけではない。中立命題のもとでの政府支出乗数の大きさは，1よりも小さく，場合によってはマイナスにもなり得る。

● 公債発行は，景気後退，政府支出の一時的な拡大などの外生的なショックを吸収するように，クッションとして変動すべきであると考えるのが，クッションとしての公債発行政策である。

● 金融政策については，新古典派の立場では裁量的政策の効果が，長期的に否定される。また，合理的期待形成を前提とする新マネタリストの立場では，インフレ率が予想以上に変化したという，予想外のショックがあるときのみ，短期的な金融政策は効果を持つ。予想されない金融政策の変化のみが有効であり，しかも，それは全く撹乱的な変化でなければならない。このような立場は，短期的にも裁

量的金融政策の効果を否定するというきわめて強い政策的な意味を持っている。
●よりミクロ的な観点から，すなわち企業と労働者の合理的な行動を前提として
ケインズ・モデルの理論的な基礎を分析する試みが行われるようになってきて
いる。特に，雇用の理論では，暗黙の契約理論，効率的賃金仮説，労働市場の
理論などが有力な議論として，発展してきた。これらの考え方をまとめて，ニ
ュー・ケインジアンの議論という。

重要語

□世代間再分配　　　　□積立方式　　　　　□賦課方式
□リカードの中立命題　□バローの中立命題　□世代会計
□新古典派のマクロ・モデル　□恒常的拡大　□一時的拡大
□公債発行のクッション政策　□貨幣の中立性　□新マネタリスト
□インフレ課税　　　　□ニュー・ケインジアン　□暗黙の契約理論
□効率的賃金仮説　　　□内部労働市場　　　□メニュー・コスト

問　題

■1　次の文章のうち正しいものはどれか。

（イ）リカードの中立命題は，世代間の公的な再分配政策の効果を否定する。

（ロ）リカードの中立命題は，ケインズ的な財政政策の効果は否定しても，世
　　　代間の再分配効果は否定しない。

（ハ）リカードの中立命題は，世代会計の有用性を否定する。

（ニ）バローの中立命題は，ケインズ的な財政政策の効果は否定しても，世代
　　　会計の有用性は否定しない。

（ホ）リカードの中立命題が成り立てば，バローの中立命題も成り立つ。

■2　貨幣の中立性が短期的にも成り立つとすれば，どのようなメカニズムを考
　　えることができるか。

■3　以下のニュー・ケインジアンの議論が，それぞれ説明している現象と説明
　　していない現象を整理せよ。

（イ）暗黙の契約理論

(ロ) 効率的賃金仮説

(ハ) 内部市場の理論

(ニ) メニュー・コスト

■4 景気循環の振幅を小さくする政策について，正しいのはどれか。

(ア) ケインズ的な立場では裁量的な政策で GDP を操作できるから，好況期を長く続かせるために，好況期にも拡張的な政策が望ましく，その結果，経済成長が促進されることが望ましい。

(イ) ケインズ的な立場では裁量的な政策で GDP を操作できるから，好況期の GDP を抑制して，不況期の GDP を増加させるべく，景気があまり振幅しない方が望ましい。

(ウ) ケインズ的な立場でも，政策の遅れを考慮すると，裁量的な政策で GDP を操作できるとはかぎらないので，景気の振幅が大きくなるか小さくなるかは，政策遂行の上で重要視する必要はない。

(エ) 新古典派の立場では裁量的な政策で GDP を操作できるとはかぎらないので，市場メカニズムを最大限発揮させるために，景気が大きく振幅するほど望ましい。

(オ) 新古典派の立場では裁量的な政策で GDP を操作できるとしても，その大きさは不確定になるから，景気をあまり振幅させないように政策遂行するのが望ましい。

■5 インフレと金融政策について，間違っているのはどれか

(ア) 金融政策は，多くの場合，貨幣供給の変化を目的とする政策であり，利子率に与える効果，物価水準に与える効果やインフレ率に与える効果，そして，そのような価格変数の変化が GDP や失業率などの実質的な経済変数に及ぼす効果を問題とする。

(イ) 現実のインフレ率と期待インフレ率が等しい長期均衡において，インフレ率と GDP との間にプラスの相関が存在しても，長期的には金融政策が失業率を低下させたり，GDP を拡大させたりする効果はなくなる。

(ウ) 新古典派の立場では，長期的に現実のインフレ率は期待インフレ率とは一致するから，金融政策は何ら効果を持たず，貨幣は長期的に中立的である。

(エ) インフレ率が予想以上に変化するときのみ，短期的な金融政策は効果を持つと考えると，予想されない金融政策の変化のみが有効であり，しかも，

それは全く撹乱的な変化でなければならない。

（オ）インフレは貨幣の実質的価値を減価させるから，インフレ率と貨幣の実質残高との積はインフレ保有による経済的な損失であり，インフレ課税（貨幣鋳造益）と呼ばれる。

■6　財政政策の乗数の値に関する記述のうち，正しいものはどれか。

（ア）可処分所得を全額消費に回して貯蓄する余裕のない流動性制約にある家計がマクロ経済において多いほど，マクロの消費も流動性制約で抑制されるから，乗数値は小さくなる。

（イ）可処分所得を全額消費に回して貯蓄する余裕のない流動性制約にある家計が存在しても，そうでない家計もマクロ経済に存在するから，マクロの数字で見る限り，流動制約が乗数値に及ぼす効果はない。

（ウ）将来の政府の予算制約を考慮する家計が多いほど，財政赤字を伴う財政支出の拡大で将来の増税を予想して，消費を控える家計が存在するから，乗数値は小さくなる。

（エ）流動性制約にない家計のうちで，現在の消費を重視して将来の消費を軽視する近視眼的な家計が多いほど，マクロの消費性向が高くなるから，乗数値は小さくなる。

（オ）将来の財政政策に対する不確実性が高くなる家計ほど，現在の財政出動が将来どのような財政政策につながるのか不安に感じて，消費を増やそうとするので，乗数値は大きくなる。

■7　以下の文章の中で正しいものはどれか。

（ア）新古典派モデルでも，政府支出拡大の乗数効果は1以上になる。

（イ）新古典派モデルでも，財政赤字はマクロ的に大きな効果を持っている。

（ウ）新古典派モデルでも，政府支出の拡大は減税よりもGDPを拡大する効果が大きい。

（エ）新古典派モデルでも，政府支出拡大のマクロ効果はその政府支出を家計がどのように評価するのかとは無関係である。

（オ）新古典派モデルでも，総需要が増加すれば生産量は増加する。

13 マクロ経済政策と政策当局

この章では，マクロ経済政策当局の行動原理に焦点を当てて，マクロ経済政策がそれによってどのように影響をされるのかを検討する。ケインズ的なマクロ経済政策の背後にある政策当局は，国民経済全体の経済厚生を考慮している良識の府であり，民間部門よりも賢い存在とみなされている。しかし，現実には，政府は政権政党や利益団体の意向を受けて政策を立案するから，経済政策は必ずしも国民経済全体の厚生を最大化するとは限らない。

1. 政策のラグ（遅れ）を考慮するとき，ルールに基づく政策と裁量による政策のどちらが望ましいかを考える。
2. 動学的不整合性の概念を説明する。
3. 政策当局者である政党の行動原理を考える。
4. 政党の行動と景気循環との関係を説明する。
5. 政権交代がマクロ政策運営に及ぼす影響を分析する。
6. 政府の信頼性についてまとめる。

13.1 ルールか裁量か

■ 政策のラグ（遅れ）

これまで政策の効果（たとえば乗数の大きさ）を議論する際に，時間的遅

れはあまり分析してこなかった。現実の政策においては，どのような政策であってもある程度の時間的遅れを伴って生じるであろう。これを，政策のラグ（遅れ）と呼んでいる。政策当局は政策のラグを正確に予想できるだろうか。

政策の遅れは，通常3つに分類される。第1は，認知のラグ（遅れ）である。ある経済状態が発生してから，それが政策当局によって認識されるまでの時間である。たとえば，景気が悪くなっているのに，それがGDPなどの指標に反映されて，経済政策が必要だと認識されるまでにある程度の時間がかかる。

第2は，実行のラグである。政策発動が必要であると認識されても，実際にそれが実行されるまでには，政策当局内部での調整や議会での議決，関連する機関との折衝など，様々な調整が必要である。

第3は，効果のラグである。実際に政策が実行されても，それが当初意図した効果を持つまでには時間がかかる。

金融政策の場合には，第2の実行のラグは比較的小さいと考えられるが，効果に関しては時間がかかるだろう。日本銀行は原則として，月に1，2回政策決定会合を開催して，金融政策を協議している。たとえば，基準金利の変更は中央銀行の専管事項であるから，迅速に対応できるが，基準金利が変更されて，市中の金利が変化したとしても，それが企業の投資意欲や家計の消費意欲に影響を与えるまでには，時間がかなりかかるだろう。

これに対して，財政政策の場合には，実行のラグがあるものの，効果に関してはそれほどの遅れはないと考えられる。すなわち，財政政策の変更には予算案の作成，審議，可決や税率の変更による税法の策定，審議，可決という立法措置が必要であるから，時間的には迅速に対応できない。たとえば，景気刺激策として拡張的な財政政策を発動しようとしても，補正予算を作成して，国会に提出し，これを可決しなければならない。しかし，いったん成立すれば，財政支出の変化や税率の変更という形で，直接政府支出を変化させるか，あるいは企業や家計の投資，消費行動に影響を与える。

このように，金融政策も財政政策も政策のラグという観点からは，それぞ

表13.1 ルールか裁量か

裁　量	経済の変化に適切に対応可能 政策のラグが予想できなければ，意図しない効果をもたらす
ルール	経済の細かい変化には対応できない 政策のラグが予想できない場合も，あまり悪い影響をもたらさない

れ長所と短所を持っている。また，認知に関しては両方の政策とも遅れる可能性が排除できない。したがって，ともすれば必要な時期に適切な規模で政策上の対応がとれないことになる。ケインズ・モデルが想定するように，マクロ経済政策が短期的に有効であり，強力な需要調整能力を持っているとしても，それが適切な時期に遂行されないとすれば，かえって逆効果になる。

たとえば，景気が低迷していると判断して，拡張的な財政金融政策を発動しても，実際にそのような政策が効果をもたらすまでに多くの時間が経過すれば，自律的に景気が回復している時期に拡張的な政策が実施されることになり，かえって景気を過熱させるかもしれない。

政策のラグを前もって正確に予測できれば，それを織り込んであらかじめ政策の変更を行えばよい。しかし，政策のラグを正確に予想するのはかなり困難であろう。とすれば，むしろ裁量的な景気政策を採用しないで，ルールとして財政金融政策を運用するだけの方が，景気のなだらかな循環にはプラスに効くかもしれない。これが，ルールか裁量かという問題である。

すなわち，裁量を重視するケインズ的な立場では，ある程度政策のラグを予想でき，そして，政策の効果も予想できると考えているから，積極的な政策的介入が望ましい。これに対して，ルールを重視する新古典派の立場では，政策のラグを予想することも，また，政策の効果についても懐疑的であり，積極的な介入による撹乱的な悪影響の方を強調する。

■ 動学的不整合性

ルールか裁量かという問題は，動学的不整合性という観点からも，議論されている。時間がたつにつれて，最適な経済政策もその都度変更できるとす

れば，ある時点での最適な経済政策は，その後の経済環境の変化を考慮に入れると，次の時点で再決定すると最適でなくなる可能性がある。これが動学的不整合性の問題である。すなわち，もし政府にとって将来何か政策をする（あるいはしない）という約束をして，将来新しい時点で経済環境が異なる中でもう一度再決定した場合その政策を実行するのが望ましくない状況は，時間に関して首尾一貫性にかける（動学的不整合な）政策と呼ばれる。

　たとえば，教師が学生にテストをするケースを考えてみよう。教師の目的はテストによって学生の間で成績順に序列をつけることではなく，テストの準備のための勉強をしっかりしてもらうことだとしよう。この場合，教師の最適な政策は，テストをすると予告して学生にその準備をさせ，直前になってテストを取りやめることである。なぜなら，学生がテストの準備のために勉強した後では，テストをすることのメリットはないし，採点という作業が教師にとってはデメリットとして残るからである。

　これと同様な考えを経済の世界において考えてみる。動学的な世界では，ある時点まで蓄積された資産はストック変数であり，その時点では変更の効かない初期保有量（＝与件）である。それへの課税は一括固定税と同じ性格を持っている。したがって第12章で説明したように，民間の経済活動に撹乱的な悪影響を及ぼさないで，税収を確保することができる。

　たとえば，貨幣残高を考えてみよう。これは，その時点では蓄積されたストック変数である。インフレ率を上昇させるとインフレ課税を得ることができる。しかし，最初から高いインフレ率を政府が採用すれば，貨幣保有のコスト（＝機会費用）が上昇するから，誰も貨幣を多くは保有しないだろう。したがって，政府の最適な政策は，将来貨幣供給を増大させないと約束して，貨幣保有のコストを最初は抑えて，民間部門の貨幣保有を促し，その後で貨幣を増発してインフレ課税を行うことである。

　将来になれば，このようなインフレを起こさないという約束は，政府にとって必ずしも望ましいものではない。インフレ課税を強化することで，他の撹乱的な課税が減税できれば，資源配分の効率性の観点から望ましい。政府は民間の家計の効用を最大にするように行動するから，家計の経済厚生を改

善するためにあえて公約を破る誘因を持つ。将来のインフレ率を低い率で一定に維持するという約束は，政策当局がその約束を将来破る誘因を持つので，時間に関して一貫性のない政策になる。

　もし，民間部門が政府の将来の行動に何の関心も持たなければ，動学的不整合の問題は悪い結果を持たない。公約を破ることで民間部門の経済厚生は上昇するからである。しかし，民間部門は政府の将来の行動に関して何らかの予想をしていると考える方が普通だろう。特に，新古典派モデルでは合理的期待形成を前提としているから，将来の政府のマクロ経済政策がどうなるのかについては，民間部門も関心を持つと考える。とすれば，政府の当初の約束が信頼できるものであるかどうかは，民間の経済主体にとって大きな関心事となる。

　政策当局が動学的不整合の問題に直面して，政策を時間とともに変更していくと，民間部門がやがてはそれを予想して行動するようになる。よって，政策自体の効果は小さくなる。結果として，政策当局が何も政策の変更をしない場合よりも，民間部門の経済厚生を低下させてしまう。これは，裁量的政策よりもルールとしての政策が望ましい一つの理由である。

　たとえば，上のテストの例では，テストをすると予告しても学生によって信用されないから，結局学生は何ら勉強をしなくなる。教師の自由裁量に任せないで，とにかくテストを必ず実施するという制約を課す方が，結果としては，望ましい状況が実現する。したがって，政策当局の将来の行動の自由度を法律その他の制度的な規制によって束縛する方が，結果としては望ましい状況も考えられる。

Column —— 22　動学的不整合性の例

　動学的な不整合性の例として，裁量的な金融政策とルールとしての金融政策を比較してみよう。金融当局は，失業率は低いほど良く，インフレ率はゼロに近いほど良いと考えて，政策決定をしていると想定しよう。すなわち，金融当局の目的（＝損失）関数を次のように定式化する。

$$W = u + \pi^2$$

　ここで，uは失業率であり，πはインフレ率である。また，失業率とインフレ率との間には，フィリップス曲線で定式化されるトレード・オフ関係が存在するものとする。

$$u = -(\pi - \pi^e) + u_N$$

　ここで，π^eは期待インフレ率，u_Nは自然失業率である。Wを最小にする政策がもっとも望ましい政策である。

　最初に，ルールとしての金融政策を考えよう。金融当局はある一定の貨幣供給の増加率＝インフレ率をルールとして採用するものとする。この一定のインフレ率は民間部門も予想可能である。したがって，$\pi = \pi^e$が成立する。言い換えると，$u = u_N$も成立している。このとき，どのようなインフレ率が政策的に望ましいだろうか。金融当局の目的関数Wにおいて，uはu_Nで一定であるから，πをゼロにするインフレ率が，最適なルールになる。

　次に，裁量的な金融政策を考えよう。このとき，金融当局は民間が形成するπ^eを所与として，Wを最小にするπを選択する。フィリップス曲線を目的関数に代入して，$W = u_N - (\pi - \pi^e) + \pi^2$ を，最小にするπを求めればよい。最適なπは1/2となる。

　以上2つの最適解を比較してみよう。いずれも民間部門が合理的に期待形成をすると考えると，$\pi = \pi^e$が成立しているから，$u = u_N$である。しかし，インフレ率は，ルールとしての解がゼロであるのに対して，裁量解は1/2＞0である。裁量解の方がインフレ率が高い分だけ，Wも高く，結果的に，まずい状況をつくり出している。π^eがどの水準であれ，π^eを所与として最適なインフレ率を求める限り，すなわち，再決定をする限り，インフレ率はゼロではなく1/2の方が失業率を低下させて，望ましい。金融当局は，プラスのインフレ率を選択することで失業率を低下させる政策を選択する誘因がある。しかし，民間のインフレ期待が1/2になってしまえば，結果としては$u = u_N$しか達成できないのである。**インフレ期待**を刺激してしまう分だけ，裁量的な政策の解は，ルールとしての政策解よりも悪い結果をもたらす。

13.2　政権交代と政党

■ 政党の行動原理

　ところで，政策当局が当初のマクロ経済政策に関する公約を守るのが望ましいかどうかは，実際に政策を担当する与党である政党の行動原理とも関係してくる問題である。以下では，政党を対象として，動学的不整合性の問題を考えてみよう。この問題と密接に関連する問題が，政権交代である。

　わが国では，戦後 40 数年間の長期にわたって自民党の単独政権が続いてきたこともあって，政権交代の可能性は，最近まであまり現実的な問題として議論されることはなかった。しかし，1993〜1994 年の 1 年間足らずの間に 3 回も政権交代を経験するとともに，その後は連立政権の時代を迎えている。また，2009 年に自公連立政権から民主党連立政権へ本格的な政権交代が生じて，日本の政治が大きく転換した。選挙制度が中選挙区制から小選挙区制へ変更されたために，今後も政権交代の可能性は無視できないだろう。

　政党の行動原理が何であるのか，政党間での経済政策にどのような相違があるのか，また，その結果選択される政府の経済運営が，政権交代の可能性によってどのように影響されるのかという問題は，マクロ経済学上の理論的関心のみならず，実際にマクロ政策運営を評価する上でも重要な論点であろう。

　実際の世界では，社会的な経済厚生を最大にする理想的な政策当局や，代表的な家計という経済主体は存在しないと考える方が自然かもしれない。より現実的には，選好や所得の異なる経済主体を明示的に想定して，その行動原理が政府の行動にも反映されると考える方が有益だろう。また，政党についても，将来の政策当局者や民間部門の人々との駆け引きの中で決まる制約の中で，政党自身の選好を最大にするように行動すると考える方が，もっともらしい。政党の行動目的やその制約は，実際の政治的制度と関わっているから，政治過程を分析することも有益である。この問題を主要な対象とする学問として，「公共選択の理論」がある。

■ 公共選択の理論 ─────────────────────────────

　民主主義的な政治プロセスが選挙民や納税者の意向を反映しているとすれ
ば，政府の行動には，結局は選挙民の意向が政治プロセスを通して反映され
るはずである。しかし，現実の政府は多少とも失敗している。このような見
方を反映して，政府の目的は，現実には，公共のためにその社会の構成員の
経済厚生を最大にするという理想主義的なものではなく，利害の異なる各経
済主体（政党や，政治家，官僚，圧力団体など）の対立を調整しているにす
ぎないという考え方が有力である。このような現実主義的な立場で政府の行
動を説明しようとするのが，政治の経済理論（＝公共選択の理論）である。
この立場では，当然政府の行動は理想的なものではなく，政府の失敗による
非効率は避けられない。

　ブキャナン（Buchanan, J. M.：1919–2013）を中心にする公共選択のアプ
ローチがその独自性を発揮するのは，この点に関してである。標準的な公共
経済学のアプローチが，理想主義的な政策を追求しているのに対し，現実の
政治過程を説明しようとするこの立場は，政府の経済行動を説明する有力な
一つの研究方法である。

　以下では，マクロ経済政策と関連する範囲で，まず政党の行動原理を分析
しよう。

■ 政党の目的関数 ─────────────────────────────

　政策担当政党（＝与党）の政治家の行動原理としては，通常2つのものが
考えられる。一つは，できる限り政権にとどまっていたいという政権獲得・
維持目的である。これが政権の最大の目的であり，そのためであれば，どん
な政策も受け入れると定式化する。このケースでは，どんな政党であれ，選
挙民の支持の最大化を図ろうとするから，彼らの目的関数は選挙民と同じと
考えることができる。

　もう一つの目的は，政党固有の党派的なものである。すなわち，政党によ
って政策目的や政策に対する評価が異なり，あるいは，異なる政治団体の経
済的な利益をそれぞれの政党が代表していると考える。政権維持のためであ

っても，自らの理念と合わない政策の変更は，受け入れられないとする立場である。この場合には，異なった政党の代表者は異なった**目的関数**を持つ。

　もし政治家が政権獲得・維持にのみ関心があるのなら，彼らの唯一の目的は選挙に勝利することである。もし政治家が党派的な選好を持つか，異なる圧力団体の利害を代表しているのであれば，彼らは選挙に勝つことを，望ましい政策を実行するための単なる手段として捉えていることになる。

　一般的には，政党の目的の中にこれら2つの要因は共存しているだろう。党派的な政党でも，政権につく可能性が増加すれば，それは望ましい。必要な政策はとにかく政権につくことによってしか，実施されないからである。これら2つのケースの相違は，最大化される目的関数の相違である。純粋に政権獲得・維持を目標とする政党は，誰でも同じ目的関数（＝政権の獲得）を持っているのに対し，党派的な政党はそれぞれ異なった目的関数を持っている。

■ 中位投票者定理

　第1のアプローチは，最初にダウンズ（Downs, A.；1930–）によって指摘され，その後広く用いられてきた。このモデルには，**中位投票者定理**が当てはまる。たとえば，政府支出の大きさが争点であるとしよう。望ましい政府支出に対する選好が各家計で異なり，所得の低い人ほど大きな政府を望むと考えよう。このとき，多数決原理で政府支出の水準が決定されるとすると，平均的な所得水準の人の選好する水準が最終的に選択される。それよりも大きな水準では，中所得者以上の人が反対するし，それよりも小さな水準では，中所得者以下の人が反対するからである。

　したがって，2大政党政治において対立する政党の政策は中位投票者の支持を獲得するために，次第に共通のものとなり，どちらが政権をとっても実際に行われる政策は同じになる。これは政策の収束と呼ばれる現象である。平均的な所得階層，経済問題についての平均的な選好を持っているいわゆる中流階層の人々の利害を反映するのが，選挙で勝利する近道である以上，実際にとられる政策は，わが国でいえば自民党政権でも民主党政権でも，同じ

になってしまう。

　最近の日本の現状を見ると，この考え方は，それほど的外れでもないように思われる。1994年に自社連立政権の総理を出した当時の社会党は，自衛隊，日の丸，原子力発電などに関するそれまでの数十年に及ぶ党の基本的理念をあっさり変更して，「現実的な」政策を遂行しようとした。自民党も，戦後補償の問題で社会党に一定の配慮を示した。さらに，その後の野党の経済政策も，与党のものとほとんど変わらない点が多い。最近では，2008年後半からの金融危機により，グローバルな景気後退が輸出に依存する割合の高い日本経済を直撃していた。2009年の政権交代で予算編成を担当した民主党政権も，それまでの自公政権同様，積極的な財政出動を伴う補正予算を再編成して，景気対策を重視する姿勢を見せた。日本の政党の多くは，政権の獲得を主要な目的としているから，どの政党と連立を組むかは政策次元の問題ではなくなっていると解釈できる。

　しかし，政党間での政策に相違がないからといって，政権交代の可能性が経済政策に何ら影響を与えないことにはならない。この点を明確に示した議論が，政治的景気循環論である。

Column——23　政権交代のメリット

　政権交代では，予算編成もゼロからリセットして，もう一度やり直さざるを得ない。その分だけ，国政は停滞するし，予算編成作業が遅れることで，政府の財政活動への信頼性も揺らぎかねない。特に，国の予算に大きく依存している地方自治体の予算編成には，政権交代によって多大な影響があった。こうした混乱は，政権交代のデメリットである。

　しかし，政権交代にもメリットがある。無駄の削減で財政再建が可能だと主張してきた民主党が与党となり，無駄の撲滅を掲げて予算編成しても，結局は大して無駄は削減できなかった。とすれば，やはり増税も視野に入れた財政再建をするしかないと，多くの国民が納得するかもしれない。そもそも政府が財政危機を宣言しても，本当に財政状況が厳しいのか，あるいは，単なる増税手段として財政危機を利用しようとしているのか，その区別が国民にはわからない。結果として，財政再建の必要性が国民に認識されず，財政

構造改革が先送りされてしまう。

　政権交代は，このような情報の非対称性を解消する役割を持っている。社会保障制度の無駄を糾弾し，負担増なしで給付の充実が可能だと指摘してきた「ミスター年金」として威勢の良かった野党政治家が厚労省の大臣となり，実際に社会保障予算編成の責任者となったとたんに，制度改革を先送りし，借金以外の財源を見つけられなかった事態は，その典型である。

　政権交代によって，財政危機の深刻さを多くの国民も共有できる。これは，政権交代のメリットである。

13.3　政党と景気変動

■ 政治的景気循環論

　財政赤字あるいは公債発行の問題を政治的な側面から議論する試みも，盛んである。マクロ経済政策の政治的側面を最初に強調したのは，ノードハウス（Nordhaus, W. D.；1941-）によって定式化された政治的景気循環論である。この議論は，

　（1）政策当局者は，政権の維持のみに関心がある。

　（2）彼らは，第6章で説明した失業率とインフレ率のトレード・オフ関係
　　　を示すフィリップス曲線をうまく利用することができる。

　（3）有権者は，政治家にいつもだまされている。

という3つの前提に基づいている。

　政権を担当している政党は，選挙の前に拡張的なマクロ財政金融政策をとり，財政赤字を拡大させ，利子率を低下させる。政党はフィリップス曲線上でのトレード・オフ関係を利用して，多少インフレのコストを支払っても，失業率を引き下げて GDP を拡大させる政策を優先させる。そして，景気を良くして選挙に勝利する。しかし，選挙の後ではマクロ財政金融政策を引き締めて，財政赤字を削減し，利子率を引き上げる。選挙後すぐに引締め政策に転じないと，次の選挙のときに景気が過熱して引締め政策を余儀なくされ

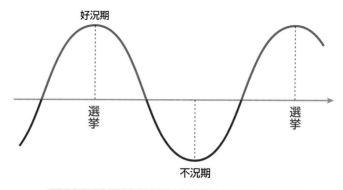

政治的な景気循環の理論では，選挙の時期に景気を良く
して政権政党が再び政権を維持しようとする誘因に注目
する。その結果，選挙の前に景気が良くなり，選挙の後
に景気が後退するという循環が，政治的に生み出される。

図 13.1　政治的景気循環の理論

るからである。

　また，選挙が近づくと，今度は財政赤字を拡大し，利子率を低下させて，
景気刺激策をとる。有権者は投票する時点での失業率が低くて，景気が良け
れば，それまでの経済状況の歴史や，その後の景気の動向は気にしないで，
現在の政権政党に投票する。

　図 13.1 に示すように，その結果，一つの選挙が終わって次の選挙が始ま
るまでの期間が一つの景気循環の期間であり，選挙の前に景気は上昇し，選
挙の後に，下降に転じる。アメリカの場合であれば，大統領選挙という 4 年
のサイクルに応じて，景気が循環する。したがって，政治的な理由で景気循
環が生じる。

　この理論は，1970 年代前半までのアメリカの景気循環をある程度説明す
ることができるので，注目された。すなわち，選挙の前に景気が良くなり，
選挙の後で景気が悪くなる現象が，実際に観察されたのである。しかし，第
12 章でも説明したように，1970 年代の後半以降になって，期待インフレ率
が大きく変化したために，安定的なフィリップス曲線は長期的に存在しなく
なった。また，有権者がいつもだまされ続けるという想定は，非合理的な行

動を仮定していることにもなるため，合理的期待形成を重視する最近のマクロ経済政策のもとでは，理論的にも弱点を抱えた議論である。こうして上述の前提のうち，(1)が正しいとしても，(2)(3)の前提に重大な疑問が投げかけられた。それでも，有権者と政党との間での情報の非対称性を考慮することで，(2)(3)の前提をより合理的なものに変更してもなお，政治的な景気循環が生じる可能性が最近では指摘されている。

　ところで，日本の場合には，アメリカのような大統領制度とは異なり，政権担当政党によって選挙の時期は内生的に決定される。すなわち，内閣に衆議院の解散権がある。したがって，日本では，選挙の時期に合わせて政策を操作するというよりも，選挙の時期の方が景気の良い時期に合わせて操作されると考える方が自然であろう。選挙の時期を与党の都合に合わせることで，政権交代のリスクを最小限に抑えることが可能になる。なお，参議院の選挙は外生的に決まっているが，半数改選であり，それほど政治的な重みはない。

■ 党派的景気循環論

　政党の行動原理に関する第2のアプローチは，独自の理念を持つ党派的な目的を持つ複数の政党の存在を考慮する。アレシナ（Alesina, A.；1957-）などの研究では，この仮定のもとで中位投票者の定理は成立せず，異なった政党は政権についた場合に異なった政策を行うことが示されている。

　わが国においても1990年代に一時与党になった当時の社会党は，ほとんど自民党の政策を丸飲みしたが，それでも社会党の独自色を出そうとして，公平性を重視する税制改革や戦後補償問題等でそれなりの努力をした。2009年の政権交代で政権を担当した国民新党は，郵政民営化の見直しに力を入れたため，民主党閣僚と不協和が生じた。

　こうした例に見られるように，現実にはあるときは政権の維持を最優先させ，あるときは党の独自性を追求するという複雑な行動が一般的であろう。このような政党の独自性を重視する動きは，党派的な政党の行動原理に対応するものである。

　ヒブス（Hibbs, D. A.；1944-）は，このモデルをマクロ政策に適用し，ヨ

表13.2　政党の行動：まとめ

目　的	政権の獲得	党派的な利益の追求
特　徴	選挙民の支持の最大化を図る	異なった政党は異なった目的関数を持つ
中位投票者定理	成立する	成立しない
景気循環	政治的景気循環	党派的景気循環

ーロッパ諸国での民主社会主義政党やアメリカでの民主党は，ヨーロッパ諸国での保守政党やアメリカでの共和党よりも，常に拡張的なマクロ財政金融政策を好み，インフレのコストを軽視していると主張している。その結果，拡張的でインフレのコストを軽視する政策は，大きな政府をもたらす。福祉政策により所得を低所得者に再分配し，それが左派的な政党の支持にもつながっている。

　このモデルは，政治的景気循環ではなく，党派的景気循環をもたらす。すなわち，大きな政府を志向する政権の場合に拡張的な財政金融政策によって，景気が拡大する。しかし，小さな政府を志向する政権に交代すると，緊縮的な財政金融政策が追求され，景気の拡大は止まり，縮小に向かう。何らかの理由で政権が交代し，政策の選好が異なる政党間で異なった政策が展開される結果として，景気循環が引き起こされるのである。

　このモデルでは，政権交代の可能性は外生的なショックとして与えられる。政権交代は事前に完全予見できないから，合理的期待形成を想定しても，予想外のショックが生じる。このショックはGDPやインフレ率に影響して，結果として景気循環をつくり出す。

　では，どのような理由で政権交代が起こると考えられるだろうか。一つは選挙民の選好が変化するケースであり，もう一つは異なる選好を持つ選挙民の参入によって，中位投票者の母集団が変化するケースである。前者は，高度成長から低成長へマクロ経済の環境が大きく変化した場合などに対応し，後者は，農村から都市への大規模な人口移動や外国からの移民の増加などに対応している。

　また，最近では，政党内の世代間対立に注目して，政党の政策決定を分析

する研究もある。それによると，政治家の活動期間は有限であり，最後の任期では再選を気にしなくてもすむから，自らの利益を最大限に追求する。これに対して，若い政治家は再選されることを期待して，所属政党の他の政治家や選挙民の意向を無視できない。ここに世代間で利害が対立して，その結果，景気循環の可能性が生じる。

13.4　政権交代とマクロ政策

■ 公債発行の役割

　最近では，政権交代の可能性があるときに公債の発行が重要な役割を示すことが認識されている。すなわち，公債残高はストックの変数であるから，短期的には大きく変化することができない。政権交代によって，新しい政党が政権についても，いままでの公債発行の結果としての公債残高は受け継がざるを得ない。革命でも起きれば，既存の公債を無視する（借金を棒引きする）こともできようが，現実的にはその可能性は乏しい。

　とすれば，政権交代の可能性があれば，現在政権についている政党は，公債発行量を操作して，将来の別の政党が政権についた場合にも，自らが望ましいと考える財政政策の方へ，将来の政権の財政政策を多少は左右する可能性が生じる。なぜなら，税制や政府支出はその時点で政権にある政党が自由にコントロールできるのに対して，公債残高は過去から受け継ぐものであり，その結果生じる利払い費は，自由にコントロールできないからである。

　ところで，政権交代が起きるときには，政府支出について評価が異なる政党間での交代のケースが，一般的であろう。中位投票者のモデルでは，政権交代が行われても，マクロ経済政策は中位投票者の選好を反映するから，政策に何の変化も生じない。しかし，党派的な政党を前提とすると，政権交代が実質的意味を持つ。以下では，大きな政府を志向する政党と小さな政府を志向する政党との間での政権交代を想定しよう。アメリカでの民主党と共和党との交代，イギリスでの労働党と保守党との交代等がその例である。

　本来，財政赤字の拡大による拡張的な経済運営は，典型的なケインズ政策であり，むしろ，民主党の政策のはずであった。それが，レーガン政権という共和党政権において，減税を中心とした拡張的な財政政策が実施されたのである。このような一見逆説的な経済運営を，論理的に説明し得る議論が，公債発行を考慮した政権交代のモデルである。

　もし，現在政権にある政府が近い将来，より政府支出を過大に評価している政府に，政権を明け渡さざるを得ないとしたとき，そうでない場合と比べて，現在の政府の財政政策にはどのような影響があるだろうか。

　現在の保守的政府が，将来の革新的政府よりも本来は，小さな政府を志向する政府であるとしよう。現在の政府は，その政府が将来も政権にある場合に比べて，政権交代を考慮すると，現在の財政政策をより積極的に運営し，政府支出を拡大して，財政赤字を拡大し，そのつけを将来の政府に押しつける誘因を持つ。そうすることによって，将来の革新的政府は，本来望ましいと判断していた大きな政府としての拡張的な財政政策を，多少は抑制せざるを得ない。

　なぜなら，利払い費が大きいために，拡張的な政府支出を採用すると，税収をより多く確保する必要があり，限界的な税率が上昇する。これによって，ミクロ的な税収増による撹乱効果が大きくなるからである。したがって，保守的政府は，政権交代の可能性があれば，当面財政赤字を拡張する誘因を持つ。一般的に，小さな政府を志向する政党が大きな政府を志向する政党へ，政権を明け渡す場合には，拡張的な財政政策（＝財政赤字の誘因）が生じる。

■ 政府支出の質の評価

　また，党派的な政党間の相違は，政府支出の量的な大きさに関するものばかりではない。政府支出の質に関する評価も異なるケースが，一般的であろう。政府支出の質（＝種類）に関する評価の相違は，政権交代と公債発行量との関係を説明する一つの有力な根拠にもなる。

　いま，政府支出に2種類の支出があり，その構成に関して，2つの政党は異なる評価を持っているとしよう。たとえば，共和党は，大砲（軍事費）に

表13.3　政権交代と経済運営

政府支出の量の相違	民主党：大きな政府 共和党：小さな政府	共和党が政権にあり，将来政権交代が予想されると，公債発行を多めに行う
政府支出の質の相違	民主党：バター 共和党：大砲	政権交代の可能性が高くなると，公債発行が多めになる

プラスの評価をするが，バター（福祉）に何の評価もしない。逆に，民主党は，大砲には何の評価もしないが，バターにはプラスの評価をすると考える。もちろん，これは議論を単純化するための想定であるが，一般的には2つの政党間で2つの種類の政府支出に対する評価が異なるケースであれば，以下の議論は成立する。

すなわち，このとき，2つの政党間で評価の相違が大きいほど，財政赤字も大きくなる。つまり，公債発行量は，政府間での評価の相違が大きいほど，大きくなる。さらに，現在の政府が再選される可能性が小さいほど，財政赤字は大きくなることも論理的に主張できる。

これは，次のように説明される。第12章でも見たように，公債を発行するコストは，2種類ある。一つは，将来，公債を償還する際の増税のコストであり，これは，一括固定税が利用できなければ，ミクロ的な撹乱効果も伴う。もう一つは将来の政府支出の削減効果である。公債を償還するためには，増税するか，支出を削減するか，どちらかが必要になるからである。

ところで，第2のコストは，現在の政府が再選され，望ましい公共支出の水準を決定できる場合にのみ，生じる効果である。将来別の政府＝政党になれば，削減される支出も，現在与党にある政党にとっては何の評価もしていない財である。それが削減されても，現在の与党にとって何のコストにもならない。したがって，再選の可能性が大きくなれば，現在の政府は第2のコストも考慮するようになり，均衡での公債の発行量も小さくなる。逆に，政権交代の可能性が大きければ，現在の与党にとって第2のコストは無視できるから，公債発行の総コストが減少し，最適な公債発行の水準が大きくなる。言い換えると，現在の政府は公債のつけを将来の政府に残すことで，現在の

政府から見れば，何の価値もない政府支出に対する将来の政府の支出を抑制する誘因が働く。

したがって，政治的に安定的で政権交代の可能性が小さい国ほど，公債発行量も小さくなる。実際に，多くの国を対象とした実証分析では，このような相関関係が確かめられている。経済政策決定の政治的側面を政権交代と絡めて分析する試みは，マクロ経済学のみならず，公共選択の理論，ゲームの理論，政治経済学等，幅の広い領域に及んでいる。今後の成果が期待される分野である。

13.5 政府の信頼性

■ 政府の信頼性とマクロ経済政策

マクロ経済政策が有効であるためには，民間の経済主体が政府の行動を信頼する必要がある。たとえば，景気対策として拡張的な財政金融政策を政府が追求しても，それが短期的な政策であり，また，適切な時期に行われるとは限らないと民間部門が受け止めていれば，家計の消費や企業の投資はそれほど刺激されないだろう。一時的に減税しても，将来に逆の増税が行われると民間部門が予想すれば，減税の効果は限定される。恒久的に減税が行われるという信頼感を民間部門に持たせることが重要である。そのためには，無駄な歳出を削減して，減税が恒久的に可能であることを示す必要がある。

また，政府のマクロ政策はあくまでも民間の経済活動を誘発することを目標とすべきだろう。たとえば，景気対策の主要な目的は，家計の消費や企業の投資など民間需要を刺激することである。政府が公共事業を拡大しても，それによって民間の投資や消費が抑制されるクラウディング・アウト効果が生じると，景気対策のマクロ効果は相殺されてしまう。明らかに，政府の資源は無尽蔵ではなく，民間からの税金によっている。財源の制約を考慮すると，ケインズ的な拡張政策をいつまでも続けることはできない。うまく民間の需要を誘発するような工夫も重要である。

　また，民間の経済主体が中長期的には合理的に行動することも，十分に認識する必要がある。特に，金融政策の場合は，中長期的に貨幣は中立的になり，実質的なマクロ経済活動に与える効果はなくなる。短期的な金融政策が有効であるためには，市場の予想外のショックを与える必要がある。たとえば，政治の圧力に押されて金融政策を変更しても，それは市場で事前に予想されてしまうから，あまり効果がなくなる。そのために，金融当局の政治的独立性は重要である。

■ マクロ経済学の立場

　ケインズ的立場では，福祉国家を志向するのが一般的である。再分配政策が，マクロ的に有効であるとしても，民間部門の中には反発する主体も存在するだろう。このような大きな政府に対する批判は，理論的にはケインズ・モデルに対する新古典派の立場からの批判と対応するものでもある。小さな政府や規制の緩和のメリットを最大限に評価するのが，新古典派の立場であり，逆に，そのデメリットを重視するのが，ケインズ的な立場であろう。どちらの立場を選択するかは，マクロ経済政策を議論する上での最大の課題である。

　ケインズ的政策の基本的な前提は，政府が国民全体の厚生を考えて賢明な政策を実施すべきであるとの想定である。これは，事実上政府の失敗の可能性を排除している議論である。政府が失敗するかもしれないという可能性を考慮すると，マクロ政策に対する評価も，再検討が必要となってくる。

　もちろん，多少は政府が失敗しても，市場での失敗である景気の低迷，失業，インフレなどの問題が改善されれば，それはそれでいいのではないかという議論もあり得る。マクロ経済学は，政府の失敗に対して直接回答を与えることを目的としているわけではない。

　しかし，問題は，政府の失敗と市場の失敗の両方のコストの比較であろう。そうした比較をより意味のある比較にするためにも，それぞれの失敗のコストを理解しておくことは重要である。その意味で，ケインズ経済学に代表される裁量的政策を重視する標準的なマクロ経済学の有効性は，政府の政策がどの程度信頼されるかという視点を考慮して，より慎重に評価すべきだろう。

Column——24	財政健全化と拘束ある仕組み

　1990 年代に入って，先進諸国の多くの国で財政赤字を削減するために法的な拘束を課してきた。EU では，共通通貨ユーロの導入に併せて，財政赤字，債務残高に共通の制約を設定し，節度ある財政運営をすることが，加盟各国共通の義務となった。また，アメリカでは，包括財政調整法（OBRA）を制定して，医療保険などのついての歳出削減や増税策，あるいは，財源なくして増額措置なしなどの原則を導入した。こうした法的な拘束は，将来の財政運営の自由度を制約し，予想外の景気変動に適切に対応しにくいというデメリットがある一方，歳出削減に進める上で既得権を各利益団体にあきらめやすくさせるというメリットもある。

　わが国でも，財政赤字削減に向けて，ある程度拘束力ある仕組みが導入されてきた。すなわち，1980 年代に，赤字公債の脱却という財政再建目標が設定された。1997 年に財政構造改革法が成立し，財政赤字の削減目標や，歳出削減の目標が設定されたが，実際には財政健全化の拘束力は弱かったといわざるを得ない。公債発行に関しては，財政法上の規定（赤字公債の発行原則禁止）があるが，特例法が毎年制定されており，その実効性は乏しい。財政構造改革法も，そのまま実行されることなく，効力を停止した。

　2000 年代には，基礎的収支の黒字化がわが国政府の公式の財政再建目標になった。しかし，そのための拘束力ある仕組みは歳出削減の努力目標に限定され，財政赤字を拘束とするものではなかった。財政赤字削減の必要性は認識されながらも，その実現は遅れ気味である。特に，最近の財政運営では，景気対策を最優先するあまり，短期的な痛みを伴う財政再建の動きを先送りする傾向が見られる。財政規律を実効性ある形で発揮させる仕組みをどう設定すべきかは，重要な課題である。

まとめ

●政策のラグ（遅れ）には，認知のラグ，実行のラグ，効果のラグの 3 つがある。裁量的な政策を採用しないで，ルールとして財政金融政策を運用し，景気対策をとらない方が，景気のなだらかな循環にはプラスに効くかもしれない。これが，ルールか裁量かという問題である。時間がたつにつれて，最適な経済政策をその都度変更できるとすれば，ある時点での最適な経済政策は，次の時点で再決定す

ると最適でなくなる可能性がある。これが動学的不整合性の問題である。政策当局の将来の行動の自由度を法律その他の制度的な規制によって束縛する方が，結果としては望ましい状況も考えられる。

●政策担当政党（＝与党）の政治家の行動原理としては，2つのものが考えられる。一つは，彼らができる限り政権にとどまっていたいと考えていると定式化するものである。このケースでは，どんな政党に属する人であれ，選挙民の支持の最大化を図ろうとするから，中位投票者定理が当てはまる。このとき，政治的景気循環が生まれる。もう一つの仮定は，政党によって政策目的や政策に対する評価が異なり，あるいは，異なる政治団体の経済的な利益をそれぞれの政党が代表していると考えるものである。このとき，党派的景気循環が生まれる。

●政権交代の可能性があれば，現在政権についている政党は，公債発行量を操作して，将来の別の政党が政権についた場合にも，自らの望ましいと考える財政政策の方へ，将来の政権の財政政策を多少は左右する可能性が生じる。政治的に安定的で政権交代の可能性が小さい国ほど，公債発行量も小さくなる。

●政府の行動は必ずしも合理的ではなく，理想的に政府が行動しているとは限らない。官僚組織の問題などいろいろな視点から，政府の弊害のコスト（＝政府の失敗）が指摘されている。

重要語

□政策のラグ（遅れ）　□ルールか裁量か　□動学的不整合性
□政党　□中位投票者定理　□政治的景気循環論
□党派的景気循環論　□政権交代　□公債残高
□市場の失敗　□政府の失敗　□公共選択

問　題

■1　ルールか裁量かという観点から，政策運営のあり方について議論せよ。

■2　動学的不整合性の例を，マクロ経済運営の中から取り上げて，説明せよ。

■3　次の文章のうち正しいものはどれか。

（イ）政党が政権維持にのみ関心があれば，どの政党が政権をとっても同じ政策が実行される。

（ロ）政治的な景気循環の理論は，政党が国民の経済厚生を最大にしようとして行動するときに生じる。

（ハ）党派的景気循環の理論は，政党が政権の維持を行動原理としている場合に生じる。

（ニ）政権交代の可能性が大きくて政治的に安定していない国ほど，財政赤字の縮小は容易である。

（ホ）公共選択の理論は，ケインズ的な政策運営の根拠にもなる考え方である。

■4　以下のどのような状況で財政当局と金融当局の対立が起きやすいか。

（ア）GDP は上昇しているが，税収も増加している。

（イ）金融当局がインフレを抑制するために，緊縮的政策をとっているが，財政当局は公債を増発している。

（ウ）金融当局は失業を抑制するために，拡張的な政策を採っているが，財政当局は公債を増発している。

（エ）財政引き締め政策によって，公債は減少し，利子率は低下している。

（オ）上のいずれでもない。

■5　政治的景気循環論は 3 つの想定

　　　（1）政策当局者は，政権の維持のみに関心がある。

　　　（2）彼らは，フィリップス曲線をうまく利用することができる。

　　　（3）有権者は，政治家にいつもだまされている。

　　に基づいているが，この中で現実にはもっとも成立しにくいと思われる想定はどれか。

■6　以下のルールはどの程度実現可能だろうか。

（ア）財政再建目標

（イ）インフレ目標

（ウ）均衡予算原則

（エ）固定為替レート

（オ）政権与党による解散権の禁止

学習のための文献案内

　本書は，マクロ経済学の基本的な内容については必要にして十分なものであるが，さらにマクロ経済学を学習していく際に有益な文献をあげておこう。

1　マクロ経済学の理論

　マクロ経済学の入門書として，わかりやすいものが最近多く出版されているが，なかでもこの本が読みやすい。

■ 宮川　努・滝澤美帆『グラフィック マクロ経済学　第2版』新世社，2011年。
■ 家森信善『マクロ経済学の基礎』中央経済社，2017年。
■ 飯田泰之・中里透『コンパクトマクロ経済学　第2版』新世社，2015年。

　マクロ経済学の理論をさらに学習していくには，まず中級レベルのテキストが有益であろう。

■ 浅子和美・加納悟・倉澤資成『マクロ経済学　第2版』新世社，2009年。

は，中級レベルの理論的な内容をコンパクトにまとめており，本書と併用して読むと，さらに内容が理解できるだろう。
　上級レベルのテキストとしては，日本語のものよりは英語のテキストの方が体系的に充実している。アメリカの大学院でのマクロ経済学の標準的なテキストとして

■ Blanchard, O. J., & Fischer, S. (1989). *Lectures on Macroeconomics.* MIT Press.
■ Sorensen, P. B., et al. (2009). *Introducing Advanced Macroeconomics: Growth and Business Cycles.* McGraw Hill Higher Education.
■ McCandless, G. (2008). *The ABCs of RBCs: An Introduction to Dynamic Macroeconomic Models.* Harvard University Press.

の3冊をあげておこう。どれも読みごたえのあるテキストであり，上級の理論書として，有益である。
　なお，日本語の中級・上級レベルのテキストとしては，

■ 吉川洋『マクロ経済学　第3版（現代経済学入門）』岩波書店，2009年。
■ 二神孝一・堀敬一『マクロ経済学　第2版』有斐閣，2017年。

■ 齊藤誠『新しいマクロ経済学——クラシカルとケインジアンの邂逅』有斐閣，2006 年。
■ 西村和雄・矢野誠『マクロ経済動学』岩波書店，2007 年。
■ 齊藤　誠・岩本康志・太田聰一・柴田章久『マクロ経済学　新版』有斐閣，2016 年。

が有益である。

　また，演習書としては，

■ 井堀利宏『マクロ経済学演習』新世社，2000 年。
■ 金谷貞男『演習マクロ経済学 第 2 版』新世社，2010 年。

などがある。

2　日本経済

　マクロ経済学と日本経済との関連について学習する際には，最近有益な文献がいくつも出版されている。なかでも，

■ 脇田成『日本経済論 15 講』新世社，2019 年。
■ 内田茂男・三橋規宏・池田吉紀『新・日本経済入門』日本経済新聞出版社，2015 年。

は，いずれも読みやすい好書である。

■ 伊藤隆敏・八代尚宏編『日本経済の活性化——市場の役割・政府の役割（シリーズ・現代経済研究)』日本経済新聞出版社，2009 年。

は，日本経済に関する政策提言として示唆に富む内容である。
　より上級の研究書としては，次の 3 冊を読むべきであろう。

■ 浅子和美『マクロ安定化政策と日本経済』岩波書店，2000 年。
■ 北浦修敏『マクロ経済のシミュレーション分析——財政再建と持続的成長の研究』京都大学学術出版会，2009 年。

■ 宮尾龍蔵『マクロ金融政策の時系列分析』日本経済新聞社，2006 年。

3　マクロ経済学の応用分野

　財政，金融，国際経済などマクロ経済学の応用分野に興味のある読者は，次のようなテキストで，それぞれの分野を学習するのが，有益だろう。

■ 井堀利宏『財政学 第 4 版』新世社，2013 年。

■ 畫間文彦『基礎コース金融論 第4版』新世社，2018年。
■ 岩田一政『国際経済学 第2版』新世社，2000年。

　バブル，デフレ期の日本経済と金融，産業構造，財政，社会保障など各分野の経済政策については，内閣府経済社会総合研究所のプロジェクトで包括的研究がまとめられている。

■ 深尾京司編『マクロ経済と産業構造（バブル デフレ期の日本経済と経済政策1)）』
　企画・監修：内閣府経済社会総合研究所　慶應義塾大学出版会，2009年。
■ 吉川洋編『デフレ経済と金融政策（バブル デフレ期の日本経済と経済政策2)）』
　企画・監修：内閣府経済社会総合研究所　慶應義塾大学出版会，2009年。
■ 井堀利宏編『財政政策と社会保障（バブル デフレ期の日本経済と経済政策5)）』
　企画・監修：内閣府経済社会総合研究所　慶應義塾大学出版会，2010年。

　いずれも最近の研究成果を幅広く紹介しており，貴重な文献である。
　また，ミクロ経済学の知識も，最近のマクロ経済学を理解する上で有益である。ミクロ経済学のテキストはたくさん出版されているが，有益なものとして，

■ 武隈愼一『新版ミクロ経済学』新世社，2016年。

をあげておこう。

4 アメリカのテキスト

　アメリカの標準的なマクロ経済学の初級・中級のテキストも数多く翻訳されている。なかでも，次の5冊が有益である。

■ スティグリッツ, J, E.（藪下史朗他訳）『マクロ経済学 第4版』東洋経済新報社，2014年。
■ マンキュー, G.（足立英之他訳）『マクロ経済学Ⅰ・Ⅱ』東洋経済新報社，Ⅰ（第4版）：2017年，Ⅱ：2018年。
■ ブランシャール, O.（鴇田忠彦他訳）『マクロ経済学 上・下』東洋経済新報社，上：1999年，下：2000年。
■ クルーグマン, P.（大山道広他訳）『クルーグマン マクロ経済学　第2版』東洋経済新報社，2019年。
■ ローマー, D.（堀雅博他訳）『上級マクロ経済学』日本評論社，2010年。

参考文献

浅子和美・國則守生「設備投資理論とわが国の実証研究」 宇沢弘文編『日本経済：蓄積と成長の軌跡』東京大学出版会，1989 年。

浅子和美・加納悟・佐野尚史「株価とバブル」 三輪芳朗・西村清彦編『日本の株価・地価』東京大学出版会，1990 年。

伊藤元重『ゼミナール国際経済入門』日本経済新聞社，1989 年。

岩田一政『現代金融論』日本評論社，1992 年。

植田和男『国際マクロ経済学と日本経済』東洋経済新報社，1983 年。

翁邦雄『期待と投機の経済分析』東洋経済新報社，1985 年。

河合正弘『国際金融と開放マクロ経済学』東洋経済新報社，1986 年。

黒坂佳央・浜田宏一『日本経済とマクロ経済学』日本評論社，1984 年。

香西泰『高度成長の時代』日本評論社，1981 年。

小宮隆太郎「個人貯蓄の供給」 小宮編『戦後日本の経済成長』岩波書店，1963 年。

高木信二『入門国際金融』日本評論社，1992 年。

田近栄治・油井雄二「日米法人企業の税負担——平均実行税率の計測」『経済研究』1987 年。

高山憲之編『ストック・エコノミー』東洋経済新報社，1992 年。

チャールズ・ユウジ・ホリオカ＝新見陽子「日本の高齢者世帯の貯蓄行動に関する実証分析」 内閣府経済社会総合研究所『経済分析』第 196 号，2017 年。

本間正明・跡田直澄・岩本康志・大竹文雄「年金：高齢化社会と年金制度」 浜田宏一他編『日本経済のマクロ分析』東京大学出版会，1987 年。

本間正明・岩本康志・浅田利春・砂川和彦・佐野尚史「設備投資の実証分析」『フィナンシャル・レビュー』1989 年。

宮田慶一「人口高齢化と貯蓄」『金融研究』1992 年。

三輪芳朗・西村清彦編『日本の株価・地価』東京大学出版会，1990 年。

吉川洋『マクロ経済学研究』東京大学出版会，1987 年。

吉川洋『日本経済とマクロ経済学』東洋経済新報社，1992 年。

米沢康博・丸淳子『日本の株式市場』東洋経済新報社，1984 年。

Aschauer, D. A. (1989). "Is Public Expenditure Productive?" *Journal of Monetary Economics*, **23**, 177–200.

Balassa, B., & Noland, M. (1988). *Japan in the World Economy*. Institute for International

Economics.

Barro, R. J., (1974). "Are Government Bonds Net Wealth?" *Journal of Political Economy*, **82**.

Barro, R. J. (1991). "Economic Growth in a Cross Section of Countries." *Quarterly Journal of Economics*, **106** (May), 407–443.

Blanchard, O., & Fischer, S. (1989). *Lectures on Macroeconomics*. MIT Press.

Blinder, A. S., & Solow, R. M. (1973). "Does Fiscal Policy Matter?" *Journal of Public Economics*, **2**.

Hayashi, F. (1982). "Tobin's Marginal and Average *q*: A Neoclassical Interpretation." *Econometrica*.

Hayashi, F. (1986). "Why is Japan's Saving Ratio So Apparently High?" in *NBER Macroeconomics Annual*. MIT Press.

Horioka, C. (1989). "Why is Japan's Saving Rate So High?" In R. Sato & T. Negishi (Eds.), *Developments in Japanese Economics*. Academic Press.

Ishikawa, T., & Ueda, K. (1984). "The Bonus Payment System and Japanese Personal Savings." In M. Aoki (Ed.), *The Economic Analysis of the Japanese Firm*. North-Holland.

Jorgenson, D. W. (1963). "Capital Theory and Investment Behavior." *American Economic Review*, **53**.

Shiller, R. (1981). "Do Stock Prices Move Too Much to be Justfied by Subsequent Movements in Dividends?" *American Economic Review*.

Tachibanaki, T., & Kikutani, T. (1991). "Tax Reform and Capital Income Taxation in Japan." *Kyoto University Discussion Paper*.

Tobin, J. (1969). "A General Equilibrium Approach to Monetary Theory." *Journal of Money, Credit, and Banking*.

Yoshikawa, H. (1980). "On the 'q' Theory of Investment." *American Economic Review*.

重要語解説

1 マクロ経済学とは

マクロ経済活動 一国全体の集計された経済活動。

家計 労働を供給して所得を稼ぎ，それを消費と貯蓄に配分する経済主体。

企業 資本や労働などの生産要素を投入して，財・サービスを生産し，市場で販売して，利潤を得る経済主体。

政府 市場メカニズムを尊重しつつも，国民の経済厚生を向上させるために，政策的な対応をする。

市場 価格をシグナルとして，需要と供給が出会い，財・サービスが取引される場。

マクロ経済学 集計されたマクロ経済活動を分析対象とする学問。

ミクロ経済学 個々の市場やそこでの需給など，ミクロ的な経済現象を分析対象とする学問。

マクロ・モデル マクロ経済活動のメカニズムを簡単な数式の体系でまとめるもの。

一般均衡分析 経済全体がどのように動いているかについて，モデルの中ですべての変数を説明する分析。

部分均衡分析 ある限定された経済問題に対象をしぼって，その他の経済環境を一定と考えて部分的な分析をする。

ケインズ・モデル マクロ経済学の代表的なモデル，あまり合理的な個人を想定しないで，市場での失敗を前提として，政策的な介入の必要性を強調している。

新古典派モデル マクロ・モデルの一つの考え方であり，経済主体の合理的な行動を前提とした議論を行う。政府の政策的な介入には懐疑的である。

高度成長 わが国で，戦後 1950 年代から 1970 年代前半までの間に経験したマクロ経済活動の持続的な拡大。

2 国民経済計算と GDP

国民経済計算（SNA） 一国のマクロ経済の活動状況について，生産，消費・投資というフロー面や，資産，負債というストック面を体系的に記録することをねらいとする国際的な基準，勘定（モノサシ）。

国内総生産（GDP） ある一定期間にある国で新しく生産された財・サービスの付加価値の合計。経済活動の指標としてもっとも代表的なもの。

国民総所得（GNI） ある一定期間に一国の国民が内外を問わず稼いだ所得の付加価値の合計。

国民所得 国内総生産から間接税を差し引き，補助金を加えたもので，国民のつくり出した価値。

国富 一国全体の正味資産。

付加価値　それぞれの経済主体がそれぞれの生産活動によって，新しくつけ加えた価値，生産額マイナス中間投入物。

国内純生産（NDP）　資本ストックの減耗分を差し引いて，純額で付加価値を計算してそれを合計したもの。

3面等価の原則　国民総生産を生産面からみても，分配面からみても，支出面からみても，すべて等しい。

物価指数　一国全体の価格水準を指数化したもの。

GDPデフレーター　名目GDPと実質GDPの比率として計算される物価指数。

3　乗数モデル

価格調整　需要と供給の差に応じて，価格が調整されて，市場の均衡が達成されること。

数量調整　需要と供給の差に応じて価格は調整されず，むしろ，生産が調整されて，市場の均衡が達成されること。

消費関数　家計の消費が所得の増加関数となることを，数式を用いて定式化したもの。

限界消費性向　限界的に所得が1単位増加したときに消費が何単位増加するかを示す。

限界貯蓄性向　限界的に所得が1単位増加したときに貯蓄が何単位増加するかを示す。

平均消費性向　所得のうち消費に回る大きさがどの程度であるかを，所得と消費との比率で表したもの。

総需要　財市場での需要の合計。
民間消費＋民間投資＋政府支出

有効需要の原理　総需要の大きさにちょうど見合うだけの生産が行われるように，財市場での調整が行われる。

乗数　政府支出が外生的に1単位増加したとき，GDPが何単位増加するかを示す。

内生変数　モデルの中で説明される変数。

外生変数　モデルの外で与えられる変数。

シフト・パラメーター　ある曲線の位置を規定する変数であり，その変数が変化すると，曲線自体がシフトする。モデルの中で外生的に与えられる変数のことを指す。

租税関数　租税と所得との関係を示した関数。

税制の自動安定化装置　所得税が導入されることで，乗数の値が小さくなると，より体系が安定になること。

均衡予算乗数　均衡予算の原則（支出＝税収）のもとで，政府支出を拡大するときにGDPに与える大きさがどの程度であるかを示す乗数。1になる。

政府支出乗数　政府支出を拡大して，税負担を増大させないとき（公債発行によって政府支出の財源を確保している），GDPに与える乗数の大きさ。

減税乗数　税負担を減税したとき，GDPがどのくらい増大するかを示す乗数。

完全雇用（構造的）財政赤字　GDPが完全雇用GDPになったとしたときの財政赤字の大きさ。

4　IS–LM 分析

貨幣の取引需要　貨幣経済での市場での取引に使われる貨幣の需要，所得の増加関数となる。

貨幣の資産需要　資産保有の機能に対応する貨幣需要，利子率の減少関数になる。

流動性のわな　貨幣需要が利子率に関して無限大となり，貨幣の流動性選好表が水平になる状態。市場で決まる利子率が極端に低く，ほとんどすべての人々が債券価格は将来上昇すると期待している状況。

IS 曲線　財市場が均衡するような国民所得と利子率との組合せ。

投資関数　投資を利子率の減少関数として，定式化したもの。

投資の限界効率　追加的な投資から得られる限界的な収益。

利子率　資金を貸し借りする際に，条件として用いられる異時点間の価格。

財市場　マクロの生産活動の均衡を表す市場，ここで総需要に見合う生産が行われる。

投資の利子弾力性　利子率が1%変化したときに，投資需要が何%変化するかを示す。これが大きいほど，利子率の上昇によって投資需要がより大きく抑制される。

貨幣市場　貨幣の需要と供給とが均衡する市場。

LM 曲線　貨幣市場を均衡させる利子率とGDP の組合せ。

貨幣供給　貨幣の供給水準は，IS–LM モデルでは外生的に与えられると考えている。

総需要管理政策　完全雇用国民所得を実現するように，財政金融政策をうまく操作すること。

5　財政金融政策

クラウディング・アウト効果　政府支出の拡大により，利子率が上昇すると，投資需要が抑制される。政府支出の拡大が事実上投資需要を押しのける（クラウド・アウト）する。

資産効果　公債残高の増加によって，民間の消費需要が刺激されたり，貨幣需要が刺激されたりする効果。

長期的な乗数　政府の予算制約が政府支出の拡大の結果，赤字になるが，再び GDPの拡大により税収が増加すると，財政収支は均衡する。そのような長期的な期間における政府支出の拡大とその後の公債発行による GDP を拡大させる乗数の大きさ。

体系の安定性　政府の予算が財政赤字になり，公債を発行し続けるときに，再び税収が増大して予算が均衡するなら，体系は長期的に安定であるという。

財政破綻　対 GDP 比で見た公債残高が発散して，政府が公債を償還できなくなること。財政が破綻するのかどうかは，政府の支払い能力以上に債務を負っていくかどうかで判断できる。

プライマリー・バランス　政府支出と税収の差額。これは，公債の新規発行額マイナス公債の利払い費にも等しい。現在の公債残高を償還するには，それに見合ったプライマリー財政黒字が将来において発生しなければならない。

貨幣乗数　貨幣供給の増加が GDP を拡大させる大きさ。

ハイパワード・マネー　中央銀行の債務項目である現金通貨と預金通貨銀行による中央銀行への預け金を加えたもの。

信用創造　現金通貨の増加が，預金準備率の逆数倍の預金通貨をもたらすプロセス。

基準金利操作　基準金利（日本銀行が金融機関に直接資金を貸し出すときの金利）を操作することで，金融を引き締めたり緩和したりして，総需要を操作する政策。

公開市場操作　中央銀行が手形や債券を債券市場で売ったり（売りオペ），買ったり（買いオペ）することで，貨幣供給を操作すること。

法定準備率操作　法定準備率（民間金融機関が受け入れた預金の一定割合を準備金として保有しなければならない，その一定割合）を中央銀行が操作して，金融を緩和，引き締める政策。

アナウンスメント効果　公定歩合の変更は，民間の経済主体の期待形成に直接影響を与える。このような公定歩合のもつシグナルとしての効果。

不良債権　銀行の貸出債権のうちで，返済に支障のある債権。

ゼロ金利政策　日銀が金融緩和政策の一環として短期市場金利を実質的に0%水準で安定的に維持させること。

異次元金融緩和　日本銀行が2012年以降に採用している非常時の金融緩和政策。デフレからの脱却を目指す。

6　失業とインフレーション

生産関数　労働投入と生産水準との技術的な関係を表すもの。

労働の限界生産　労働投入が限界的に1単位増加したときに，生産量がどの程度増加するかを示す。

貨幣賃金率　貨幣の単位での単位時間あたりの賃金支払い。

実質賃金率　生産物で表した単位時間あたりの賃金支払い。

貨幣錯覚　貨幣単位の賃金率に関心があり，生産物の価格が上昇して，実質的な賃金率が変化しても，それに関心を払わない状況。

非自発的失業　市場で成立している賃金率かそれ以下の賃金率で働きたいにもかかわらず，企業に雇用されないで失業している状態。

総供給関数　ある価格水準のもとで，企業の利潤極大行動を前提としたときに，どの程度の供給があるかを，定式化したもの。

総需要関数　総需要と価格水準との関係を定式化したもの。*IS–LM* モデルにおいて名目貨幣供給を政策変数としたときの，物価水準と均衡 GDP との関係。

一般物価水準　総需要曲線と総供給曲線との交点で決められる物価水準。

インフレーション　物価水準の上昇率。物価が継続的に上昇している状態を指す。

デフレーション　物価水準の下落率。物価が継続的に下落している状態を指す。

フィリップス曲線　賃金率の変化率と失業率との間のマイナスの安定的な関係。

自然失業率　完全雇用のもとでも，経済環境の変化などの要因で存在する失業。摩擦的失業ともいう。

失業率　労働を望んで労働市場に参入している人と実際に雇用されている人とのギャップが失業者であり，これを労働市場に参入している人の数で割ったものが，失業率である。

マークアップ原理　賃金率と価格との間の一定の関係。賃金が上昇すると，価格も同率で上昇する。

オークンの法則　失業率ギャップとGDPギャップとの間のマイナスの相関関係。

インフレ供給曲線　フィリップス曲線，マークアップ原理，オークンの法則より導出されるGDPとインフレ率とのプラスの関係。

インフレ需要曲線　*IS-LM*モデルより導出されるGDPとインフレ率とのマイナスの関係。

期待インフレ率　今期のインフレ率がどのくらいになるかを予想する水準。

名目利子率　貨幣単位で表現された異時点間の資金の貸し借りの際の利子率。

実質利子率　財の単位で表現された異時点間の資金の貸し借りの際の利子率。

7　開放経済

国際収支　一国の居住者が非居住者に対して行う経済取引を統括的かつ統合的に記録するもの。複式簿記の原則に従って記帳されている。

貿易収支　財・サービスの輸出，輸入の勘定。

経常収支　貿易収支と移転収支の合計，対外資産の増減を示す。

金融収支　対外資産・負債の増減を示すもの。

為替レート　2つの国の通貨の交換比率。

固定レート制度　為替レートをある水準に固定したままで維持する制度。

変動レート制度　外国為替市場での需給均衡にまかせて為替レートを決める制度。

純輸出　輸出マイナス輸入。

限界輸入性向　所得が限界的に1単位増加したときに輸入がどの程度増加するかを示す。

国際収支の均衡　資本移動がなければ，貿易収支が均衡するようなGDPの水準。

資本移動　国際的に資本が収益率の高い国を求めて移動すること。

小国モデル　自国が国際経済において小さい国であり，利子率が世界利子率で所与となるケース。

2国モデル　自国と外国の2つの国を同時に考慮して，国際的な政策の効果を分析するモデル。

マンデル＝フレミングのモデル　*IS-LM*のケインズ・モデルを，開放経済に拡張したもの。

隔離効果　変動相場制度で資本移動がない場合，為替レートが貿易収支を常にゼロにするように調整されるので，外国に対する効果や外国からの効果が消滅し，閉鎖経済と同様の結論が成立すること。

利子裁定　為替レートの予想変化率の分だけ，内外の金利格差が存在するという資本

移動の均衡条件。

購買力平価説　為替レートと物価との関係
を，自国と外国の物価に関する裁定を通じ
て理解するもの。

アセット・アプローチ　国際的な資産市場
での各通貨に対する需給を均衡するように，
為替レートが決まる。

ファンダメンタルズ　理論値としての為替
レート，金利，累積経常収支，インフレ率
などがその重要な変数とされる。

バブル　現実の為替レートの変動のうち，
理論値の動きで説明できない部分。

円高　わが国の円がドルに対して，その交
換比率が増価すること。

Ｊカーブ効果　短期的に為替レートの調整
が経常収支の不均衡をむしろ拡大させる可
能性があること。

8　経済成長モデル

ハロッド＝ドーマー・モデル　ケインズ的
なマクロ・モデルを，経済成長モデルに拡
張したもの，投資が，需要を刺激すると同
時に供給の応力を高めるという2面性を持
つ点を強調した。

必要資本係数　生産量1単位を生み出すの
に必要な資本設備。

適正成長率　資本ストックを完全に操業し
ながら，経済が成長を続けるときの成長率。

ナイフの刃　現実の成長率は，いったん適
正成長率から乖離すると，累積的にその差
が拡大していく。このような不安定な経済
成長の特徴を指す。

自然成長率　労働の完全雇用を維持しなが
ら達成可能な成長率であり，労働供給の成
長率と労働節約的な技術進歩率の合計。

支出成長率　現実の GDP の成長率。

ソロー・モデル　新古典派の経済成長モデ
ルの標準的なモデル，生産において資本と
労働とが代替可能である点を強調した。

マクロ生産関数　資本，労働と生産水準と
の技術的な関係を示す。1次同次であり，
それぞれの生産要素については収穫逓減で
ある。

体系の安定性　新古典派のモデルでは，要
素市場での利子率と賃金率の調整によって，
常に資本と労働とが完全雇用され，安定的
な成長が実現している。

成長会計　現実の成長に対するそれぞれの
生産要素の貢献度を測定し，残差を技術進
歩の貢献度とみなす。

技術進歩　生産1単位に必要な生産要素の
投入量の減少をもたらすような新しい技術
の登場。特に，あたかも労働投入量が増大
したかのような効果を持つ技術進歩を，労
働節約的な技術進歩，あるいはハロッド中
立的な技術進歩という。

9　経済成長と貯蓄，投資

恒常所得仮説　恒常的な所得水準に対応し
て，毎期の消費をあまり変動させないで，
ならして消費・貯蓄計画を立てる。

時間選好率　現在の効用を将来の効用と比
較して，どのくらい重視しているかを示す
パラメーター。

公的貯蓄　政府部門による公的年金の積立
などの公的な貯蓄。

民間貯蓄　民間部門による貯蓄。

ボーナス仮説　ボーナスの比率の高い日本の貯蓄率は高い。

目標資産仮説　現在の資産水準と目標資産水準との乖離が大きいほど，フローの貯蓄率も高くなる。

ライフ・サイクル仮説　若い人は貯蓄し，老人は消費する。戦後の日本の人口構成が若年世代中心であったから，マクロの貯蓄率が高くなった。

貯蓄美徳仮説　貯蓄が伝統的に美徳とされ，節約が好ましいとされていたから，貯蓄率も高くなった。

設備投資　企業の資本設備を増加するための投資。

在庫投資　製品や原料を在庫として保有するものであり，生産と販売とのギャップを埋めるために行われる。

アニマル・スピリッツ　企業家の将来に対する期待。

ストック調整原理　最適資本ストックが現実の資本ストックを上回る程度が大きいほど，投資水準も高くなる。

トービンの q　株式市場における企業の市場価格/資本ストックの再取得価格。q が 1 より大きいときに，投資が行われる。

資本コスト　採算上最低限必要とされる課税前の収益率。

10　内生的成長モデル

成長率の収束　長期的に各国の成長率は同じ水準に収束していく。

最適成長モデル　貯蓄率を最適に決定する成長モデル。

AK モデル　マクロの生産関数において，資本の限界生産が常に A という一定の大きさで与えられ，逓減しないモデル。長期的な成長率が，政策変数によって内生的に影響される可能性を持っている。

研究開発投資　経済的な外部性を持っており，研究開発が広い意味での知的資本の蓄積につながり，経済成長を促進する。

知的資本　研究開発，人的資本など物理的な資本以外の知的水準が高くなると，生産も刺激される現象を，知的な資本ストックという広い概念で捉えたもの。

公共投資　生産面では民間資本の限界生産を刺激し，財源面では課税後の収益率を低下させるという，成長に対してプラスとマイナスの両面を持っている。

所得格差　所得格差の大きな国ほど，成長率は小さい。

外部性　教育投資には外部性があり，すべての人が教育投資を受けられれば，経済全体として高い成長が可能となる。

11　マクロ・ダイナミックス

景気循環　規則的に経済活動水準が拡張と収縮を繰り返すこと。

外生的循環モデル　モデルの外からの制約やショックのために，循環が引き起こされるという考え方。

乗数と投資の相互作用　累積的な拡張のプロセスを，投資による乗数効果と所得の拡大がさらなる投資を引き起こすというメカニズムの2つの相互作用で説明する。

景気の反転　景気が山の状態にとどまらず，収縮期に入ること。

均衡循環理論　伸縮的な価格調整を前提として，市場が常に均衡する世界で外生的なショックにより循環が引き起こされるという考え方。

内生的循環モデル　モデルの中に循環を生むメカニズムが内在していると考える。

資産価格　土地，株などストックの価格，将来に対する期待で価格形成が大きく影響される。

配当仮説　株価は，その時点からの無限の先までの配当の割引現在価値に等しくなる。

マーケット・ファンダメンタルズ　株価など資産価格の理論値，配当の割引現在価値。

リスク・プレミアム　リスクがあるとその分だけ，将来の配当を割り引く際の割引率が上昇する。この部分を，リスク・プレミアムと呼ぶ。

バブル　株価などの資産価格がファンダメンタルズから不安定に乖離した程度。

世代間再分配　公債発行や公的年金政策による老年世代と若年世代間での所得の移転。

積立方式　若いときに積み立てた年金基金を老年期の給付に使う。世代間での再分配はない。

賦課方式　若い世代の年金負担をその時期の老年世代への年金給付に回す。世代間で再分配が行われる。

リカードの中立命題　同一世代内での公債発行と償還は，マクロ的に何の効果ももたらさない。

バローの中立命題　世代の枠を超えた公債発行と償還でも，マクロ的に何の効果ももたらさない。

世代会計　各世代別に財政政策によるネットの政府からの受け取り（政府からの総受け取りマイナス政府への総支払い）の現在価値を推計する。

新古典派のマクロ・モデル　中立命題を前提としたマクロ・モデル。非自発的失業は存在しない。政府支出の拡大はマクロ的な効果を持つ。

恒常的拡大　将来の支出の変化も考慮して，現在価値で見て支出が拡大するケース。

一時的拡大　今期の支出は拡大しても，恒常的水準は変化しないケース。今期の拡大と来期の縮小とがセットになっている場合。

公債発行のクッション政策　公債発行は，景気後退，政府支出の外生的な拡大などのショックを吸収するように，クッションとして変動すべきである。

貨幣の中立性　貨幣供給を変化しても，実質的な経済変数に与える効果がないこと。

新マネタリスト　短期的であっても，裁量的な金融政策の効果はない。

インフレ課税　インフレ率と貨幣の実質残高との積は，インフレの結果貨幣を保有することの経済的な損失を意味しており，インフレ課税と呼ばれる。

ニュー・ケインジアン　ミクロ的な合理性を前提として，ケインズ・モデルの理論的な基礎を再構築する立場。

暗黙の契約理論　労働者が企業よりも危険回避的であり，賃金の変動を好まないとすれば，景気の状況にかかわらず，一定の貨幣賃金が支払われる。

効率的賃金仮説　実質賃金の水準が労働者の労働意欲に影響を与える，非自発的失業が存在しても，賃金も雇用も調整されない。

内部労働市場　内部労働者と外部労働者とは同じではなく，企業にとって内部労働者を解雇して，外部労働者を雇用するにはコストがかかる。

メニュー・コスト　価格の調整に多少でもコストがかかれば，大幅な市場条件の変動でなければ，あえて価格を調整しない方が望ましい。

13　マクロ経済政策と政策当局

政策のラグ（遅れ）　政策が発動されてから実際に効果が表れるまでの時間的な遅れ。

ルールか裁量か　経済の状況に合わせて裁量的な政策を実施するか，あるいは，ある一定のレールのもとであらかじめ政策の実施を決定しておき，経済状況の変化にも政策を変更しないかという問題。

動学的不整合性　ある時点での最適な政策は，時間がたつと，別の時点で再決定すると最適ではなくなる。

政党　実際に政権の獲得を目標として行動する政治家の団体。

中位投票者定理　中位投票者の意向が多数決原理では反映されるから，どのような政党であっても，政策は中位投票者の意向を反映したもので共通になる。

政治的景気循環論　政権を担当している政党は，政権の維持のために選挙の時期に合わせて拡張的な財政金融政策を採用するから，景気は選挙のときに良くなり，選挙の後で交代する。政治的な理由で景気の循環が生まれる。

党派的景気循環論　それぞれが独自の理念を持つ複数の政党間での政権交代によって，党派的に景気循環が生まれる。

政権交代　異なった理念を持つ政党間で政権の交代が行われると，そうでない場合と比較して，各政党の政策は異なるものになる。

公債残高　公債残高は過去から受け継ぐものであって，その結果生じる利払い費は自由にコントロールできない，動学的な不整合性をもたらす。

市場の失敗　市場メカニズムにまかせたままでは，資源配分の効率性が実現できない。

政府の失敗　政府の行動は必ずしも合理的なものではなく，社会的な便益を最大にするように理想的に行動しているわけではない。

公共選択　政府は理想的に行動しているわけではなく，選挙民の意向を政治プロセスの中で反映しているにすぎないという立場で，現実的な政治過程を分析する。

問題解答

1 マクロ経済学とは

1　（イ）マクロ。（ロ）ミクロ。（ハ）マクロ。（ニ）ミクロ。（ホ）マクロ。

2　（イ）新古典派。（ロ）ケインズ。（ハ）ケインズ。（ニ）新古典派。（ホ）新古典派。

3　（イ）高度成長期。（ロ）低迷期。（ハ）高度成長期。（ニ）変動期。（ホ）変動期。

4　（ハ）

5　（ア）国民経済　　（イ）国内総生産　　（ウ）経済成長

2 国民経済計算と GDP

1　（ハ）

2　公害の発生など経済活動の活発化に伴って，経済厚生を悪化させる現象が同時に発生し，しかも，そうしたマイナスの影響の方が GDP の拡大による物質的な環境の改善を上回っている状態。

3　国富，国内産出額，国内総生産，国内純生産，国民所得

4　計画通りに販売できなかったものを，在庫品の増加として意図せざる在庫投資とみなして投資に含めることで，貯蓄と投資を事後的に等しくさせている。

5　SNA データによると，民間消費は GDP の 60％，民間投資（住宅投資，設備投資，在庫投資の合計）は 20％程度を占めている。民間消費はかなり安定しているが，民間投資は景気動向で大きく変動する。

6　（ア）名目 GDP　　（イ）実質 GDP　　（ウ）物価指数

7　（ウ）

3 乗数モデル

1　$Y = 150$　　2　4 兆円　　3　（ハ）

4　この政策によって，5 年目にどれだけ税収が増加しているかが計算できればよい。そのためには 5 年目の国民所得 Y の増加分と，その増加分による税収の増加分の計算が必要になる。国民所得の増加分は，それまでの乗数効果を合計すればよい。

$$\varDelta Y = (1.2 + 0.5 + 0.3) \times 10 = 20$$

税収の所得弾力性は，$(\varDelta T / \varDelta Y) \times (Y/T)$ で与えられるから，

$$(\varDelta T / \varDelta Y) \times (Y/T) = 1.2, \ T/Y = 0.25$$

より

$$\varDelta T = 0.3 \times \varDelta Y = 0.3 \times 20 = 6$$

となる。税収の増加は，6 となる。政府支出は 10 であるから，政府の財政収支は，$6 - 10 = -4$ となり，財政赤字が 4 だけ生じていることになる。

なお，年度ごとの数字は，以下のようになる。

	支出の増加分	国民所得の増加分	税収の増加分	財政赤字
初年度	10	1.2	3.6	6.4
2年度	10	1.7	5.1	4.9
3年度	10	2.0	6.0	4.0

（4年度，5年度も3年度と同じ。）

5　乗数値が1より大きくなるかどうかは，民間需要が増加するかどうかに依存する。政府支出が増加すると，その直接の効果で同額だけGDPが増加する。それに誘発されて，民間消費が累積的に増加すると，乗数は1よりも大きくなる。

6　政治的には，個人の感じるメリットに差があることが理由である。つまり，公共事業の便益が特定の業界，地域に偏在するのに対して，減税の便益は広く納税者全体が感じることができる。また，減税では納税者が使い道を精査できるのに対して，公共事業の場合，無駄な社会資本整備になりかねないという懸念もある。

7　（ア）小さく　（イ）安定　（ウ）自動安定化

8　（ア）Yを求めると，

$Y = -100 + 0.64Y + 200 + 800$

より

$Y = 2500$

したがって税収は500だから，財政赤字は$800 - 500 = 300$となる。

（イ）均衡財政では$0.2Y = G$が成立しているから，これを財市場の均衡条件式に代入すると，

$Y = -100 + 0.64Y + 200 + 0.2Y$

これより$Y = 625$，$G = 125$となる。

9　（オ）

均衡予算乗数は1である。

4　*IS–LM*分析

1　（ロ）

2　（ニ）

3　（ホ）

4　当初$B = 1000$のIS曲線は

$Y = 100 + 0.8Y + 10 + 100 - 20r$

当初のLM曲線は，

$100 = 0.4Y - 20r + 40$

これよりYを求めると，$Y = 45$（ア$= 45$）。

次に$B = 1100$のときは，

$Y = 100 + 0.8Y + 11 + 100 - 20r$

と

$100 = 0.4Y - 20r + 44$

になるから，これよりYを求めると，$Y = 44.5$になる。（イ$= 44.5$）

5　（イ）

*IS*曲線の傾きは限界消費（貯蓄）性向に依存する。限界消費性向が上昇すると，国民所

得が増加するときに消費がより刺激されるので，*IS* 曲線の傾きが緩やかになる。乗数は大きくなる。投資の利子に対する反応の程度が上昇する場合も，同様な効果を持つ。

5 財政金融政策

1　貨幣需要の利子弾力性が無限大である流動性のわなのケースでは，*LM* 曲線が水平となり，政府支出が拡大しても利子率が上昇しない。また，投資が利子率に対して反応しないケースでは，*IS* 曲線が垂直となり，利子率が上昇しても投資需要が減少しない。

2　5,500 億円

3　長期的な政府の予算制約式は，$G = tY$。したがって，$\Delta G = t\Delta Y$。長期乗数は，$\Delta Y / \Delta G = 1/t$ となり，税率 t の逆数になる。

4　公債残高の対 GDP 比が上昇し続ける限り，財政破綻への懸念は解消されない。2008 年以降の世界金融危機を受けて，積極的な財政出動が実施された結果，日本の財政状況はますます悪化した。今後予想される高齢化社会では，社会保障関係の財政需要の拡大は避けられない。たとえ，景気が本格的に回復して税収が増加するとしても，それだけでは日本の財政危機は解消されない。ただし，政府の借金残高をすべてすぐに償還する必要はない。政府には将来増税したり歳出を削減したりする選択肢がある。本格的に財政再建に乗り出せば，日本の財政運営を維持可能な状況に引き戻すことは，まだ十分に可能である。バランスある財政再建には，歳出の削減と増税の両方が不可欠である。

5　5.75　　6　（ロ）

7　（エ）

たとえば，準備率が 20％で 420 万円が新しく銀行に預金されたとする。最初に銀行 A に預金される 420 万円のうち 20％ ＝ 84 万円が預金準備として銀行の手元に保有され，残りの 336 万円が新たな貸し出しに向けられる。借り入れた企業が現金の形で保有しないですべて預金にすると，また，336 万円の 20％が準備として保有され，残りが貸し出しに回される。この額は，420×0.8^2 となる。このようにして考えると，最終的に信用創造される預金準備は

$$\frac{420 \times 0.8}{1 - 0.8} = 1680$$

となる。

したがって，貨幣供給は

$$1680 + 420 = 2100$$

だけ増加し得る。これは，当初の預金の増加 420 万円と比較すると，必要準備率の逆数

$$\frac{420}{0.2} = 2100$$

になっている

8　（ウ）と（オ）

6 失業とインフレーション

1　（ハ）

2　$\pi = (Y - 100)/5$

3　GDP を短期的には拡大させる。

4　(1) 仕事に就けない理由をみると，「条件にこだわらないが仕事がない」という理由

は全体の一部にすぎない。2000年代において派遣労働等の就業形態の多様化が進んだことが，理由の多様化につながっていると考えられる。ただし不況になると，需要不足失業が増加している。

(2) 構造的要因での失業は，単なる総需要拡大政策では解消できない。今後需要の伸びが期待される成長産業で必要なスキル（技術・能力）を持った労働者でないと，単に働く意欲があるだけで必要なスキルのない労働者は雇用先を確保するのが困難である。労働者のスキルの向上がまず重要であるが，同時に転職を促進する労働市場の環境整備も有効だろう。

5 フィリップス曲線の式から $GW = -0.5(2-3) = 0.5$ が名目賃金上昇率となる。マークアップの関係式より $GW = 0.5 +$ インフレ率であるから，$GW = 0.5$ を代入すると，求めるインフレ率はゼロとなる。

6 $Y_{t-1} = Y^{*}$，$\pi_{s}^{e} = \pi_{t-1}$ を用いて，両式から $s-1$ 期と s 期のインフレ率を求めると，それぞれ4％と7％になる。したがって，3％だけ上昇する。

7 開放経済

1 10兆円の黒字を解消するには，10兆円だけの輸入増加が必要である。限界輸入性向が0.1だから，国民所得は100兆円増加させる必要がある。

ところで，政府支出乗数は，

$\Delta Y / \Delta G = 1/(1 - c + ct + m)$

c：限界消費性向，t：限界税率，m：限界輸入性向

これに数値を代入して，

$\Delta Y / \Delta G = 1/(1 - 0.8 + 0.8 \times 0.25 + 0.1) = 2$

乗数が2だから，100兆円の国民所得の拡大には，50兆円の政府支出の増加が必要となる。

2 固定レート相場では，外国為替の需給に関わりなく，為替レートを一定に維持しなければならない。貨幣供給をそのために内生的に用いざるを得ない。その意味で，独自の金融政策は存在しない。財政支出の拡大を考える。IS曲線は右にシフトするが，そのままでは利子率が上昇して，資本収支が黒字になり，為替レートが一定に維持できない。貨幣供給を増加させ，利子率の上昇を抑えることで，為替レートの制約は満たされる。結局 LM 曲線がシフトするため，G の拡大は利子率の上昇なしに，Y を拡大させる。その乗数効果は，単純なケインズ・モデルと同様，（限界貯蓄性向＋限界輸入性向）の逆数で与えられる。

3 変動レートでは，長期的には財政政策は無効であり，金融政策は有効になる。これは，変動レート制度でも長期的に利子率が外生的に所与となる状況を想定している。この場合，財政政策によって IS 曲線がシフトしても，金融政策が所与である限り，LM 曲線がシフトしないから，やがては為替レートの調整によって IS 曲線がもとのところまで戻ってしまう。これに対して，金融政策の場合には，LM 曲線のシフトによる為替レートの調整が，IS 曲線を拡張的な方向にシフトさせ，長期的に拡張的な効果をもたらす。

4 ユーロのように，円がドルに対抗できる通貨になるには，アジアにおいて地域通貨として広く用いられる必要がある。しかし，アジアでの日本の経済的地位は今後必ずしも支配的なものになるとはかぎらない。中国や東アジア諸国のめざましい経済発展は，当分持続するだろう。日本の経済的地位は相対的に低下するといえる。また，円が，中国の元など，他のアジア諸国の通貨とともに，共通の地域通貨の一部になるには，アジア各国の経済発展がある程度成熟するとともに，アジア地域内で人やモノ，カネの移動がより円滑に行われる必

要がある。

5　（イ）金利が下がるので円安になる。（ロ）円に対する需要が増加するので円高になる。（ハ）金利が上昇するので円高になる。（ニ）外国への輸出が増加するので円高になる。外国の金利が上昇すると円安に働く。（ホ）輸入が増加するので円安になる。

6　財市場の均衡条件より

$$Y = 10 + 0.8Y + 20 + 10$$

$$Y = 200$$

乗数は5だから，10だけ政府支出が拡大すると，Yは（ア）$= 200$から50増加して，（イ）$= 250$になる。

7　（イ）

緊縮的な財政政策により，IS曲線は下方にシフトする。したがって，GDPと利子率は低下する。利子率の低下は円安を招く。国内での投資収益が低下するので，資本が外国に流出するからである。円安の結果，貿易収支の黒字は増加する。

緊縮的な金融政策は，利子率にはちょうど反対の効果をもたらす。すなわち，LM曲線が上方にシフトして，GDPの低下と利子率の上昇をもたらす。利子率の上昇で円高傾向となり，貿易収支は悪化する。

8　経済成長モデル

1　（ロ）　　2　（ロ）・（ハ）

3　$3 = \dfrac{\Delta A}{A} + 0.6 \times 5 + 0.4 \times 1$　より　$\dfrac{\Delta A}{A} = 1.4$，つまり1.4％が技術進歩率である。

4　（ア）

5　（ウ）

長期均衡での経済成長率は人口成長率で規定される。

6　$sy = nk$ の式に与えられた数値を代入して，

$$0.2k^{0.5} = 0.05k$$

これより，$k = 16$。

9　経済成長と貯蓄，投資

1　（イ）公的貯蓄は減少することが予想されるから，その分だけ私的な貯蓄は増加する。
（ロ）ボーナスの比率が小さくなると，貯蓄は減少する。
（ハ）目標資産がほぼ達成されたとすると，貯蓄は減少する。
（ニ）若年世代の比重が小さくなるから，貯蓄は減少する。
（ホ）貯蓄を美徳とする習慣が薄れていくから，貯蓄は減少する。

2　類似点：利子率が上昇すれば，投資意欲が減退する。投資の（あるいは資本の）限界生産が増大すれば，投資意欲が刺激される。
相違点：ケインズ・モデルでは投資と既存資本とは区別されているが，新古典派モデルでは両者を同一に扱っている。

3　投資の期待収益を高めることと投資の費用を低めることが重要である。前者の政策では，中長期的に日本の平均的な経済成長率を上昇させることが，有効である。そのためのマクロ政策としては，企業部門への減税や社会資本として有益な公共投資が考えられる。また，

後者の政策としては，マイルドなインフレ政策によって実質金利をある程度低下させることも有効であろう。また，最近の規制緩和で通信関連の設備投資が活発化したように，21世紀前半の成長分野で民間投資を誘発するには，規制緩和などのミクロ的な構造政策も，不可欠である。

4　（イ）貯蓄は減少する。（ロ）貯蓄は増加する。（ハ）貯蓄は増加する。（ニ）貯蓄は減少する。（ホ）外国の資産市場でより有利な貯蓄機会が見つかれば，貯蓄は増加する。

5　（ア）アニマル・スピリッツ　　（イ）投資の限界効率　　（ウ）株式市場

6　（ウ）

10　内生的成長モデル

1　（ハ）

2　（ア）利子率　　（イ）時間選好率

3　（ア）と（オ）

4　（ア）資本ストック　　（イ）資本の限界効率　　（ウ）労働供給

5　（イ）と（ウ）

6　マクロ経済の内部で物理的な資本とともに，効率単位で測った労働が増加するメカニズムが重要である。人的投資によって人的な資本のスキルが向上したり，マクロ経済全体に波及する技術進歩が知的資本の蓄積で内生的に生じたりすることなどが想定される。

7　この仮説によれば，経済発展の過程で，国内の所得格差は広がるが，その後，民主化社会における低所得者層の政治的力の増大を通じた法律や制度の整備が進むことなどにより，所得の不平等度が低下する傾向が見られる。図はこの仮説と整合的である。

11　マクロ・ダイナミックス

1　2

2　類似点：外生的なショックにより循環を説明。

相違点：ケインズ・モデルでは非自発的失業や過度の操業などの不均衡を想定しており，政策的な介入が望ましい。新古典派モデルでは常に均衡，政策的な介入は不必要。

3　（ホ）

4　モデルは，加速度原理の投資関数を想定しており，もっとも簡単な景気変動モデルになっている。$Y(t)$ についてまとめると，

$$Y(t) = \alpha Y(t) + v[Y(t-1) - Y(t-2)] + 4$$

であるから，$t = 4$ のとき

$$24 = \alpha 24 + v[18 - 16] + 4$$

$t = 3$ のとき

$$18 = \alpha 18 + v[16 - 15] + 4$$

これら2つの連立方程式から α と v について解くと，$\alpha = 2/3$　$v = 2$ を得る。

5　（ア）内生的　　（イ）代替　　（ウ）所得

6　$100/0.02 = 5000$ 円

12　中立命題とマクロ政策の有効性

1　（ロ）

2　合理的期待形成により，期待インフレ率が現実のインフレ率とバイアスを持つ形では
乖離しないこと。

3　（イ）短期的には非自発的失業を説明しているが，長期的には説明できない。

（ロ）実質賃金率の硬直性と非自発的失業を説明しているが，努力関数の仮定に依存。

（ハ）短期的には非自発的失業を説明できているが，長期的には説明できない。

（ニ）価格の硬直性を説明しているが，どの程度の調整コストが必要か定量的な部分があ
いまい。

4　（イ）

ケインズ的な立場では適切に発動される限り，裁量的な政策で GDP を操作できるから，
好況期の GDP を抑制して，不況期の GDP を増加させるべく，景気があまり振幅しない方
が望ましい。新古典派の立場では裁量的な政策で GDP を操作すること自体に否定的である。

5　（イ）

インフレ率と GDP との間にプラスの相関が存在すれば，金融政策の効果は残る。

6　（ウ）

将来の増税を予想すると，現在の可処分所得が財政出動で増加しても，現在の消費はそれ
ほど刺激されないので，財政乗数は小さくなる。

7　（ウ）と（オ）

（ウ）減税の乗数効果はゼロであるが，政府支出の乗数効果はプラスになり得る。（オ）総
供給が非弾力でない限り，多少は生産量が増加する。

13　マクロ経済政策と政策当局

1　政策の発動が必ずしも思うようにいかないとすれば，裁量よりもルールの方が望まし
い。裁量では，政府が理想的に行動できれば，ルールよりも望ましい効果をもたらす。しか
し，民間があらかじめ政府の裁量的な行動を予想している場合には，当初の効果は効かない
ケースもある。

2　インフレを起こさないと約束して，民間部門による貨幣保有を促進させ，後で予想外
のインフレを引き起こす。

3　（イ）

4　（イ）

金融当局は引き締め政策をとり，財政当局は拡張政策をとっている。

5　（3）

（3）は非合理的で短期的視野に立つ有権者を想定している。政権担当者が選挙時のみに景
気をよくしようとする行動を何度も経験すると，有権者はそれを織り込んで行動するので，
この想定は現実には成立しにくいだろう。

6　（ア）憲法など容易に改正されない規定でないと，実際にコミットするのは難しく，
不況期には無視されやすい。（イ）中央銀行が直接インフレ率をコントロールできないので，
実現は困難だろう。（ウ）歳出はコントロール可能だが，税収は経済動向に依存するので内
生変数であり，均衡予算を実現するのは難しい。（エ）その国の実勢とかけ離れた為替レー
トを維持し続けるのは，資本移動が自由な世界では難しい。（オ）憲法で与党の解散権に制
約を課すことは可能だが，憲法に書き込むこと自体は与野党の合意が必要。

索　引

著者紹介

井堀　利宏（いほり　としひろ）

1952 年　岡山県に生まれる
1974 年　東京大学経済学部卒業
1980 年　ジョンズ・ホプキンス大学 Ph.D.
現　在　政策研究大学院大学特別教授

主要著書

『現代日本財政論』（東洋経済新報社, 1984）　　『財政　第3版』（岩波書店, 2008）
『ストックの経済学』（有斐閣, 1993）　　　　『財政学　第4版』（新世社, 2013）
『日本の財政改革』（ちくま新書, 1997）　　　『基礎コース公共経済学　第2版』（新世社, 2015）
『経済学演習』（新世社, 1999）　　　　　　　『演習財政学　第2版』（新世社, 2013）
『マクロ経済学演習』（新世社, 2000）　　　　『入門経済学　第3版』（新世社, 2016）
『ミクロ経済学演習』（新世社, 2001）　　　　『コンパクト経済学　第2版』（新世社, 2017）
『経済政策』（新世社, 2003）　　　　　　　　『入門ミクロ経済学　第3版』（新世社, 2019）

入門マクロ経済学 第 4 版

1995 年 12 月 25 日ⓒ　　　初　版　発　行
2003 年 11 月 10 日ⓒ　　　第 2 版　発　行
2011 年 3 月 25 日ⓒ　　　第 3 版　発　行
2020 年 3 月 25 日ⓒ　　　第 4 版　発　行
2021 年 11 月 10 日　　　第 4 版第 2 刷発行

著　者　井堀利宏　　　　発行者　森平敏孝
　　　　　　　　　　　　印刷者　山岡影光
　　　　　　　　　　　　製本者　小西惠介

【発行】　　　株式会社　新世社
〒151-0051　　東京都渋谷区千駄ヶ谷 1 丁目 3 番 25 号
編集☎(03)5474-8818(代)　　　サイエンスビル

【発売】　　　株式会社　サイエンス社
〒151-0051　　東京都渋谷区千駄ヶ谷 1 丁目 3 番 25 号
営業☎(03)5474-8500(代)　　　振替 00170-7-2387
FAX☎(03)5474-8900

印刷　三美印刷　　　製本　ブックアート
《検印省略》

ISBN978-4-88384-308-4
PRINTED IN JAPAN